Vorrede der ersten Abtheilung

(§. 256 — 279).

Die lange Unterbrechung des vorliegenden Werkes ist nicht durch verminderte Neigung zu dieser Arbeit, sondern allein durch die Menge unabweislicher anderer Arbeiten bewirkt worden. Um Dieses durch die That zu bewähren, die mehr, als eine bloße Versicherung, Eindruck zu machen geeignet ist, habe ich es für besser gehalten, den einzelnen Abschnitt des sechsten Bandes, zu dessen Ausarbeitung sich gerade die nöthige Zeit gewinnen ließ, abgesondert erscheinen zu lassen, als die Vollendung des ganzen Bandes abzuwarten. Es wird jedoch durch fortlaufende Seitenzahlen in der zweiten Abtheilung (welche die Lehre vom Urtheil enthalten soll) dafür gesorgt werden, daß der sechste Band auch in der äußeren Erscheinung mit den vorhergehenden Bänden gleichförmig werde.

Den bisher erschienenen Theilen dieser Arbeit ist von manchen Seiten der nicht unerwartete Vorwurf gemacht worden, daß der, als eine Darstellung des heutigen Rechts bezeichnete, Plan des Werkes durch unverhältnißmäßige Einmischung historischer Untersuchungen oft verlassen und gestört werde. Diesem Vorwurf wird ohne Zweifel auch der gegenwärtige Abschnitt nicht entgehen. Zwar ist der Gegenstand desselben so praktisch, als irgend ein Stück unsres Rechtssystems; allein die vorliegende Behandlung desselben hat sich allerdings von ausführlichen historischen Untersuchungen nicht frei halten können. Auch werden diese Untersuchungen besonders dadurch bei Manchen Anstoß erregen, daß sie großentheils in dem letzten Ziel mit den Ansichten Anderer übereinstimmen, und nur den Weg, auf welchem Diese zu dem gemeinsamen Ziel gelangen wollen, als irrig darzustellen suchen. Ein Verfahren solcher Art wird von nicht Wenigen als unpraktisch angesehen.

Indessen kann ich mich, auch bei sorgfältigem Rückblick auf den jetzt beendigten Abschnitt, nicht überzeugen, daß derselbe irgend Etwas enthalte, das nicht nothwendig wäre, um über den hier behandelten Gegenstand zu wirklicher Einsicht und Überzeugung zu gelangen. Ich weiß in der That hierüber Nichts zu Dem hinzuzufügen, welches schon in der Vorrede des ersten Bandes (S. XXXII. fg.) gesagt worden ist. So werden also auch ferner verschiedene Meinungen über das in dieser Arbeit eingehaltene richtige Maaß kaum zu vermeiden seyn.

Geschrieben im October 1846.

Vorrede der zweiten Abtheilung
(§. 280 — 301).

Durch die der zweiten Abtheilung gegebene Einrichtung ist die bei der ersten gegebene Zusage in Erfüllung gegangen, so daß jetzt der sechste Band mit den früheren Bänden durchaus gleichförmig geworden ist.

Geschrieben im Julius 1847.

Inhalt des sechsten Bandes.

Zweites Buch. Die Rechtsverhältnisse.

Viertes Kapitel. Verletzung der Rechte. Seite

§. 256.

Litiscontestation. Einleitung.

Winckler Discrimen inter litis contestationem jure veteri ac hodierno (Opuscula minora Vol. I. Lips. 1792. 8. p. 293—370).

Keller über Litiscontestation und Urtheil. Zürich. 1827. 8.

Bethmann-Hollweg in: Mohl und Schrader Zeitschrift für Rechtswiss. B. 5 Stuttg. 1829 S. 65—97 (Rec. des Buchs von Keller).

Wächter Erörterungen aus dem Römischen, Deutschen und Württembergischen Privatrechte. Heft 2 und 3. Stuttgart 1846. 8.

Die Aufgabe des Actionenrechts, in dessen Mitte unsere Untersuchung sich gegenwärtig befindet, wurde oben (§ 204) dahin bestimmt: die Veränderungen festzustellen, welche in einem Rechte durch die Verletzung desselben, so wie durch die zur Bekämpfung der Verletzung dienenden Anstalten, entstehen.

Der gesammte Zustand, in welchen diese Veränderungen fallen und aus welchem sie entspringen, ist also hier zunächst als ein Zustand der Rechtsverletzung aufgefaßt worden. Diese Auffassung ist auch an sich ganz richtig, ja unentbehrlich; sie muß aber jetzt noch durch eine andere ergänzt werden, wenn eine vollständige Einsicht in die verschiedenen Seiten, die dieser Gegenstand darbietet, erlangt werden soll.

Nur in den seltensten Fällen nämlich ist die Rechtsverletzung eine anerkannte und zugestandene, bei welcher es nur darauf ankommen kann, dem rechtswidrigen Willen durch höhere Gewalt entgegen zu treten. Vielmehr wird dieselbe fast immer von der einen Seite behauptet, von der andern bestritten werden, so daß dann das ganze Verhältniß zunächst die Gestalt eines Rechtsstreits annimmt, dessen Entscheidung vorhergehen muß, ehe eine Rechtsverletzung angenommen und ausgeglichen werden kann. Der Rechtsstreit nun läßt sich stets in gegensätzliche Behauptungen der streitenden Parteien, als in seine Elemente, auflösen, und diese Behauptungen, in sofern sie eine selbstständige Natur an sich tragen, sind unter dem Namen der Klagen, Exceptionen, Replicationen und Duplicationen, in dem vorhergehenden Bande dieses Werks abgehandelt worden. Auf sie bezog sich die erste Klasse möglicher Veränderungen der Rechte, welche aus der bloßen Rechtsverletzung (oder dem Rechtsstreit) für sich allein hervorgehen (§ 204). Unsere Untersuchung wendet sich nunmehr zu der zweiten Klasse solcher Veränderungen, welche nicht aus dem Rechtsstreit allein, sondern aus den in denselben eingreifenden Prozeßhandlungen entspringen.

Unter diesen Prozeßhandlungen tritt uns zunächst das **Urtheil** entgegen, durch welches jeder Rechtsstreit zur Entscheidung, also die angebliche Rechtsverletzung entweder zur Verneinung, oder zur Anerkennung und Ausgleichung, gebracht werden muß. Die Frage, ob und wie das Urtheil in den Inhalt und Umfang der Rechte selbst verändernd einwirken kann, ist in der That unabweislich, ja sie ist unter allen, die hier aufgeworfen werden können, die wichtigste; aber ausreichend ist diese Frage nicht.

Sie würde nur dann als ausreichend gelten können, wenn es möglich wäre, jeden Rechtsstreit, sobald er vor den Richter gebracht wird, unmittelbar durch das Urtheil zu beendigen. Dieses ist jedoch nur in den seltensten Fällen möglich. Fast immer ist Zeit, und oft sehr lange Zeit, nöthig, damit ein unabänderliches Urtheil mit sicherer Überzeugung gesprochen werden könne. Gerade in dieser Zeit aber können wichtige Umwandlungen in dem streitigen Rechtsverhältniß eintreten, und wenn dieses geschieht, wird oft das am Ende ausgesprochene, die Rechtsverletzung anerkennende, Urtheil, die Ausgleichung gar nicht, oder nur unvollständig gewähren, wozu doch die Rechtspflege bestimmt ist.

Wenngleich nun diese Verzögerung des Urtheils nebst ihren nachtheiligen Folgen mit der Ausübung des Richteramts unzertrennlich verbunden, also unvermeidlich ist, so müssen wir sie dennoch als ein Übel anerkennen, welches durch künstliche Anstalten auszugleichen unsre Aufgabe ist.

Der Grund des erwähnten nothwendigen Übels liegt darin, daß der Anfang und das Ende des Rechtsstreits (Klage und Urtheil) nicht gleichzeitig sind, daß sie vielmehr durch einen Zeitraum getrennt werden, in welchem für das Rechtsverhältniß Umwandlungen eintreten können. Die Ausgleichung des Übels wird darin bestehen müssen, daß das Urtheil sich nicht darauf beschränkt, über das ursprünglich vorhandene Recht zu entscheiden, sondern zugleich die Folgen dieser Umwandlungen auszutilgen sucht.

Die allgemeine Richtung, welche dieser Theil der richterlichen Entscheidung zu befolgen hat, läßt sich in folgender Formel ausdrücken:

> Es ist derjenige Zustand künstlich hervorzubringen, welcher natürlich vorhanden seyn würde, wenn es möglich gewesen wäre, das Urtheil im Anfang des Rechtsstreits auszusprechen.

Jedoch ist gleich hier wohl zu beachten, daß diese Formel blos die durch die Natur der Aufgabe gegebene allgemeine Richtung der Lösung ausdrücken soll, und daß eine unbedingte, auf dem Wege einer bloßen logischen Folgerung zu vermittelnde, Anwendung derselben keineswegs gemeint seyn kann.

Zur vollständigen Lösung der hier gestellten Aufgabe kommt es zunächst darauf an, den Anfang des Rechtsstreits festzustellen, indem nur dadurch der Zeitraum genau begränzt werden kann, in welchem die durch das Urtheil auszutilgenden Umwandlungen eingetreten seyn müssen.

Das Römische Recht setzt diesen Anfang in die Litiscontestation. Diese werden wir als die Prozeßhandlung aufzufassen haben, welche zunächst als Anfangspunkt des Rechtsstreits, zugleich aber auch (welches nur eine ergänzende Auffassung ist) als Entstehungsgrund der besonderen Rechtsansprüche anzusehen ist, die durch den oben angedeuteten Theil des Urtheils ihre Befriedigung erhalten sollen.

Vor allem ist nun das Wesen der Litiscontestation festzustellen. Diese Untersuchung wird dadurch nicht wenig erschwert, daß schon bei den Römern diese Prozeßhandlung wichtige Umbildungen erfahren hat. Noch stärker waren diese in der Gesetzgebung und Praxis neuerer Zeiten. Dennoch ist zu allen Zeiten, und selbst bei den neuesten Schriftstellern, der Begriff und der Name jenes Rechtsinstituts festgehalten worden, wenngleich über die nähere Bestimmung des Begriffs die Ansichten oft sehr aus einander gehen.

Hieran muß sich dann der größere und wichtigere Theil unserer Untersuchung anknüpfen, welcher die Wirkungen der Litiscontestation zum Gegenstand hat. Die Aufgabe des richterlichen Urtheils, welche oben nur in einer allgemeinen Formel vorläufig angedeutet war, ist in ihre Elemente zu zerlegen, wodurch allein die Einsicht gewonnen werden kann, welche Bestimmungen in das Urtheil aufgenommen werden müssen, um die nachtheiligen Folgen der unvermeidlichen Dauer des Rechtsstreits zu absorbiren.

Wenn nun so eben behauptet worden ist, daß der Begriff der Litiscontestation von allen, selbst den neuesten, Schriftstellern festgehalten und nur auf verschiedene Weise bestimmt worden sey, so ist davon noch ganz unabhängig die Frage, ob auch noch im heutigen gemeinen Recht die darzustellenden einzelnen Wirkungen an die Litiscontestation angeknüpft sind. Es läßt sich nämlich sehr wohl die Behauptung denken, es sey zwar ein bestimmter, auf der nachzuweisenden Entwicklung des Römischen Rechts beruhender, Begriff der Litiscontestation auch für uns vorhanden; allein die Wirkungen, die das Römische Recht an die Litiscontestation knüpft, seyen in dem heutigen Recht, alle oder zum Theil, auf eine andere Prozeßhandlung übergegangen. Nach dieser möglichen Behauptung wäre mithin ein anderer Zeitpunkt für den Anfang des Rechtsstreits anzunehmen, sey es allgemein, oder wenigstens in Beziehung auf einzelne Wirkungen die das Römische Recht an die Litiscontestation anknüpft.

Da die Untersuchung dieser höchst wichtigen Frage mit den einzelnen Wirkungen in Verbindung steht, so kann dieselbe auf befriedigende Weise erst am Schluß der ganzen Lehre von der Litiscontestation unternommen werden (a).

(a) Eigentlich kommt diese Frage in zwei verschiedenen Gestalten vor, deren Prüfung an zwei verschiedenen Orten unternommen werden mußte. Erstlich ist von vielen behauptet worden, schon im R. R., und zwar selbst von Hadrian an, seyen die Wirkungen der L. C. auf einen früheren Zeitpunkt des Rechtsstreits zurück verlegt worden. Davon mußte, des Zusammenhangs wegen, im § 264 gehandelt wer-

Der Zweck des ganzen Rechtsinstituts, dessen Darstellung uns gegenwärtig beschäftigt, geht auf Beseitigung des nothwendigen Übels, welches im der Dauer des Rechtsstreits liegt, und zwar soll hier dieser Zweck erreicht werden durch ausgleichende Bestimmungen in dem Urtheil über den Rechtsstreit. Es macht daher dieses Institut einen wesentlichen Theil des materiellen Rechts, und zwar des Actionenrechts (§ 204) aus, und kann in unsrem System nur hier seine Stelle finden.

Allein den angegebenen praktischen Zweck haben mit ihm gar manche andere Rechtsinstitute gemein, über welche in dieser Beziehung hier eine allgemeine Uebersicht nicht an unrechter Stelle seyn wird.

Dahin gehören zuerst alle Maaßregeln, die auf Abkürzung und Beschleunigung der Prozesse hinwirken sollen. So enthielt das ältere Römische Recht die stark eingreifende Regel, daß jeder Prozeß verloren seyn solle, wenn nicht in einer sehr mäßigen Zeit das Urtheil erfolge (b); dadurch wurde der Kläger zur eifrigen Betreibung der Sache aufgefordert. Das neueste Recht hat diese Vorschrift ganz aufgegeben.

Ferner kann jede gerechte Entscheidung, und so auch

den. Zweitens wird eine Veränderung dieser Art für das heutige Recht behauptet; davon wird am Schluß gehandelt (§ 278. 279).

(b) Gajus IV. § 104. 105. Ein legitimum judicium sollte aufhören mit dem Ablauf von Achtzehn Monaten; ein judicium quod imperio continetur mit dem Ende der Magistratur, von welcher der Judex bestellt war. Eine Erneuerung derselben Klage war unmöglich, weil sie in judicium deducirt, also consumirt war.

der Vortheil, der von dem Instiut der Litiscontestation mit ihren Wirkungen erwartet wird, auf faktische Weise ganz oder theilweise vereitelt werden, indem nämlich eine Sache zerstört oder veräußert, oder indem das Vermögen eines Schuldners erschöpft wird. Diese Gefahren abzuwenden oder zu vermindern, dienen zuerst manche wichtige Prozeßinstitute, wie die Prozeßcautionen, Arreste und Sequestrationen, die missio in possessionem. Außerdem dienten zu demselben Zweck manche Institute des materiellen Rechts: so die Gesetze gegen die Veräußerung des Eigenthums und die Cession von Schuldforderungen, sobald eines dieser Rechte Gegenstand eines Rechtsstreits geworden war (res litigiosa, actio litigiosa).

Wollte man diese Rechtsinstitute wegen des übereinstimmenden praktischen Zwecks, neben der Litiscontestation abhandeln, so würde daraus nur Verwirrung hervorgehen können. Die meisten derselben können nur in dem Zusammenhang des Prozeßrechts ihre rechte Stelle finden; und auch diejenigen, welche in der That dem materiellen Rechte angehören (wie das litigiosum), sind doch nicht hier, sondern in Verbindung mit der Lehre vom Eigenthum oder der Cession, abzuhandeln.

§. 257.

Wesen der Litis Contestation. — I. R. R.

Der Standpunkt, den wir in dieser Untersuchung zu nehmen haben, um zu einer befriedigenden Einsicht in den

Inhalt unsrer Rechtsquellen zu gelangen, ist das Zeitalter des Formularprozesses, oder der vorherrschenden ordinaria judicia. Das Recht der früheren Zeit kann dabei nicht mehr in Betracht kommen. Dagegen ist allerdings eine besondere Rücksicht nöthig auf die Behandlung dieses Gegenstandes in dem extraordinarium judicium, welches schon frühe als Ausnahme in dem Zeitalter des Formularprozesses vorkam. Die Feststellung dieses exceptionellen Zustandes wird dann den Uebergang bilden zu dem späteren R. R., in welchem der ordo judiciorum völlig verschwindet, also die frühere Ausnahme als einzige Regel erscheint.

Ich will damit anfangen, den Rechtszustand, der in den Stellen der alten Juristen stets vorausgesetzt werden muß, im Zusammenhang darzustellen, und dann erst die Rechtfertigung der einzelnen Sätze hinzufügen.

Die **Litiscontestation** ist (zu jener Zeit) eine Verhandlung der streitenden Parteien vor dem Prätor, worin beide den Streit durch gegenseitige Erklärungen dergestalt feststellen, daß derselbe zum Uebergang an den Juder reif wird. Diese Verhandlung ist der letzte Akt des Jus, das heißt des vor dem Prätor vorgehenden Theils des Prozesses; sie ist gleichzeitig mit der von dem Prätor ertheilten formula (a), setzt also die Ernennung des Juder voraus, da dessen Person in der formula bezeichnet wird.

(a) Wenn es blos darauf ankam, den Zeitpunkt zu bezeichnen, von welchem an gewisse Wirkungen im Prozeß eintreten sollten, so

Da jene Verhandlung dazu bestimmt war, den Streit vollständig festzustellen, so durfte sie sich nicht auf eine bloße Erklärung über die Thatsachen beschränken, sie mußte vielmehr auch die Exceptionen, Replicationen und Duplicationen umfassen, also den ganzen Inhalt der formula in sich aufnehmen, so daß die formula unmittelbar aus der Verhandlung entnommen werden konnte (b).

Der Name der L. C. ist von einem einzelnen Bestandtheil der ganzen Handlung hergenommen. Beide Parteien riefen dabei gemeinschaftlich Zeugen auf, mit dem Ausdruck: testes estote. — Diese Zeugen nun dürfen durchaus nicht als die Beweiszeugen gedacht werden, nach deren Aussage künftig der Judex entscheiden sollte; solche kommen in vielen Prozessen überhaupt nicht vor, und in keinem Fall war jetzt schon die Zeit zu ihrer Vernehmung, also auch kein Bedürfniß zu ihrer Vorführung, gekommen. Vielmehr sollten die Zeugen, die bei der L. C. erwähnt werden, den Inhalt der gegenwärtigen Verhandlung anhören und künftig, wenn darüber Zweifel entstände, be-

konnte man eben sowohl die formula concepta, als die L. C., angeben, oder auch mit beiden Ausdrücken abwechseln. Daß dieses nicht geschehen, sondern stets nur die L. C. genannt worden ist, erklärt sich aus ihrer Vertragsnatur (§ 258), von welcher sogleich die Rede sein wird.

(b) Auf diesen erschöpfenden Inhalt der L. C. darf jedoch nicht allzu großes Gewicht gelegt werden, da er in der That nur für die strengen Klagen als allgemein durchgeführt angesehen werden kann. In den freyen Klagen konnte sich der Beklagte vorläufig mit einem allgemeinen Widerspruch begnügen, und dennoch vor dem Judex Exceptionen geltend machen. (B. 5 S. 466).

zeugen; sie sollten als lebendiges Protokoll dienen. Dazu konnte allerdings eher in dem blos mündlichen Prozeß der alten legis actiones ein Bedürfniß wahrgenommen werden, als neben der schriftlich abgefaßten formula (c). Dennoch kann sich auch neben dem Formularprozeß diese Handlung, wie so vieles Andere, als formelle Erinnerung an einen älteren reellen Gebrauch erhalten haben; in jedem Fall aber konnte sich der Name erhalten, nachdem man längst aufgehört hatte, auch nur zum Schein Zeugen aufzurufen.

Die Hauptstelle über das hier behauptete Wesen der L. C. findet sich bei Festus (im Auszug des P. Diaconus) unter dem Wort Contestari, und lautet also:

> Contestari est, cum uterque reus dicit: *Testes estote.* Contestari litem dicuntur duo aut plures adversarii, quod ordinato judicio utraque pars dicere solet: *Testes estote.*

Hier wird der Ausdruck: *con*testari daraus erklärt, daß mehrere Personen gemeinschaftlich die Zeugen anrufen (d), und es wird in Anwendung auf den Prozeß (also auf die *litis* contestatio) ausdrücklich bemerkt, daß beide Parteien diese Handlung vornahmen. Es wird hinzugefügt, die Handlung sey geschehen ordinato judicio, d. h. also auch nachdem eine bestimmte Person zum Juder ernannt war, indem diese Ernennung wesentlich zur An-

(c) Keller § 1.

(d) Eben so wie compromissa pecunia, weil beide Parteyen eine Strafe versprechen für den Fall des Ungehorsams gegen den Schiedsrichter.

ordnung des Judicium gehörte (e). Der Eingang aber, in Verbindung mit dem nachfolgenden Haupttheil der Stelle, deutet an, daß diese Handlung mit der angegebenen Benennung auch zu anderen Zwecken vorgekommen sey (f), wodurch also die *litis* contestatio nur als einer unter mehreren Fällen einer solchen feyerlichen Handlung bezeichnet wird.

Obgleich nun Festus den Ausdruck litem contestari auf beide Parteien gleichmäßig bezieht, so geht doch der weit überwiegende Sprachgebrauch dahin, die Handlung des Klägers mit litem contestari, die des Beklagten mit judicium accipere oder suscipere zu bezeichnen (g).

Contestari ist übrigens ein Deponens, so daß nach der grammatischen Regel eigentlich nur von der Partei gesagt

e) So wird auch anderwärts ordinatum judicium, ordinata lis oder causa gleichbedeutend gebraucht mit litis contestatio. *L.* 24 *pr.* § 1. 2. 3, *L.* 25 § 2 *de lib. causa* (40. 12). — Ebenso wird der Zeitpunkt der L. C. bezeichnet mit den Worten: statim atque *judex factus est*. *L.* 25 § 8 *de aedil. ed.* (21. 1). Nämlich die Ernennung des Juder, die L. C., und die Conception der Formel, sind fortlaufende Theile desselben Prozeßaktes und liegen der Zeit nach nicht aus einander, so daß man das Eine wie das Andere als Bezeichnung eines und desselben Zeitpunktes gebrauchen kann.

(f) So bei dem Testament die suprema contestatio. *L.* 20 § 8 *qui test.* (28. 1) — Bei Ulpian. XX. 9 heißt es dafür testatio, gleichbedeutend mit nuncupatio; bei Gajus II. § 104 blos nuncupatio. — Uebrigens kommt anstatt litis contestatio auch *judicium* contestatum vor. *L.* 7 § 1 *de her. pet.* (5. 3) *L.* 19 *sol. matr.* (24. 3); dagegen finde ich contestatio allein, ohne lis oder judicium, in diesem Sinn nicht. Denn in *L.* 1 § 1 *C. de pet. her.* (3. 31) ist das contestationis blos eine verweisende Wiederholung des unmittelbar vorhergehenden Ausdrucks *litis* contestationem (s. u. § 271 b).

(g) Winckler p. 298. Keller § 6.

werden dürfte: litem contestatur, litem contestatus est. Indessen ist der passive Gebrauch des Wortes (also lis contestatur, lis contestata) so häufig, daß das Verhältniß von Regel und Ausnahme völlig verschwindet. Aus den Digesten dafür Beispiele anzuführen, würde bei der großen Zahl derselben ganz überflüssig sein. Damit man aber nicht glaube, daß solche Beispiele blos hier, als Zeichen sinkender Latinität, zu suchen seyen, muß bemerkt werden, daß derselbe Sprachgebrauch auch schon in der besten Zeit vorkommt, namentlich bei Cicero (h), bei Aufidius, einem Schüler des Servius Sulpicius (i), in der Lex Rubria de Gallia cisalpina (k), und in einer Rechtsregel, die Gajus aus den Veteres anführt (l).

Die wichtigste und bestrittenste Frage bleibt bei Festus unentschieden: ob nämlich die L. C. in das Jus fällt oder in das Judicium, d. h. ob sie die letzte Handlung vor dem Prätor war, oder die erste vor dem Judex. Beides ließe

(h) Pro Roscio Com. C. 11 und C. 12 „lis contestata". — Pro Flacco C. 11 „ab hac perenni contestataque virtute majorum."

(i) Priscian. Lib. 8 C. 4 § 18: „P. Aufidius: *si quis alio vocitatur nomine tum cum lis contestatur, atque olim vocitabatur*, contestari passive posuit." Priscian führt es als eine grammatische Anomalie an. — Die Ausgaben lesen hier ganz sinnlos: *illis* contestatur oder *his* contestatur (p. 371 ed. Krehl, p. 791 (793) ed Putsch). Die richtige Leseart ist hergestellt und mit einer vortrefflichen sachlichen Erklärung der Stelle begleitet von Huschke, Zeitschrift f. geschichtl. Rechtswiss. B. 10 S. 339. 340.

(k) Col. 1 lin. 48 quos inter id judicium accipietur „leisve contestabitur."

(l) Gajus III. § 180 „apud veteres scriptum est: ante litem contestatam dare debitorem oportere, post litem contestatam condemnari oportere."

sich, nach der allgemeinen Bestimmung der L. C., denken, und das praktische Resultat würde in beiden Fälleu nicht sehr verschieden seyn. Beide Meinungen haben ihre Vertheidiger gefunden, allein die erste ist durch sichere Schlüsse aus so vielen einzelnen Stellen begründet worden (m), daß die Frage nunmehr als völlig entschieden betrachtet werden darf. Der vollständigste Beweis dafür, daß die L. C. vor dem Prätor vollzogen wurde, ergiebt sich aber aus folgender weiteren Betrachtung. Wenn die die L. C. vor dem Prätor vorging, so war es gewiß sehr zweckmäßig, den künftigen Judex der Handlung beiwohnen zu lassen, und ich zweifle nicht, daß dieses geschehen seyn wird, wenn der Judex zufällig gegenwärtig war, oder wenn die Parteien ihn mit sich vor den Prätor geführt hatten. Darauf deutet nun in der That eine Stelle des Papinian, nach welcher die Gegenwart und das Bewußtseyn des Judex bei dessen Ernennung (addictio) nicht nöthig seyn soll (n); woraus Papinian schließt, auch ein Wahnsinniger könne zum Judex ernannt werden, und diese Ernennung sey wirksam, wenn er nur nachher wieder

(m) Winckler § 3. 4. Keller § 1 — 5. — Die einzige scheinbare Stelle für die entgegengesetzte Ansicht (L. un. C. de L. C.) wird unten erklärt werden.

(n) *L.* 39. *pr. de jud.* (5. 1.) „Cum furiosus judex addicitur non minus *judicium erit,* quod hodie non potest judicare .... neque enim in addicendo praesentia vel scientia judicis *necessaria* est“ Offenbar ist hier die addictio judicis als der Zeit nach zusammenfallend gedacht mit der L. C., dem judicium acceptum oder ordinatum, denn es wird ausdrücklich gesagt, es sey schon jetzt ein wirkliches judicium vorhanden.

zu Verstand komme; ja das judicium sey für ihn von der Ernennung an wirklich vorhanden. Offenbar also nimmt Papinian an, die Ernennung des Judex, und der wirkliche Anfang seines Judicium, also das acceptum oder ordinatum judicium (d. h. die L. C.) könne in Abwesenheit des Judex Statt finden, woraus von selbst folgt, daß die L. C. nicht eine vor dem Judex vollzogene, also unter dessen Mitwirkung vorgenommene Handlung gewesen seyn kann. Ein gleich entscheidendes Zeugniß liegt in einer Stelle des Paulus. Wenn ein Provinziale als Legat nach Rom kam, so brauchte er sich daselbst in der Regel nicht verklagen zu lassen. Ausnahmsweise aber war er dennoch dazu verpflichtet, jedoch nur so, daß die L. C. in Rom (vor dem Prätor) vollzogen, das Judicium aber in der Provinz (vor einem daselbst lebenden Judex) geführt wurde (o).

Um die Veränderungen verstehen zu können, die sich im späteren R. R. mit der Form der L. C. zugetragen haben, ist es nöthig, zuvor für die Zeit des Formularprozesses die Stellung anzugeben, welche sie neben den extraordinariis judiciis einnahm.

Es leuchtet sogleich ein, daß sie in diesen nicht gedacht werden darf als eine förmliche Handlung der Parteien in

(o) *L.* 28 § 4 *de jud.* (5. 1.) „causa cognita adversus eum judicium praetor dare debet, ut lis contestetur, ita ut in provinciam transferatur."

Verbindung mit der Abfassung der formula, und dazu bestimmt, den Uebergang des Rechtsstreits an den Judex zu vermitteln; denn bei den extraordinariis judiciis kam weder ein Judex, noch eine formula vor, indem der ganze Rechtsstreit vor dem Magistratus von Anfang bis zu Ende durchgeführt wurde. Da aber wegen der wichtigen praktischen Folgen auch hier die L. C. nicht zu entbehren war, so mußte man dafür einen Zeitpunkt aufsuchen, welcher mit dem Zeitpunkt der förmlichen L. C. im ordentlichen Prozeß am meisten Analogie hatte. Es konnte nun kein Zweifel seyn, dafür die Zeit anzunehmen, in welcher sich die Parteien vor dem Magistratus über ihre gegenseitigen Behauptungen und Ansprüche vollständig ausgesprochen hatten. Dieses war wesentlich dasselbe wie die eigentliche L. C., und der Unterschied lag lediglich in der äußeren Form der Handlung.

Diese, nach innerer Wahrscheinlichkeit kaum zweifelhafte Annahme findet ihre Bestätigung in folgenden Zeugnissen, deren Erklärung zugleich dazu dienen kann, manche Zweifel und Mißverständnisse unsrer Schriftsteller zu beseitigen.

1. *L. un. C. de litis contestatione* (3. 9.) von Severus et Antoninus 203.

„Res in judicium deducta non videtur, si tantum postulatio simplex celebrata sit, vel actionis species ante judicium reo cognita. Inter litem enim contestatam et editam actionem permultum interest.

Lis enim tunc contestata videtur, cum judex per narrationem negotii causam audire coeperit.“

Aus dieser Stelle haben zuerst Manche beweisen wollen, die L. C. sey nicht vor dem Prätor, sondern vor dem Judex vollzogen worden (Note m), eine Meinung, die schon oben widerlegt worden ist. Es kommt also darauf an, den Schein zu entfernen, der allerdings in der Stelle für diese Meinung enthalten ist, indem zu der Zeit, worin dieselbe niedergeschrieben wurde, der Formularprozeß noch in voller Kraft bestand.

Einige sagen, die Kaiser hätten die oben angegebene Natur der vor dem Magistratus vollzogenen L. C. bezeichnen wollen, und unter dem judex den Magistratus verstanden (p). Diese Erklärung ist nicht anzunehmen, denn obgleich der Ausdruck judex nicht selten diese Bedeutung hat, so können ihn doch unmöglich die Kaiser, wenn ihnen das ordinarium judicium vor Augen stand, in dieser anomalen Bedeutung (für den Magistratus) gebrauchen, wodurch sie fast unvermeidlich mißverstanden werden mußten.

Andere nehmen an, die Kaiser hätten wirklich den Magistratus genannt, und die Stelle habe nur durch eine durchgreifende Interpolation ihre gegenwärtige Gestalt erhalten (q). Zu einer solchen Interpolation kann ich ein

(p) So die bei Keller § 5 Note 5 angeführten Schriftsteller. — Ganz unbefriedigend scheint mir die Erklärung von Zimmern Rechtsgeschichte B. 3 § 119 Note 13: „Die L. C. ist bereits eingetreten, wenn das Judicium erst begonnen hat.“ Ein solcher Schluß der Stelle würde mit dem Anfang in gar keinem Zusammenhang stehen.

(q) Keller § 5.

Bedürfniß nicht anerkennen, da die Stelle, wenn sie den Magistratus anstatt des Judex erwähnte, sowohl zu dem älteren als zu dem neueren Recht passen würde. Auch für die ältere Zeit konnte man sagen, die L. C. sey vollzogen, sobald der Prätor die Parteien über ihre Behauptungen gehört, und dadurch das Material zur Conception der Formel erlangt hatte. Hätten nun die Compilatoren in dem ursprünglichen Text der Stelle die Erwähnung des Prätors, des Proconsuls, oder des Präses vorgefunden, so wäre es unbegreiflich, warum sie diesem den zu ihrer Zeit weniger passenden Judex substituirt hätten; eine Veränderung in umgekehrter Richtung wäre eher denkbar gewesen.

Die einfachste Erkärung scheint mir die, nach welcher die Kaiser von einem einzelnen Rechtsfall sprachen, der zu den *extraordinariis* judiciis gehörte. Dann war der Ausdruck judex für magistratus ganz passend und keinem Mißverständniß ausgesetzt; die Stelle gäbe dann ein treues Bild von der Stellung der L. C. in den Prozessen dieser Klasse. Das Rescript sollte nämlich sagen, was als Surrogat der wirklichen L. C. in denjenigen Prozessen gedacht werden müsse, worin eine solche nicht vorkam. Zu diesem Zweck wurden allgemeine, beschreibende Ausdrücke gebraucht, die bei der Beschreibung der wahren L. C. (im ordentlichen Prozeß) in dieser Zeit gewiß nicht gebraucht worden wären, und die der Stelle den unverdienten Schein einer Interpolation geben. — Allerdings sagt die Stelle, wie wir sie vor uns haben, nicht, daß von einem solchen Rechtsstreit die Rede sey; allein sie ist ein Rescript, das wir gewiß nur sehr unvollständig vor uns haben (r), und aus dessen weggelassenem Eingang jene Voraussetzung unzweifelhaft hervorgehen mochte. Gewissermaaßen nimmt auch diese Erklärung eine Interpolation an, aber eine solche, die nicht durch Veränderung des Inhalts, sondern durch bloße Weglassung anderer Theile der Stelle bewirkt wurde.

2. *L.* 33 *de Obl. et Act.* (44. 7. Paulus lib. 3 Decretorum).

„Constitutionibus quibus ostenditur heredes poena non teneri, placuit, si vivus conventus fuerat, etiam poenae persecutionem transmissam videri: *quasi lite contestata cum mortuo.*“

Nach einer alten Regel sollten Pönalklagen nicht gegen die Erben des Schuldners übergehen, außer wenn die L. C. vollzogen worden war (s). Die vorliegende Stelle nun spricht nicht von einer gewöhnlichen Pönalklage unter Privatpersonen, die in das jus ordinarium gehört und wobei jene Regel unmittelbar zur Anwendung kommt. Sie spricht vielmehr von einer fiscalischen Strafe, die vor den Fiscalbeamten verfolgt wird, also extra ordinem, so daß dabei kein Juder und keine eigentliche L. C. vorkam (t).

(r) Diese Unvollständigkeit erhellt unwidersprechlich schon aus dem Umstand, daß ein anderer Theil derselben Stelle als *L.* 3 *C. de edendo* (2. 1) in den Coder aufgenommen worden ist.

(s) S. o. B. 5 § 211 g.

(t) Diese Annahme wird durch die Inscription der Stelle bestätigt. Denn in demselben lib. 3

Dabei mußte der Uebergang auf die Erben an eine der L. C. analoge Handlung geknüpft werden. In diesem Sinn sagt nun Paulus, der Uebergang auf die Erben müsse angenommen werden, wenn nur bei dem Leben des jetzt Verstorbenen die Klage eingeleitet war (u); denn diese Einleitung der Klage sey in den extraordinariis judiciis als der Akt zu betrachten, welcher der wirklichen L. C. im ordentlichen Prozeß entspreche (*quasi* lite contestata cum mortus) (v). — Diese Stelle hat von jeher großen Anstoß erregt. Indem man das conventus zu eng, von der blos erhobenen Klage, verstand, und die Stelle auf den ordentlichen Prozeß bezog, suchte man dadurch zu helfen, daß man sie von solchen Fällen verstand, in welchen die L. C. vom Verstorbenen absichtlich verzögert worden war, welches widerrechtliche Verfahren ihn nicht gegen den Übergang auf seine Erben schützen sollte (w). Haloander

decretorum des Paulus kommen mehrere Stellen über Fiscalklagen vor dem procurator Caesaris vor.

(u) Das *conventus* fuerat darf nur nicht zu eingeschränkt von der blos erhobenen Klage, verstanden werden, so wie conventus und petitum in mehreren Digestenstellen auch bei dem ordentlichen Prozeß vorkommt, wo es das convenire cum effectu, also die Zeit der vollzogenen L. C., bezeichnet. Eine entscheidende Stelle für diese Bedeutung des conventus ist *L.* 8 *de nox. act.* (9. 4) Eben so für *petitum* die *L.* 22 *de reb. cred.* (12. 1) Vergl. Wächter H. 3 S. 66. 67.

(v) Im Wesentlichen haben die richtige Erklärung: Voorda Interpr. II., 19, Wächter H. 3 S. 112.

(w) Nach mehreren Vorgängern hatte ich diese Erklärung angenommen, Bd. 5 § 211 g., die ich jetzt ganz aufgebe, da die Stelle durchaus keine Spur dieser Voraussetzung enthält. — Kierulff S. 281 betrachtet diese Stelle als einen Beweis, daß schon die Römer die Wirkungen der L. C

suchte auf andere Weise zu helfen, durch die etwas kühne Emendation: transmissam *non* videri, quasi lite contestata *eo* mortuo“ (x).

3. *L.* 20 § 6. 7. 11. *de her. pet.* (5. 3).

Das Sc. Iuventianum sprach zunächst von den Ansprüchen des Fiscus auf eine caduca hereditas, also von einem extraordinarium judicium vor den Fiscalbeamten, obgleich es allerdings auch auf den ordentlichen Prozeß unter Privatpersonen angewendet wurde (y). Für den ursprünglichen Fall dieses Senatusconsults mußte daher ein anderer Zeitpunkt angenommen werden, welcher an die Stelle der L. C. im ordentlichen Prozeß treten konnte. Von dieser Bemerkung wird noch unten Gebrauch gemacht werden (§ 264).

Die Stellung, welche so eben für die L. C. in den extraordinariis judiciis der älteren Zeit nachgewiesen worden ist, konnte unverändert beibehalten werden, als in der späteren Zeit alle Klagen überhaupt in extraordinaria judicia verwandelt wurden. Die frühere Ausnahme wurde nun zur allgemeinen Regel, sonst änderte sich Nichts.

So erscheint in der That die Sache in einer früheren Constitution von Justinian (z), welche wesentlich über-

auf die Vorladung des Beklagten übertragen hätten.“

(x) Einigen Anhalt zu dieser Emendation giebt die vulg.: „*remissam non* videri, die jedoch dem Sinn nach ganz mit der Florentina übereinstimmt.

(y) L. 20 § 9 *de her. pet.* (5. 3).

(z) L. 14 § 1 C. *de jud.* (3. 1).

einstimmend mit dem oben angeführten Rescript von Sever und Antonin, den Zeitpunkt der L. C. so bezeichnet:

„cum lis fuerit contestata, post narrationem propositam et contradictionem objectam.“

In späteren Gesetzen fügte Justinian folgende neue Bestimmungen hinzu.

Wenn dem Beklagten die Klage eingehändigt ist, soll derselbe nach Ablauf von zwanzig Tagen vor dem Gericht erscheinen, und daselbst die L. C. vornehmen. Jede innerhalb dieses Zeitraums abgegebene Erklärung soll den Beklagten nicht binden, und nicht als L. C. angesehen werden (aa).

Der Kläger soll von seiner Seite Caution stellen, daß er die L. C. nicht über zwei Monate aufhalten wolle (bb).

Diese Bestimmungen betreffen die bloße Prozeßform, und ändern das Wesen der L. C. auf keine Weise ab.

Wir können also auch noch für das neueste Justinianische Recht den Begriff der L. C., wesentlich übereinstimmend mit dem Begriff des älteren Rechts, dahin bestimmen:

Sie besteht in der vor der richterlichen Obrigkeit abgegebenen Erklärung beider Parteien über das Daseyn und den Inhalt des Rechtsstreits.

(aa) Nov. 53 C. 3. Nov. 82 C. 10. *Auth. Offeratur C. de L. C.* (3. 9)

(bb) Nov. 96 C. 1. Auth. *Libellum C. de L. C.* (3. 9)

Dabei ist aber allerdings, nach der ganzen Wendung die in dieser Zeit der Prozeß genommen hatte, der factische Unterschied anzuerkennen, daß jetzt sehr häufig, wohl in den meisten Fällen, die L. C. in dem Rechtsstreit merklich später eintreten mochte als in dem älteren Prozeß.

§. 258.

Wesen der Litis Contestation — I. R. R. (Fortsetzung.)

Bisher ist die äußerliche Natur der L. C. in Erwägung gezogen worden: die Form, der Zeitpunkt, die Bezeichnung dieser Prozeßhandlung. Ich wende mich nun zur Untersuchung ihres inneren oder juristischen Wesens, welche noch wichtiger ist als jene erste Erwägung, theils weil sie unmittelbar mit den Wirkungen zusammenhängt, theils weil sie ein bleibenderes, von dem Wechsel historischer Zustände weniger abhängiges, auch für unsere Zeit gültiges Interesse mit sich führt.

Es muß hier daran erinnert werden, daß jedes Klagrecht, ohne Unterschied des Rechts welches ihm zum Grunde liegt, die Natur einer Obligation mit sich führt (§ 205). Die L. C. nun ist als diejenige Prozeßhandlung zu denken, wodurch diese Obligation ein wirkliches Daseyn und zugleich eine bestimmte Gestalt erhält.

Auf zweierlei Weise aber greift die L. C. in das bestehende Rechtsverhältniß ein: nach der Vergangenheit und nach der Zukunft. Nach der Vergangenheit, indem die vorhandene Klage in judicium deducirt, und dadurch consumirt, d. h. für jede neue Verfolgung unbrauchbar gemacht wird: nach der Zukunft, indem die L. C. eine wesentliche Modification für den Inhalt des künftigen Urtheils begründet.

Die Wirkung auf die Vergangenheit, oder die Consumtion der Klage, wurde in zwei verschiedenen Formen bewirkt.

Bei denjenigen Klagen, welche in personam giengen, zugleich eine juris civilis intentio hatten, und zugleich als legitima judicia geltend gemacht wurden, sollte die Consumtion ipso jure eintreten; bei allen übrigen Klagen nur vermittelst einer exceptio rei in judicium deductae (a).

Daneben kommt auch der Ausdruck Novatio vor; aus alter Zeit und direct nur in einer Stelle von Papinian (b); auf indirecte Weise in den Digesten und in einer Constitution von Justinian (c). Dennoch ist kein Grund vorhanden, die Ächtheit dieses Kunstausdrucks zu

(a) Gajus III. § 180. 181, IV. § 106. 107. 98.

(b) Fragm. Vat. § 263 „.. nec interpositis delegationibus aut *inchoatis litibus actiones novavit.*"

(c) *L.* 29 *de nov.* (46. 2) „Aliam causam esse *novationis voluntariae,* aliam *judicii accepti,* multa exempla ostendunt." Der Ausdruck novatio voluntaria deutet nicht nothwendig, aber doch möglicherweise, auf den Gegensatz einer in der L. C. enthaltenen novatio necessaria, welcher Ausdruck selbst ohnehin nirgend vorkommt. Daß hier die in der L. C. enthaltene Consumtion als Gegensatz gemeint war, ist aus den in Note a und b angeführten Stellen unzweifelhaft. — *L.* 3 *pr. C. de us. rei jud.* (7. 54) „Si enim novatur judicati actione prior contractus" rel. Hier wird ganz unpassenderweise die längst antiquirte novatio als Rechtfertigung von Justinians neuer Vorschrift über die Urtheilszinsen angeführt.

bezweifeln (d). Nach der außerdem bekannten Natur der Novation sind wir aber berechtigt zwei Bestimmungen anzunehmen, obgleich dafür keine unmittelbare Zeugnisse vorhanden sind. Erstlich, daß dieser Ausdruck beschränkt war auf die Fälle, worin die Consumtion ipso jure wirkte (Note a), indem nämlich überall die Novation nur als eine ipso jure wirkende Handlung erscheint. Zweitens, daß diese Novation, also jede ipso jure eintretende Consumtion, bewirkt wurde durch eine Stipulation, da der allgemeine Begriff der Novation kein anderer ist, als: Vernichtung irgend einer Obligation durch Verwandlung in eine verborum obligatio (e).

Ueber die späteren Schicksale der Consumtion überhaupt und der damit verbundenen Novation insbesondere können wir nicht im Zweifel seyn. Sie sind völlig untergegangen, ohne irgend einen Ueberrest, indem die practischen Folgen, für welche sie eingeführt waren, jetzt auf anderen und sichreren Wegen herbeigeführt werden. Ganz zufällig hat sich die wörtliche Erwähnung der Novation, ohne irgend

(d) Der Umstand, daß Gajus IV. § 176—179 die aus der freiwilligen Stipulation hervorgehende novatio abhandelt, und dann § 180. 181 die Consumtion in der L. C. darstellt ohne dabei den Ausdruck novatio zu wiederholen, kann nicht als Widerlegung gelten. Er erklärt sich aus der auch in *L.* 29 *de nov.* (Note c) hervorgehobenen ganz anomalen Natur dieser Novation.

(e) *L.* 1. 2 *de nov.* (46. 2). Gajus III. § 176—179. — Ich gebe indessen zu, daß dieser auf Analogie gegründete Schluß nicht auf volle Gewißheit Anspruch machen kann, da es bei diesem in jedem Fall anomalen Rechtsinstitut hierin auch wohl anders gewesen seyn könnte.

eine praktische Bedeutung, in zwei Stellen des Justinianischen Rechts erhalten (Note c). Es ist daher durchaus nicht zu rechtfertigen, wenn manche Schriftsteller unsrer Zeit von der aus der L. C. entspringenden Novation als von einem noch fortdauernden Institut des Justinianischen und selbst des heutigen Rechts sprechen (f).

Die eben so wichtige, und noch jetzt vorhandene Wirkung der L. C. in die **Zukunft** ist in sofern ganz unzweifelhaft, als in der That aus ihr ein obligatorisches Verhältniß entsteht, ganz entsprechend dem allgemeinen in der Natur jedes Rechtsstreits gegründeten Bedürfniß (§ 256). Es ist aber zuvörderst zu untersuchen, durch welche juristische Formen dieses obligatorische Verhältniß bewirkt wurde: eine Frage, die nicht ohne Zweifel und Verwicklungen ist.

(f) So **Glück** B. 6 S. 205 und mehrere Andere. Vgl. dagegen **Wächter** H. 3 S. 38 fg. — Insbesondere muß ich auch jetzt die neue Novation aufgeben, die ich früher als im Urtheil liegend angenommen habe (B. 5 S. 325), verleitet durch die Fassung des alten Rechtssprüchworts bei Gajus III. § 180 und der in der Note c angeführten Aeußerung von **Justinian**. Es ist für eine Novation im **Römischen Sinn** weder ein praktisches Bedürfniß, noch irgend ein sicheres Zeugniß vorhanden. Vgl. hierüber **Wächter** H. 3 S. 47. 48. — Die neuen Rechtsverhältnisse, die allerdings jedes rechtskräftige Urtheil erzeugt, sollen damit nicht in Zweifel gezogen werden; von ihnen wird unten ausführlich gehandelt werden. Der praktische Erfolg ist hier auch gewiß derselbe wie bei einer wirklichen Novation, indem der Kläger nicht mehr sein früheres Recht neben dem Urtheil und wider dasselbe geltend machen kann. Nur bezweifle ich, daß jemals ein alter Jurist den Ausdruck novatio von dem Urtheil gebraucht haben möchte; die Tilgung ipso jure, die der eigentliche Charakter der Novation ist, war ja mit der L. C. schon vollendet, und für eine neue Novation war kein Raum vorhanden.

Für die Klagen in rem läßt sich hierüber eine bestimmte Behauptung durch ein unmittelbares Zeugniß des Gajus begründen (g). Dieser sagt, dem Beklagten werde bei solchen Klagen der Vortheil gewährt, die Sache auch während des Rechtsstreits besitzen zu dürfen (possidere conceditur). Dafür müsse er von seiner Seite für den Fall, daß er künftig unterliege, durch eine stipulatio judicatum solvi Entschädigung versprechen und zugleich durch Bürgen sicher stellen (*cum* satisdatione *cavere)*, wodurch dann der Kläger die Befugniß erlange, künftig nach seiner Wahl sowohl den Beklagten selbst, als dessen Bürgen zu verklagen (aut *tecum* agendi, aut *cum sponsoribus tuis)*. Worauf die stipulatio judicatum solvi dieser Bürgen, und also ohne allen Zweifel auch völlig gleichlautend die des Beklagten selbst, als des Hauptschuldners, gerichtet war, wird uns anderwärts ausführlich gesagt. Sie hatte drei Clauseln: de re judicata, de re defendenda, de dolo malo (h). — Demnach müssen wir bei den Klagen in rem, neben der L. C., eine Stipulation annehmen, wodurch die eigenthümlichen Obligationen begründet wurden, die uns

(g) Gajus IV. 89. Die Stelle lautet vollständig so: „Igitur si verbi gratia in rem tecum agam, satis mihi dare debes. Aequum enim visum est, te de eo, quod interea tibi rem, quae an ad te pertineat dubium est, possidere conceditur, cum satisdatione mihi cavere: ut si victus sis, nec rem ipsam restituas, nec litis aestimationem sufferas, sit mihi potestas, aut tecum agendi, aut cum sponsoribus tuis.“ — Daß diese Stipulation, eben so wie bei den persönlichen Klagen, den Namen judicatum solvi führte, sagt ausdrücklich der § 91.

(h) *L.* 6. 17. 19. 21 *jud. solvi* (46. 7).

gegenwärtig, als Folgen der L. C., beschäftigen. Über die formelle Einrichtung dieser ganzen Prozeßhandlung enthalte ich mich, in Ermangelung von Nachrichten, jeder Behauptung; ich lasse es also dahin gestellt seyn, ob die L. C. mit der Stipulation verschmolzen war, oder ob beide als getrennte, aber gleichzeitige Akte neben einander standen.

Diese Stipulation darf übrigens nicht so gedacht werden, als ob dadurch die künftige judicati actio im Voraus novirt, also an der Entstehung verhindert worden wäre. Eine solche Novation einer noch nicht fälligen Obligation war allerdings an sich wohl zulässig (i). Allein vor Allem gehörte zu jeder Novation die Absicht zu noviren, d. h. die Absicht eine andere Obligation durch Umtausch zu zerstören (k), und da diese Absicht hier fehlte, so bestand die actio judicati daneben, so daß der Kläger, der den Prozeß gewann, die Wahl hatte zwischen der judicati actio, der Stipulationsklage gegen den Beklagten, und der Stipulationsklage gegen die Bürgen (l).

Diese ganze Einrichtung bei der petitoria formula war übrigens nichts Neues, ihr Eigenthümliches; es war vielmehr bloß die Fortsetzung und Entwicklung des uralten

(i) *L.* 5 *de nov.* (46. 2).

(k) *L.* 2 *de nov.* (46. 2).

(l) *L.* 8 § 3 *de nov.* (46. 2), *L.* 38 § 2 *de sol.* (46. 3), PAULUS V. 9. § 3. — Diese Bemerkung macht richtig Buchka Einfluß des Prozesses I. 234, obgleich zu einem irrigen Zweck. — Von einer Novation als Einwirkung auf die Vergangenheit, also als Vernichtung einer ursprünglichen Obligation, so wie bei manchen persönlichen Klagen (Note a. b. c. d), konnte hier ohnehin nicht die Rede seyn, da den Klagen in rem überhaupt keine Obligation zum Grunde liegt.

Rechtssatzes, der bei der legis actio in den praedes litis et vindiciarum, und bei dem Sponsionsprozeß in der stipulatio *pro praede* litis et vindiciarum geltend gemacht wurde (m).

So verhielt es sich also, nach sicheren Zeugnissen, bei den Klagen in rem. Weniger einfach und klar ist die Sache bei den persönlichen Klagen.

Betrachten wir zuerst diejenigen persönlichen Klagen, bei welchen die Consumtion ipso jure, vermittelst einer Novation, bewirkt wurde (Note a). Diese unterscheiden sich von den Klagen in rem darin, daß dem Beklagten während des Rechtsstreits nicht etwas Besonderes gewährt, und eben so der Kläger nicht in die Gefahr der Zerstörung oder des Untergangs der streitigen Sache gesetzt wird. Darum braucht hier der Beklagte in der Regel nicht, sondern nur ausnahmsweise, Bürgen zu stellen (n). Dagegen hat es kein Bedenken anzunehmen, daß er selbst, für seine Person, eine Stipulation geschlossen haben möchte; ja diese Annahme hat sogar einen besondern Anhalt in dem Umstand, daß die Novation als solche das Daseyn einer Stipulation voraussetzen läßt (Note e). Der Inhalt dieser Stipulation aber wird ohne Zweifel dieselben drei Clauseln gehabt haben, welche überhaupt bei den Prozeßstipulationen der Bürgen gebraucht wurden (Note h), so daß hierin kein Unterschied zwischen diesen Klagen und den Klagen in rem gewesen sein wird. — Ganz eben so, und zwar noch ge=

(m) Gajus IV. § 91. 94.

(n) Gajus IV. § 102.

wisser, müssen wir eine solche Stipulation des Beklagten annehmen bei denjenigen Fällen persönlicher Klagen, bei welchen ausnahmsweise, aus besonderen Gründen, eine Bürgschaft judicatum solvi gefordert werden konnte. Denn daß einer solchen Stipulation der Bürgen stets eine eigene Stipulation des Beklagten zum Grunde gelegt wurde, läßt sich nicht nur aus innerer Wahrscheinlichkeit annehmen, sondern es wird auch ausdrücklich bezeugt (o).

In den Fällen dieser mit vielen persönlichen Klagen verbundenen Stipulationen, worin stets die doli clausula enthalten war (Note h), erklärt sich dann von selbst der Umstand, daß auch die strengen Klagen von der L. C. an eine eben so freie Natur annahmen, wie sie außerdem nur bei den freien Klagen vorkommt (p).

Was endlich die große Zahl der, nach Abzug der eben erwähnten, noch übrigen persönlichen Klagen betrifft, also diejenigen, bei welchen die Consumtion durch die L. C. nicht ipso jure, sondern per exceptionem (ohne Novation) bewirkt wurde, und bei welchen auch nicht etwa eine exceptionelle Caution durch Bürgen vorkam, so ließe sich auch bei ihnen eine mit der L. C. stets verbundene Stipulation wohl denken, so daß unter dieser Voraussetzung eine Sti-

(o) *L.* 38 § 2 *de sol.* (46. 3). Bei jeder satisdatio war also eine repromissio; fehlte dagegen die satisdatio, so hieß es *nuda* repromissio. *L.* 1 § 5 *de stip. praet.* (46. 5).

(p) S. o. B. 5 S. 501. Der Inhalt dieser Stelle muß nun durch das jetzt Folgende in dem Umfang der Anwendung beschränkt werden; die Sache selbst bleibt richtig.

pulation neben der L. C. allgemein Statt gefunden hätte. Allein ein Zeugniß haben wir für diese Annahme nicht; sie wird vielmehr dadurch unwahrscheinlich, daß alsdann der einfachste und leichteste Erklärungsgrund für die verschiedene Behandlung beider Klassen von Klagen wegfallen würde, indem das Daseyn der Stipulation die Novation natürlich mit sich führt, der Mangel derselben die Novation ausschließt.

Nehmen wir nun an, bei dieser zahlreichen Klasse von Klagen sey keine Stipulation vorgekommen, so müssen wir eine andere Rechtsform aufsuchen, an welche die mit der L. C. auch bei diesen Klagen unstreitig verbundene neue Obligation angeknüpft werden kann. Ganz dasselbe Bedürfniß aber tritt ein für die extraordinaria judicia, die zur Zeit des alten Formularprozesses als Ausnahmen, im späteren R. R. aber als die ganz allgemeine Regel, vorkommen. So nimmt also die Frage nach dieser Rechtsform in der That die größte Ausdehnung und Wichtigkeit in Anspruch.

Die von jeher gewöhnliche Auffassung für das Justinianische Recht geht dahin, die L. C. sey ein Quasicontract, und erzeuge daher contractähnliche Obligationen (q). Mit dieser Auffassung können wir einstimmen, indem dadurch die contractliche Natur des Verhältnisses anerkannt wird, welches dennoch kein wahrer, auf freiem Entschluß beruhender Vertrag ist. Es ist ein fingirter Vertrag, so

(q) Keller § 14, und vor ihm die meisten Schriftsteller.

gut als die negotiorum gestio und die Tutel. Bei diesen entsteht die Obligation aus einseitigen Handlungen, ohne Mitwirkung des anderen Theils. Bei der L. C. erscheinen zwar beide Parteien als mitwirkend, aber die Gründung einer Obligation beruht nicht auf ihrem freien Entschluß den sie auch unterlassen könnten, sondern auf den unabweislichen Vorschriften des Prozeßrechts (r).

Über die Natur dieses contractlichen, oder contractähnlichen, Verhältnisses, wie es durch die L. C. in jeden Rechtsstreit eingeführt wird, sollen jetzt noch einige Betrachtungen folgen.

Die allgemeinste Anerkennung eines solchen Verhältnisses, welches aus der L. C. neu entspringt, und von dem früher vorhandenen Rechtsverhältniß an sich unabhängig ist, findet sich in folgender Stelle des Ulpian:

L. 3 § 11 *de peculio* (15. 1): „Idem scribit, judicati quoque patrem de peculio actione teneri, quod et Marcellus putat; etiam ejus actionis nomine, ex qua non potuit pater de peculio actionem pati; nam

(r) Bethmann-Hollweg S. 75. 79 will keinen Contract annehmen, sondern einen prozessualischen Vertrag, gerichtet auf die ausschließende Unterwerfung unter dieses judicium. Diese Auffassung ist auch wahr, aber einseitig, und drückt die wichtigsten und bleibendsten Seiten des gesammten Verhältnisses nicht aus. Ein ganz dahin passender Ausdruck steht in *L.* 3 *pr. jud. solvi.* (46. 7) „sententiae .... se subdiderunt.“ — Donellus XII. 14. § 6—9 sucht mit großer Subtilität auszuführen, die L. C. sey kein Quasicontract, sondern ein wirklicher, aber stillschweigender Vertrag. Er übersieht dabei, daß zu dem stillschweigenden Vertrag eben so, wie zu dem ausdrücklichen, der freie Wille erforderlich ist, dieser aber hier fehlt.

sicut stipulatione contrahitur cum filio, ita judicio contrahi; proinde non originem judicii spectandam (s), sed ipsam judicati velut obligationem (t)."

Diese Stelle ist eben so wahr unter Voraussetzung einer in der L. C. enthaltenen wirklichen Stipulation, wie sie im älteren Recht theilweise sicher vorkam, als unter Voraussetzung eines Quasicontracts, und sie drückt also das allgemeine und bleibende Wesen des aus der L. C. hervorgehenden Rechtsverhältnisses sehr bestimmt aus.

Aus diesem contractlichen oder contractähnlichen Verhältniß erklären sich befriedigend mehrere in dem vorhergehenden §. bemerklich gemachte Thatsachen. Erstlich warum zur Bezeichnung des in jedem Rechtsstreit eintretenden, besonders wichtigen und entscheidenden Zeitpunktes stets die L. C., nicht die mit ihr gleichzeitige Conception der Formel gewählt wird. Die in der L. C. enthaltene Contractsnatur war der Entstehungsgrund der von dieser Zeit anfangenden Rechtswirkungen, die Formel war blos eine Anweisung für den Juder, und hatte für die Parteien keine unmittelbar verbindende Kraft. — Zweitens warum die L. C. vor dem Prätor vorgehen mußte, nicht vor dem Juder. Die Autorität des Prätors konnte die Parteien sicherer als die

(s) D. h. nicht das ursprüngliche, dem Rechtsstreit vorhergehende, zum Grund liegende Rechtsverhältniß.

(t) D. h. sondern die Obligation, welche aus der in der L. C. enthaltenen Stipulation neu entspringt, und hier auf die Erfüllung des Judicats gerichtet ist. *L. 6 jud. solvi* (46. 7) „de re judicata."

des Judex nöthigen, diesen Vertrag einzugehen, der dem ganzen Rechtsstreit seine Haltung gab.

Es erklärt sich daraus ferner der Umstand, daß das Recht eine Popularklage anzustellen, welches an sich ein gemeinsames Recht aller Römischen Bürger war, durch die L. C. in eine wahre Obligation, in ein Vermögensrecht des Klägers, umgewandelt wurde (u).

Die hier angegebenen, so wie alle übrigen Folgen der Contractsnatur der L. C. sind jedoch nicht so zu denken, als ob diese Contractsnatur durch Zufall oder Willkühr eingeführt worden wäre, und dann alle jene Folgen, die man vielleicht an sich als gleichgültig oder nachtheilig ansehen mochte, auf dem Wege logischer Entwicklung nach sich gezogen hätte. Es verhielt sich damit gerade umgekehrt. Jene Folgen waren es, welche, als der Natur des Rechtsstreits angemessen, herbeigeführt werden sollten; für sie wurde die Contractsnatur der L. C. (ursprünglich bei vielen Klagen durch eine wirkliche Stipulation) aufgestellt, um dafür eine sichere und angemessene juristische Grundlage zu haben.

Der Inhalt des erwähnten contractlichen Verhältnisses besteht zunächst in der Unterwerfung beider Parteien unter dieses Judicium (Note r). Diese Unterwerfung bezieht sich bei allen Klagen auf das eigentliche Urtheil; bei den arbiträren Klagen insbesondere auch noch auf den Gehorsam gegen den vor dem Urtheil von dem Judex ausge-

(u) Die Zeugnisse dafür s. o. B. 2 § 73 Note cc.

sprochenen, auf die Naturalrestitution gerichteten, jussus oder arbitratus (v). Der speciellere Inhalt aber, so wie die Veranlassung dieses Inhalts, läßt sich durch folgende Betrachtung anschaulich machen, die sich an die allgemeine Natur jedes Rechtsstreits und das daraus hervorgehende Bedürfniß (§ 256) anschließt. Wenn zwei Parteien vor den Richter treten, so ist es zunächst völlig ungewiß, wer von beiden das Recht auf seiner Seite hat. In dieser Ungewißheit muß für jeden möglichen Ausfall Vorsorge getroffen werden, und die Parteien werden genöthigt, hierüber einen Vertrag zu schließen, oder auch (wie in dem späteren Recht allgemein) sich so behandeln zu lassen, als ob ein solcher Vertrag geschlossen worden wäre. Der allgemeine Inhalt des Vertrages läßt sich, übereinstimmend mit dem erwähnten Bedürfniß, so ausdrücken: es soll der Nachtheil ausgeglichen werden, der aus der unvermeidlichen Dauer des Rechtsstreits entsteht (w), oder mit anderen Worten: der Kläger soll, wenn er den Prozeß gewinnt, dasjenige erhalten, was er haben würde, wenn das Urtheil gleich Anfangs hätte gesprochen werden können (x).

(v) Daraus erklärt es sich, daß die Unterlassung dieses Gehorsams als eine unerfüllte Obligation, als eine Mora, betrachtet wurde, s. unten § 273 u.

(w) *L.* 91 § 7 *de leg.* 1. „causa ejus temporis, quo lis contestatur, *repraesentari* debet actori.“

(x) *L.* 20 *de R. V.* (6. 1) „ut omne habeat petitor, quod habiturus foret, si eo tempore, quo judicium accipiebatur, restitutus illi homo fuisset.“ — Eben so spricht *L.* 31 *de R. C.* (12. 1), und viele andere Stellen. Diese Aeußerungen, so wie die in der Note w. angeführte, sind bei Gelegenheit einzelner Rechtsverhältnisse entstanden, und werden

Die Veranlassung und Rechtfertigung dieses Vertrags aber giebt Gajus für die Klagen in rem so an: Dem Beklagten wird gestattet, während des Rechtsstreits die streitige Sache zu besitzen, dafür muß er aber von seiner Seite die in dem Vertrag enthaltene Entschädigung versprechen, und sogar durch Bürgen versichern (y).

Die hier dargestellte contractliche Obligation für die nach der L. C. eintretenden Umwandlungen hat sich durch alle Zeiten des R. R. erhalten, und ist auch in unser heutiges Recht übergegangen. Nur hat sich die Form einer ausdrücklichen Stipulation, selbst in den Fällen worin sie in der älteren Zeit angewendet wurde, im Justinianischen Recht gänzlich verloren.

§. 259.

Wesen der Litis Contestation. — II. Canonisches Recht und Reichsgesetze.

Das canonische Recht hält den Römischen Begriff der L. C. (§ 257) unverändert fest, beschäftigt sich aber hauptsächlich mit der Frage, welche auch späterhin als vorzugsweise wichtig behandelt wurde: ob und wann der Beklagte verpflichtet sey, dasjenige zu thun, welches von seiner Seite

unten im Zusammenhang des Details wieder vorkommen. Hier kam es darauf an, den allgemeinen Gesichtspunkt vorläufig zu bezeichnen.

(y) Gajus 4. § 89. — s. o. Note g. Nämlich an sich wäre für denselben Zweck auch wohl eine Sequestration als Sicherungsmittel denkbar gewesen; darauf geht das possidere *conceditur*.

zur Vollziehung einer wahren L. C. beigetragen werden muß. Dazu gehört vor Allem die Erklärung auf den Inhalt der Klage, also auch auf den thatsächlichen Grund derselben: außerdem aber auch die Angabe der etwa vorhandenen Exceptionen (§ 257). Es ist einleuchtend, daß, wenn sich der Beklagte etwa auf Exceptionen beschränken wollte, ohne sich über die Klage zu erklären, eine L. C. darin nicht enthalten wäre und dadurch nicht entbehrlich werden würde, daß also der Beklagte angehalten werden müßte, das von seiner Seite zu einer wahren L. C. Fehlende noch nachzubringen. Aus Vorschriften dieses besonderen Inhalts, die ich im R. R. noch nicht finde, konnte leicht der Schein entstehen, die L. C. sey eine einseitige Handlung des Beklagten, und zwar gerade die Erklärung auf die vom Kläger vorgebrachten Thatsachen, anstatt daß das R. R. darunter eine weit umfassendere gemeinsame Handlung der Parteien versteht, ja sogar wörtlich das litem contestari als eine Thätigkeit des Klägers, nicht des Beklagten, bezeichnet (§ 257. g). Es wird weiter unten gezeigt werden, daß ein aus diesem falschen Schein hervorgehender irriger Sprachgebrauch in späterer Zeit ganz allgemein geworden ist. Jedoch muß bemerkt werden, daß dieser Irrthum dem canonischen Recht in der That nicht zugeschrieben werden darf, dieses vielmehr noch keinen vom R. R. abweichenden Ausdruck enthält.

Die älteste Stelle des canonischen Rechts über die L. C. beschäftigt sich mit der hier entwickelten speciellen Frage noch nicht (a). Dem P. Gregor IX. war ein Fall vorgelegt, worin die Parteien über einzelne Stücke des Rechtsstreits (super pluribus articulis) schriftliche Behauptungen und Gegenbehauptungen (positiones et responsiones) dem Richter eingereicht, auch dabei geäußert hatten, was sie vor Gericht zu erklären gesonnen seyen (quae partes *voluerunt* proponere coram eis). Der Papst spricht nun aus; darin sey noch keine gültige L. C. enthalten, diese müsse vielmehr noch nachgeholt werden, um einen rechtsgültigen Prozeß zu begründen,

> „quia tamen litis contestationem non invenimus esse factam, quum non per positiones et responsiones ad eas, sed *per petitionem in jure propositam et responsionem secutam litis contestatio fiat.*“

Der hier gedachte Gegensatz schließt also die schriftlichen Vorbereitungen des Rechtsstreits, als ungenügend, aus, und fordert zu einer wahren L. C. das gemeinsame Erscheinen der Parteien im Gericht, und die vollständige Erklärung derselben über den Rechtsstreit; es ist der Gegensatz eines schriftlichen Vorverfahrens gegen das mündliche Verfahren vor Gericht, und der Ausspruch des Papstes ist ganz dem R. R. gemäß.

Die zwei folgenden Decretalen betreffen das oben erwähnte Verhältniß der L. C. zu den Exceptionen.

(a) *C. un. X. de litis cont.* (2. 5). — Wörtlich gleichlautend ist hierin eine andere Decretale desselben Papstes: *C.* 54 § 3 *X. de elect.* (1. 6).

P. Innocenz IV. verordnet, durch vorgebrachte Exceptionen dürfe der Beklagte die L. C. nicht hindern, noch verzögern; jedoch mit Ausnahme der Exceptionen „de re judicata, transacta seu finita“ (b).

Dieselbe Vorschrift wiederholt P. Bonifaz VIII., mit dem sehr natürlichen Zusatz, daß eine bloße Exception auch nicht etwa selbst schon als eine vollzogene L. C. angesehen werden dürfe (c).

Es ist nun ferner von den Veränderungen in dem Wesen der L. C. Rechenschaft zu geben, welche durch die Reichsgesetze, so wie durch die Praxis und Literatur der neueren Zeit herbeigeführt worden sind (d). Um für diese Veränderungen einen festen Standpunkt zu gewinnen, wird es gut seyn, sogleich das letzte Ziel anzugeben, wohin diese sehr allmälige Entwicklung geführt hat, also die Auffassung, welche in der neueren Literatur des Prozesses, so wie in der Praxis, so allgemeine Geltung gewonnen hat, daß jeder Widerspruch dagegen nur in dem Sinn einer gelehrten Kritik, durch Zurückführung auf ältere Quellen, versucht worden ist, wenngleich hie und da nicht ohne den Anspruch, der neu aufgestellten Behauptung auch in der Praxis wieder einige Geltung zu verschaffen.

(b) *C. 1 de litis cont. in VI.* (2. 3) — Es sind dieses die nachher von unsren Schriftstellern sogenannten exceptiones litis ingressum impedientes.

(c) *C. 2 de litis cont. in VI.* (2. 3).

(d) Ausführlich handelt von diesem Gegenstand Wächter H. 3 S. 70—88.

Dieser moderne Begriff läßt sich so darstellen:

Die L. C. ist eine einseitige Handlung des Beklagten, bestehend in der Erklärung desselben auf die in der Klage aufgestellten Thatsachen, also verschieden von allen Einreden.

In zwei Stücken weicht diese Auffassung wesentlich ab von dem R. R.

Erstlich indem sie die L. C. als eine einseitige Handlung des Beklagten ansieht, anstatt daß das R. R. dabei ein gemeinsames Handeln beider Parteien annimmt, und sogar vorzugsweise die mitwirkende Thätigkeit des Klägers mit jenem Namen bezeichnet (§ 257).

Diese Abweichung beruht weniger auf veränderten Rechtsbegriffen, als auf der veränderten Form des Verfahrens. Bei einem blos schriftlichen Verfahren ist ein gemeinsames und gleichzeitiges Handeln der Parteien nicht möglich, so daß man dabei genöthigt ist, die L. C. von einer Prozeßhandlung des Beklagten abhängig zu denken, welche dann mit der vorhergehenden Handlung des Klägers, dem Inhalt nach, ein Ganzes bildet, eben so wie im R. R. die gleichzeitigen Reden und Gegenreden beider Parteien. Daher ist denn auch diese Abweichung den Reichsgesetzen fremd, welche stets noch ein mündliches Verfahren in Terminen und Audienzen voraussetzen (e).

(e) Artikel des K. G. zu Lindau ꝛc. von 1500 Art. XIII. § 1. 2 (Neueste Sammlung der R. A., Th. 2 S. 75). Anfangs wird so geredet, als sey die L. C. ein Geschäft des Beklagten. Dann aber heißt es: „Item, und so der Krieg also von beyden Theilen be-

Auch ist diese Abweichung für unsern gegenwärtigen Zweck, d. h. für die Aufstellung eines festen Anfangspunktes der materiellen Wirkungen der L. C., von keiner Erheblichkeit. Es kommt nur darauf an, sich deutlich bewußt zu werden, daß hierin etwas von dem R. R. Verschiedenes gedacht wird.

Zweitens weicht diese Auffassung von dem R. R. darin ab, daß sie die L. C. auf die rein thatsächlichen Erklärungen des Beklagten beschränkt, anstatt daß das R. R. das gesammte in der formula enthaltene Material schon in der L. C. vorkommen läßt, also, außer der Erklärung über die Thatsachen, auch alle Exceptionen, Replicationen und Duplicationen. Auf den ersten Blick scheint es, daß dadurch eine Erleichterung und Beschleunigung der L. C. bezweckt und bewirkt seyn möchte, indem eine bloße Erklärung über die Thatsachen schneller herbeizuführen ist, als jenes weit umfassendere Material. Daß dennoch aus anderen Gründen dieser Erfolg nicht eintrat, wird sogleich gezeigt werden.

Aus dieser Auffassung, verbunden mit jener ersten, folgte mit Nothwendigkeit die dem R. R. völlig fremde Eintheilung der L. C. in eine *affirmative*, *negative* und *gemischte*, je nachdem der Beklagte alle in der Klage

festigt ꝛc." — K. G. O. von 1523 Art. 3 § 3 (a. a. O. S. 248): „Würden aber keine Exceptiones fürgewendt ... *soll der Kläger alsbald darauf den Krieg befestigen* ꝛc." (Am Rande steht: Litis Contestatio).

enthaltene Thatsachen bejaht, oder alle verneint, oder einige bejaht, andere verneint (f). — Die affirmative darf übrigens nur in Verbindung mit Einreden gedacht werden, da sie außerdem gar nicht die Absicht eines Rechtsstreits in sich schließt, sondern vielmehr die Natur einer Römischen in jure confessio hat (g).

Die zweite Abweichung ist allerdings schon in den Reichsgesetzen enthalten, die sich besonders damit beschäftigen, die Verzögerung der L. C. zu verhüten, jedoch nicht etwa um dieses Zweckes Willen einen neuen Begriff der L. C. absichtlich aufstellen wollen, sondern hierin vielmehr

(f) Man könnte auch etwa die negative L. C. in einem bloßen Widerspruch gegen den Anspruch des Klägers bestehen lassen wollen, wobei es ganz unbestimmt gelassen würde, ob die Thatsachen ganz oder theilweise verneint, und ob Einreden aufgestellt werden sollten. Eine Erklärung dieser Art ist nicht nur dem R. R. und dem canonischen Recht fremd, sondern auch den späteren Reichsgesetzen, wie sogleich gezeigt werden wird. Eine solche Erklärung enthält Nichts, als die Ausschließung einer reinen confessio, also den ausgesprochenen Entschluß, Prozeß zu führen, worüber ohnehin in den allermeisten Fällen kein Zweifel ist. Gefördert wird dadurch in dem Rechtsstreit gar Nichts, diese Handlung ist also nur ein verschleppendes Element, und es ist durchaus kein Grund vorhanden, practische Folgen daran zu knüpfen. — Ältere Reichsgesetze nehmen allerdings eine L. C. in dem hier erwähnten Sinn an (Vergl. Note i).

(g) Die Glossatoren haben sich viel mit der Frage beschäftigt, ob eine reine confessio als L. C. gelten könne, und ob darauf ein condemnatorisches Urtheil zu sprechen sey. Die Behandlung dieses Falles betrifft blos die äußere Prozeßform, und hat keine practische Wichtigkeit. Im R. R. galt die unzweifelhafte Regel: confessus *pro judicato est (L. 1 de confessis 42. 2)*, so daß ein Urtheil gewiß nicht nöthig war, und nicht erlassen wurde. Im Preußischen Prozeß wird für diesen Fall eine Agnitions-Resolution abgefaßt, welche die Wirkung eines Erkenntnisses hat (A. G. O. I. 8. § 14—16).

nur dem herrschenden Sprachgebrauch der gleichzeitigen Schriftsteller folgen.

Um dieses zur Anschauung zu bringen, ist es nöthig, auf den Inhalt der Reichsgesetze genauer einzugehen, wobei sogleich mit der Kammergerichtsordnung von 1555 angefangen werden kann, da die weit unvollständigeren früheren Gesetze durch diese beseitigt worden sind.

Zum Verständniß dieses Gesetzes muß bemerkt werden, daß dasselbe drei Audienzen in jeder Woche annimmt, Montag, Mittwoch, Freitag. Jeder neue Termin soll eintreten in einem durch eine Anzahl von Audienztagen bestimmten Zeitraum nach der vorhergehenden Prozeßhandlung; bei Sachen des ordentlichen Prozesses (in ordinariis) in der zwölften Audienz, bei summarischen Sachen (in extraordinariis) in der sechsten; für beide Klassen von Sachen sollen die oben erwähnten Audienztage abwechselnd angewendet werden (Tit. 1 Tit. 2 § 1). — In der Regel soll die L. C. im zweiten Termin vorgenommen werden, also in der zwölften Audienz nach dem ersten Termin; diese Regel leidet eine Ausnahme, wenn dilatorische oder andere den Prozeß hindernde Einreden vorgebracht werden (h). In diesem Fall wird über solche Einreden in drei

(h) Tit. 13 § 1 „So .. setzen Wir, sofern .. der Antworter nicht dilatorias, oder andere exceptiones, dardurch das Recht verhindert, oder aufgeschoben, oder die Kriegs-Befestigung verhindert würde, fürzubringen hätte, daß alsdann derselbige in ordinariis in der zwölften Audienz, auf die Klag zu antworten, und den Krieg zu befestigen schuldig seyn soll.

Terminen verhandelt, vielleicht auch noch länger, wenn darüber ein Beweisverfahren nöthig wird (Tit. 24—26). Außerdem werden im vierten Haupttermin die übrigen peremtorischen Einreden vorgebracht, und es wird darüber gleichfalls in drei Terminen verhandelt (Tit. 27—29).

Über die L. C. ist noch besonders bestimmt, daß der Beklagte, wenn er die Klage bestreiten, also Prozeß führen wolle, dieses nicht in weitläufigen Reden, wie es bisher geschehen, sondern durch einen kurzen Widerspruch gegen die Klage überhaupt, nicht gerade gegen die einzelnen darin enthaltenen Thatsachen thun solle (i). Die bestimmte Erklärung des Beklagten auf die von dem Kläger vorgebrachten einzelnen Thatsachen sollte erst im vierten Termin nachfolgen, und diese Responsiones auf die Artikel der Klage werden daher von der L. C. sowohl durch die Bezeichnung, als durch die im ganzen Prozeß angewiesene Stelle, deutlich unterschieden (Tit. 15 § 4).

Diese ganze Behandlung konnte als eine Erleichterung und Beschleunigung der L. C. angesehen werden, da in der That ein allgemeiner Widerspruch nicht wohl mit

(i) Tit. 13 § 4 „Und nachdem bisher die Procuratores in litis contestationibus, je zu Zeiten viel unnothdürftiger und überflüssiger Wort gebraucht ... Wollen Wir, daß fürhin ein jeder Procurator, der .. mit nicht gestehen auf die Klag antworten, und also litem negative contestiren will, andere oder mehr Wort nicht gebrauchen soll, dann nemlich also: In Sachen *N. contra N.* bin ich der Klag nicht geständig, bitt mich ... zu erledigen, und mit diesen Worten soll der Krieg, ob auch der Litis contestation nicht ausdrücklich Meldung geschehe, befestigt zu seyn gehalten und verstanden werden.“ Vergl. oben Note f.

einigem Schein zu verweigern ist, und daher leichter und schneller als eine specielle Erklärung verlangt und bewirkt werden kann. Auf der anderen Seite aber war dem Beklagten, der die Sache hinhalten wollte, ein freier Spielraum eröffnet durch die mannichfaltigen Einreden, deren langwierige Verhandlung ihn einstweilen berechtigte, selbst jene höchst allgemeine Erklärung nicht abzugeben, also die L. C. zu unterlassen (Note h).

Hierin gewährte der R. A. von 1570 eine durchgreifende Abhülfe, indem er vorschrieb, daß auch neben dilatorischen Einreden im zweiten Termin in jedem Fall eine eventuelle L. C. vorgenommen werden sollte (k).

Diese Vorschrift wurde bestätigt und weiter ausgeführt in dem neuesten Reichsgesetz über den Prozeß (l). Der Jüngste Reichsabschied verordnet nämlich, daß der Beklagte nicht erst in dem zweiten, sondern schon in dem ersten Termin, wozu jedoch mindestens Sechszig Tage frei zu lassen sind, sowohl alle Exceptionen, bei Strafe der Präclusion, vorbringen, als auch eine bestimmte Erklärung über alle in der Klage enthaltene Thatsachen abgeben soll. — Diese factische Erklärung heißt hier nicht L. C., der Name aber kommt in demselben Gesetz anderwärts vor (m), und daß darunter die oben vorgeschriebene Erklärung über die Thatsachen verstanden werde, kann wohl nicht bezweifelt

(k) R. A. 1570 § 89. 90, Neueste Sammlung Th. 3 S. 299.

(l) J. R. A. von 1654 § 36—40, Neueste Sammlung Th. 3 S. 648. 649. — Die Hauptstelle ist der § 37.

(m) § 110 „nicht allein vor angefangenem Recht-Stand, und litis contestation“ etc.

werden. Nur in dem einzigen Falle sollte der Beklagte die L. C. verweigern dürfen, wenn er die Competenz des Richters durch eine Einrede bestreiten wollte (n).

Es ist nicht zu verkennen, daß durch dieses Gesetz der ganze Zustand wesentlich verbessert worden ist, und daß es hauptsächlich an dem Mangel einer strengen Durchführung desselben gelegen hat, wenn späterhin der gemeine Prozeß dem wahren Bedürfniß oft nicht entsprochen hat. Indessen bleiben auch hier noch dem Beklagten, der die L. C. verzögern will, manche Mittel übrig. Die Einrede der Incompetenz kann zu einer längeren Verhandlung misbraucht werden. Wenn ferner der Beklagte im ersten Termin nicht erscheint, so führt auch das im § 36 angeordnete Contumacialverfahren einen nicht geringen Aufschub mit sich.

Besonders aber leidet jenes Gesetz keine unmittelbare Anwendung auf den späterhin in Deutschland sehr allgemein angewendeten rein schriftlichen Prozeß, worin gar keine Termine mündlicher Verhandlung, sondern regelmäßig Vier Schriftsätze, vorkommen. Denkt man sich den J. R. A. hierauf ehrlich und streng angewendet, so wird die L. C. stets in der sogenannten Exceptionsschrift zu suchen seyn, welche die Erklärung über die Thatsachen der Klage, sey es mit oder ohne Exceptionen, enthalten muß. Diese Stellung der L. C. ist auch mit dem wahren Sinn des R. R. übereinstimmend, nur mit dem minder erheblichen Unterschied, daß in der Römischen L. C. auch schon

(n) § 37 am Ende und § 40.

die Replicationen und Duplicationen vorkamen, die hier erst in dem dritten und vierten Schriftsatz erscheinen (o).

Auch hier aber bleibt dem böswilligen Beklagten noch manches Mittel übrig, die L. C. willkührlich zu verzögern, und dadurch dem Kläger die Rechte zu schmälern, die ihm in der That zugedacht sind. Dazu können misbraucht werden die wiederholten Fristgesuche, ferner die einer längeren Verhandlung empfängliche Einrede der Incompetenz, endlich die bloße Verweigerung oder Unterlassung der L. C., die selbst durch manche Scheingründe beschönigt werden kann. Einem solchen unredlichen Verfahren mit sicherem Erfolg entgegen zu treten, fehlt es im gemeinen Prozeß an bestimmten Rechtsregeln. Auch ist dabei noch folgender Umstand zu berücksichtigen. Wenn die L. C., wie angenommen wird, in der Erklärung auf die Thatsachen besteht, so bleibt ungewiß, wie es angesehen werden soll, wenn die Erklärung unbestimmt, unverständlich, unvollständig ist, etwa so daß sie sich nur auf einen kleinen Theil der thatsächlichen Grundlagen der Klage bezieht. Man könnte sagen, nun müsse durch eine Art von Fiction eine wirkliche L. C. angenommen werden. Dann könnte man aber noch einen Schritt weiter gehen, und in jeder Exceptions-

(o) Vollständiger übereinstimmend mit dem Begriff der Römischen L. C. ist der dem Preußischen Prozeß der allgemeinen Gerichtsordnung eigenthümliche Status causae et controversiae. Nur tritt dabei der practisch sehr erhebliche Unterschied ein, daß dieser Status am Ende von Terminen abgefaßt wird, deren Anzahl und Zeit von einer sehr regellosen Willkühr des Deputirten und der Parteien abhängt.

schrift, auch wenn sie keine Spur einer thatsächlichen Erklärung enthält, eine L. C. fingiren. Nur ist dieses Alles völlig willkührlich, und es ist eine bloße Illusion, wenn man glaubt, damit das R. R., oder die Reichsgesetze, oder auch nur die neuere Praxis wirklich anzuwenden. — Wenn von allen diesen Schwierigkeiten in vielen Ländern keine merkliche Beschwerde empfunden worden ist, so liegt dieses theils an der guten Aufsicht der Gerichte, theils darin daß die Praxis nicht bei der L. C. als Grund und Zeitpunkt der materiellen Veränderungen während des Prozesses stehen geblieben ist, wovon am Schluß dieser ganzen Lehre gehandelt werden wird.

Wie weit aber hierin der Misbrauch und die Gefährdung des Rechts getrieben werden kann, davon giebt der Sächsische Prozeß Zeugniß. In diesem kommt es sehr gewöhnlich vor, daß eine ganze Instanz hindurch über die Verbindlichkeit des Beklagten zur L. C. gestritten, und am Ende durch Urtheil festgestellt wird, daß Beklagter, Einwendens ungeachtet, auf die erhobene Klage sich einzulassen schuldig; dieses Urtheil kann dann wieder durch Rechtsmittel angegriffen und durch die Instanzen verfolgt werden.

§. 260.

Wirkungen der Litis Contestation. — Einleitung.

Indem nunmehr die Wirkungen der L. C. dargestellt werden sollen, sind dieselben an den oben angegebenen Grundsatz anzuknüpfen, nach welchem die Aufgabe dieses

Rechtsinstituts auf die Ausgleichung der nachtheiligen Folgen geht, welche aus der an sich nicht wünschenswerthen, aber unvermeidlichen Dauer des Rechtsstreits entspringen (§ 256. 258). Die jetzt im Einzelnen darzustellenden Wirkungen sind nur als Entwicklungen jenes Grundsatzes anzusehen. Es muß jedoch dazu noch durch folgende Vorbemerkungen ein fester Grund gelegt werden.

I. Die Aussprüche der Römischen Juristen über jene Wirkungen beziehen sich auf zwei verschiedenartige Anwendungen, deren Inhalt aber dergestalt zusammenfällt, daß sie ohne Unterschied als ganz gleichbedeutend angesehen werden dürfen.

Die meisten dieser Aussprüche betreffen die Frage, wie in Folge der L. C. das richterliche Urtheil eingerichtet werden müsse, und diese sind auch auf unsren heutigen Rechtszustand unmittelbar anzuwenden.

Mehrere Aussprüche aber betreffen eine Frage, welche nicht bei allen Klagen, sondern nur bei den arbitrariae actiones (§ 221), vorkommen konnte: Die Frage, welche Handlungen nach der L. C. der Beklagte auf die Aufforderung des Juder vorzunehmen habe, um die Verurtheilung von sich abzuwenden. Diese Handlungen bestanden, wie oben gezeigt wurde, in einer Restitution oder Exhibition. Hier also lautet die Frage so: Was muß der Beklagte freiwillig thun, um nicht verurtheilt zu werden? oder mit anderen Worten: Was gehört zu einer wahren, genügenden, die Verurtheilung abwendenden Restitution? (a) Was gehört zu einer wahren Exhibition? (b)

So verschieden nun diese Fragen, ihrer wörtlichen Fassung nach, lauten, so sind sie dennoch in der That identisch, so daß die Antwort auf die eine Frage, ohne Gefahr eines Irrthums, auch als Antwort auf die andere Frage behandelt werden kann. Denn was der Beklagte als genügende Restitution vornehmen muß um der Verurtheilung zu entgehen, hat ganz denselben Umfang wie Das, wozu er verurtheilt wird, wenn er die freiwillige Restitution unterläßt (c), und eben so umgekehrt. — Da wir übrigens keine arbitrariae actiones mehr haben (§ 224), so gewähren uns die Aussprüche über die wahre Restitution und Exhibition nur den indirecten Vortheil, daß wir daraus lernen, worauf die Verurtheilung gerichtet werden muß, wenn es überhaupt zu einer solchen kommt (d).

(a) *L.* 35. 75. 246 § 1 *de V. S.* (50. 16), *L.* 20 *L.* 35 § 1 *de rei vind.* (6. 1).

(b) *L.* 9 § 5. 6. 7. 8 *ad exhib.* (10. 4)

(c) Allerdings mit dem Unterschied, daß das Urtheil nur auf Geld gehen konnte, anstatt daß die Restitution in Natur geschah. Vergl. B. 5 § 221. Auch kann im einzelnen Fall, nach thatsächlichen Verhältnissen, in der Restitution etwas Anderes nöthig seyn und genügen, als das worauf später das Urtheil gelautet hätte. Im Allgemeinen aber ist die Identität des Inhalts bei der Restitution und dem Urtheil unverkennbar.

(d) In sofern steht allerdings unser heutiges Recht dem älteren R. R. gleich, daß auch bei uns keine Verurtheilung erfolgt, wenn der Beklagte während des Prozesses das Verlangen des Klägers vollständig erfüllt. Dieser Fall ist aber in unsrem heutigen Recht von keiner practischen Erheblichkeit, anstatt daß im R. R. die arbitrariae actiones künstlich darauf berechnet waren, daß der Beklagte freiwillig restituiren oder exhibiren sollte, um größeren Nachtheilen zu entgehen.

II. Die materiellen Wirkungen der L. C. sind allerdings darauf berechnet, den Vortheil des Klägers zu befördern. Denn der Kläger ist es, der durch die unvermeidliche Dauer des Rechtsstreits einen Nachtheil erleiden kann, und eben gegen diesen Nachtheil soll er künstlich geschützt werden durch die Reduction des Urtheils auf den Zeitpunkt der L. C. (e).

Indessen ist dieser Zweck nicht so abstract aufzufassen, als ob der Kläger in jedem einzelnen Falle durch jene Reduction nothwendig gewinnen, oder auch nur nicht verlieren müßte. Es können vielmehr durchkreuzende practische Rücksichten eintreten, welche in einzelnen Fällen einen anderen Erfolg herbeiführen. Solche Rücksichten können in anderen Fällen auch wohl die Anwendung jener Reduction selbst ausschließen.

Es ist daher überhaupt in diesem Rechtsinstitut eine gewisse practische Biegsamkeit wahrzunehmen.

III. Der Grundsatz, mit dessen Entwicklung in einzelnen Folgen wir uns nun zu beschäftigen haben, beruht auf einem so natürlichen Bedürfniß, daß wir eine frühe Anerkennung desselben wohl erwarten dürfen. Und in der That zeigt sich derselbe schon wirksam in der uralten Vindication durch legis actio. Bei dieser mußten im Anfang des Rechtsstreits vom Beklagten praedes litis et vindiciarum gestellt werden, Bürgen für die Sache selbst und die Früchte derselben, also gegen die Nachtheile, die dem

(e) *L.* 86. 87 *de R. I.* (50. 17), *L.* 29 *de nov.* (46. 2).

Kläger daraus entstehen konnten, daß er die Beendigung des Rechtsstreits abwarten mußte. In der späteren Vindication per sponsionem trat an die Stelle jener alten praedes eine Stipulation pro praede litis et vindiciarum, das heißt als ein mit derselben Wirkung versehenes Surrogat. Und diese wieder gieng bei der petitoria formula, mit Veränderung der Form und des Namens, in eine Stipulation judicatum solvi über (f).

Ich muß es daher als unhistorisch verwerfen, wenn neuerlich behauptet worden ist, jener Grundsatz der Reduction auf die Zeit der L. C. sey die neue Erfindung eines positiven Gesetzes, des unter Hadrian über die Erbschaftsklage erlassenen Senatsschlusses (g). Der Grundsatz selbst war uralt, aber freilich nirgend abstract ausgesprochen, sondern nur in einzelnen Anwendungen anerkannt. Unter den Händen der juristischen Schriftsteller wurde er allmälig ausgebildet und entwickelt. Auch der

(f) Gajus IV. § 91. 94. 89 Vergl. oben § 258. g. — Man könnte glauben, bei der petitoria formula fehle ein Versprechen wegen der Früchte während des Rechtsstreits. Allein dieses liegt in den Worten des § 89: „ut si victus sis, *nec rem ipsam restituas*“ rel. Denn in dem restituere, durch dessen Unterlassen die Stipulation des Beklagten und der Bürgen verletzt und zur Klage fällig gemacht (commissa stipulatio) wurde, lag auch der Ersatz der omnis causa. Vgl. die in Note a angeführten Stellen.

(g) Heimbach, Lehre von der Frucht S. 155 fg. — Fände sich jener Grundsatz nur bei der Erbschaftsklage und der damit nahe verwandten Eigenthumsklage erwähnt, so hätte die Behauptung noch einigen Schein; allein er kommt eben so auch bei den Condictionen vor, und es wird wohl Niemand annehmen wollen, daß diese unter dem Einfluß des Sc. Iuventianum gestanden hätten. Vgl. *L.* 31 *de reb. cred.* (12. 1).

angeführte Senatsschluß nahm ihn in sich auf, und trug zur Ausbildung desselben bei. Es war also sehr natürlich, daß die gleichzeitigen und späteren Schriftsteller dieses Gesetz, vielleicht das ausführlichste über den ganzen Gegenstand, zum Anhaltspunkt ihrer eigenen Ausführungen wählten; ohne damit sagen zu wollen, daß jener Grundsatz erst durch jenes Gesetz neu eingeführt worden sey und vor demselben gar nicht gegolten habe (h).

IV. Der aufgestellte Grundsatz läßt sich in zwei Hauptregeln auflösen.

Es kann geschehen, daß die juristischen Bedingungen der Verurtheilung zur Zeit der L. C. vorhanden sind, während der Dauer des Rechtsstreits aber verschwinden. Der Grundsatz führt dahin, daß nun die Verurtheilung dennoch erfolgen muß.

Es kann ferner geschehen, daß die Verurtheilung zwar auch noch späterhin erfolgt, aber dem Kläger weniger Vortheile verschafft, als er jetzt haben würde, wenn sie schon zur Zeit der L. C. erfolgt wäre. Der Grundsatz führt nun dahin, der Verurtheilung einen solchen Umfang zu geben, daß dadurch diese Differenz ausgeglichen wird.

Die erste Regel soll durch künstliche Reduction auf den Zeitpunkt der L. C. die Verurtheilung selbst sichern,

(h) So ist zu verstehen die Stelle des Paulus in *L.* 40 *pr. de her. pet.* (5.3). „Illud quoque, *quod in oratione D. Hadriani est,* ut post acceptum judicium id actori praestetur, quod habiturus esset, si eo tempore, quo petit, restituta esset hereditas, interdum durum est."

da wo ohne diese Regel eigentlich eine Freisprechung erfolgen müßte.

Die zweite Regel soll den Umfang der Verurtheilung so bestimmen, daß der Kläger nicht weniger Vortheile erhalte, als er durch eine zur Zeit der L. C. erfolgte Verurtheilung jetzt haben würde.

Beide Regeln zusammen, also der vollständige Grundsatz in welchem sie als verschiedene Anwendungen enthalten sind, werden bezeichnet durch den Ausdruck: *causa* praestanda est oder *causa* restitui debet (i). Causa also, oder omnis causa, causa omnis, heißt alles dasjenige, welches in Anwendung jener Regeln durch das richterliche Urtheil dem Kläger verschafft werden soll.

§. 261.

Wirkung der L. C. — I. Verurtheilung selbst gesichert.

Zuvörderst sind diejenigen Fälle zusammen zu stellen, in welchen die Bedingungen der Verurtheilung zur Zeit der L. C. vorhanden sind, während des Rechtsstreits aber ver-

(i) In den meisten Stellen, worin diese Ausdrücke vorkommen, wird zufällig nur die zweite Regel als die häufigere und wichtigere, daran geknüpft; am häufigsten der Ersatz der Früchte. In folgenden Stellen aber wird der Ausdruck so gebraucht, daß er entschieden beide Regeln umfaßt. § 3 *I. de off. jud.* (4. 17), *L.* 35 *de V. S.* (50. 16) „Restituere autem is intelligitur, qui simul *et causam actori reddit*, quam is habiturus esset, si statim judicii accepti tempore res ei reddita fuisset, *id est et usucapionis causam, et fructuum.*“ Die usucapionis causa besteht eben in einer Anwendung der ersten Regel.

schwinden. Die L. C. soll hier die Wirkung haben, daß die Verurtheilung dennoch gesichert bleibe (§ 260).

I. Klagverjährung nach der L. C.

Unter jene Fälle gehört, für Klagen aller Art, der Fall der Klagverjährung, welche zur Zeit der L. C. erst angefangen war, während des Rechtsstreits aber den für ihre Vollendung bestimmten Zeitpunkt erreicht hat.

Nach dem älteren Recht sollte die L. C. die Wirkung haben, daß die Verurtheilung dennoch ausgesprochen würde, oder mit anderen Worten: die L. C. sollte die angefangene Klagverjährung unterbrechen.

Dieses hat sich im neueren R. R. dadurch verändert, daß schon die Insinuation der Klage die Klagverjährung völlig unterbrechen soll, wodurch also die erwähnte Wirkung, die im früheren Recht an die L. C. geknüpft war, nunmehr absorbirt wird (§ 242. 243).

II. Usucapion nach der L. C.

Bei den Klagen in rem kann es geschehen, daß das Recht des Klägers (z. B. das Eigenthum), welches zur Zeit der L. C. vorhanden war, während des Rechtsstreits untergegangen ist; das soll die Verurtheilung nicht hindern.

Der wichtigste Fall dieser Art ist der der Usucapion; wenn nämlich der Beklagte, der die Usucapion zur Zeit der L. C. angefangen hatte, diese während des Rechtsstreits vollendet, so daß zur Zeit des Urtheils in der That nicht mehr der Kläger, sondern vielmehr der Beklagte, wahrer

Eigenthümer ist. Wie ist dagegen dem Kläger zu helfen? (a)

Der Gedanke liegt sehr nahe, diesen Fall eben so zu behandeln wie den der Klagverjährung, also in die L. C. (oder auch in die Insinuation) eine Unterbrechung der Usucapion zu legen die dann nicht ablaufen könnte, so daß das Eigenthum unverändert bliebe.

Dieser Gedanke ist jedoch dem R. R. völlig fremd, welches vielmehr den Fortgang und Ablauf der Usucapion während des Rechtsstreits auf unzweifelhafte Weise anerkennt (b). Es hilft aber dem Kläger auf indirecte Weise, indem es dem Beklagten die Verpflichtung auflegt, das wirklich erworbene Eigenthum auf den Kläger zurück zu übertragen, welches im älteren Recht oft durch Mancipation geschehen mußte, im neuesten Recht aber stets durch Tradition bewirkt wird. Daneben soll der Beklagte auch noch Caution stellen für den Fall, daß er etwa in der Zwischenzeit, worin er Eigenthümer war, nachtheilige Veränderungen in dem Recht an der Sache vorgenommen haben sollte (c).

(a) Sehr gut handelt von diesem Fall Keller S. 173—179.

(b) *L.* 2 § 21 *pro emt.* (41. 4), *L.* 17 § 1 *in f. de rei vind.* (6. 1). — Auch die in der folgenden Note angeführten Stellen beweisen diesen Satz völlig, weil eine Rückübertragung des Eigenthums weder nöthig noch möglich wäre, wenn nicht der Beklagte durch vollendete Usucapion Eigenthum erworben hätte.

(c) *L.* 18. 20. 21 *de rei vind.* (6. 1), *L.* 35 *de V. S.* (50. 16 vgl. oben § 260. i), *L.* 8 § 4 *si serv.* (8. 5) „quemadmodum placet in dominio aedium.“ — Wenn *L.* 18 *cit.* sagt: „debet eum *tradere,*“ so ist das eine unzweifelhafte Interpolation, da Gajus

Aus zwei verschiedenen Gründen ist behauptet worden, daß im heutigen Recht diese Regeln nicht mehr gelten, indem jetzt auch für die Usucapion eine wahre Unterbrechung durch die L. C. (oder durch die Insinuation) eintrete.

Erstlich ist behauptet worden, die L. C. mache den Besitz zu einem unredlichen, die Usucapion aber werde durch jede mala fides, auch durch die mala fides superveniens, nach den Vorschriften des canonischen Rechts unterbrochen (§ 244). — Von der Unredlichkeit des Besitzes, die durch die L. C. bewirkt werden soll, wird unten ausführlich gesprochen werden (§ 264). Wenn man sie auch in einem figürlichen Sinn, durch eine Art von Fiction, annehmen wollte, so kann sie doch in der unmittelbaren Bedeutung, wie sie das canonische Recht unzweifelhaft auffaßt, unmöglich behauptet werden; es wäre widersinnig zu sagen, jeder Beklagte befinde sich von der L. C. an in einem sündlichen Zustand, und in diesem Sinn faßt das canonische Recht die mala fides auf. — Dieser Grund für eine veränderte Rechtsregel muß also entschieden als unhaltbar verworfen werden (d).

Ein zweiter Grund für eine Veränderung der Rechtsregeln hat ungleich mehr Schein. Neben der Usucapion, und als Ergänzung derselben, wurde schon frühe eine longi temporis praescriptio von zehen oder zwanzig Jahren eingeführt. Dieses war eine reine Klagverjährung, und es

sehr wohl wußte, daß das Eigenthum eines Sklaven nicht durch Tradition, sondern nur durch Mancipation oder in jure cessio übertragen werden konnte.

(d) So wird die Sache richtig dargestellt von Kierulff S. 277, und Wächter H. 3 S. 105.

ist unzweifelhaft, daß sie, so wie jede andere Klagverjährung, durch die L. C. (später durch die Insinuation) unterbrochen wurde (e). Nun hat Justinian an die longi temporis possessio, welche früher nur eine praescriptio begründete, bei unbeweglichen Sachen die Wirkung der Usucapion geknüpft: im Fall der bona fides sogar auch an den dreißig- oder vierzig-jährigen Besitz, und ohne Unterschied der beweglichen und unbeweglichen Sachen (f). Hierüber haben sich zwei verschiedene Meinungen gebildet. Nach der einen Meinung hat der Erwerb von 10, 20, 30 Jahren, auch nachdem ihm gleiche Wirkung mit der Usucapion beigelegt worden ist, dennoch seine ursprüngliche Natur einer Klagverjährung beibehalten, so daß darauf die Unterbrechung durch Insinuation der Klage anzuwenden ist (g). Nach der anderen Meinung ist jeder Erwerb, welchem Justinian die Wirkung einer Usucapion beigelegt hat, als eine wahre, eigentliche Usucapion, nur mit anderen Zeitfristen als denen des älteren Rechts anzusehen, und es sind darauf alle Bestimmungen des älteren Rechts über die Usucapion unmittelbar anzuwenden, namentlich auch die Bestimmung, daß die L. C. den Lauf dieser Usucapionen nicht unterbricht, sondern nur eine Verpflichtung des Beklagten zur Rückgabe des Eigenthums erzeugt.

(e) *L.* 1. 2. 10 *C. de praescr. longi temp.* (7. 33), *L.* 2 *C. ubi in rem* (3. 19), *L.* 26 *C. de rei vind.* (3. 32).

(f) *L.* 8 *pr.* § 1 *C. de praescr. XXX.* (7. 39) vom J. 528.

(g) Wächter H. 3 S. 99—104.

Ich halte die zweite Meinung für die richtige, und zwar hauptsächlich deswegen, weil Justinian selbst den Besitz von 3, 10, 20 Jahren geradezu als Usucapion bezeichnet (h), und dadurch als einen Rechtsbegriff aufstellt, auf welchen er die in seinen Rechtsbüchern über die Usucapion aufgestellten Vorschriften angewendet wissen will. — Für die entgegengesetzte Meinung wird ein Gesetz von Justinian angeführt, welches folgenden Inhalt hat (i). Wenn der Eigenthümer eine Vindication gegen den Besitzer seiner Sache deswegen nicht anbringen kann, weil dieser Besitzer abwesend, oder Kind, oder wahnsinnig ist, so darf der Eigenthümer seine Klage bei dem Präses, oder dem Bischof, oder dem Defensor einreichen u. s. w.,

„et hoc sufficere ad omnem temporalem interruptionem, sive triennii, sive longi temporis, sive triginta vel quadraginta annorum sit." (Vorher heißt es: interruptionem temporis facere, et sufficere hoc ad plenissimam interruptionem.)

Aus diesen Worten wird gefolgert, die Klage unterbreche jetzt wirklich die Usucapion. Allein Justinian hatte

(h) *pr. J. de usuc.* (2. 6) „et ideo Constitutionem super hoc promulgavimus, qua cautum est, ut res quidem mobiles per triennium, immobiles vero per longi temporis possessionem, i. e. inter praesentes decennio, inter absentes viginti annis, *usucapiantur.*" — Daß hier der dreißigjährige Besitz nicht mit aufgeführt ist, mag aus Nachlässigkeit oder aus Rücksicht auf dessen exceptionelle Natur und Beschaffenheit herrühren; eine wesentliche Verschiedenheit kann aus dieser Auslassung auch für diesen Fall nicht abgeleitet werden. Auch er enthält eine wahre Usucapion, und wird nur zufällig nicht so genannt.

(i) *L. 2 C. de ann. exc.* (7. 40).

in diesem Gesetz augenscheinlich nur den Zweck, für einen seltenen Nothfall eine rein practische Auskunft zu erfinden, nicht die feinere Natur dieser Rechtsverhältnisse zu bestimmen. Für jenen practischen Zweck war durch die neue Vorschrift völlig gesorgt, und in dieser Hinsicht konnte man es eine interruptio nennen, weil es für den vorliegenden Zweck, wenn der Kläger wirklich Eigenthum hatte, ganz gleichgültig war, ob die Usucapion unterbrochen, oder dem Kläger ein Anspruch auf Verurtheilung des Gegners zur Rückgabe des Eigenthums gesichert war. Die dreijährige Usucapion war doch gewiß nicht aus einer alten Klagverjährung hervorgegangen, und bei ihr ist also nicht einmal eine scheinbare Veranlassung anzugeben, weshalb sie hätte die Natur einer eigentlichen Usucapion verlieren, und in die einer Klagverjährung umgebildet werden sollen; dennoch ist auch sie, wie die übrigen Fälle, in jenem Gesetz ausdrücklich mit aufgeführt, und mit ihnen ganz auf gleiche Linie gestellt.

Diese ganze Streitfrage übrigens ist von geringer practischer Erheblichkeit. Die Fälle, in welchen die Gefahr einer Usucapion durch Klage abgewendet werden muß, sind überhaupt nicht häufig, und wo sie vorkommen, ist es für die Sicherheit des alten Eigenthümers ziemlich gleichgültig, ob er durch Unterbrechung der Usucapion geschützt wird, oder vielmehr, wie ich glaube, auf dem Wege, den dafür das ältere R. R. angiebt.

Dieselben Regeln, welche hier für die Usucapion aufgestellt worden sind, müssen auch angewendet werden, wenn eine Servitut durch confessorische Klage verfolgt wird, und während des Rechtsstreits, nach der L. C., die für den Nichtgebrauch bestimmte gesetzliche Frist abläuft. In diesem Fall geht die Servitut durch Nichtgebrauch wirklich unter, der Beklagte muß aber verurtheilt werden, sie durch eine neue juristische Handlung wiederherzustellen: nach dem älteren Recht durch in jure cessio, nach dem neueren durch Vertrag (k).

III. Persönliche Klagen, deren Grund nach der L. C. verschwindet.

Bei den persönlichen Klagen kommt zuerst der Fall in Betracht, wenn während des Rechtsstreits die Obligation untergeht, und zwar durch freiwillige Leistung von Seiten des Beklagten. Man sollte glauben, es hätte nie bezweifelt werden können, daß nun der Rechtsstreit von selbst zu Ende sey. Bei den arbiträren Klagen war dieses auch in der That der Fall, indem durch die ganze Behandlung derselben recht absichtlich auf die freiwillige Erfüllung mit dem Erfolg der Freisprechung hingewirkt werden sollte. Allein bei den übrigen Klagen war die Sache streitig, jedoch wahrscheinlich nur bei den strengen Klagen. Die härtere Meinung der Proculianer gieng dahin, daß dennoch der Beklagte verurtheilt werden sollte. Die mildere Meinung der Sabinianer nahm die Freisprechung an, und diese Meinung wurde durch die Regel ausgedrückt: omnia judi-

(k) *L.* 5 § 5 *si ususfr.* (7. 6), *L.* 10 *de usufr. accresc.* (7. 2), *L.* 8 § 4 *si serv.* (8. 5). Vgl. Keller S. 175.

cia esse absolutoria (l). Natürlich hat Justinian diese mildere Meinung angenommen (m).

Außer der Erfüllung kommen noch folgende einzelne, weniger erhebliche, Fälle vor, worin während des Rechtsstreits die ursprünglich vorhandene Bedingung einer persönlichen Klage wegfallen kann.

Wegen des von einem Sklaven begangenen Diebstahls hatte der Bestohlene eine Noxalklage gegen den Eigenthümer des Sklaven; das Eigenthum wurde erfordert zur Zeit der L. C. Wenn nun der Beklagte den Sklaven nach der L. C. veräußerte, so entgieng er dadurch der Verurtheilung nicht, selbst wenn die Veräußerung an den Kläger geschah (n).

Bei der Klage ad exhibendum besteht die Hauptbedingung in einem rechtlichen Interesse des Klägers an der Exhibition. Wenn nun dieses zur Zeit der L. C. vorhanden ist, nachher verschwindet, so müßte nach unsrem Grundsatz der Beklagte verurtheilt werden. Hier aber tritt eine Ausnahme ein, indem die Verurtheilung nur dann erfolgen soll,

(l) Gajus IV. § 114. Aber auch nach der strengeren Meinung sollte doch wahrscheinlich nicht der Beklagte die doppelte Leistung bekommen und behalten. Vielleicht wurde er dagegen durch eine condictio sine causa geschützt. Ausführlich handelt von dieser Frage Keller S. 180—184.

(m) § 2 *J. de perpet.* (4. 12). Eine Spur des verworfenen strengeren Grundsatzes ist wahrscheinlich aus Versehen in die *L.* 84 *de V. O.* (45. 1) übergegangen. Vgl. oben B. 5 S. 135, und Wächter H. 3 S. 26.

(n) *L.* 37 *L.* 38 *pr. de nox. act.* (9. 4).

wenn auch noch zur Zeit des Urtheils das Interesse des Klägers fortdauert (o).

Nach der L. Julia sollte die Klage gegen einen Freigelassenen auf eine operarum obligatio ausgeschlossen seyn, wenn der Freigelassene zwei Kinder hatte. Wenn nun nach der L. C., während des Rechtsstreits, das zweite Kind geboren wurde, so hätte eigentlich, nach unsrem Grundsatz, die Verurtheilung erfolgen müssen. Hier aber wurde das Gegentheil angenommen, offenbar aus derselben Begünstigung, woraus dieses ganze Privilegium entsprungen war (p).

§. 262.

Wirkung der L. C. — I. Verurtheilung selbst gesichert. (Fortsetzung.)

IV. Uebergang der Klagen auf die Erben.

Unter den persönlichen Klagen finden sich viele, die nicht gegen die Erben des ursprünglichen Schuldners angestellt werden können, und unter diesen sind die wichtigsten die Pönalklagen. Für alle diese Klagen gilt die durchgreifende Regel, daß sie auf die Erben übergehen, wenn der Beklagte erst nach der L. C. stirbt (a). Diese Regel ist die unmit-

(o) *L.* 7 § 7 *ad exhib.* (10.4).

(p) *L.* 37 *pr.* § 6 *de op. libert.* (38. 1).

(a) *L.* 58 *de O. et A.* (44.7), *L.* 29 *de nov.* (46. 2), *L.* 87. 139 *pr. de R. J.* Vgl. B. 5 § 211. g, § 230, und Keller § 20. — Die *L.* 33 *de O. et A.* (44. 7), die hierin besondere Schwierigkeit macht, ist schon oben § 257 erklärt worden. — Die, ohnehin weit seltneren Klagen, die von Seiten des Klagberechtigten unvererblich sind, richten sich nach ganz anderen Regeln, und werden nicht erst durch die L. C. der Vererbung fähig.

telbare Folge der in der L. C. enthaltenen contractlichen Obligation, durch welche diejenige Eigenschaft des ursprünglichen Rechtsverhältnisses absorbirt wird, in welcher die Unvererblichkeit desselben gegründet war.

V. Entstehung des Rechts nach der L. C.

Bisher sind die Fälle erwogen worden, in welchen das zur Zeit der L. C. vorhandene Recht des Klägers während des Rechtsstreits verschwindet; unser Grundsatz führte dahin, daß diese Änderung dem Kläger nicht schaden soll. Wir haben jetzt den umgekehrten Fall zu betrachten, wenn das Recht des Klägers zur Zeit der L. C. nicht vorhanden ist, während des Rechtsstreits aber entsteht; wenn also z. B. ein Nichteigenthümer vindicirt und während des Rechtsstreits Erbe des Eigenthümers wird, oder wenn ein Anderer als der Creditor eine wirklich vorhandene Schuld einklagt, während des Rechtsstreits aber durch Beerbung des wahren Creditors die Forderung erwirbt (b).

Hier ist zuvörderst einleuchtend, daß unser Grundsatz keine Anwendung finden kann. Wollte man auf das neu erworbene Recht eine Verurtheilung gründen, so würde dadurch nicht etwa ein durch die Dauer des Rechtsstreits herbeigeführter Verlust von dem Kläger abgewendet werden (worauf allein unser Grundsatz abzweckt), sondern der Kläger würde durch jene Dauer Etwas gewinnen, da

(b) Von dieser Frage handeln: Voetius VI. 1 § 4 (kurz und gründlich), Glück B. 8 S. 147 bis 151, mit ausführlicher Angabe der Schriftsteller, und Wächter H. 3 S. 120—124.

er zur Zeit der L. C. unzweifelhaft abgewiesen worden wäre.

Ferner ist das practische Interesse dieser Frage an sich weit geringer. In dem bisher betrachteten umgekehrten Fall kam es darauf an, den Kläger gegen den Verlust des Rechts selbst zu schützen, den er z. B. durch den ungeschwächten Fortgang der Klagverjährung oder der Usucapion erlitten haben würde. Dieser Verlust des Rechts selbst kann hier in keinem Fall eintreten. Lassen wir die Beachtung des neu erworbenen Rechts im gegenwärtigen Prozeß zu, so erreicht der Kläger seinen Zweck sogleich; lassen wir sie nicht zu, so wird der Beklagte freigesprochen, der Kläger kann aber in einer neuen Klage sein Recht geltend machen, und verliert also blos Zeit und Prozeßkosten. Dieses galt selbst nach der Strenge des alten R. R., da das neu erworbene Recht eine nova causa bildete, also durch die frühere Klage nicht in judicium deducirt und consumirt war (c). Das Interesse der Frage ist also nicht materiell, nur prozessualisch, woraus übrigens nicht folgt, daß wir deshalb weniger sorgfältig auf die Entscheidung derselben einzugehen hätten.

A. Nach R. R. muß angenommen werden, daß der spätere Erwerb des Rechts die Verurtheilung nicht rechtfertigt. Dafür sind folgende Stellen entscheidend:

L. 23 *de jud.* (5. 1) von Paulus: „Non potest

(c) *L.* 11 § 4. 5 *de exc. rei jud.* (44. 2). Diese Stelle wird in der Lehre vom Urtheil vollständig benutzt werden.

videri in judicium venisse id, quod post judicium acceptum accidisset, ideoque alia interpellatione opus est.“ Das heißt: die nach der L. C. eintretenden Veränderungen dürfen auf das Urtheil dieses Judex keinen Einfluß haben; es bedarf also einer neuen Klage (d) um sie geltend zu machen. Diese Regel wird hier ganz allgemein aufgestellt, ohne Unterschied zwischen in rem und in personam, zwischen stricti juris und bonae fidei actio.

L. 35 *de jud.* (5. 1) von Javolenus: „Non quemadmodum fidejussoris obligatio in pendenti potest esse, et vel in futurum concipi, ita judicium in pendenti potest esse, vel de his rebus, quae postea in obligationem adventurae sunt. Nam neminem puto dubitaturum, quin fidejussor ante obligationem rei accipi possit: judicium vero, antequam aliquid debeatur, non posse.“ Diese Stelle spricht blos von persönlichen Klagen, von diesen aber ganz allgemein, ohne Unterschied zwischen strengen und freien.

Eine bestätigende Anwendung der aufgestellten Regel findet sich bei der actio ad exhibendum. Die Bedingung dieser Klage ist ein rechtliches Interesse des Klägers bei der Exhibition. Wenn nun dieses Interesse zur Zeit der

(d) Interpellare für judicio interpellare, verklagen, kommt auch sonst öfter vor, z. B. *L.* 1 *de distr.* (20. 5), *L.* 13 § 3 *de injur.* (47. 10).

L. C. fehlt, während des Rechtsstreits aber entsteht, so soll dennoch keine Verurtheilung erfolgen, indem das Daseyn des Interesse in beiden Zeitpunkten (L. C. und Urtheil) erfordert wird (e).

Eine fernere Bestätigung liegt in folgender wichtigen Regel, deren vollständiger Zusammenhang erst weiter unten in der Lehre vom Urtheil erklärt werden kann. Wenn der Kläger das Eigenthum der vindicirten Sache erst nach der L. C. erwirbt, so soll ihm das abweisende Urtheil bei einer neu angestellten Vindication nicht als Exception entgegen gesetzt werden können (f). Dies wird hier allgemein ausgesprochen, ohne Unterschied, ob der neue Erwerb vor oder nach dem ersten Urtheil eingetreten ist. Zwar wird zunächst nur die Wirksamkeit der exceptio rei judicatae im zweiten Prozeß verneint, und es wird nicht ausdrücklich die Frage berührt, ob etwa auch schon in der ersten Vindication der Richter wegen des inzwischen erworbenen Eigenthums verurtheilen dürfe. Allein die Gründe, die der Jurist zur Bestätigung seines Ausspruchs anführt, lassen keinen Zweifel, daß er eine solche Verurtheilung für unmöglich halten mußte (g).

Viele Schriftsteller haben einen Widerspruch gegen die

(e) *L.* 7 § 7 *ad exhib.* (10. 4), vgl. oben § 261. o.

(f) *L.* 11 § 4. 5 *de exc. rei jud.* (44. 2).

(g) *L. cit.* „... alia enim causa fuit prioris dominii, haec nova nunc accessit. Itaque adquisitum quidem postea dominium aliam causam facit, mutata autem opinio petitoris non facit.“

hier aufgestellte Behauptung in folgender Stelle des Paulus finden wollen (h):

„Si mandavero tibi, ut a Titio decem exigeres, et ante exacta ea, mandati tecum egero, si ante rem judicatam exegeris, condemnandum te esse constat."

Dieser Widerspruch ist in der That nicht vorhanden. Durch den übernommenen Auftrag das Geld einzufordern, ist die actio mandati bereits vollständig begründet, und durch die während des Rechtsstreits erfolgte Einforderung kann höchstens der Inhalt und Umfang des Urtheils etwas anders bestimmt werden. Paulus will also nicht sagen, daß nur im Fall einer früheren Einforderung eine Verurtheilung überhaupt erfolgen solle (i); die Meinung geht vielmehr dahin, daß nach der Einforderung unbedingt auf die Auszahlung des erhobenen Geldes erkannt werde, anstatt daß vor der Einforderung auf die Vollziehung des Auftrags (nach R. R. auf das Interesse) erkannt werden müßte. Der Ausspruch des Paulus muß daher in Gedanken so ergänzt werden: *decem* condemnandum te esse constat. — Um den vermeintlichen Widerspruch zwischen dieser Stelle und den oben angeführten zu lösen, haben mehrere Schriftsteller (k) einen Unterschied zwischen den

(h) *L.* 17 *mandati* (17. 1).

(i) So verstehen die Gegner die Stelle, indem sie durch das **arg. a contrario** hinzudenken: **si non exegeris, absolvendum te esse.** Allein die unbedingte Anwendung dieses Arguments ist überall bedenklich, und sie muß besonders hier verworfen werden, da die Absolution, nach der allgemeinen Natur der Mandatsklage, in keinem Fall zu rechtfertigen wäre.

(k) Keller S. 185. 187. Wächter H. 3 S. 121.

stricti juris und bonae fidei actiones behauptet; bei jenen soll die strengere, bei diesen (wohin denn eben die Mandatsklage zu rechnen wäre) die mildere Regel gegolten haben. Durch die eben aufgestellte Erklärung fällt das Bedürfniß einer solchen Vereinigung hinweg. Sie wird aber auch dadurch widerlegt, daß die oben angeführten Stellen über die strengere Regel nicht auf die stricti juris actiones beschränkt sind, während umgekehrt gerade bei der actio ad exhibendum die strengere Regel eintritt (Note e), obgleich die actio ad exhibendum unter die arbiträren, also unter die freiesten Klagen überhaupt, gehört.

In der That hängt aber auch die hier erörterte Regel mit den strengen, buchstäblichen Formen des alten Prozesses gar nicht zusammen. Sie beruht vielmehr auf der ganz natürlichen Betrachtung, daß für Fälle wie der hier vorausgesetzte die Anstellung einer neuen Klage an sich zweckmäßiger ist, und daß die entgegengesetzte Behandlung das Recht des Beklagten gefährden kann, indem dieser bis dahin unmöglich seine Vertheidigung auf das angeblich neu erworbene Recht des Klägers einrichten konnte.

Andere Stellen, wodurch man die hier vertheidigte Regel zu widerlegen gesucht hat, beziehen sich gar nicht auf den Fall, wenn das Recht des Klägers zur Zeit der L. C. fehlt, später erworben wird (von welchem Fall hier allein die Rede ist), sondern vielmehr auf die während des Prozesses eintretenden factischen Veränderungen; von diesen aber wird weiter unten (No. VI.) noch besonders die Rede seyn.

Mit Unrecht hat man mit der Erörterung unsrer Frage folgende ganz andere in Verbindung zu bringen gesucht. Wenn der Kläger aus Versehen in der Klage einen unrichtigen Gegenstand, oder eine zu geringe Summe bezeichnet, so soll ihm dieses für die Erhaltung seines Rechts keine Gefahr bringen; und zwar nach dem älteren Recht, indem es ihm stets frei stand, durch eine neue Klage den Irrthum zu berichtigen (l): nach dem Justinianischen Recht, indem er die Berichtigung noch in demselben Prozeß mit Erfolg vornehmen kann (m). — Eine solche Berichtigung der in der Klage begangenen Irrthümer ist von dem hier vorliegenden Fall eines erst während des Rechtsstreits neu entstandenen Rechts des Klägers völlig verschieden.

B. Nach dem canonischen Recht hat unsre Rechtsregel eine wesentliche Abänderung erlitten. P. Innocenz IV. hat nämlich folgenden Unterschied aufgestellt (n). Wenn in der Klage nicht nur das Recht selbst, sondern auch der Erwerbsgrund desselben, bestimmt ausgedrückt sey, so solle im Fall eines späteren Erwerbs (ganz wie im R. R.) die Verurtheilung nicht erfolgen dürfen, sondern vielmehr eine neue Klage erforderlich seyn. Wenn dagegen die Klage

(l) Gajus IV. § 55. 56. — In manchen Fällen war nach altem Recht auch schon in dem ersten Prozeß eine Berichtigung des begangenen Irrthums zulässig, und zwar gerade in solchen Fällen, worin außerdem eine neue Klage durch die Consumtion ausgeschlossen seyn würde.

(m) § 34. 35 *J. de act.* (4. 6). Nach den Regeln des heutigen gemeinen Prozesses würde eine solche Veränderung des Klaglibells nicht mehr zulässig seyn.

(n) *C.* 3 *de sentent. in VI.* (2. 14).

nur das Recht selbst (z. B. Eigenthum), nicht den Erwerbsgrund (z. B. Usucapion), ausdrücke, so solle der während des Rechtsstreits eintretende Erwerb auch schon jetzt, ohne neue Klage, zur Verurtheilung führen.

An diese sehr weitläufige Verordnung gegen die unrichtige Deutung zu schützen, die dafür neuerlich versucht worden ist (o), muß die Bemerkung vorausgeschickt werden, daß diese Decretale, so wie viele andere, aus zwei verschiedenen Theilen zusammengesetzt ist. Sie enthält zuerst einen Auszug der Prozeßacten, also die Behauptungen und Gründe beider Parteien. Darauf folgt das ausgesprochene Urtheil des Richters, welches am Schluß des ganzen Gesetzes der Papst bestätigt, und dadurch zur gesetzlichen Kraft erhebt (p). In dem Urtheil des Richters, also in dem gesetzlichen Theil der ganzen Stelle, lauten die entscheidenden Worte also:

„Ex iis enim, quae post inchoatum judicium eveniunt, quando causa fuit exposita specialis, nec debet nec potest judicis animus ad proferendam sententiam informari, quia, quum certae causae facta est mentio, utpote donationis vel venditionis aut alterius specialis, oportet incepti judicii tempus attendi, ut liquido cognoscatur, an tunc interfuerit actoris, propter illa,

(o) Wächter H. 3 S. 122. 123.

(p) „Nos igitur, cardinalis ejusdem sententiam ratam habentes, eam auctoritate apostolica confirmamus." — Die richterliche Entscheidung, die hier mit Gesetzeskraft versehen wird, fängt an mit den Worten: „Praefatus igitur cardinalis, praemissis omnibus."

quae specialem comitantur causam et necessario adesse debent, veluti locus et tempus et hujusmodi, quae sunt sollicite attendenda, et sine quibus causa vacua et invalida censeretur. Sed quum est in genere absque alicujus causae declaratione petitum, non sic oportet accepti judicii tempus inspici, quia non requiruntur, nec sunt opportuna, nec attendi possunt hujusmodi comitantia in hoc casu."

In diesen Worten ist genau und unzweideutig die Unterscheidung von zwei Fällen möglicher Abfassung der Klage (nämlich mit oder ohne Angabe des Erwerbsgrundes für das eingeklagte Recht) enthalten, welchen ich oben als Inhalt des Gesetzes angegeben habe (q). Und diese Unterscheidung muß daher auch für unser heutiges gemeines Recht maaßgebend seyn.

(q) Wächter H. 3 S. 122. 123. faßt die Sache so auf, als sey die Benutzung des neuen Erwerbes auch in dem Fall zulässig, wo aus einem speciellen Erwerbsgrunde geklagt wird, wenn nur späterhin „gerade derjenige Erwerbungsgrund, auf welchen die dingliche Klage gestützt wird, durch ein späteres Ereigniß begründet wurde;" welches ohne Zweifel so viel heißen soll, als: der spätere wahre Erwerbungsgrund müsse mit dem früheren falschen gleichnamig seyn — denn identisch ist er mit demselben niemals, wie es gerade in den Worten der Decretale sehr richtig anerkannt wird. Wächter beruft sich zum Beweise dieser Behauptung auf eine Stelle der Decretale, welche nicht zu der richterlichen und gesetzlichen Entscheidung, sondern zu den Prozeßacten gehört, also an sich gar nichts beweisen kann. Diese Verwechslung verschuldet zunächst Glück, welcher S. 149. 150 gerade diese Stelle der Prozeßacten als das eigentliche Gesetz irrig abdrucken läßt. Aber auch selbst die allegirte Stelle der Prozeßacten hat, genauer angesehen, nicht den von Wächter angenommenen Inhalt, sondern stimmt eigentlich ganz mit der nachfolgenden gesetzlichen Entscheidung überein.

Es versteht sich aber dabei von selbst, daß auch in dem von dem Papst anerkannten Fall der Kläger dennoch keinen Gebrauch von dem während des Rechtsstreits eingetretenen Erwerb des Rechts machen kann, wenn die allgemeinen für den Prozeßgang bestehenden Regeln damit im Widerspruch sind; insbesondere also in dem Fall, wenn erst nach dem Beweistermin der neue Erwerb Statt findet (r).

§. 263.

Wirkung der Litis Contestation. — I. Verurtheilung selbst gesichert. (Fortsetzung.)

VI. Factische Verhältnisse.

Wenn man die Bedingungen vollständig anzugeben versucht, durch welche eine Verurtheilung überhaupt, oder doch der Umfang einer Verurtheilung, bestimmt wird, so finden sich unter denselben außer dem Rechte des Klägers, wovon allein bisher die Rede war, auch noch manche factische Verhältnisse, die in Vergleichung mit jenem Rechte des Klägers (der eigentlichen Grundlage jeder Klage), als Nebenumstände aufgefaßt werden können. Bei der Vindication z. B. ist die Hauptbedingung der Klage das Eigenthum des Klägers: daneben aber ist auch der Besitz des Beklagten nöthig, wenn eine Verurtheilung erfolgen soll. Auch für solche factische Verhältnisse muß die Frage beantwortet werden, in welcher Zeit das Daseyn derselben erforderlich ist. Wenngleich nun sich dabei zeigen wird, daß die L. C.

(r) Stryk Lib. 6. Tit. 1 § 11. Wächter S. 124.

nicht der erforderliche Zeitpunkt ist, so darf dennoch auch hier diese Untersuchung nicht abgelehnt werden, weil außerdem neben den Wirkungen der L. C. ein benachbarter unbestimmter Raum übrig bleiben würde, in welchem Zweifel und Misverständnisse über die L. C. Platz nehmen können, und wirklich nicht selten genommen haben (a).

Es sind dabei in gleicher Art, wie es bei dem Recht des Klägers geschehen ist, zwei Fälle zn unterscheiden.

Erstlich kann ein solches factisches Verhältniß zur Zeit der L. C. vorhanden seyn, nachher verschwinden. Zweitens kann dasselbe zur Zeit der L. C. fehlen, nachher entstehen.

Der erste Fall wird zweckmäßiger weiter unten, in anderem Zusammenhang, betrachtet werden. Wenn nämlich bei der Vindication der zur Zeit der L. C. vorhandene Besitz des Beklagten während des Rechtsstreits verloren geht, so gehört die Beurtheilung dieses Falles in die Reihe der möglichen Verminderungen, für welche der Beklagte nach Umständen Entschädigung zu leisten oder nicht zu leisten hat. Davon wird in vollständigem Zusammenhang bei den Wirkungen der L. C. auf den Umfang der Verurtheilung gehandelt werden (§ 272 fg.).

Es bleibt also hier nur der zweite Fall zu erwägen übrig, wenn das erforderliche factische Verhältniß zur Zeit der L. C. fehlt, während des Rechtsstreits aber entsteht.

Hier ist als Regel anzunehmen, daß der Zustand zur

(a) Von dieser Frage handeln: Keller S. 190—194. Wächter H. 3 S. 126.

Zeit der L. C. Nichts bedeutet, und daß es allein darauf ankommt, ob das factische Verhältniß zur Zeit des Urtheils vorhanden ist. Es gilt also hierin die umgekehrte Regel von derjenigen, welche oben für das Recht des Klägers angegeben worden ist (§ 262).

Die hier aufgestellte Regel soll zunächst bei den einzelnen Klagen, worin sie vorkommt, nachgewiesen werden; daran wird sich eine allgemeinere Betrachtung anschließen können.

A. Bei der Vindication des Eigenthums ist es gleichgültig, ob der Beklagte zur Zeit der L. C. den Besitz hat; zur Zeit des Urtheils muß dieser Besitz nothwendig vorhanden seyn (b).

Eine bloße Anwendung dieser Regel ist es, daß der Erbe des Beklagten, der als solcher zur Uebernahme der Vindication nicht verpflichtet ist (c), in diese Verpflichtung eintritt, sobald er selbst den Besitz erwirbt (d).

B. Bei der Erbschaftsklage wird der Beklagte verur-

(b) *L.* 30 *pr. de pec.* (15. 1), *L.* 27 §. 1 *de rei vind.* (6. 1) „. . si litis contestatae tempore non possedit, quo autem judicatur possidet, probanda est Proculi sententia, ut omnimodo condemnetur." Zu diesem ganz klaren Ausspruch, welcher mit allen übrigen Stellen übereinstimmt (s. die folgenden Noten) paßt freilich nicht der Anfang des §: „Possidere autem aliquis debet utique *et* litis contestatae tempore, *et* quo res judicatur." Es muß dahin gestellt bleiben, ob bei diesem Widerspruch eine ungenaue Fassung der angeführten Anfangsworte zum Grunde liegt, oder vielmehr die Erwähnung einer älteren Controverse, die nur in dem unvollständigen Excerpt der Compilatoren nicht mehr erkennbar ist. Keller S. 191. 192.

(c) *L.* 42 *de rei vind.* (6. 1).

(d) *L.* 8 *in f. ad exhib.* (10. 4).

theilt, je nach dem Besitz den er zur Zeit des Urtheils an Erbschaftssachen hat, ohne Rücksicht darauf, ob er vielleicht zur Zeit der L. C. aus der Erbschaft gar Nichts oder weniger als zur Zeit des Urtheils, besessen hatte (e).

C. Bei der actio ad exhibendum kommt es lediglich darauf an, ob der Beklagte zur Zeit des Urtheils die Sache besitzt (f), und eben so ist der Erbe des ursprünglichen Beklagten zu verurtheilen, wenn er selbst nur vor dem Urtheile Besitzer geworden ist (g).

D. Bei der actio de peculio hängt der Erfolg von dem Geldwerthe ab, welchen das Peculium hat. Dieser Werth aber wird bestimmt nach der Zeit des Urtheils, nicht der L. C. (h). Ja selbst wenn der mit dieser Klage Belangte während des Rechtsstreits den Sklaven verkauft, so wird er dennoch bis auf die Höhe desjenigen Werthes verurtheilt, welcher sich zur Zeit des Urtheils findet (i).

E. Wenn bei der actio depositi der Beklagte zur Zeit des Urtheils die Sache besitzt und zu ihr gelangen kann, so wird er verurtheilt, selbst wenn im Anfang des Rechtsstreites, weil es an einem dieser Umstände fehlte, eine Freisprechung hätte erfolgen müssen (k).

(e) *L.* 18 § 1 *de her. pet.* (5. 3), *L.* 4 *L.* 41 *pr. eod.* — Bloße Anwendungen dieser Regel sind es, welche sich in *L.* 16 *pr.* und *L.* 36 § 4 *eod.* finden.

(f) *L.* 7 § 4 *ad exhib.* (10. 4), *L.* 30 *pr. de pec.* (15. 1).

(g) *L.* 8 *ad exhib.* (10. 4).

(h) *L.* 30 *pr. de pec.* (15. 1). — *L.* 7 § 15 *quib. ex causis* (42. 4), *L.* 5 § 2 *de lib. leg.* (34. 3), *L.* 35 *de fidej.* (46. 3).

(i) *L.* 43 *de pec.* (15. 1). — Stirbt der Sklave während des Rechtsstreits, so wird auf den Werth zur Zeit des Todes gesehen.

(k) *L.* 1 § 21 *depos.* (16. 3). Die einzelnen Ausdrücke dieser Stelle

F. Die Verurtheilung bei der actio pignoratitia hängt davon ab, daß die Schuld, wofür das Pfand gegeben war, getilgt sein muß (l). Wenn aber nur der Kläger auch während des Rechtsstreits die Zahlung der Schuld anbietet, so muß dennoch die Verurtheilung auf Rückgabe des Pfandes erfolgen (m).

Ulpian giebt als Grund dieser Regel und ihrer einzelnen Anwendungen den Umstand an, daß von jenen factischen Verhältnissen (dem Besitz, dem Werth des peculii,) nichts in der Intentio stehe, weshalb der Mangel jener Verhältnisse die Richtigkeit der Klage, und also auch die Verurtheilung, nicht ausschließe (n).

Diesen Grund könnte man so auffassen, als ob blos in dieser zufälligen Abfassung der Klagformeln der Grund jener Regel enthalten wäre, so daß es blos einer Verbesserung der Formeln bedurft hätte, um etwa eine ganz andere Regel herbeizuführen, und die ganze Beurtheilung

erklären sich aus der Vergleichung mit GAJUS IV. § 47.

(l) *L.* 9. § 3 *de pign. act.* (13. 7).

(m) *L.* 9 § 5 *de pign. act.* (13. 7).

(n) *L.* 30 *pr. de pec.* (15. 1) „quaesitum est, an *teneat* actio de peculio, etiamsi nihil sit in peculio, cum ageretur: si modo sit rei judicatae tempore? Proculus et Pegasus nihilo minus *teneri* ajunt: INTENDITUR ENIM RECTE, etiamsi nihil sit in peculio. Idem et circa ad exhibendum et in rem actionem placuit: quae sententia et a nobis probanda est." — Daher heißt es auch in *L.* 9 *de rei vind.* (6. 1) „*Officium autem judicis* in hac actione in hoc erit, ut judex inspiciat an reus possideat;" nämlich in der formula war von dem Besitz des Beklagten nicht die Rede: die Prüfung desselben gehörte also zu den Stücken, wozu der Judex auch außer der Instruction berechtigt und verpflichtet war, d. h. eben zu dem *officium* judicis.

auch dieses Punktes nach dem Zustand zur Zeit der L. C. einzurichten. Man muß aber vielmehr umgekehrt annehmen, daß aus inneren Gründen die oben aufgestellte Regel angenommen wurde, so daß die oben erwähnte Abfassung der Formeln nicht als Grund, sondern als Folge und Ausdruck der Regel anzusehen ist.

Der innere Grund der Regel ist aber wohl so zu denken. Wenn der Kläger behauptet, daß sein Eigenthum zwar zur Zeit der L. C. noch nicht vorhanden gewesen, nachher aber entstanden sey (§ 262), so ist es für die gründliche Entscheidung des Rechtsstreits zuträglicher, daß deshalb eine neue Klage angestellt werde, weil außerdem der Beklagte in seiner Vertheidigung verkürzt werden könnte. Wenn dagegen das Eigenthum des Klägers von Anfang an vorhanden war, und nur behauptet wird daß der Besitz des Beklagten erst während des Rechtsstreits entstanden sey, so läßt sich auch schon in dem gegenwärtigen Rechtsstreit ein befriedigendes Urtheil erwarten; ja die Verweisung auf einen neuen Prozeß würde in diesem Fall nur zu einer unnöthigen Verschleppung der Sache hinführen.

§. 264.

Wirkung der L. C. — II. Umfang der Verurtheilung. Einleitung.

Die Wirkungen der L. C. sind schon oben auf zwei Hauptregeln zurückgeführt worden: Sicherung der Verurtheilung überhaupt (die Abwendung der Freisprechung), und Sicherung des Umfangs der Verurtheilung (die Abwendung eines zu beschränkten Urtheils) [§. 260. No. IV.].

Die erste dieser beiden Regeln ist bis jetzt dargestellt worden. Die zweite, deren Entwicklung nunmehr folgt, kann nur unter der Voraussetzung zur Anwendung kommen, daß während des Rechtsstreits in dem Gegenstand desselben Veränderungen eintreen.

Solche Veränderungen in dem Gegenstande des Rechtsstreits können in zwei entgegengesetzten Richtungen vorkommen.

a) Als Erweiterungen, wohin vorzüglich die Früchte und Zinsen gehören.

b) Als Verminderungen, wohin der Untergang der Sache, die Corruption derselben, der Verlust des Besitzes, und Ähnliches zu rechnen ist.

Bevor aber die hier einschlagenden wichtigen Fragen im Einzelnen erwogen werden, ist es nöthig, dazu den Grund zu legen durch die genaue Betrachtung von zwei Rechtsbegriffen, deren Einfluß mit dem der L. C. oft so nahe verwandt ist, daß sie selbst mit derselben nicht selten identificirt worden sind. Ich meine die Mora, und die *mala fides*, oder den unredlichen Besitz.

Die Mora bezieht sich auf Obligationen und persönliche Klagen, der unredliche Besitz auf dingliche Rechte und Klagen in rem. Beide enthalten ein Unrecht mit Bewußtseyn, sie sind daher delictähnlich, und haben auch oft delictartige Folgen. Nur ist dabei der Unterschied zu beachten, daß die Mora in einer bloßen Unterlassung besteht, und nicht nothwendig auf Dolus, sondern oft auf bloßem Geldmangel beruht; anstatt daß der unredliche Besitz in einem positiven Handeln besteht, und stets mit Dolus verbunden ist.

Die L. C. dagegen ist ein contractähnliches Verhältniß (§ 258), und hat keine Verwandschaft mit einem Delict. Die Führung des Rechtsstreits ist an sich von Seiten des Beklagten nicht nothwendig tadelnswerth, selbst dann wenn am Ende das Urtheil gegen ihn ausfällt.

Nun ist es eine unter unseren Schriftstellern sehr verbreitete Behauptung, daß jede L. C., je nachdem die Klage persönlich, oder in rem ist, stets die Mora oder die mala fides begründe (a). Nach allgemeiner Betrachtung muß dieser Satz unbedenklich verworfen werden, theils weil die eben erwähnte juristische Natur dieser drei Rechtsbegriffe (die Ähnlichkeit mit Delicten und Contracten) von Grund aus verschieden ist, theils weil sowohl die Mora, als die mala fides, jede ihre eigenthümlichen Bedingungen hat, so daß das Daseyn derselben in jedem einzelnen Fall von

(a) Bayer Civilprozeß S. 233. 234. Linde § 200 Note 4. 5. — Daß hier die Annahme der Mora oder der mala fides sogar auf den Zeitpunkt der Insinuation zurückgeführt wird, beruht auf weiteren Fragen, deren selbstständige Erörterung an ihrem Orte erfolgen wird. Auf dem gegenwärtigen Standpunkt der Untersuchung ist diese fernere Differenz unerheblich.

einer rein factischen Frage abhängt, deren Bejahung auf keine Weise aus dem Daseyn der L. C. an sich gefolgert werden kann (b). Dagegen muß auf der anderen Seite unbedingt eingeräumt werden, daß die L. C. großentheils ähnliche Wirkungen herbeiführt, wie die welche aus der Mora oder der mala fides folgen, wenngleich aus verschiedenen Gründen (c).

Die Frage ist aber nun noch genauer für die Mora und die mala fides besonders zu erörtern.

A. Mora.

Zur regelmäßigen Begründung der Mora wird erfordert, daß der Schuldner zur Erfüllung seiner Verpflichtung aufgefordert werde, und sie ohne Grund unterlasse. Es ist daher keine Mora vorhanden, wenn zwar eine Schuld selbst anerkannt ist, aber der Betrag derselben noch nicht feststeht; ferner wenn die Schuld selbst als zweifelhaft anzusehen ist. Wenn also der aufgeforderte Schuldner sich verklagen läßt, so hängt die Annahme einer Mora von den Umständen ab. Sie ist anzunehmen, wenn er ohne Grund, oder aus offenbar unhaltbaren Gründen, nur um den Gegner hinzuhalten, die Erfüllung verweigert; nicht

(b) Diese richtige Auffassung, daß das Daseyn der Mora und der mala fides stets eine facti quaestio ist, findet sich bei Bynkershoek obss. VIII. 12, Leyser 83. 5 und 99. 6, Kierulff S. 277 bis 281, Wächter H. 3 S. 106 bis 108.

(c) Leyser (Note b) übersieht Dieses, und behauptet deshalb irrig, es dürfe nicht immer von der L. C. an auf Ersatz der Früchte erkannt werden, weil nicht immer die mala fides mit der L. C. verbunden sey.

anzunehmen, wenn er Gründe der Weigerung angiebt, wodurch die Voraussetzung eines rechtswidrigen Willens, eines Unrechts mit Bewußtseyn, ausgeschlossen wird (d). Wer also die Schuld bestreitet, weil er seine eigene obligatorische Handlung nicht mehr zu wissen behauptet, wird dem Vorwurf der Mora nicht entgehen; anders wenn ein Erbe die Handlungen seines Erblassers bezweifelt, oder wenn die Klage durch eine Exception bestritten wird (e). Durch diese Unterscheidungen wird die oben behauptete Verwandtschaft der Mora mit der mala fides bestätigt. Bei persönlichen Klagen kann man allgemein annehmen, daß jede frivole (mit dem Bewußtseyn des Unrechts vorgenommene) Prozeßführung des Beklagten stets eine Mora voraussetzt, oder wenigstens jetzt begründet.

Man kann daher behaupten, daß nicht leicht gerade durch die L. C. eine Mora begründet werden wird, sondern daß sie meist entweder früher vorhanden ist, oder später anfängt, im äußersten Fall freilich mit dem rechtskräftigen Urtheil. Selbst in dem seltenen Fall, wenn der

(d) *L.* 63 *de R. J.* (50. 17) „Qui *sine dolo malo* ad judicium provocat, non videtur moram facere." *L.* 24 *pr. de usur.* (22. 1) „... utique si *juste* ad judicium provocavit." Das heißt nicht: wenn er am Ende Recht behält, und daher freigesprochen wird, sondern es ist gleichbedeutend mit dem vorhergehenden sine dolo malo, und drückt den Gegensatz des frivolen Rechtsstreits aus. Eben so *L.* 82 § 1 *de V. O.* (45. 1) „Et hic moram videtur fecisse, qui litigare *maluit* quam restituere," d. h. der es aus reiner Willkühr, ohne scheinbaren Grund, auf den Prozeß ankommen läßt. (Vgl. unten Note g und § 273. k). *L.* 47 *de usur.* (22. 1).

(e) *L.* 42 *de R. J.* (50. 17), *L.* 21 *de usur.* (22. 1).

Kläger jede außergerichtliche Aufforderuug vor dem Rechtsstreit unterläßt, wird öfter vielleicht die Insinuation der Klage, weil sie eine Interpellation enthält, die Mora begründen können, die L. C. wird dabei seltener in Betracht kommen.

Ganz in diesem Sinn spricht *Papinian* bei Gelegenheit der Fideicommisse (f). In den meisten Fällen, sagt er, wird das Fideicommiß klar und gewiß seyn, dann hat die Mora meist schon vor dem Rechtsstreit angefangen, mit der außergerichtlichen Aufforderung. Wenn aber die Gültigkeit und die Höhe des Fideicommisses zweifelhaft ist, z. B. weil der Abzug der Falcidischen Quart in Betracht kommt, dann wird die Mora wenigstens mit dem rechtskräftigen Urtheil anfangen. In dieser Uebersicht möglicher Fälle erwähnt er der L. C. gar nicht, so daß er diesen Zeitpunkt gar nicht als erheblichen Moment zur Begründung der Mora ansieht; er erwähnt auch selbst die Anstellung der Klage nicht, ohne Zweifel indem er den in solchen Fällen gewöhnlichen Hergang, die außergerichtliche Aufforderung, voraussetzt.

Wie verbreitet also die Behauptung neuerer Schriftsteller von einem allgemeinen und nothwendigen Anfang der Mora mit der L. C. auch seyn möge, so hat sie doch weder in der Natur der hier einschlagenden Verhältnisse, noch in den Quellen des R. R. irgend einen haltbaren Grund (g). Etwas anders verhält es sich in der letzten Hinsicht mit der mala fides.

(f) *L.* 3 *pr. de usur.* (22. 1).

(g) Gewöhnlich berufen sich die Vertheidiger der aus der L. C. entspringenden Mora auf *L.* 82

B. *Mala fides.*

Es finden sich zwei Stellen des **Ulpian**, welche die mala fides als nothwendige, unzertrennliche Folge des bloßen Rechtsstreits so bestimmt auszusprechen scheinen, daß die hierauf gleichfalls gerichtete Behauptung vieler neueren Schriftsteller darin eine scheinbare Rechtfertigung findet (h):

§ 1 *de V. O.* (45. 1, s. o. Note d), die man allerdings so verstehen könnte, als ob jeder Beklagte durch den bloßen Entschluß zum Rechtsstreit in eine Mora verfiele. Nur muß man bei dieser Erklärung ganz vergessen, was aus den umgebenden übrigen Stellen (Note d) und aus allgemeinen Rechtsgrundsätzen unwidersprechlich folgt, und mit jener Erklärung durchaus nicht zu vereinigen ist. Alles was man in der hier bekämpften Meinung als wahres Element etwa einräumen kann, ist Folgendes. Die Mora ist überhaupt der freiesten richterlichen Beurtheilung in jedem einzelnen Fall anheim gegeben (cum sit magis facti quam juris. *L.* 32 *pr. de usur.*). Der Richter **kann** also vielleicht finden, daß eine Mora **vor** allem Rechtsstreit, **oder** daß sie mit der Insinuation, **oder auch** daß sie mit der L. C. angefangen hat; dieses Letzte etwa, wenn bei der L. C. die frivole, unredliche Prozeßführung sicher hervorgetreten ist. Daraus lassen sich mehrere scheinbare Antinomieen befriedigend auflösen. So z. B. wenn der Anfang der Prozeßzinsen die einem Legatar zu zahlen sind, **bald** der Mora, **bald** der L. C. zugeschrieben wird (§ 271). Eben so bei der Verpflichtung des Schuldners, für den zufälligen Untergang der Sache einzustehen (§ 273).

(h) Andere, weniger entscheidend lautende Stellen, wie *L.* 45 *de rei vind.* (6. 1) und *L.* 31 § 3 *de her. pet.* (5. 3) werden weiter unten (Note o) erwähnt werden. Am meisten scheint sich jenen Stellen durch unbedingten Ausdruck anzuschließen *L.* 2 *C. de fruct.* (7. 51, d. h. *L.* 1 *C. Th. eod.*): „ex eo tempore, ex quo, re in judicium deducta, scientiam malae fidei possessionis accepit.“ Allein diese Worte, wie sie in den meisten Ausgaben lauten, lassen doch eine zwiefache Deutung zu. Sie können heißen: Von der L. C. an, **weil** er dadurch in malam fidem kommt — oder auch, **wenn** er dadurch in malam fidem kommt. Anders noch stellt sich die Sache, wenn man mit manchen Hss. und mit dem Theodosischen Coder liest: malae possessionis (ohne fidei;

1. „post litem contestatam *omnes incipiunt malae fidei possessores esse:* quinimo post controversiam motam (i).

2. „ex quo quis scit a se peti ... *incipit esse malae fidei possessor* ... si scit ... puto debere: *coepit enim malae fidei possessor esse*" (k).

Diese Stellen sind dadurch sehr wichtig geworden, daß sie auf die Ausbildung der Rechtstheorie in neueren Zeiten überwiegenden Einfluß ausgeübt haben, wobei nur allzusehr das Bedürfniß unbeachtet geblieben ist, sie mit allgemeinen Grundsätzen, so wie mit einer großen Zahl ganz anders lautender Stellen des R. R., in Einklang zu bringen. In jenen Stellen aber haben zwei eigenthümliche Meinungen ihre scheinbare Rechtfertigung gefunden: erstlich die mala fides als allgemeine Folge des bloßen Rechtsstreits; zweitens die Zurückführung dieser Folge so wie mancher anderen, von der L. C. auf den Zeitpunkt, worin der Beklagte von dem Anspruch Nachricht bekommt. Beide Meinungen machen eine sorgfältige Prüfung nöthig. Die erste ist in ihren practischen Folgen weniger erheblich geworden, theils weil viele Wirkungen der mala fides mit denen der L. C. ohnehin zusammentreffen, theils weil die einzelnen Wirkungen meist durch besondere, unzweifelhafte

vgl. die Noten der Herrmannschen Ausgabe). Nun ist gar nicht von einem unredlichen Besitz die Rede, sondern von einem unsicheren, zweifelhaften; von diesem Begriff wird noch unten die Rede seyn (Note p).

(i) *L.* 25 § 7 *de her. pet.* (5. 3).

(k) *L.* 20 § 11 *de her. pet* (5. 3).

Vorschriften geregelt werden. Die zweite dagegen hat die Folge gehabt, daß die neueren Schriftsteller fast allgemein angenommen haben, das R. R. selbst habe schon manche der wichtigsten Wirkungen des Rechtsstreits nicht mehr gerade an die L. C. angeknüpft; obgleich sich auch in dieser Annahme wieder die mannichfaltigsten Abstufungen finden.

a) Mala fides als allgemeine Folge des bloßen Rechtsstreits.

Diese Behauptung müssen wir zunächst nach allgemeiner Betrachtung entschieden zurück weisen. Die Unredlichkeit des Bewußtseyns ist, wie schon oben bemerkt wurde, eine reine Thatsache, die nur aus den Umständen jedes einzelnen Falls erkannt, nicht aus dem allgemeinen Daseyn des bloßen Rechtsstreits gefolgert werden kann. Sie wird also oft vor dem Rechtsstreit vorhanden seyn, oft während des ganzen Rechtsstreits fehlen, welches besonders durch die Erwägung einleuchtend wird, daß ja der Beklagte mit Unrecht verurtheilt werden kann, und in diesem Fall doch gewiß kein unredliches Bewußtseyn gehabt hat. Eine Anknüpfung an die L. C. hat also gar keinen inneren Grund (l),

(l) Ganz verwerflich ist die Erklärung von BYNKERSHOEK obss. VIII. 12, die Römer hätten mit der Klage sogleich ihre Beweisurkunden vorgelegt, daher sey bei ihnen der Beklagte stets im Anfang des Rechtsstreits von seinem Unrecht überführt worden. Allein sehr viele Prozesse werden gar nicht aus Urkunden entschieden, und eben so kann die Beweiskraft der vorgebrachten Urkunden oft zweifelhaft seyn, ja selbst vom Richter mit Unrecht angenommen werden. Er folgert daraus, daß jene Annahme für uns nicht mehr gelte, und schließt daraus weiter ganz irrig, daß wir auch keine Prozeß-

und sie könnte also nur auf einer Fiction des Dolus beruhen, der gefährlichsten und willkührlichsten aller Fictionen, wovon sich anderwärts nirgend eine Spur findet.

Ganz in diesem Sinn entscheidet Paulus unsre Frage in einer speciellen Anwendung (m). Wenn nach der L. C. die mit einer hereditatis petitio oder einer Vindication eingeklagte Sache durch Zufall untergeht, so entsteht die Frage, ob der Beklagte als solcher unbedingt dafür Ersatz geben muß. Nach den Worten des oben angeführten Senatsschlusses konnte man Dieses bei der hereditatis petitio annehmen, und daher hatten es auch wirklich Manche, und selbst bei der Vindication, angenommen. Paulus aber sagt, man müsse überall unterscheiden zwischen dem redlichen und unredlichen Besitzer. Der unredliche müsse für den Zufall einstehen, der redliche nicht, wofür der folgende sehr einleuchtende Grund angegeben wird:

„Nec enim debet possessor aut mortalitatem praestare, *aut propter metum hujus periculi temere indefensum jus suum relinquere.*“

Hier ist ganz deutlich anerkannt, daß der redliche Besitzer durch die L. C. nicht zu einem unredlichen werde, und daß man ihm nicht zumuthen könne, die Verfolgung seines vermeintlichen Rechts zu unterlassen (n).

zinsen mehr annehmen dürften. Vgl. über einen ähnlichen Irrthum von Leyser oben Note c.

(m) *L.* 40 *pr. de her. pet.* (5. 3).

(n) Allerdings ist der Ausdruck dieser Stelle von dem Ausdruck der oben angeführten Stellen des Ulpian sehr verschieden, dennoch

Ich will es versuchen, den Widerspruch der angeführten Stellen des Ulpian mit allgemeinen Grundsätzen und mit anderen Stellen zu lösen oder zu vermitteln.

Dazu können zunächst einige Momente dienen, die an sich wahr, auch nicht unwichtig, aber doch für den eigentlichen Zweck noch nicht ausreichend sind.

Erstlich ist schon oben bemerkt worden, daß die L. C. manche Wirkungen mit der mala fides gemein habe, und diese Gemeinschaft in Wirkungen konnte wohl hier und da den nicht ganz vorsichtigen Ausdruck veranlassen, als sey mit der L. C. die mala fides wirklich verbunden. Diese Erklärung ist wohl auf manche, bisher noch nicht berührte, Stellen anwendbar (o); für die absoluten Aussprüche des Ulpian reicht sie offenbar nicht aus.

Zweitens kann man eine relative mala fides als Folge der L. C. allerdings annehmen. Selbst wenn nämlich der

ist ein directer Widerspruch nicht vorhanden. Ulpian spricht nicht von der speciellen Frage wegen des zufälligen Untergangs, womit allein sich hier Paulus beschäftigt. Dagegen bezieht sich die Controverse, die Paulus erwähnt, zunächst nur auf die Vindication, so daß die wörtliche Behauptung des Ulpian über die mala fides bei der L. C. in der hereditatis petitio von Paulus nicht berührt wird. Indessen ist es unzweifelhaft, daß Paulus den Ersatz für den Zufall bei beiden Klagen von dem redlichen Besitzer abwenden will.

(o) *L.* 31 § 3 *de her. pet.* (5. 3). Der redliche Besitzer soll für Vernachlässigungen der Sache bis zur L. C. nicht verantwortlich seyn: „postea vero et ipse praedo est," nämlich in Beziehung auf jene Verantwortlichkeit, so daß praedo est hier so viel heißt als: praedonis loco est. — *L.* 45 *de rei vind.* (6. 1). — Ganz besonders aber *L.* 25 § 7 *de her. pet.* (5. 3) in den Worten: „post motam controversiam omnes possessores pares fiunt, et *quasi praedones tenentur.*"

Beklagte die feste Überzeugung von seinem guten Recht hat, so kann er sich doch nicht die Möglichkeit verbergen, den Prozeß zu verlieren. Wenn er sich daher durch Veräußerung oder Aufzehrung der Sache wissentlich außer Stand setzt, der möglichen Verurtheilung zu genügen, so liegt in diesem Handlungen (wenngleich nicht in der Fortsetzung des Besitzes selbst) eine Unredlichkeit, indem er in der Klage eine Aufforderung sehen mußte, sich solcher Handlungen zu enthalten (p); durch dieselben, wenn er sie dennoch vornimmt, verfällt er in die mala fides (q). Gerade in dieser Beziehung schreibt auch wirklich Ulpian dem ursprünglich redlichen Besitzer, von der L. C. an, die gleichartige Verantwortlichkeit mit einem praedo zu (r). Dennoch reicht auch die Wahrheit dieser Bemerkung nicht hin zur Erklärung der absoluten Behauptung Ulpians, daß jeder Beklagte von der L. C. an wirklich ein unredlicher Besitzer sey (s).

(p) *L.* 10 *C. de adqu. poss.* (7. 32) „ex interposita contestatione, et causa in judicium deducta, super jure possessionis *vacillet ac dubitet.*" Vgl. oben Note h. über die L. 2 C. de fructibus.

(q) Diese richtige Bemerkung findet sich bei Glück B. 7 S. 547 bis 557 und Kierulff S. 277.

(r) *L.* 25 § 2 *de her. pet.* (5. 3) „ait Senatus: Eos, qui bona invasissent, ... etiamsi ante litem contestatam fecerint, *quo minus possiderent,* perinde condemnandos quasi possiderent." Zu diesen Worten des Sc. setzt der § 7 folgende Erklärung hinzu: „Si ante litem contestatam, inquit, fecerint. Hoc ideo adjectum, quoniam post litem contestatam omnes ... pares fiunt, et quasi praedones tenentur." Also von der L. C. an ist das willkührliche Aufgeben des Besitzes für alle Arten von Besitzern eine gleich unredliche und daher gleich verpflichtende Handlung.

(s) Ganz besonders erklären sich

Die eigentliche Lösung der Schwierigkeit liegt in der besonderen Natur der Rechtsverhältnisse, womit wir es hier, bei der Erbschaftsklage, zu thun haben, und womit sich sowohl der Senatsschluß von K. Hadrian, als Ulpian in den angeführten Stellen, beschäftigt.

Der Senatsschluß von Hadrian (das Sc. Juventianum) handelt unmittelbar nur von einer hereditatis petitio des Fiscus auf eine caduca hereditas, und er spricht dabei von zweierlei Beklagten: von redlichen Besitzern, und daneben von denjenigen qui bona invasissent, cum scirent ad se non pertinere, welche von den alten Juristen gewöhnlich praedones genannt werden. Unter diesen praedones denkt man sich meist gewöhnliche Diebe oder Räuber, aber ganz mit Unrecht. Die Sache hat vielmehr folgenden Zusammenhang.

Nach uraltem R. R. war es Jedem überhaupt gestattet, Erbschaftssachen, die der Erbe noch nicht in Besitz genommen hatte, selbst an sich zu nehmen, und durch einjährige Usucapion in sein Eigenthum zu bringen. Man hatte bei diesem seltsamen Rechtsinstitut die Absicht, den Erben zu einer recht schleunigen Besitznahme und Vertretung der Erbschaft zu bewegen (t). Solche Besitzer nun hatten eine zweideutige Natur, und standen gewißermaaßen in der Mitte

daraus nicht die Worte in *L.* 25 § 7 *de her. pet.* (5. 3) „post motam controversiam . . . *coepit scire rem ad se non pertinentem* possidere is qui interpellatur." Dieses ist für den wahrhaft redlichen Besitzer augenscheinlich unwahr.

(t) Gaju II. § 52—58.

zwischen redlichen und unredlichen Besitzern. Sie wußten, daß sie kein wirkliches, gegenwärtiges Recht, sowie ein wahrer Erbe, auf die Sachen hatten (cum scirent ad se non pertinere), aber sie handelten doch in Kraft einer allgemeinen gesetzlichen Befugniß, sie konnten glauben, es werde Niemand die Erbschaft antreten wollen, ja sie hatten die Aussicht, in sehr kurzer Zeit wahre Eigenthümer durch Usucapion zu werden. Der Zustand derselben wurde noch verwickelter und zweifelhafter durch dieselbe Verordnung von Hadrian, indem nunmehr der wahre Erbe auch nach vollendeter Usucapion die Erbschaftssachen durch eine Art von Restitution abfordern konnte (u).

Die Lage, und besonders das Bewußtseyn solcher Besitzer mußte durch eine angestellte Klage von Grund aus verändert werden. Die bis zu dieser Zeit mögliche Meinung, daß Niemand sich der Erbschaft annehmen wolle, war selbst durch die neue Verordnung nicht ausgeschlossen. Sobald aber ein Kläger (sey es der Erbe, oder der Fiscus) gegen sie auftrat, hörte die bisherige halbe Redlichkeit ihres Bewußtseyns auf, und sie wurden nun in der That unredliche Besitzer im vollen Sinne des Worts. Auch mußte diese Veränderung eintreten, nicht erst von der L. C. an, sondern sobald ihnen die wirkliche Anstellung einer Klage bekannt wurde.

Daß nun gerade von diesem eigenthümlichen Rechtsverhältniß in dem Senatsschluß von Hadrian die Rede war,

(u) Gajus II. § 57.

ist nach mehreren Stellen ganz unzweifelhaft (v), und hieraus erklären sich die oben mitgetheilten absoluten Aeußerungen des Ulpian über die durch den Prozeß bewirkte mala fides des Beklagten auf ganz einfache Weise. Ich muß einräumen, daß nicht bei allen hier einschlagenden Stellen die Unterscheidung der eben bemerkten verschiedenen Arten von Besitzern völlig erkennbar und unzweifelhaft durchzuführen ist. Es muß aber wohl erwogen werden, daß wir die Stellen des Senatsschlusses nur durch die unvollständigen Auszüge des Ulpian, und die Stellen des Ulpian nur durch die unvollständigen Auszüge der Compilatoren kennen. Daher muß es ganz dahin gestellt bleiben, ob die für uns vorhandene Zweideutigkeit des Ausdrucks, und insbesondere die nicht überall sichtbare Unterscheidung der wahrhaft redlichen Besitzer von jenen zweideutigen, aus einer ursprünglich ungenauen Rede der Verfasser, oder aus der Unvollständigkeit der überlieferten Auszüge hervorgegangen ist.

Nimmt man diese Erklärung an, und erwägt man zugleich, daß jenes eigenthümliche Rechtsverhältniß schon im Justinianischen Recht völlig verschwunden war, so ist es einleuchtend, daß aus den angeführten Stellen des Ulpian für die mala fides als allgemeine, auf alle Arten von Klagen anwendbare Folge der L. C. durchaus kein Beweis geführt werden kann.

b) Zurückführung der Folgen der L. C. auf den Zeit-

(v) *L.* 20 § 6, *L.* 25 § 2. 3. 5. 6 *de her. pet.* (5. 3).

punkt, worin der Beklagte von dem Anspruch Nachricht bekommt.

Diese wichtige Aenderung wird in folgenden ganz deutlichen Worten des Senatsschlusses von Hadrian aufgestellt, worauf sich die Erklärungen des Ulpian beziehen (w):

> Petitam autem fisco hereditatem ex eo tempore existimandum esse, quo primum scierit quisque eam a se peti, id est cum primum aut denunciatum esset ei, aut litteris vel edicto evocatus esset, censuerunt.

Diese Abweichung von so vielen anderen Aussprüchen des R. R. ist aus folgenden zwei, von einander ganz unabhängigen, Umständen zu erklären.

Erstlich, aus der ganz eigenthümlichen Lage des eben erwähnten, nur bei der hereditatis petitio vorkommenden praedo, dessen entschiedene mala fides allerdings schon von der ihm bekannt gewordenen Anstellung der Klage angenommen werden mußte. Von diesem Umstand ist so eben schon ausführlich geredet worden.

Zweitens daraus, daß der Senatsschluß von Hadrian nur von Fiscalklagen auf verfallene Erbschaften handelte. Diese Fiscalklagen wurden aber nicht im ordentlichen Prozeß vor den gewöhnlichen Obrigkeiten, in welchem allein eine wahre L. C. vorkommen konnte, sondern extra ordinem vor den Fiscalbeamten verhandelt, und es bedurfte also dabei eines Surrogates für die L. C. (§ 257). Dieses

(w) *L.* 20 § 6 *de her. pet.* (5. 3), verglichen mit § 11 *eod.* und *L.* 25 § 7 *eod.*

Surrogat, welches man bei allen extraordinären Prozessen aufzusuchen hatte, wurde in diesem Fall durch den Senatsschluß selbst in den Zeitpunkt gesetzt, in welchem entweder eine denunciatio, oder eine evocatio litteris vel edicto eingetreten war; dieses war eine ganz positive Bestimmung, die aus der allgemeinen Natur der extraordinären Klagen keinesweges folgte (§ 257), und die einen fiscalischen Character hat.

Die beiden eben angeführten Umstände, woraus sich die Bestimmung eines besonderen Zeitpunktes, abweichend von der L. C., befriedigend erklärt, sind schon dem Justinianischen Recht völlig fremd, und es kann daher in der That aus diesen Stellen nicht bewiesen werden, daß im Sinn des Justinianischen Rechts ein anderer Zeitpunkt als der der L. C. für irgend eine Wirkung anzunehmen sey.

Auch wenn man die hier versuchte Lösung mit ihren Folgen nicht annehmen wollte, so kann doch auf keine Weise die Art gebilligt werden, wie die meisten neueren Schriftsteller die hier untersuchten Stellen des Ulpian zu behandeln pflegen. Man betrachtet nämlich meist den wörtlichen Inhalt dieser Stellen als die entscheidende, für alle Klagen überhaupt anwendbare, Regel des neuesten Rechts, und ignorirt daneben die sehr zahlreichen übrigen Stellen, die damit geradezu im Widerspruch stehen, indem sie noch immer die L. C. als den entscheidenden Zeitpunkt für die im Rechtsstreit eintretenden Wirkungen anerkennen. Dieses Verfahren aber muß als willkürlich und unkritisch schlechthin verworfen werden. Man kann sich auch nicht mit der

Annahme helfen, als ob hierin eine Controverse der alten Juristen, oder etwa ein Verhältniß des neueren Rechts zu einem abgeschafften älteren Rechtsgrundsatz vorläge. Denn die Stellen, worin die L. C. als entscheidender Zeitpunkt angegeben wird, rühren theilweise aus derselben Zeit, ja von demselben Ulpian her, aus dessen Stellen man beweisen will, daß ein anderer und früherer Zeitpunkt allgemein an die Stelle der L. C. gesetzt worden sey.

Wollte man sich hierin genau an den Buchstaben des Justinianischen Rechts halten, so würde doch nur folgende Annahme übrig bleiben. Bei der Erbschaftsklage müßte, abweichend von allen übrigen Klagen, ein etwas früherer Termin für den Anfang der materiellen Wirkungen des Rechtsstreits angenommen werden: nämlich anstatt der L. C. schon die Bekanntmachung der erhobenen Klage, also die Insinuation. Allein bei dieser Behauptung muß man zugeben, daß diese Eigenthümlichkeit ihren Grund hatte, nicht in der inneren Natur jener Klage selbst, sondern in historischen Umständen, die zu Justinians Zeit längst verschwunden waren, so daß die Aufbewahrung dieser Eigenthümlichkeit in den Digesten in jedem Fall (auch wenn man sie noch als practisches Recht gelten lassen will) zu den mancherlei Inconsequenzen zu rechnen ist, die den Compilatoren zum Vorwurf gereichen (x).

(x) Der Senatsschluß von Hadrian nämlich, der ursprünglich nur für die fiscalische hereditatis petitio, also für eine publica causa, eingeführt war, wurde nachher auch auf die Erbrechtsklage der

Es ist hier gezeigt worden, welche Schwankungen schon in die Aeußerungen der alten Juristen aus besonderen historischen Veranlassungen gekommen sind, und wie sich diese in die neuere juristische Literatur fortgepflanzt haben, darin aber durch mancherlei Misverständnisse noch erweitert worden sind. Dabei ist es lehrreich zu sehen, welchen Einfluß wiederum diese Literatur des gemeinen Rechts auf die neuere Gesetzgebung gehabt hat, obgleich man hier freie Hand hatte, diejenigen Bestimmungen zu treffen, die dem inneren Bedürfniß angemessen waren.

Das Preußische Allgemeine Landrecht hat diese Lehre in den Titel vom Besitz aufgenommen, und hier in folgender Weise behandelt (y).

Es wird daselbst in eben so absoluten Ausdrücken, wie es oben in einigen Stellen des Ulpian über die hereditatis petitio nachgewiesen worden ist (Note h. k) dem Rechtsstreit an sich die Wirkung zugeschrieben, den Beklagten in den Zustand eines unredlichen Besitzers zu versetzen, und zwar wird der Anfang dieses Zustandes, wenn nur

Privatpersonen angewendet und dadurch zum gemeinen Recht gemacht (*L.* 20 § 6. 11 *de her. pet.*, 5. 3); ob aber in allen seinen Theilen, oder nur in denen, die in der That auch auf Privatkläger paßten, kann bezweifelt werden. Die Bestimmung des § 6: aut denunciatum esset ei. aut litteris vel edicto evocatus esset scheint doch auf Privatklagen gar nicht zu passen, während andere Bestimmungen, z. B. über das dolo facere quo minus possiderent, und die verschiedene Behandlung des bonae fidei und malae fidei possessor, überall anwendbar sind.

(y) A. L. R., Th. 1 Tit. 7. Die sehr merkwürdigen Materialien zu diesem Titel sind abgedruckt in: Simon u. Strampff Zeitschrift für preußisches Recht B. 3. Berlin 1836. 8.

nicht ein früheres unredliches Bewußtseyn nachgewiesen werden kann, mit der Insinuation der Klage angenommen.

§. 222. „Wenn kein früherer Zeitpunkt der Unredlichkeit des Besitzes ausgemittelt werden kann, so wird der Tag der dem Besitzer durch die Gerichte behändigten Klage dafür angenommen."

Dieser Ausspruch stimmt mit der Lehre vieler neuerer Romanisten wörtlich überein. Man ist jedoch bei der Bearbeitung des Preußischen Gesetzes erst allmälig auf diese Vorschrift gekommen. In irgend einem älteren Entwurf war der Zeitpunkt des eröffneten Urtheils als Anfang der Unredlichkeit angenommen worden. Dieser Bestimmung widersprach Tevenar, indem er behauptete, jeder nicht rechtmäßige Besitzer könne und solle aus der insinuirten Klage sein Unrecht abnehmen, und wenn er es nicht einsehen wolle, so verdiene diese Verstockung keine Schonung (z). Dazu bemerkte Suarez: „damit bin ich völlig einverstanden," entkräftete aber sogleich diese Bestimmung durch den Zusatz: „Übrigens ist es ja dem Richter überlassen, den Anfang der Unredlichkeit nach den Umständen auch anders zu bestimmen."

(z) Simon a. a. O., S. 171. — Diese ganz willkührliche Behauptung wird durch die sehr gewöhnliche Erfahrung widerlegt, daß viele Beklagte, die am Ende verurtheilt werden, dennoch den Prozeß mit fester Ueberzeugung von ihrem Recht durchführen. Wer hieran zweifeln wollte, möge doch erwägen, wie oft in Richtercollegien verschiedene Meinungen über Freisprechung oder Verurtheilung vorkommen. Was nun die Minorität redlich glaubt, muß wohl auch dem Beklagten zu glauben gestattet werden.

Ganz im Sinn dieser letzten Äußerung wurde nun die Vorschrift in dem gedruckten Entwurf des Gesetzbuchs so gefaßt (aa):

„Wenn kein früherer oder späterer Zeitpunkt der Unredlichkeit des Besitzes ausgemittelt worden, so wird der Tag der . . Behändigung der Klage dafür angenommen."

Dadurch wurde der Insinuation die Kraft einer ziemlich unschuldigen und wirkungslosen Präsumtion beigelegt, und Alles in des Richters freies Ermessen gestellt. Allein dagegen wurden wieder große Bedenken erhoben; Goßler behauptete, mit anderen Monenten, Ueberzeugung sey ein Internum, worauf der Gesetzgeber sich nicht einlassen könne; daher müsse das Gesetz den Anfang der Unredlichkeit unabänderlich bestimmen, und die Alternative („oder späterer") müsse weggelassen werden (bb). So ist es denn auch in dem A. L. R. geschehen, wie die oben abgedruckte Stelle zeigt, worin die früher vorgeschlagene Präsumtion nunmehr die Natur einer absoluten Vorschrift, einer Fiction der mala fides, angenommen hat, ganz übereinstimmend mit den so eben vorgelegten Motiven dieser Abänderung. — Wie wenig aber damit die Sache zu sicherer Entscheidung und zu klaren, festen Begriffen gebracht war, zeigt folgende Äußerung von Suarez (cc). Er unterscheidet dreierlei

(aa) Entwurf eines Gesetzbuchs für die Pr. Staaten Th. 2 (1787) Tit. 4 § 153.

(bb) Simon S. 321. 322.

(cc) Simon S. 330 No. 2. (Vgl. auch ebendaselbst S. 633). — Die in dieser Äußerung von Suarez zusammengestellten subtilen Unmögliche Zustände in dem Bewußtseyn des Besitzers: 1. unredlicher Besitzer; dahin gehört jeder, dem die Klage insinuirt ist; ferner jeder, der seinen Besitz aus einem verschuldeten factischen Irrthum für rechtmäßig hält; endlich jeder, der bei Erlangung des Besitzes an der Rechtmäßigkeit zweifelt; 2) Besitzer, der es weiß, daß seine Possession unrechtmäßig sey (d. h. der wahre malae fidei possessor); 3. betrüglicher Besitzer, d. h. der dolose zum Besitz gelangt ist. Zu allen diesen kommt aber noch (als eine ganz besondere Klasse) der Besitzer, der durch eine strafbare Handlung zum Beitz gelangt ist (dd).

Alle diese Bestimmungen schließen sich in der Hauptsache (nur mit etwas subtileren Unterschieden) an die Auffassung neuerer Romanisten an, welche gleichfalls die Fiction einer mala fides auf den Anfang des Rechtsstreits gründen (ee). So wie bei diesen, hat auch im A. L. R. die erwähnte Fiction keinen anderen Zweck, als einen Rechtsgrund abzugeben für die Verpflichtung des Beklagten, die während des Rechtsstreits bezogenen Nutzungen (die omnis causa) heraus zu geben (ff). Die Aehnlichkeit der Auf-

terscheidungen sind denn auch in das A. L. R., nicht zu dessen Vortheil, übergegangen: Th. 1 Tit. 7 § 11—17. 222. 229. 239—242.

(dd) Simon S. 332 No. 12.

(ee) Wollte man noch etwa bezweifeln, daß Suarez mit der von ihm fingirten mala fides durchaus nicht etwas Neues einzuführen vermeinte, sondern lediglich an das damals bestehende R. R. dachte, so würde dieser Zweifel durch zwei andere von ihm herrührende Äußerungen gänzlich beseitigt werden. Kamptz Jahrbücher B. 41 S. 8. 9.

(ff) A. L. R. § 223—228, verbunden mit § 222.

fassung zeigt sich auch darin, daß das Preußische Recht (so wie jene neuere Romanisten) aus dem Anfang des Rechtsstreits die Mora, eben so wie die Fiction der Unredlichkeit, entspringen läßt, und an die Mora dieselben Wirkungen knüpft, welche aus dem unredlichen Besitz entspringen (gg).

Die entschiedene Abweichung dieser ganzen Auffassung von dem wahren R. R. besteht aber darin, daß das R. R. den Rechtsstreit als solchen, den es in der L. C. gleichsam personificirt, zum Entstehungsgrund einer eigenthümlichen Obligation macht, unabhängig von unredlichem Besitz und von Mora, die daneben vorhanden seyn könnten oder nicht. Diese eigenthümliche Obligation des R. R. wird im A. L. R. ignorirt. Die practische Folge, daß die omnis causa geleistet werden muß, ist hier wie dort dieselbe, und in sofern hat allerdings diese Abweichung eine mehr theoretische als practische Natur. Gerade daraus aber erhellt um so mehr, daß diese Abweichung im A. L. R. nicht mit Bewußtseyn, in der Absicht einer practischen Verbesserung, vorgenommen worden ist. Aus den oben angeführten Stellen der Materialien geht auch klar hervor, daß man sich im Ganzen an die damals herrschende Lehre des gemeinen Rechts anschließen, und diese höchstens etwas genauer bestimmen wollte.

(gg) A. G. O., Th. 1 Tit. 7 § 48. d, und A. L. R. Th. 1 Tit. 16 § 18. Ohne Zweifel aber soll hier in den Wirkungen die Mora nur dem unredlichen Besitz des § 222 (I. 7.) gleich gestellt werden, d. h. also der leichtesten Art des unredlichen Besitzes überhaupt (nach der Auffassung von Suarez s. o. Note cc).

§. 265.

Wirkung der L. C. — II. Umfang der Verurtheilung.
a) Erweiterungen.

Die Wirkung der L. C. auf den Umfang der Verurtheilung äußert sich zunächst in den Erweiterungen, welche zu dem ursprünzlichen Gegenstand des Rechtsstreits nach der L. C. hinzutreten können, und deren Werth dem Kläger für den Fall der Verurtheilung verschafft werden soll (§ 264). Es ist hier zuerst eine Uebersicht über die verschiedenen Arten solcher Erweiterungen zu geben, dann aber die Behandlung derselben bei den einzelnen Klassen der Klagen zu bestimmen.

Die Erweiterungen lassen sich auf zwei Hauptarten zurück führen, die ich als Früchte (regelmäßigen Erwerb) und zufälligen Erwerb bezeichne.

Der ursprüngliche Begriff der Frucht steht in Verbindung mit den Gesetzen der organischen Natur. Was nach diesen Gesetzen aus einer Sache erzeugt wird, heißt eine Frucht dieser Sache.

Dieser an sich bloß natürliche Begriff bekommt eine juristische Bedeutung durch folgende Eigenschaften solcher Erzeugnisse. Sie sind einer periodischen Wiederholung empfänglich, auf welche mit mehr oder weniger Sicherheit gerechnet werden kann. Daher ist diese Fähigkeit zur Fruchterzeugung dasjenige, wodurch die fruchttragende Sache vorzugsweise (oft ganz allein) Werth für den Verkehr bekommt, um deren Willen wir sie zu erwerben und zu haben pflegen. — Die wichtigsten Fälle der Anwendung dieses Begriffs sind: Pflanzen jeder Art, so wie die einzelnen Bestandtheile der Pflanzen, als Früchte des Bodens. Eben so bei Thieren: die Jungen (als Früchte der Mutter), die Wolle, die Milch.

Nun findet sich aber unter denjenigen Erwerbungen, welche sich lediglich auf Rechtsgeschäfte gründen, also mit den Gesetzen der organischen Natur nichts gemein haben, manche Fälle, in welchen die eben erwähnten juristischen Eigenschaften der Früchte gleichfalls wahrgenommen werden: namentlich die Abhängigkeit des Erwerbs von einem schon vorhandenen anderen Vermögensstück, die periodische Reproduction, die Wahrscheinlichkeit, mit der auf sie gerechnet werden kann, sowie der Werth den durch sie das zum Grund liegende Vermögensstück erhält. Wegen dieser ähnlichen Eigenschaften werden solche Erwerbungen den Früchten gleich geachtet, oder nach der Analogie der Früchte behandelt (a). — Die wichtigsten Fälle derselben sind: Pacht- und Miethgeld von Grundstücker und beweglichen

(a) *L.* 34. *de usuris* (22. 1) „*vicem fructuum* obtinent," *L.* 36. *eod.* „*pro fructibus* accipiuntur," *L.* 121 *de V.S.* (50. 16) „Usura pecuniae, quam percipimus, *in fructu non est:* quia non ex ipso corpore, sed ex alia causa est, id est, nova obligatione." Das: in fructu *non est* ist nach dieser Zusammenstellung gleichbedeutend mit dem: *pro* fructibus und *vicem* obtinent der vorhergehenden Stellen; der hinzugefügte Grund läßt über die Richtigkeit dieser Erklärung keinen Zweifel.

Sachen, die Zinsen eines Capitals (b), so wie bei den Römern jeder aus der Arbeit von Sclaven hervorgehende Erwerb, indem die Arbeit als die regelmäßige und natürliche Benutzung der Sclaven angesehen wurde.

Die Neueren nennen die hier aufgestellten zwei Klassen von Früchten: fructus naturales und civiles.

Bei den eigentlichen (organischen) Früchten wird das Eigenthum unmittelbar durch die organische Erzeugung dem Eigenthümer der fruchttragenden Sache, auch ohne dessen Wissen und Zuthun, erworben. Sie sind zunächst bloß Bestandtheile der fruchttragenden Sache, und werden erst durch die Absonderung von derselben selbstständige Vermögensstücke (c). Das so erworbene Eigenthum hört auf durch Aufzehrung oder Veräußerung (fructus consumti), nach welcher höchstens der Geldwerth derselben im Vermögen zurück bleiben kann.

Bei den s. g. civilen Früchten entsteht eine Erwerbung von Eigenthum gar nicht durch ihre eigenthümliche Fruchtnatur, sondern so wie bei anderen Rechtsgeschäften durch

(b) *L.* 34 *de usuris* (22. 1) „Usurae *vicem fructuum* obtinent: et merito non debent a fructibus separari." Die scheinbar widersprechenden Worte der *L.* 121 *de V. S.* (Note a) „usura in fructu non est," wollen also nur sagen, daß die Zinsen nicht durch organische Erzeugung, sondern vermittelst eines Rechtsgeschäfts, erworben werden. Mit anderen Worten sagt dasselbe Papinian in *L.* 62 *pr. de rei vind.* (6. 1) „vectura, sicut usura, non natura pervenit, sed jure percipitur," in welcher Stelle die Gleichartigkeit des Erwerbes an dem Miethgeld und an den Geldzinsen anerkannt wird.

(c) *L.* 15 *pr. de pign.* (20. 1), *L.* 83 *pro soc.* (17. 2).

Tradition (d). Sie stehen also gleich Anfangs zu dem Erwerber in demselben Verhältniß, wie die organischen Früchte nach der Veräußerung, d. h. sie haben von Anfang an die Natur der fructus consumti.

Mit der erwähnten besonders wichtigen Eigenschaft aller Früchte, nach welcher auf sie eine regelmäßige Erwartung, eine wahre Berechnung, gerichtet werden kann, steht noch folgender Rechtsbegriff in Verbindung. Wer durch das fruchttragende Vermögensstück in der Lage ist, Früchte zu erwerben, kann diese Fähigkeit entweder gebrauchen, oder auch (absichtlich oder aus Unthätigkeit) unbenutzt lassen. Diese Unterlassung ist an sich eben so gleichgültig, wie jede andere verständige oder unverständige Behandlung des Eigenthums. Sie kann aber eine juristische Bedeutung bekommen, wenn der Unterlassende in einem besonderen Rechtsverhältniß steht, das ihn zur Sorgfalt verpflichtet. Diesen Fall bezeichnen neuere Schriftsteller durch den Ausdruck fructus percipiendi, welcher weder römisch noch an sich zweckmäßig ist (e). Ich werde dafür den Ausdruck: versäumte Früchte gebrauchen.

(d) Das Product der Sclavenarbeit wurde bei den Römern erworben in Folge des allgemeinen Grundsatzes, nach welchem alle zum Erwerb geeignete Handlungen eines Sclaven dem Herrn zu gut kommen konnten und mußten; also nicht eigentlich durch ein Rechtsgeschäft, aber doch vermöge einer positiven Rechtsregel.

(e) Ich will nicht sagen, daß an sich die Zusammensetzung dieser beiden Ausdrücke unlateinisch sey, allein als technische Bezeichnung des oben angegebenen Verhältnisses kommt sie bei den Römern niemals vor, welche stets Umschreibungen dafür gebrauchen. Der Ausdruck ist auch unpassend, weil er an sich auch auf die nur noch nicht

Unter den **zufälligen Erwerb** aus schon vorhandenen anderen Vermögensstücken werden wir alle diejenigen Fälle zu rechnen haben, in welchen die oben angegebenen Eigenschaften der Früchte fehlen, so daß namentlich ihre regelmäßige Entstehung nicht der Grund ist, um dessen Willen wir die Hauptsache zu haben pflegen. Dahin gehören folgende Fälle: Die Erweiterung eines Grundstücks durch Alluvion u. s. w. Die Bereicherung durch Poenalklagen, in Folge der an unsren Sachen verübten Verletzungen. Ferner bei den Römern der Erwerb eines Herrn aus den Erbschaften oder Legaten welche seinen Sclaven hinterlassen wurden, so wie der Eigenthums-Erwerb des Herrn an den von seiner Sclavin gebornen Kindern (f).

Alle diese Gegenstände kommen für unsre gegenwärtige Untersuchung in sofern in Betracht, als sie wegen ihrer Entstehung während eines Rechtsstreits auf den Umfang der Verurtheilung in der Hauptsache Einfluß haben können. Es darf aber dabei nicht übersehen werden, daß dabei auch noch andere Rechtsverhältnisse und selbstständige Klagen in

abgesonderten, selbst auf die unreifen Früchte paßt, so daß das entscheidende Moment des Versäumnisses oder der Unterlassung und des daraus entspringenden Verlustes, darin gar nicht angedeutet ist.

(f) Allerdings stehen nach natürlicher Betrachtung die Sclavenkinder zu der Mutter in demselben organischen Verhältniß, wie die Jungen der Thiere. Der Grund, weshalb sie nicht als Früchte angesehen wurden, lag darin: „quia non temere ancillae ejus rei causa comparantur, ut pariant.“ (*L.* 27 *pr. de her. pet.* 5. 3). Das war die Ansicht der Römer, als sie noch nichts von Christenthum wußten. Bekanntlich haben die christlichen Einwohner der Nordamerikanischen Sclavenstaaten andere Ansichten und Gewohnheiten.

Betracht kommen können: insbesondere bei den organischen Früchten, wenn sie von der Hauptsache abgesondert sind, eigene Vindicationen, oder, als Surrogate derselben Condictionen (g).

Wenn nun behauptet wird, daß irgend ein Anspruch auf solche Gegenstände Wirkung der L. C. sey, so setzt diese Behauptung nothwendig voraus, daß, abgesehen von der L. C. und vor derselben, dieser Anspruch gar nicht, oder doch nicht in gleichem Umfange, vorhanden sey. Diese Differenz, worin die eigenthümliche Wirkung der L. C. besteht, muß für jeden einzelnen Fall genau angegeben werden.

§. 266.

Wirkung der L. C. — II. Umfang der Verurtheilung. — a. Erweiterungen. (Fortsetzung.)

Es ist jetzt zu untersuchen, wie die Erweiterungen, deren Natur im § 265 angegeben worden ist, auf die einzelnen Klassen der Klagen anzuwenden sind. Dabei muß zum Grund gelegt werden die Unterscheidung der Klagen in rem von den persönlichen Klagen.

A. Klagen in rem.

1. Eigenthumsklage, das heißt die rei vindicatio der Digesten, oder die petitoria formula bei Gajus, welche eine arbitraria actio, also eine Klage der freiesten Art war.

(g) S. o. B. 5 S. 524 Note b.

2. Erbschaftsklage, d. h. die hereditatis petitio der Digesten, oder die petitoria formula in Beziehung auf Erbschaften.

Beide Klagen müssen hier zusammengefaßt werden, theils weil sie nur in dieser Verbindung richtig beurtheilt werden können, theils weil in der umfassendsten Stelle ausdrücklich bezeugt wird, daß für beide die hier vorliegende Frage völlig gleich zu beantworten sey (a). Im Allgemeinen wird die Regel aufgestellt, daß die Verurtheilung auch die omnis causa umfassen müsse, also sowohl Früchte im ausgedehntesten Sinn des Worts, als auch den zufälligen Erwerb, welcher nicht die Natur von Früchten hat (b).

Der Einfluß der L. C. auf die Anwendung dieser Regel ist auf folgende Weise zu bestimmen (c):

a) der redliche Besitzer soll sich bereichern dürfen durch alle vor der L. C. gewonnene Früchte, nur mit Ausnahme derjenigen organischen Früchte, welche noch zur Zeit der L. C. in Natur vorräthig sind. — Dagegen soll Derselbe, von der Zeit der L. C. an, nicht nur den Werth der verzehrten und veräußerten, sondern auch den Werth der versäumten Früchte ersetzen.

Hier ist also die Wirkung der L. C. sehr bedeutend, und der Grund derselben liegt in dem obligatorischen Verhältniß der L. C., welches ihn nöthigt, die Sache als eine

(a) § 2 *J. de off. jud.* (4. 17).

(b) Für die Eigenthumsklage: *L.* 17 § 1, *L.* 20. 35 § 1 *de rei vind.* (6. 1). — Für die Erbrechtsklage: *L.* 25 § 9, *L.* 27 *pr.*, *L.* 29 *de her. pet.* (5. 3).

(c) § 2 *J. de off. jud.* (4. 17), *L.* 22 *C. de rei vind.* (3. 32).

vielleicht fremde anzusehen und zu verwalten, und dabei für seine Culpa einzustehen (d).

b) Daß der unredliche Besitzer, von der L. C. an, ebenso strenge Verpflichtungen hat wie der redliche, versteht sich von selbst. Bei ihm aber wird dieselbe Strenge auch für die ganze Dauer des Besitzes vor der L. C. geltend gemacht, so daß hierin an die L. C. gar keine praktische Wirkung mehr angeknüpft ist. — Indessen war Dieses bei den unredlichen Besitzer nicht der ursprüngliche Grundsatz; vielmehr sollte er vor der L. C., weil er noch in keinem obligatorischen Verhältniß stand, nicht für die versäumten Früchte einstehen. Erst das Sc. Juventianum verordnete, daß bei der Erbschaftsklage der unredliche Besitzer vom Anfang seines Besitzes an so beurtheilt werden sollte, als ob er in einem obligatorischen (offenbar delictartigen) Verhältniß gestanden hätte. Man nannte dieses den dolus praeteritus (e), und folgerte daraus u. a. auch die Verpflichtung, für die vor der L. C. versäumten Früchte Entschädigung zu leisten (f). Diese gegen den unredlichen Besitze neu eingeführte Strenge, wodurch für ihn die L. C. ihren practischen Einfluß verlor, wurde dann durch die

(d) § 2 *J. de off. jud.* (4. 17) „qui *culpa possessoris* percepti non sunt." — *Paulus* I. 13 A. § 9: „Ii fructus in restitutione praestandi sunt petitori, *quos unusquisque diligens paterfamilias et honestus colligere potuisset.*"

(e) *L.* 20 § 6, *L.* 25 § 2. 7, *L.* 13 § 2 *de her. pet.* (5. 3).

(f) *L.* 25 § 4. 9 *de her. pet.* (5. 3).

alten Juristen von der Erbschaftsklage auch auf die Eigenthumsklage ausgedehnt (g).

Die hier aufgestellten Grundsätze über die Wirkung der L. C. bei der Eigenthumsklage waren ihrem Princip nach keine neue Erfindung der Römischen Juristen, sondern bloß die genauere Entwicklung uralter Rechtsregeln. Diese sind anerkannt schon in den alten praedes litis et vindiciarum (h), in welchem Kunstausdruck vindiciae die Früchte bedeutet. Daneben galt im älteren Recht sogar noch eine Verpflichtung des Beklagten zum doppelten Ersatz der Früchte, welche jedoch im neuesten Recht spurlos verschwunden ist (i).

3. Die actio ad exhibendum ist zwar eine persönliche Klage, wird aber in Hinsicht auf die hier vorliegende Frage ganz nach den Grundsätzen der Eigenthumsklage beurtheilt (k). Dasselbe gilt von folgenden Klagen:

4. A. finium regundorum (l).

5. A. confessoria (m).

6. A. hypothecaria (n).

(g) *L.* 27 § 3 *de rei vind.* (6. 1).

(h) Gajus IV. § 91. 94.

(i) Paulus V. 19 § 2, *L.* 1 *pr. C. Th. de us. rei jud.* (4. 19), *L.* 1 *C. Th. de fruct.* (4. 18), aus welcher interpolirt ist, die *L.* 2 *C. de fruct.* (7. 51); beide Texte zusammengestellt bei Heimbach Lehre von der Frucht S. 160. — *L. Rom. Burg.* ed. Barkow Tit. 8 lin. 17—20, Tit. 35 lin. 11 bis 13. — Der sehr dunkle Zusammenhang dieses Rechtsinstituts soll hier nicht weiter verfolgt werden, da er auf das neueste Recht ganz ohne Einfluß ist. Vgl. darüber Heimbach S. 163—166.

(k) § 3 *J. de off. jud.* (4. 17), *L.* 9 § 5—8 *ad exhib.* (10. 4).

(l) *L.* 4 § 2 *fin. reg.* (10. 1).

(m) *L.* 5 § 4 *si ususfr.* (7. 6), *L.* 19 § 1 *de usur.* (22. 1).

(n) *L.* 16 § 4 *de pign.* (20. 1).

B. Persönliche Klagen.

Bei diesen kommt ein ganz anderes Verhältniß in Betracht, als bei den Klagen in rem. Da sie nämlich stets auf Obligationen beruhen, welche vor der L. C. vorhanden gewesen seyn müssen, so kommt es darauf an, welche Verpflichtung aus diesen Obligationen an sich, unabhängig von allem Rechtsstreit, hervorgeht. Da wo diese Verpflichtung schon vom Anfang der Obligation an auf Erstattung der Früchte führt, kann natürlich die L. C. nichts Neues hinzuthun, so daß von einer Wirkung der L. C. auf den Ersatz der Früchte nur bei denjenigen Obligationen die Rede seyn kann, welche nicht schon an sich einen solchen Ersatz begründen.

Die Grundlage der hier einschlagenden Regeln bildet nicht, wie in vielen andern Fällen, die Unterscheidung der stricti juris und bonae fidei actiones, sondern vielmehr folgende ganz andere Unterscheidung. Die persönlichen Klagen gehen entweder auf eine repetitio, d. h. auf die Wiedererlangung einer Sache oder eines Werthes die schon früher zu unserem Vermögen gehört haben, oder aber sie gehen auf einen unserem Vermögen bisher fremden Gegenstand (ad id consequendum quod meum non fuit, veluti ex stipulatu) (o).

(o) Die hier aufgestellte wichtige Unterscheidung wird von Paulus durchgeführt in den zwei wichtigsten hier einschlagenden Stellen: 1. die *L.* 65 *de cond. indeb.* (12. 6) handelt blos von den Klagen auf repetitio. 2. *L.* 38 *de usuris* (22. 1) spricht von beiden Klassen von Klagen, stellt aber nicht den Gegensatz derselben an die Spitze,

1. Bei den Klagen auf repetitio gilt die Regel, daß die Früchte und andere Erweiterungen schon von Anfang an ersetzt werden müssen, so daß in dieser Hinsicht die L. C. ohne allen Einfluß ist. Auch macht es dabei durchaus keinen Unterschied, ob eine solche Obligation durch eine strenge oder freie Klage verfolgt wird, wie denn namentlich die der condictio indebiti zum Grunde liegende Obligation von Anfang an, also vor allem Rechtsstreit, und auch ohne Mora, den Fruchtersatz mit umfaßt (p).

2. Unter den Klagen auf einen bisher fremden Gegenstand (quod meum non fuit) wurden die freien und strengen Klagen unterschieden.

a) Bei den freien Klagen dieser Klasse galt, wie es scheint, von jeher und ohne allen Widerstreit die Regel, daß Früchte erstattet werden müßten (q). Hier aber war die Sache deswegen von keiner Erheblichkeit, weil meist der eigenthümliche Inhalt jeder besonderen Obligation, und insbesondere die Einwirkung der Mora, eine frühere Ver-

sondern deutet ihn erst an in dem § 7 (s. u. Note s), obgleich sie ihn durchweg unverkennbar voraussetzt.

(p) *L.* 65 *pr.* § 5. 7, *L.* 15 *pr. de cond. indeb.* (12. 6). Auf dieselbe Klasse von Klagen bezieht sich augenscheinlich *L.* 38 *pr.* § 1—6, § 10 bis 15 *de usur.* (22. 1). Bloße Anwendungen auf das Interdict unde vi, und auf die actio pignoratitia finden sich in *L.* 4 *C. unde vi* (8. 4), und *L.* 3 *C. de pign. act.* (4. 24). Allerdings können Zinsen mit der cond. indebiti nicht gefordert werden, welches jedoch unten besonders erklärt werden wird.

(q) *L.* 38 § 15 *de usur.* (22. 1) „In ceteris quoque bonae fidei judiciis fructus *omnimodo* praestantur.“

pflichtung zum Fruchtersatz mit sich führt, und also die Wirkung der L. C. absorbirt (r).

b) Bei den strengen Klagen (den Condictionen) war von Anfang der Obligation an keine Verpflichtung zum Fruchtersatz vorhanden, und selbst die Mora erzeugte eine solche Verpflichtung nicht. Wenn also z. B. ein Landgut durch Stipulation versprochen worden war, so konnte der Creditor nur das Landgut selbst einklagen, nicht die seit der Zeit des Vertrags oder der Mora gezogenen Früchte, und es blieb also ihm überlassen, durch schleunige Anstellung der Klage den möglichen Verlust abzuwenden, der ihm aus der Anwendung dieser Regel entstehen konnte. Hier aber zeigte sich eine wichtige Wirkung der L. C., indem von dieser an die omnis causa geleistet werden mußte. Zwar auch diese Regel galt in der ältesten Zeit nicht; aber schon frühe (und wahrscheinlich nach der Analogie der Eigenthumsklage) erkannte man die Billigkeit derselben an, Sabinus und Cassius erklärten sich für dieselbe, und sie wurde dann allgemein angenommen (s).

(r) So z. B. bei dem Kauf *L.* 38 § 8 *de usur.* „Ex causa etiam emptionis fructus restituendi sunt.“ Hier kommt theils die Mora, theils die gegenseitige Zahlung des Kaufpreises, also überhaupt die auf völlige Gegenseitigkeit gerichtete Natur dieses Vertrags, in Betracht. — Eben so wird bei Legaten und Fideicommissen bald die Mora, bald die L. C. als Anfangspunkt des Fruchtersatzes angegeben; die L. C. kann nur so gemeint seyn, wenn nicht schon früher eine Mora vorhanden war (§ 271).

(s) *L.* 38 § 7 *de usur.* (22. 1) „Si actionem habeam ad id consequendum, quod meum non fuit, veluti ex stipulatu, fructus non consequar, etiam si mora facta sit. Quod si acceptum est judicium, tunc Sabinus et Cassius ex aequitate fructus

§. 267.

Wirkung der L. C. — II. Umfang der Verurtheilung. — a) Erweiterungen (Fortsetzung. Versäumte Früchte).

Schon oben ist an mehreren Stellen die Rede gewesen von dem Ersatz für versäumte Früchte, oder die s. g. fructus percipiendi (§ 265. 266). Hierüber herrschen unter neueren Schriftstellern manche Misverständnisse, welche meist aus einer zu subtilen Behandlung des an sich einfachen Gegenstandes entstanden zu seyn scheinen. Darauf soll gegenwärtig näher eingegangen werden.

Eine sichere Grundlage für diese Untersuchung bildet der deutlich ausgesprochene Grundsatz, daß die Verpflichtung zum Ersatz solcher Früchte stets auf die Culpa des Besitzers, der sie zu gewinnen versäumte, zurückzuführen ist (§ 266. d). Jede Streitfrage in dieser Lehre kann also nur aus dem Daseyn oder dem Mangel einer solchen Culpa entschieden werden.

So hat man sich in neuerer Zeit viele, wie es scheint vergebliche, Mühe gegeben mit der Untersuchung der Frage, ob die unbenutzte Möglichkeit des Fruchtgewinnes nach der Person des Klägers oder nach der des Beklagten abzumessen sey. Manche wollen hierin zwischen der Eigenthumsklage und Erbschaftsklage unterscheiden (a), Andere zwischen dem redlichen und unredlichen Besitzer (b), noch

quoque post acceptum judicium praestandos putant, ut causa restituatur: quod puto recte dici."

(a) Buchholtz, Abhandlungen S. 13 — 15.

(b) Glück, B. 8 S. 262. 296. 298.

Andere behaupten ganz allgemein, daß lediglich auf die Person des Klägers gesehen werden müsse (c).

Nicht sowohl die eine oder die andere dieser Beantwortungen der erwähnten Frage, als vielmehr die Stellung der Frage selbst, ist verwerflich. Es liegt dabei die Voraussetzung zum Grunde, als ob die Fruchtgewinnung von besonderen persönlichen Geschicklichkeiten abhinge, welche bald bei dem einen, bald bei dem andern Theil gefunden oder vermißt werden könnten.

Nach dem eben aufgestellten Princip ist dieses ganze Verfahren grundlos. Alles kommt allein auf das Daseyn der Culpa in dem Benehmen des Besitzers an. Das Daseyn der Culpa aber wird nach allgemeinen bekannten Grundsätzen festgestellt durch die Vergleichung des persönlichen Benehmens jedes im einzelnen Fall zu beurtheilenden Schuldners mit demjenigen Thun und Lassen, welches in gleichem Fall von einem diligens paterfamilias zu erwarten gewesen wäre. Dem urtheilenden Richter also soll die allgemeine Handlungsweise eines besonnenen Mannes als Maaßstab dienen, wobei auf die Eigenthümlichkeit des Schuldners gar nichts ankommt (d). Allerdings wird in einigen Stellen die Verpflichtung zum Ersatz wörtlich davon abhängig gemacht, daß der Kläger hätte die Früchte ge-

(c) Heimbach, Lehre von der Frucht S. 168—170 S. 184.

(d) In wenigen und nicht bedeutenden Fällen wird auf die Individualität des Schuldners ausnahmsweise schonende Rücksicht genommen (diligentia quam suis rebus adhibere solet). Von einem solchen Fall ist hier gar nicht die Rede.

winnen können (e); allein in noch mehreren Stellen wird die Frage so gestellt, ob der Beklagte Dieses thun konnte oder sollte (f). Beide Arten des Ausdrucks haben aber ganz denselben Sinn, und werden daher mit Recht in willkührlicher, zufälliger Abwechslung gebraucht.

Daß in der That diese beide Arten die Frage aufzufassen gar nicht verschieden sind, folgt daraus, daß beide, verglichen mit dem allgemeinen Princip der Culpa keinen anderen Sinn haben als den: was in diesem Fall ein besonnener Hausvater wirklich gethan hätte. Da wo in unsren Rechtsquellen die für den Kläger vorhandene Möglichkeit der Fruchtgewinnung erwähnt wird, steht sie als Gegensatz gegen das, was der Beklagte wirklich gewonnen hat, welches dann für gleichgültig erklärt wird (g). In keiner Stelle wird die Möglichkeit für den Kläger der Möglichkeit für den Beklagten als etwas Verschiedenes gegenüber gestellt (h), sowie es die neueren Schriftsteller in ihrer Controverse fälschlich voraussetzen.

(e) *L.* 62 § 1 *de rei vind.* (6. 1), *L.* 39 § 1 *de leg.* 1. (30), *L.* 4 *C. unde vi* (8. 4).

(f) *L.* 25 § 4 *de her. pet.* (5. 3), *L.* 2 *C. de fruct.* (7. 51), *L.* 5 *C. de rei vind.* (3. 32), *L.* 1 § 1 *C. de her. pet.* (3. 31), *L.* 3 *C. de pign. act.* (4. 24).

(g) *L.* 4 *C. unde vi* (8. 4) „fructus etiam quos vetus possessor *percipere potuit*, non tantum quos praedo *percepit*."

(h) Allerdings ist in diesem Sinn aufgefaßt worden *L.* 62 § 1 *de rei vind.* (6. 1) „constat animadverti debere, non an malae fidei possessor fruiturus sit, sed an petitor frui potuerit, si ei possidere licuisset," und diese Stelle scheint fast allein das Misverständniß veranlaßt zu haben, als ob die Geschicklichkeit des Klägers mit der des Beklagten abzuwägen, und zwischen beiden Geschicklichkeiten als Maaßstab der Beurtheilung zu wählen wäre. Allein die Florentinische Leseart fruiturus sit, ist ohnehin

Ferner ist in der neuesten Zeit behauptet worden, ein Ersatz für versäumte Früchte sey nur dann zu leisten, wenn die Früchte wirklich vorhanden waren, und der Besitzer sie einzusammeln unterließ; dagegen soll ihn kein Vorwurf und keine Verpflichtung treffen, wenn er die Anstalten unterläßt, ohne welche eine Entstehung der Früchte unmöglich ist (i). Daher würde die unterlassene Erndte einen Anspruch auf Ersatz begründen, die unterlassene Bestellung des Feldes aber nicht.

Bei einer richtigen Anwendung unsres Princips von der Culpa, und bei der practischen Auffassung des ganzen Rechtsverhältnisses, muß diese Meinung gänzlich verworfen werden. Wenn der Besitzer eines Landgutes, der voraussieht, daß er in der Eigenthumsklage unterliegen werde, obgleich diese durch mehrere Jahre hingezogen werden kann, die Aecker unbestellt läßt, und dadurch ohne allen Fruchtertrag bleibt, so kann man unmöglich sagen, daß er das gethan habe, was ein diligens pater familias gethan hätte, so wie es doch Paulus fordert (§ 266. d). Es wird ferner ausdrücklich gesagt, daß der unredliche Besitzer auch verantwortlich sey wegen Unterlassung der für die Sache nöthigen Ausgaben (k), und es wird dabei

verwerflich und sinnlos, da von einer Beurtheilung der Zukunft gar nicht die Rede seyn kann. Nimmt man aber die Vulgata fruitus sit an, die gar kein Bedenken hat, so verschwindet selbst jener schwache Schein völlig, und die Stelle sagt dann wörtlich dasselbe, wie die vorher angeführte Stelle des Codex (Note g).

(i) Heimbach, Lehre von der Frucht, S. 171—178.

(k) *L.* 31 § 3 *de her. pet.* (5. 3). „Sumtum ... si facere

durchaus nicht unterschieden zwischen Ausgaben für die Erhaltung der Sache selbst, oder für die Bestellung zur Fruchterzeugung.

Wenn man jene Behauptung auf die s. g. civilen Früchte anwendet, so würde sie zu folgender Unterscheidung führen. Der Besitzer wäre verpflichtet, Miethgeld und Zinsen einzukassiren, wenn die Contracte hierüber schon geschlossen sind; **nicht** verpflichtet, solche Contracte zu schließen, auch selbst an solchen Sachen, die ihrer Natur nach zum Vermiethen bestimmt sind. Nun wird aber gerade hiervon das Gegentheil ausdrücklich gesagt. Der unredliche Besitzer soll für versäumte Früchte einstehen, wenn er Sachen unvermiethet läßt, deren Vermiethung herkömmlich ist (l). Eben so soll der Erbe, wenn er die Auszahlung eines Geldlegats ohne Grund verzögert, davon landübliche Zinsen zahlen (m).

Sehr richtig wird dieses ganze Rechtsverhältniß in folgender Stelle der Westgothischen Interpretation beurtheilt (n):

debuit, nec fecit, culpae hujus reddat rationem."

(l) *L.* 62 *pr. de rei vind.* (6. 1) „Si navis a malae fidei possessore petatur, et fructus aestimandi sunt, ut in taberna et area *quae locari solent.*" — *L.* 19 *pr. de usur.* (22. 1) am Ende der Stelle.

(m) *L.* 39 § 1 *de leg.* 1. (30). Aus den landüblichen Zinsen folgt, daß nicht blos die Einkassirung, sondern auch das Ausleihen von dem Erben erwartet wird. Denn wäre die Rede von einem schon ausgeliehenen Capital, so würden nicht landübliche, sondern die im Contract versprochenen Zinsen gefordert werden.

(n) *Interpr. L.* 1. *C. Th. de fruct.* (4. 18).

quales per diligentem culturam consequi proprii domini utilitas potuisset.

Die ganze hier widerlegte Meinung scheint überhaupt nur aus einer zu buchstäblichen Auffassung der Worte percipere und colligere hervor zu gehen, die freilich unmittelbar blos den Act des Einsammelns bezeichnen, dem Sinn nach aber auch die unerläßlichen vorbereitenden Handlungen mit in sich schließen. Wäre die Rede davon, dem Besitzer ungewöhnliche Anstrengungen von Kraft und Geschicklichkeit zuzumuthen, so würde jene Meinung richtig seyn; es wird aber nichts von ihm verlangt, als daß er dasjenige thue, welches Niemand, selbst an seinem eigenen Vermögen, unterlassen kann ohne den Vorwurf einer entschiedenen Nachlässigkeit auf sich zu ziehen.

Zuletzt ist noch eine Bemerkung hinzuzufügen, über die Rechtsmittel womit für die versäumten Früchte Ersatz verlangt werden kann. Wegen der vorhandenen oder verzehrten Früchte sind nach Umständen ganz verschiedene Rechtsmittel anwendbar: die Hauptklage, durch welche auch die Früchte mit umfaßt werden, dann die Vindication oder eine Condiction, je nachdem die Früchte vorhanden oder verzehrt sind.

Nicht so verhält es sich mit dem Ersatz für die versäumten Früchte. Dieser kann allerdings durch die auf die Sache selbst gerichtete Hauptklage mit verfolgt werden, und hierdurch werden in der That die so eben aufgestellten Regeln geltend gemacht. Dagegen kann von einer Vindication dieser Früchte nicht die Rede seyn, indem dieselben niemals im Besitz des Beklagten gewesen sind. Eben so wenig aber ist eine Condiction auf dieselben möglich, weil die Grundbedingung einer solchen, nämlich die Bereicherung aus fremder Sache, fehlt (o).

Dieser letzte Satz wird in folgender Stelle anerkannt, welche leicht misverstanden werden kann (p):

> Si ejus fundi, quem alienum possideres, fructum non coëgisti, nihil ejus fundi fructuum nomine te dare oportet.

Flüchtig angesehen, könnte diese Stelle als ein Widerspruch gegen die ganze Lehre von dem Ersatz für versäumte Früchte aufgefaßt werden. Wenn man aber die unzweifelhafte technische Bedeutung der Worte dare oportere erwägt, so liegt in der angeführten Stelle nichts Anderes, als die so eben gerechtfertigte Verneinung einer selbstständigen **Condiction**. Der Verfasser der Stelle will also nur sagen, daß für versäumte Früchte niemals mit einer Condiction Ersatz gefordert werden könne; er widerspricht aber damit nicht der Forderung dieses Ersatzes überhaupt, indem ja die Vindication der Hauptsache diesen Ersatz mit umfassen kann (q).

Man darf auch nicht glauben, daß diese Unterscheidung ein blos theoretisches Interesse habe, und practisch

(o) S. o. B. 5. S. 524. b.

(p) *L.* 78 *de rei vind.* (6. 1).

(q) Diese richtige Erklärung der Stelle findet sich bei Heimbach, Lehre von der Frucht, S. 94. 95.

werthlos sey. Denn wenn der unredliche Besitzer den Besitz der Hauptsache ohne seinen Dolus verliert, so kann gegen ihn eine Vindication überhaupt nicht mehr angestellt werden, so daß auch eine Nachforderung der etwa früherhin versäumten Früchte nicht mehr möglich ist. Wäre dagegen für diese eine selbstständige Condiction zulässig, so würde dieselbe auch jetzt noch angestellt werden können.

Eine eigenthümliche Bestimmung über die s. g. fructus percipiendi enthält das Preußische A. L. R. Es verpflichtet nicht, so wie das R. R., jeden Beklagten, die Früchte zu ersetzen, welche zu gewinnen er während der Dauer des Rechtsstreits etwa versäumt haben möchte, sondern nur Den, welcher es weiß, daß die Sache, die er als seine eigene besitzt, einem Anderen zugehöre, also den wahren, eigentlichen malae fidei possessor (r). — Diese Abweichung kann ich nicht billigen. Jedem Beklagten, auch wenn er noch so fest von seinem Recht überzeugt ist, kann man ohne Unbilligkeit zumuthen, daß er die Möglichkeit bedenke, den Prozeß zu verlieren, und für diesen möglichen Fall sich als den Verwalter eines fremden Gutes ansehe,

(r) A. L. R. Th. 1 Tit. 7 § 229. Auf den ersten Blick könnte man glauben, es sey hier nur derselbe unredliche Besitzer gemeint wie in § 222, d. h. eben der Beklagte überhaupt. Daß aber in der That ein Unterschied, ein Gegensatz gemeint ist, zeigt erstlich der verschiedene Ausdruck beider §§, zweitens die Vergleichung der § 223 — 228 mit § 229, welcher letzte offenbar etwas Neues sagen will, drittens die Bemerkungen von Suarez bei Simon Zeitschrift B. 3 S. 330 N. 2, S. 172. Vgl. auch ebendas. S. 633 und oben § 264.

dem eine besondere Sorgfalt obliegt. Wenn er also in dieser Lage aus Trägheit unterläßt, den streitigen Acker zu bestellen, oder die Früchte einzusammeln, so trifft ihn, bei der Verurtheilung in der Hauptsache, auch die Entschädigung für diese versäumten Früchte mit allem Recht. Ich glaube, daß diese unrichtige Bestimmung lediglich aus dem falschen Standpunkte hervorgegangen ist, welcher überhaupt im A. L. R. bei der Feststellung der eigenthümlichen Prozeßverpflichtungen gewählt worden ist (§ 264). Man wollte Alles auf das unredliche Bewußtseyn des Besitzers zurück führen, und glaubte nun, in diesem stets verschiedene Grade unterscheiden, und mit verschiedenen Wirkungen versehen zu müssen.

§. 268.

Wirkung der L. C. — II. Umfang der Verurtheilung. — a) Erweiterungen. (Fortsetzung. Prozeßzinsen.)

Unter den Erweiterungen, von deren Ersatz in Folge der L. C. bisher die Rede gewesen ist, befindet sich eine, deren Behandlung vorzugsweise zweifelhaft und bestritten, und zugleich practisch sehr wichtig ist; dieses sind die Prozeßzinsen. Zu einer erschöpfenden Behandlung derselben ist es unumgänglich nöthig, eine zusammenhängende Übersicht des Zinsensystems überhaupt vorauszuschicken. Ohne eine solche Übersicht ist es nicht möglich, eine falsche Auffassung und Benutzung mancher der wichtigsten Quellenzeugnisse mit Sicherheit abzuwehren.

Dem allgemeinen Begriff der Zinsen liegt zum Grunde die Unterscheidung eines zweifachen im täglichen Verkehr vorkommenden Werthes: des Sachwerthes (Eigenthumswerthes) und des Gebrauchswerthes. Die Rechtsgeschäfte, worin beide vorzüglich zur Anschauung kommen, sind der Kauf und der Miethsvertrag. Da der Gebrauchswerth auf einer fortgesetzten Thätigkeit der gebrauchenden Person im Verhältniß zur Sache beruht, so hat er überhaupt nur Bedeutung, in sofern ein durch diese Thätigkeit erfüllter Zeitraum hinzugedacht wird.

Für den Gebrauchswerth wie für den Sachwerth, ist ein Ersatz oder eine Vergütung möglich in der verschiedensten und willkührlichsten Weise: durch eine Geldsumme, durch Arbeit, durch den gegenseitigen Gebrauch anderer Sachen u. s. w. Für die meisten Fälle solcher Art ist weder die Möglichkeit noch das Bedürfniß einer gemeinsamen Behandlung und Regulirung vorhanden; ein solches Bedürfniß findet sich nur bei einer Art von Sachen, deren eigenthümliche Natur hier zunächst zu bestimmen ist.

Es sind dies diejenigen Sachen, deren Werth nach der im Verkehr vorherrschenden Ansicht nicht auf ihrer Individualität, sondern lediglich auf Zahl, Maaß oder Gewicht innerhalb einer gewissen Gattung beruht, so daß bei gleichem Umfange verschiedene Individuen derselben Gattung völlig gleichgeltend sind. Die Römer bezeichnen diese Eigenthümlichkeit durch den Ausdruck: res quae pondere, numero, mensura continentur (consistunt), welcher genau richtige

Ausdruck durch seine Weitläufigkeit zum gewöhnlichen Gebrauch unbequem ist. Die neueren Schriftsteller nennen sie seit Jahrhunderten mit einem barbarisch gebildeten Ausdruck res fungibiles (a). Ich werde dafür den Ausdruck: Quantitäten gebrauchen, der die entschiedene Autorität der Römischen Juristen für sich hat. Denn obgleich in vielen, ja den meisten, Stellen der Ausdruck quantitas so viel bedeutet als: Größe oder Umfang, also eine allgemeine Eigenschaft die den verschiedensten Sachen zukommt, so wird er doch auch in mehreren unzweifelhaften Stellen geradezu gebraucht um die hier erwähnte besondere Art von Sachen zu bezeichnen, also Sachen die nach Zahl, Maaß oder Gewicht einer bestimmten Gattung, nicht nach ihrer Individualität, als Gegenstände von Rechtsverhältnissen behandelt zu werden pflegen. Eine Sache solcher Art heißt quantitas, im Gegensatz von corpus oder species, d. h. einer Sache, die den individuellen Gegenstand eines Rechtsgeschäfts bildet (b).

(a) Die Veranlassung zu diesem Ausdruck liegt in *L.* 2 § 1 *de reb. cred.* (12. 1) „quia in genere suo *functionem recipiunt* per solutionem.“ Es scheint, daß der Ausdruck res fungibiles eingeführt worden ist von Zasius in § 30 J. de actionibus N. 17. 18, wenigstens thut er sich etwas darauf zu gut, die anderen Schriftsteller zurecht zu weisen, die dafür quantitas sagen „sed male et barbare: sola enim pecunia quantitas dicitur, quia per eam quanta quaeque res sit aestimatur.“

(b) *L.* 34 § 3—6 *de leg.* 1. (30), *L.* 15 § 4 *de usufr.* (7. 1), *L.* 94 § 1 *de solut.* (46. 3). Allerdings ist in diesen Stellen zunächst von Geldsummen die Rede, die ohnehin die häufigste und wichtigste quantitas bilden. Allein in der ersten Stelle wird damit auch alles Übrige quod pondere, numero, men-

An Quantitäten nun kann der Gebrauchswerth, eben so wie an allen anderen Sachen, auf die verschiedenste Weise bestimmt werden; es kann dies u. a. aber in Quoten gleichartiger Sachen geschehen, und diese Behandlung ist für den Verkehr so wichtig und bequem, daß dafür zu allen Zeiten besondere Bestimmungen nöthig gefunden worden sind. Hierauf bezieht sich das Rechtsinstitut der Zinsen (usura auch usurae).

Zins heißt ein bestimmtes Maaß einer Quantität, welches als Ersatz oder Vergütung dient für den Gebrauch einer gleichartigen Quantität, welche das Kapital genannt wird. Das Zinsenverhältniß ist an sich anwendbar auf Quantitäten aller Art, also auf Getreide, Wein, Oel, und u. a. auch auf Geld. Diese letzte Anwendung ist aber so sehr die wichtigste und häufigste, daß man gewöhnlich an sie allein denkt, wenn von Verzinsung überhaupt die Rede ist. — Es ist schon oben bemerkt worden, daß Zinsen im juristischen Sinn als Früchte des Kapitals betrachtet werden (c). Dies ist jedoch nicht so zu verstehen, als ob

sura continetur, zusammengestellt, und der Gegensatz von corpus und species paßt auf alles Dieses gleichmäßig. Daher ist der Tadel des Zasius gegen diese Benennung (Note a) ungegründet. — Die von Mehreren neuerlich versuchte Benennung: vertretbare Sachen ist ohne hinzugefügte Erklärung kaum verständlich, da auch alle andere Sachen einer Vertretung (durch Geldentschädigung) empfänglich sind. — Die Eigenschaften der Quantitäten und der verbrauchbaren Sachen sind an sich selbst ganz verschieden, obgleich sie in der Anwendung meist an denselben Sachen zusammentreffen.

(c) *L.* 34 *de usuris* (22. 1), *L.* 121 *de V. S.* (50. 16), *L.* 62 *pr. de rei vind.* (6. 1). Vgl. oben § 265. a. b.

hierin das baare Geld (die Zinsen) eine Frucht des baaren Geldes (des Kapitals) wäre; vielmehr wird die Zinsenforderung als eine aus der Kapitalforderung entsprungene Frucht betrachtet.

Die wichtigste Frage ist nun die, auf welchen Wegen überhaupt eine Zinsenforderung entstehen kann. Es giebt dafür im Allgemeinen zwei Entstehungsgründe:

I. Der Wille des Schuldners, welcher fast immer in der Form eines Vertrages erscheint, und II. eine allgemeine Rechtsregel.

I. Vertrag als Entstehungsgrund einer Zinsenforderung. Ein solcher konnte bei den Römern vorkommen, sowohl in der Form einer Stipulation, als in der eines bloßen Pactum.

A. Die Stipulation von Zinsen war überall anwendbar, und konnte stets eine Klage bewirken. Sie konnte geschlossen werden ohne Unterschied, ob die Kapitalschuld selbst aus einer Stipulation mit oder ohne Darlehn, aus einem bloßen Darlehn ohne Stipulation, oder aus irgend einer anderen obligatorischen Handlung entsprungen war.

Bei den Römern war der wichtigste und häufigste Fall der, in welchem beide Obligationen, des Kapitals und der Zinsen, durch Stipulation begründet und zwar auf Geld gerichtet wurden. Ob dieses, der wörtlichen Fassung nach, in zwei abgesonderten Verträgen geschah (also mit einem doppelten spondes? spondeo), oder aber in einem zusammengefaßten einfachen Vertrag, an dessen Schluß jene Frage und Antwort ausgesprochen wurde, dieses war für den Erfolg gleichgültig. Denn auch in dem letzten Fall waren in der That ebenso wie in dem ersten, zwei verschiedene, und zwar sogar ungleichartige Stipulationen geschlossen: eine certa auf das Kapital, und eine incerta auf die Zinsen (d). Die Kapitalsstipulation war nothwendig certa, weil die Summe des Kapitals völlig gewiß und übersehbar war; die Zinsenstipulation nothwendig incerta, weil sich nicht vorhersehen ließ, wie viele Zinsposten fällig werden würden, und wie hoch daher die einzuklagende Zinsensumme im Ganzen seyn werde. Waren es aber zwei verschiedenartige Stipulationen, so mußten hierauf nothwendig auch zwei verschiedene Klagen gegründet werden, eine certi und eine incerti condictio (beide bekanntlich von ganz verschiedener Natur), indem stets der Stipulation die Klage genau entsprechen mußte, und hierin eine Willkühr des Klägers durchaus nicht zuläßig war (e).

Ganz eben so verhielt es sich, wenn neben einem bloßen Darlehn (ohne Stipulation) Zinsen stipulirt waren. Auch hier mußten nothwendig zwei verschiedene Klagen angestellt werden, eine certi und eine incerti condictio.

(d) *L.* 75 § 9 *de verb. obl.* (45. 1) „qui sortem stipulatur, et usuras quascunque, *certum* et *incertum* stipulatus videtur: et tot stipulationes sunt, quot res sunt" (also hier zwei. Diese letzten Worte verweisen auf eine allgemeine sprüchwörtliche Rechtsregel; vgl. *L.* 86 *eod.*). — *L.* 8 *de eo quod certo loco* (13. 4) „ibi enim *duae stipulationes* sunt" (es war von Kapital und Zinsen die Rede).

(e) Gajus IV. § 53. „sicut ipsa stipulatio concepta est, ita et intentio formulae concipi debet."

B. Ein Pactum auf Zinsenzahlung hatte eine verschiedene Wirkung je nach der verschiedenen Natur der Hauptschuld. Es konnte nämlich vorkommen, a) neben einem b. f. contractus, b) neben einer Stipulation, c) neben einem Darlehn.

a) Das Pactum auf Zinsen neben einem b. f. contractus war nach allgemeinen Grundsätzen klagbar, jedoch nicht mit einer selbstständigen Klage, sondern nur in Verbindung mit der aus dem Contract entspringenden Hauptklage (f). Dieses auf bekannten allgemeinen Rechtsregeln beruhende Rechtsverhältniß wird namentlich anerkannt bei dem Kauf, der Miethe, dem Mandat, dem Depositum (g).

b) Auch wenn neben einer Stipulation auf das Kapital ein bloßes Pactum auf Zinsen gleichzeitig geschlossen war, so sollte dennoch auf die Zinsen wie aus einer Stipulation (also mit einer incerti condictio) geklagt werden können. Dieser Rechtssatz war der alten strengen Natur der Stipulation fremd, und wurde erst durch die neue freiere Behandlung des Vertrages vermittelt. Auch wird ausdrücklich bemerkt, daß dieser Satz erst allmälig und nicht ohne Widerspruch anerkannt worden sey (h). Es lag dabei

(f) *L.* 4 *C. depos.* (4. 34) „non duae sunt actiones, alia sortis alia usurarum sed una.“ Hier gilt also gerade die entgegengesetzte Regel von der für die stipulirten Zinsen so eben bemerkten.

(g) *L.* 5 *C. de pact. int. emt.* (4. 54), *L.* 17 § 4 *de usuris* (22. 1), *L.* 24 *pr. in f. mandati* (17. 1), *L.* 24 *L.* 26 § 1 *depos.* (16. 3).

(h) *L.* 40 *de reb. cred.* (12. 1). Über diese, durch ihre Schwierigkeit berühmte, Stelle (L. *Lecta*) vgl. Glück B. 4 S. 268—276, SCHULTING notae III. 31. Auf

folgender Gedanke zum Grunde. Wenn die Parteien die Vorsicht gebraucht hätten, zuerst den ganzen Inhalt ihrer Verabredung (wegen Kapital und Zinsen) auszusprechen und dann am Schluß die allgemeine Formel hinzuzufügen: ea omnia dare spondes? spondeo, so würde unstreitig die Stipulation alle Theile des Versprechens, auch die Zinsen, umfaßt haben. Daß sie nun hierin ungenau verfuhren und die rechte Form versäumten, sollte ihnen, wie so mancher andere Verstoß gegen die strenge alte Form, nicht schaden. Es wurde also gewissermaaßen fingirt, es sey die in der Mitte der ganzen Handlung ausgesprochene Stipulationsformel am Schluß der Handlung wiederholt worden. — Diese freiere Behandlung der Stipulation war ganz gleichartig mit derjenigen, nach welcher schon zur Zeit der alten Juristen in einer fremden Sprache, in verschiedenen Sprachen, und mit nicht buchstäblicher Gleichförmigkeit, gefragt und geantwortet werden durfte, ohne die Wirksamkeit der Stipulation zu schwächen.

c) Endlich das Pactum auf Zinsen neben dem bloßen Darlehn führt am meisten Verwicklungen mit sich, und hat Gelegenheit zur irrigen Auffassung mehrerer schwierigen

eine vollständige Erklärung derselben kann es hier nicht ankommen; der hierher gehörende Theil, den ich für nicht zweifelhaft halte, ist in folgenden Worten enthalten: „pacta *incontinenti facta* stipulationi *inesse creduntur* ... Pactum autem, quod subjectum est, *quidam dicebant* .. tantum ad exceptionem prodesse ... et si, ut ille putabat, ad exceptionem tantum prodesset pactum, QUAMVIS SENTENTIA DIVERSA OBTINUERIT" rel.

Stellen des R. R. gegeben, weshalb hierbei eine besonders genaue Behandlung nöthig ist.

Vergleichen wir zuerst das Darlehn mit der so eben abgehandelten Stipulation, so finden wir die Regel ausgesprochen, daß dem Darlehn alles Dasjenige rechtsgültig hinzugefügt werden könne, welches in einer Stipulation zulässig sey:

„Omnia quae inseri *stipulationibus* possunt, eadem possunt etiam *numerationi pecuniae*: et ideo et conditiones“ (i).

Da nun so eben gezeigt worden ist, daß das Pactum auf Zinsen neben der Stipulation als Grund einer Klage späterhin zugelassen wurde, so würde die Consequenz dahin geführt haben, dieselbe Wirkung auch neben dem Darlehn zuzulassen, ohne daß dessen strenge Contractsnatur (die ja nicht strenger war, als die der Stipulation) ein Hinderniß hätte darbieten können. Ich sage, so hätte es consequenter Weise seyn müssen sowohl bei dem Darlehn in Geld, als bei dem in anderen Quantitäten. Auch wurde diese Consequenz in der That durchgeführt und anerkannt in diesem zweiten Fall des Darlehns (an Getreide u. s. w.), wie sogleich gezeigt werden wird. Bei dem Gelddarlehn dagegen war es anders, diese Verschiedenheit hatte aber ihren Grund nicht in der Natur des Contracts, sondern vielmehr in der ganz eigenthümlichen Natur der diesem Contract ausschließend angewiesenen Klage.

(i) *L.* 7 *de reb. cred.* (12. 1).

Die einzig mögliche Klage nämlich aus einem Gelddarlehn war die certi condictio, worin die Intentio nothwendig eine bestimmte Geldsumme aussprechen und die Condemnatio mit dieser Summe übereinstimmen mußte. Nun hatte der Judex keine andere Wahl, als entweder freizusprechen, oder auf die ausgedrückte Summe zu verurtheilen. Hätte er diese Summe durch die versprochenen Zinsen in dem Urtheil erhöht, so würde er das Ganze aus eigenem Vermögen haben ersetzen müssen (k).

Hierin allein liegt der Grund der in so vielen Stellen ausgesprochenen Regel, daß bei einem Gelddarlehn auf Zinsen niemals geklagt werden könne, wenn nicht diese Zinsen in einer Stipulation versprochen worden seyen (l). Lag aber der Grund hierin, also in der Klagformel, und nicht in der Natur des Contracts, so war es ganz inconsequent, im Justinianischen Recht (in welchem die Klagformeln gänz-

(k) Gajus IV. § 52 „alioquin litem suam facit."

(l) *L.* 24 *pr. de praescr. verb.* (19. 5), *L.* 10 § 4 *mand.* (17. 1), *L.* 11 § 1 *de reb. cred.* (12. 1), *L.* 3. 7 *C. de usur.* (4. 32). Paul. II. 14 § 1. — Der Unterschied von dem vorhergehenden Fall, wo das Pactum der Stipulation angehängt war, lag darin, daß hier der bloße Formfehler durch milde Auslegung verbessert wurde, indem man es so ansah, als wäre die Stipulationsformel erst am Ende des ganzen Akts ausgesprochen worden. Neben dem Darlehn war diese Behandlung unmöglich, da bei den Zinsen die Fiction eines Darlehns keinen Sinn gehabt hätte, ohne dieselbe aber die Klage aus dem Pactum ohne allen Entstehungsgrund gewesen wäre. — Man darf übrigens die aufgestellte Regel nicht so verstehen, als ob ein solches Pactum ganz wirkungslos gewesen wäre; es sollte nur keine Klage begründen, eine naturalis obligatio entsprang daraus allerdings. *L.* 5 § 2 *de sol.* (46. 3), *L.* 3. 4. 22 *C. de usur.* (4. 32). Auch zweifelte hieran selbst die strengste Partei der Juristen nicht (Note h).

lich verschwunden sind) diese Regel dennoch beizubehalten; sie hätte schon hier gänzlich aufgegeben werden müssen (m).

Daß diese Auffassung richtig ist, geht unwidersprechlich hervor aus der Art, wie das R. R. das Darlehn an Getreide und anderen Quantitäten, wenn dabei Zinsen durch bloßes Pactum versprochen waren, unzweifelhaft behandelt, obgleich dieses Darlehn ein völlig eben so strenger Contract war und durchaus keine andere Contractsnatur hatte, als das Gelddarlehn. Hierüber sind folgende Stellen ganz entscheidend.

1. „Frumenti vel hordei mutuo dati accessio ex nudo pacto praestanda est“ (n).

   Hier ist ausdrücklich anerkannt, daß bei einem Darlehn von Getreide, Zinsen aus einem bloßen Pactum eingeklagt werden konnten, nur ist die Klage nicht genannt.

2. „Oleo quidem vel quibuscunque fructibus mutuo datis, incerti pretii ratio, additamentum usurarum ejusdem materiae suasit admitti“ (o).

Diese Stelle ist zu allen Zeiten Gegenstand großer

(m) Zweifelhaft ist die Behandlung des nauticum foenus, wobei die Klage nicht angegeben wird (*L.* 5 § 1, *L* 7 *de naut. foen.* 22. 2). Vielleicht wurde dabei stets eine Stipulation angewendet; es ließ sich aber auch ohne Stipulation eine Klage nach den Grundsätzen der Innominatcontracte wohl denken. Denn die Form des Darlehns war dabei nur ein äußerer Schein, in der That war es das Geben einer Summe auf die Gefahr des Verlustes, mit dem gegenseitigen Versprechen einer höheren Summe für den Fall wenn der Verlust nicht eintrat, also ein Geschäft nach der Form do ut des.

(n) *L.* 12 *C. de usur.* (4. 32).

(o) *L.* 23 *C. de usur.* (4. 32).

Zweifel und Misverständnisse gewesen. Vor Allem ist darin nicht gesagt, von welcherlei Zinsen die Rede ist. Man könnte dabei denken an Verzugszinsen oder Prozeßzinsen, welches jedoch schlechthin verworfen werden muß, da diese, wie unten gezeigt werden wird, nur bei baarem Gelde vorkommen können. Eben so wenig ist an stipulirte Zinsen zu denken, da bei diesen die Klagbarkeit ohnehin keinen Zweifel haben konnte, welches zu dem Ausdruck der Stelle nicht paßt. Es bleibt also nur der einzige Fall anzunehmen übrig, wenn die Zinsen durch bloßes Pactum versprochen waren, also genau derselbe Fall wie in der vorhergehenden Stelle, nur hier mit dem wichtigen Zusatz, daß die Klagbarkeit solcher Zinsen nicht auf der strengen Rechtsregel, sondern auf einer neueren Zulassung aus Billigkeit beruhe („suasit admitti"). — Einer besonderen Erklärung bedürfen aber noch die Worte incerti pretio ratio. Diese drücken geradezu den oben aufgestellten Gegensatz eines solchen Darlehns gegen das Gelddarlehn aus. Anstatt daß bei dem Gelddarlehn die certi condictio jede Ausdehnung des Urtheils auf Zinsen unmöglich machte, war hier in der Klage eine incerta Condemnatio enthalten (quanti ea res est), deren unbestimmter Ausdruck dem Juder die prozessualische Freiheit gewährte, auch die Zinsen mit in das Urtheil aufzunehmen, während die materielle Zulässigkeit der Zinsen aus den oben angegebenen Gründen ohnehin anerkannt werden mußte (p).

(p) Ich muß daher folgende neuerlich versuchte Erklärungen der

§. 269.

Wirkung der L. C. — II. Umfang der Verurtheilung. — a) Erweiterungen. (Prozeßzinsen. Fortsetzung).

Unter den zwei möglichen Entstehungsgründen einer Zinsenforderung (§ 268) ist die erste (der Vertrag) bisher abgehandelt worden; es bleibt noch übrig, auch die zweite darzustellen.

II. Allgemeine Rechtsregel als Entstehungsgrund einer Zinsenforderung.

Diese Rechtsregel beruht auf folgender, in der Erfahrung begründeten, Betrachtung. Bei entwickeltem Verkehr ist die zinsbare Benutzung des baaren Geldes in solchem Grade üblich und verbreitet, daß man als durchschnittliche Regel ohne Bedenken annehmen darf, es könne jede große oder kleine Geldsumme in jedem beliebigen Zeitraum zinsbar benutzt werden. Die Richtigkeit dieser Annahme wird besonders anschaulich, wenn man dabei an das Daseyn von öffentlichen Banken oder Sparkassen denkt, oder auch an das Verhältniß laufender Rechnung, in welches irgend

Stelle verwerfen. Die incerti pretii ratio soll nach Einigen den schwankenden Preis des Getreides bedeuten; es ist aber durchaus kein Grund denkbar, warum bei ganz unwandelbaren Preisen nicht auch Zinsen zulässig seyn sollten. — Von Anderen wird alles Gewicht auf die Worte ejusdem materiae gelegt, so daß die Stelle eigentlich die Absicht habe, ein Zinsversprechen in anderen Stoffen zu untersagen. Allein diese Worte sind daraus zu erklären, daß auf ein Versprechen anderer Stoffe der Begriff und Name der Zinsen überhaupt nicht paßt; ein Verbot sollte darin nicht enthalten seyn. — Nach der hier gegebenen Erklärung der Stelle ist nun auch die Behauptung zu berichtigen, welche auf eine irrige Auffassung derselben oben (B. 5 S. 465) gegründet worden war.

Jemand zu einem Banquier eintritt, wobei jede eingezahlte oder erhobene Summe von dem Tage der Zahlung an zinsbar berechnet wird. Es darf dabei nur nicht der Vorstellung Raum gegeben werden, als ob das Darlehn gerade die einzige Form zinsbarer Benutzung des Geldes wäre. Auch würde es unrichtig seyn, die aufgestellte Annahme nur für unseren heutigen sehr entwickelten Geldverkehr zuzulassen, für die Römischen Zustände aber zu verneinen. Gerade die Römischen Juristen gehen entschieden von der hier aufgestellten Voraussetzung aus, wie sogleich gezeigt werden wird. Auch diente bei ihnen das Institut der Argentarien zu einer besonders leichten Vermittelung des Zinsgeschäftes (a).

Die hier aufgestellte Ansicht führt zu folgender Behandlung der Rechtsverhältnisse. Wenn der Gebrauch irgend einer Sache eine Zeit hindurch bei Demjenigen sich findet, dem er nicht gebührt, also einem Anderen mit Unrecht entzogen wird, und zugleich ein Rechtsgrund vorhanden ist, für dieses Unrecht Vergütung zu fordern, so kommt es in jedem einzelnen Fall darauf an zu beweisen, wie hoch sich das Interesse dieses erlittenen Unrechts belaufe, worüber aber eine durchgreifende Regel durchaus nicht aufgestellt werden kann.

(a) Eine merkwürdige Anerkennung der hier behaupteten allgemeinen Sitte und Erfahrung, auch in Beziehung auf die Zustände des Alterthums, findet sich an einem Orte, wo man es kaum erwarten sollte, in dem Gleichniß von dem faulen Knechte, Matthäus 25, 27 und Lucas 19, 23.

Hierin tritt nun für Denjenigen, der eine ſolche Vergütung fordert, eine große Erleichterung ein, wenn der Gegenſtand des mit Unrecht entbehrten Gebrauchs in baarem Gelde beſteht. Ein beſonderer Beweis für den Betrag des erlittenen Schadens wird dadurch entbehrlich, daß der Kläger die landüblichen Zinſen des entbehrten Geldes fordern kann. Allerdings kann in einzelnen Fällen auch wohl eine höhere Entſchädigung gefordert werden, dazu aber bedarf es jedesmal einer ſpeciellen geſetzlichen Vorſchrift, oder auch eines beſonderen Beweiſes. Für die landüblichen Zinſen dagegen bedarf es eines beſonderen Beweiſes nicht, indem derſelbe durch den oben aufgeſtellten durchgreifenden Erfahrungsſatz entbehrlich gemacht wird.

Dieſe practiſch höchſt wichtige Regel findet u. a., und vorzüglich, Anwendung auf die Verzugszinſen, indem als Erſatz für die Mora bei einer Geldſchuld, ohne weiteren Beweis des erlittenen Schadens, landübliche Zinſen gefordert werden können (b). Es iſt aber ganz unrichtig dieſen Fall, wie es gewöhnlich geſchieht, als eine ganz beſondere Klaſſe von Zinſen anzuſehen, und davon andere Klaſſen unter verſchiedenen Namen ſtrenge zu unterſcheiden (c).

(b) *L.* 32 § 2 *de usuris* (22. 1).

(c) So z. B. werden mitunter folgende Klaſſen von Zinſen aufgeſtellt: usurae ex mora, legales, punitoriae (Schilling Inſtitutionen III. 108). — Es ſoll durch dieſe Bemerkung keinesweges in Zweifel gezogen werden, daß für manche einzelne Rechtsverhältniſſe poſitive Beſtimmungen, z. B. wegen ungewöhnlich hoher Zinſen, beſtehen; namentlich in den Fällen, worin der Verwalter eines fremden Vermögens das verwaltete Geld unredlich in eignen Nutzen verwendet. *L.* 38 *de neg. gest.*

Vielmehr liegt in den Verzugszinsen nur der häufigste Fall der Anwendung, während ganz dasselbe Princip auch ohne Mora bei vielen Rechtsverhältnissen zur Anwendung kommt. So soll insbesondere Jeder, der fremde Geschäfte verwaltet, und dafür aus eigenem Vermögen Auslagen macht, landübliche Zinsen des ausgelegten Geldes fordern können, auch wenn seinem Gegner eine Mora nicht zur Last fällt (d).

Es ist ferner unrichtig, wenn Manche die Verzugszinsen als ein besonderes Privilegium derjenigen Verträge und Klagen ansehen, die den besonderen Namen bonae fidei actiones führen. Vielmehr beruhen sie auf einer durchgreifenden Regel für alle Obligationen überhaupt, deren Anwendung nur bei den Condictionen (den strengen Klagen) durch die besondere Natur dieser Klagen gehindert wird. Daher galten die Verzugszinsen ohne Zweifel von jeher auch bei allen denjenigen freien Klagen, welche nicht den Namen bonae fidei actiones führten, also insbesondere bei den prätorischen Klagen und den extraordinariae actiones (e).

(3. 5); eben so die usurae rei judicatae nach Justinians neuen Vorschriften. Nur ist der Entstehungsgrund der Zinsenforderung in diesen einzelnen Fällen nicht specifisch verschieden, anstatt daß die Vertragszinsen von den aus einer allgemeinen Rechtsregel entstehenden durchaus verschieden sind.

(d) So z. B. bei dem Mandat, der negotiorum gestio, der Societät und Tutel. *L.* 12 § 9 *mand.* (17. 1), *L.* 19 § 4 *de neg. gest.* (3. 5). Wenn in diesen Fällen der Geschäftsführer beweisen kann, daß er zu ungewöhnlich hohen Zinsen Geld aufnehmen mußte um die Auslage zu machen, so kann er auch dafür Ersatz fordern. Das liegt wieder außer den Grenzen unsrer allgemeinen Präsumtion.

(e) So gelten Verzugszinsen

Es muß aber wohl bemerkt werden, daß die hier aufgestellte Ansicht mit ihren wichtigen Folgen nicht auf Quantitäten überhaupt, sondern lediglich auf Geldschulden Anwendung findet; hierin eben liegt ein sehr wichtiger Unterschied zwischen den Vertragszinsen, die auf Quantitäten aller Art angewendet werden können, und den aus einer allgemeinen Rechtsregel abgeleiteten Zinsen, welche nur bei Geldschulden vorkommen (f).

Der Grund dieses wichtigen Unterschiedes ist darin zu suchen, daß die zinsbare Benutzung des Geldes zu jeder Zeit möglich ist, anstatt daß das Zinsgeschäft bei Getreide und anderen Quantitäten nur in seltenen Fällen und unter sehr zufälligen Umständen vorzukommen pflegt. Wenn daher der Gebrauch des Getreides einem Anderen mit Unrecht verweigert wird, so soll keinesweges dem Beschädigten ein Ersatz wegen des erlittenen Unrechts versagt werden. Nur muß er die Höhe des Interesse beweisen, und er soll nicht den Vortheil wie bei einer Geldschuld genießen, diesen Beweis durch die Präsumtion zu ersetzen, daß er das Getreide einstweilen hätte gegen Zinsen ausleihen können. Denn gerade zu einer solchen Präsumtion, welche bei einer

bei der Pollicitation, die gewiß nicht ein bonae fidei contractus ist. *L.* 1 *pr. de pollic.* (50. 12). — Ebenso werden in *L.* 38 § 8—16 *de usur.* (22. 1) die bonae fidei actiones mit den prätorischen Klagen in der Lehre von der Causa ganz auf gleichen Fuß gestellt. — Endlich gelten Verzugszinsen auch bei den Fideicommissen, welche gleichfalls nicht mit einer bonae fidei actio verbunden waren.

(f) So liegt denn auch hierin der entscheidende Beweis dafür, daß die *L.* 23 *C. de usur.* (s. o. §. 268 Note o) durchaus nicht von Verzugszinsen verstanden werden darf.

Geldschuld wohl begründet wäre, ist bei dem Getreide und anderen Quantitäten kein Grund vorhanden (g).

§. 270.

Wirkung der L. C. — II. Umfang der Verurtheilung. — a) Erweiterungen. (Prozeßzinsen. Fortsetzung).

Die ganze bisher angestellte Untersuchung über das Zinsenrecht (§ 268. 269) sollte nur als Grundlage dienen für denjenigen Theil desselben, welcher allein in den Kreis unsrer gegenwärtigen Aufgabe gehört, nämlich für die Prozeßzinsen, für welche nur von jenem vollständigen Zusammenhang aus eine befriedigende Einsicht gewonnen werden kann.

Der verurtheilte Beklagte soll für die Früchte des Streitgegenstandes Ersatz leisten, welche dem Kläger durch die Dauer des Rechtsstreits entzogen worden sind (§ 265). Wenn nun der Gegenstand des Rechtsstreits in einer Geldsumme besteht, so entsteht die practisch sehr wichtige Frage, ob die Zinsen dieses Geldes als solche zu vergütende Früchte zu betrachten sind, ob also überhaupt ein Anspruch des Klägers auf Prozeßzinsen zu behaupten ist. Diese Frage ist im hohen Grade bestritten, und der Streit darüber hat sich bis in die neueste Zeit fortgesetzt.

(g) Man könnte die Sache so denken, als ob nicht eben Getreidezinsen für das entbehrte Getreide, wohl aber Geldzinsen für den Kaufpreis des Getreides gefordert werden könnten. Allein diese Ansicht würde wiederum nicht den Quantitäten eigenthümlich seyn, sondern auch auf alle andere Sachen angewendet werden können, und sie ist im Allgemeinen durchaus zu verwerfen, wie unten gezeigt werden wird.

Bevor eine Antwort auf diese Frage versucht werden kann, ist für den Fall, daß in der That Prozeßzinsen anzunehmen seyn möchten (also hypothetisch), das Verhältniß derselben zu den Verzugszinsen festzustellen. Wenn nämlich vor dem Anfang eines Rechtsstreits ein Anspruch auf Verzugszinsen entstanden ist, so gehen diese während des ganzen Rechtsstreits fort, und es kann daneben von Prozeßzinsen nicht die Rede seyn, indem diese von den früher entstandenen Verzugszinsen absorbirt werden. Daher kann von Prozeßzinsen überhaupt nur in solchen Fällen die Frage entstehen, in welchen entweder eine Mora für die eingeklagte Geldschuld (als Bedingung der Verzugszinsen) gar nicht vorhanden ist, oder bei vorhandener Mora dennoch keine Verzugszinsen gefordert werden können.

Der letzte Fall trat entschieden ein bei den strengen Klagen des R. R. Da hier Verzugszinsen auch bei vorhandener Mora nicht gefordert werden konnten (§ 269), so war für die Entstehung von Prozeßzinsen allerdings die Möglichkeit vorhanden. — Der erste Fall (der Mangel der Mora selbst) kann verschiedene Gründe haben. Er kann darin gegründet seyn, daß die Forderung an sich zweifelhaft, oder in ihrem Umfang ungewiß (illiquid) ist (a). Ferner darin, daß eine Mahnung an den Schuldner überhaupt nicht ergangen ist, oder nicht für einen bestimmten Zeitpunkt bewiesen werden kann. Oft ist auch die Zwischen-

(a) *L.* 24 *pr.*, *L.* 21. 47. 3 *pr. de us.* (22. 1), *L.* 42. 63 *de R. J.* (50. 17).

zeit zwischen der Mahnung und dem Anfang des Rechtsstreits zu unbedeutend als daß es der Mühe lohnte, den Beweis der Mahnung zur Begründung früherer Verzugszinsen zu unternehmen. — In allen diesen Fällen ist für den Anspruch auf Prozeßzinsen hinlänglicher Raum vorhanden, und die Erfahrung zeigt es auch, daß von ihnen sogar noch häufiger als von Verzugszinsen die Rede ist.

Die Hauptfrage aber ist die, ob überhaupt Prozeßzinsen gefordert werden können. Ich habe kein Bedenken, diese Frage zu bejahen, und zwar selbst für das ältere R. R. ohne Unterschied der strengen und der freien Klagen. Die folgende Untersuchung wird zuerst das Princip festzustellen, dann die Anwendung auf die wichtigsten einzelnen Klagen zu machen haben.

I. Princip der Prozeßzinsen.

Dieses wird im Allgemeinen anerkannt durch die schon oben angeführte Stelle, welche geradezu ausspricht, daß Zinsen die juristische Natur der Früchte an sich tragen (b). Der Text derselben muß hier vollständig angegeben und erklärt werden:

„*Usurae vicem fructuum obtinent, et merito non debent a fructibus separari.* Et ita in legatis et fideicommissis, et in tutelae actione, et in ceteris

(b) *L.* 34 *de usur.* (22. 1) aus Ulpian. lib. XV. ad Ed., vgl. oben §. 265. b. Der scheinbare Widerspruch, der aus *L.* 121 *de V. S.* (50. 16) hergenommen werden könnte, ist schon oben §. 265. a. b. beseitigt worden.

judiciis bonae fidei servatur. Hoc idem igitur in ceteris obventionibus dicemus."

Daß diese wichtige Stelle gerade auf die hier vorliegende Frage wegen der Verpflichtungen des Beklagten im Prozeß bezogen werden muß, wird unzweifelhaft durch die Inscription der Stelle, wodurch dieselbe in Verbindung tritt mit einer sehr ausführlichen Stelle Ulpians, nach welcher der Beklagte bei der Erbschaftsklage Früchte und Zinsen herausgeben muß (c). — Daß in dem zweiten Satz der angeführten Stelle die b. f. actiones erwähnt werden, könnte den Gedanken veranlassen, als sollte nach dem arg. a contrario für die strengen Klagen das Gegentheil behauptet werden. Dazu ist indessen kein Grund vorhanden, vielmehr scheint diese Erwähnung blos eine beiläufige Hindeutung auf die bei den b. f. actiones allein geltenden Verzugszinsen (verschieden von den Prozeßzinsen) zu enthalten. Umgekehrt könnte man in dem Schlußsatz die *ceterae* obventiones auf die str. j. actiones beziehen wollen, für welche dann die Anwendbarkeit der Prozeßzinsen durch unsre Stelle unmittelbar bewiesen wäre. Allein auch diese Erklärung muß verworfen werden; obventio heißt das aus einer Sache Aufkommende, und die *ceterae* obventiones sind also andere Arten von Nutzungen, welche eben sowohl als die Zinsen unter den allgemeinen Begriff der fructus bezogen werden sollen.

(c) *L.* 20 *de her. pet.* (5. 3). Von dieser Stelle wird unten bei der Anwendung auf einzelne Klagen Gebrauch gemacht werden.

Sind nun nach diesem Zeugniß die Zinsen eine Art von Früchten, und steht es nach anderen, oben angeführten Stellen, fest, daß der Beklagte von der L. C. an alle Früchte ersetzen muß, ohne Unterschied der freien und strengen Klagen (d), so folgt aus dieser Combination unwidersprechlich, daß der Beklagte von der L. C. an bei allen Arten von Klagen Zinsen zahlen muß. — Damit sind also die Prozeßzinsen als solche erwiesen, verschieden von den Verzugszinsen, indem die L. C. eine Mora in der That nicht erzeugt (§ 264), aber mit den Verzugszinsen gleichartig und auf demselben Boden ruhend, nämlich eben so wie sie aus der allgemeinen Rechtsregel entspringend, nach welcher die Entschädigung für jede widerrechtlich entbehrte Geldsumme in der Zahlung landüblicher Zinsen für diese Summe besteht (§ 269).

Auch noch folgende Stelle ist häufig als eine Anerkennung unsres Princips behandelt worden:

„Lite contestata usurae *currunt*“ (e).

Diese Stelle läßt jedoch zwei verschiedene gleich berechtigte Auslegungen zu, und kann wegen dieser Zweideutigkeit nicht als Beweis benutzt werden. Das currunt kann nämlich erstens heißen: currere *incipiunt* (f); dann enthält die Stelle in der That den Ausspruch unsres

(d) S. o. § 266 die Noten o bis s.

(e) *L.* 35 *de usur.* (22. 1).

(f) Für diese Bedeutung sind Parallelstellen *L.* 40 *de reb. cred.* (12. 1), *L.* 7 § 7 *de administr.* (26. 7). Beide Bedeutungen sind richtig nachgewiesen von Huber praelect. in Pand. XXII. 1. § 17.

Princips. Es kann aber auch heißen: currere *pergunt* (g), d. h. die Zinsen werden durch die L. C. nicht unterbrochen, nicht gehindert; dann hat die Stelle keine Verbindung mit unsrem Princip, sie enthält vielmehr den ganz anderen, ohnehin unzweifelhaften Satz, daß die in der Klage auf ein Kapital vollzogene L. C. nicht die Wirkung einer Consumtion auf die Zinsenforderung ausübt. Beide Erklärungen sind an sich zulässig; jedoch erhält die zweite eine größere Wahrscheinlichkeit durch folgende Parallelstelle, welche durch die Inscription mit der unsrigen zusammenhängt:

„Novatione legitime facta liberantur hypothecae et pignus, *usurae non currunt*“ (h).

Hält man beide Stellen zusammen, so ergeben sie folgenden Sinn. Die wahre Novation (d. h. die Stipulation außer dem Prozeß) zerstört unter andern auch den Zinsenlauf. Die L. C., obgleich auch sie in manchen Fällen als Novation bezeichnet wird, zerstört den Zinsenlauf nicht (i).

Könnte nun nach diesen allgemeinen Gründen die Wahrheit des Princips noch irgend zweifelhaft bleiben, so würde doch jeder Zweifel durch die unten folgenden Anwendungen auf einzelne Klagen gehoben werden, worin das Princip selbst deutlich anerkannt ist, und diese Anwendungen

(g) Parallelstelle für diese Bedeutung: das non currunt in *L.* 18 *de nov.* (46. 2).

(h) *L.* 18 *de nov.* (46. 2). Beide Stellen sind genommen aus Paulus lib. LVII. ad Ed.

(i) Diese Erklärung findet sich bei Madai Mora S. 369—371, Wächter III. S. 24, wo nur etwas zu exclusiv die Richtigkeit derselben behauptet wird, da die erste Erklärung an sich auch nicht verwerflich ist.

würden die Wahrheit des Princips beweisen, auch wenn es in keiner Stelle allgemein ausgesprochen wäre.

Bevor aber diese einzelnen Anwendungen dargestellt werden, müssen noch an das Princip selbst einige Folgerungen und nähere Bestimmungen angeknüpft werden.

1. Prozeßzinsen können nur gefordert werden wenn der Rechtsstreit Geld, nicht wenn er andere Quantitäten, z. B. Getreide, zum Gegenstand hat. Alle Gründe, die für diesen Satz schon oben (§ 269) bei den Verzugszinsen ausgeführt worden sind, finden völlig gleiche Anwendung auch auf die Prozeßzinsen (k).

Hier muß aber noch eine besondere Wendung näher erwogen werden, wodurch man versuchen könnte, die größere Ausdehnung der Prozeßzinsen, nicht blos auf andere Quantitäten, sondern sogar auf alle Sachen überhaupt, zu retten.

Man könnte nämlich nicht ohne einigen Schein folgende Betrachtung anstellen. Wenn der Kläger die Sache zur Zeit der L. C. erhalten hätte, so konnte er sie verkaufen und aus dem erlösten Gelde Zinsen ziehen. Da er diesen Vortheil entbehrt hat, so muß ihm derselbe durch Zinszahlung ersetzt werden. — Allein es kommt hier zunächst auf die Stellung und Verpflichtung des Beklagten an. Wollte man ihm den Ersatz dieser Zinsen aufbürden, so

(k) Damit ist denn auch der Beweis geführt, daß die *L.* 23 *C. de usur.* (§ 268. o) durchaus nicht von Prozeßzinsen verstanden werden darf, eben so wenig als von Verzugszinsen (§ 269. f).

könnte dieses nur unter der Voraussetzung geschehen, daß man darauf das Princip der versäumten Früchte (§ 265. 266) anwendete, d. h. daß man ihm den unterlassenen Verkauf als eine Culpa anrechnete. Dieses ist aber deswegen unmöglich, weil er selbst bei den strengen Klagen das Recht hat, sich auch während des Rechtsstreits durch Naturalrestitution von jedem weiteren Anspruch wegen der Sache selbst zu befreien (§ 261). — Die richtige Ansicht der Sache ist in folgender Entscheidung eines einzelnen Falles ausgesprochen. Wenn Gefäße von Gold oder Silber durch Fideicommiß hinterlassen werden, und der Erbe mit der Entrichtung in Mora ist, so braucht er doch nur dann Zinsen zu zahlen, wenn der Erblasser die Geräthe zum Verkauf bestimmt hatte, außerdem nicht; also nur dann, wenn eigentlich ein Geldfideicommiß gemeint war, welches nur durch den Verkauf jener Gefäße zur Ausführung gebracht werden sollte (l).

2. Sehr verbreitet ist die Meinung, daß Prozeßzinsen zwar bei freien, aber nicht bei strengen Klagen gefordert werden könnten. Diese Meinung hat vielen Schein durch die ganz unzweideutige Vorschrift, nach welcher mit der condictio indebiti lediglich das irrig gezahlte Geld selbst, durchaus keine Zinsen desselben, gefordert werden können (m).

(l) *L.* 3 § 4 *de usur.* (22. 1). — In *L.* 51 § 1 *de her. pet.* (5. 3), aus der man noch einen Zweifel hernehmen könnte, ist offenbar vorausgesetzt, daß der Erbe die vor der L. C. gewonnenen Früchte verkauft, also in baares Geld, welches er nun schuldig ist, verwandelt hat. S. u. § 271. c.

(m) *L.* 1 *C. de cond. ind.*

In dieser unbedingten Verneinung liegt dreierlei: es können keine Zinsen gefordert werden von der irrigen Zahlung an, aber auch nicht von der Mora, und endlich auch nicht von der L. C. an, welcher letzte Satz unmittelbar hierher gehört. Dabei liegt es nun sehr nahe, diese Entscheidung daraus abzuleiten, daß jene Klage eine Condiction war, also eben darin einen Ausdruck der Regel zu finden, nach welcher bei allen Condictionen keine Prozeßzinsen gefordert werden könnten. Dennoch ist diese Annahme ohne Grund, und die Sache hat vielmehr folgenden Zusammenhang.

Wenn baares Geld aus einem Darlehn, oder einer Stipulation, oder einem gezahlten Indebitum gefordert wurde, so konnte Dieses nicht anders geschehen als vermittelst einer certi condictio. Die besondere Natur dieser Klage führte es mit sich, daß die bestimmte Geldsumme in der Intentio und Condemnatio übereinstimmend angegeben werden mußte, und diese unabänderliche Anweisung an den Juder schloß jede zusätzliche Erhöhung der Summe in dem Urtheil, also auch jede zusätzliche Rücksicht auf Zinsen, gänzlich aus.

Wenn dagegen eine Stipulation zwar auch Geld zum Gegenstand hatte, aber die Geldsumme selbst nicht aussprach, sondern von einem außer ihr liegenden Umstand abhängig machte (n), so war zwar auch eine strenge Klage, eine

(4. 4) „... Usuras autem ejus summae praestari tibi frustra desideras: actione enim condictionis ea sola quantitas repetitur, quae indebita soluta est."

(n) z. B. quanti fundus Cornelianus est, dare spondes?

Condiction, begründet, aber diese konnte nur eine incertae pecuniae Condemnatio haben (o), und darin lag kein Hinderniß für den Judex, die oben entwickelte allgemeine Regel der Prozeßzinsen zur Anwendung zu bringen.

Demnach war es selbst bei den Römern nicht die Natur der strengen Klagen an sich, welche die Verurtheilung auf Prozeßzinsen ausschloß, sondern lediglich die besondere Natur der certi condictio, da wo diese zur Anwendung kam, und wir müssen daher behaupten, daß die Prozeßzinsen auch bei den strengen Klagen (nur mit Ausnahme jeder certi condictio) zur Anwendung kamen (p). Inconsequent aber war es, daß Justinian bei der condictio indebiti den unbedingten alten Grundsatz aufnahm, obgleich zu seiner Zeit alle Formeln längst verschwunden waren.

3. Endlich ist unter Denen, die überhaupt Prozeßzinsen zulassen, die Frage streitig geworden, ob dieselben blos bei liquiden, oder auch bei illiquiden eingeklagten Geldsummen anzuwenden seyen (q). Soll die Sache irgend einen prac-

(o) Gajus IV. § 49—51. Die Formel ging nun auf quanti res est, oder quidquid dari fieri oportet.

(p) Die Meinungen sind über diese Frage von jeher sehr getheilt gewesen. Verneint werden die Prozeßzinsen bei allen stricti juris actiones von Noodt de foenore et us. III. 12, Winckler p. 345, Madai Mora S. 369, Liebe Stipulation S. 52; dagegen werden sie zugelassen von den Glossatoren Martinus und Jacobus (Haenel diss. dominorum § 56 p. 42), Huber, praelect. in pand. XXII. 1. § 17, Keller § 21 Note 2 und 10. — Ich selbst hatte früher die erste Meinung angenommen (B. 5 S. 141. 142. 465), welche ich jetzt zurücknehme.

(q) Für die einschränkende Meinung ist Cannegiesser decis. Cassell. T. 1 Dec. 56 No. 6, indem er erst von der festgestellten

tischen Werth haben, so darf ein solcher Unterschied nicht gemacht werden, vielmehr müssen auch bei illiquiden Summen Zinsen gezahlt werden. Damit geschieht dem Beklagten kein Unrecht, weil ja diese ganze Zinszahlung auf der Voraussetzung beruht, daß Geld überhaupt nicht müßig aufbewahrt, sondern stets in irgend einer Form zu einem Ertrag benutzt wird. Wollte man aber jenen Unterschied zulassen, so würde es niemals dem Beklagten schwer fallen, unabhängig von der Bestreitung des Anspruchs selbst, in die Höhe desselben irgend einen Zweifel zu bringen, und dadurch das ganze Princip der Prozeßzinsen in der Anwendung zu vereiteln.

§. 271.

Wirkung der L. C. — II. Umfang der Verurtheilung. — a. Erweiterungen. (Prozeßzinsen. Fortsetzung.)

II. Anwendung der Prozeßzinsen auf die wichtigsten einzelnen Klagen.

Die Zeugnisse hierüber sind im R. R. seltener als man bei der practischen Wichtigkeit des Gegenstandes erwarten möchte. Allein die wirklich vorhandenen sind sehr entscheidend, und es fehlt nicht an Erklärungsgründen, weshalb bei vielen Klagen solche Zeugnisse nicht vorkommen,

Liquidität an Zinsen zuläßt. Dabei scheint der unrichtige Gedanke einer Strafe zum Grunde zu liegen, die den Beklagten nicht treffen dürfe, so lange eine Ungewißheit vorhanden sey. Für die unbeschränkte Zulassung ist HOMMEL rhaps. Obs. 234.

so daß jene Seltenheit an der Wahrheit des Princips keinen Zweifel erregen darf.

1. Bei der Eigenthumsklage auf bestimmte Geldstücke kann das Princip gewiß nicht zur Anwendung kommen. Sollte es angewendet werden, so müßte dabei die Zumuthung an den Beklagten zum Grunde liegen, das vindicirte Geld zu veräußern um es zinsbar zu benutzen; aber gerade die Veräußerung und Verzehrung der vindicirten Sache ist dem Beklagten durchaus untersagt (§ 264. p. q. r). Der Unterschied von der persönlichen Schuldklage auf eine Geldsumme liegt also darin, daß durch diese dem Beklagten sein eigenes Geld abgefordert wird, dessen Veräußerung und zinsbare Benutzung ihm nicht untersagt ist (a).

2. Bei der Erbschaftsklage verhält es sich ganz anders, und gerade hier finden sich die vollständigsten Zeugnisse für die Anwendung unsres Princips. Zwar ist auch diese Klage in rem, so gut als die Eigenthumsklage, allein sie bezieht sich nicht so wie diese auf eine bestimmte einzelne Sache, sondern auf eine Vermögensmasse, und umfaßt also nothwendig auch viele Gegen-

(a) Diese Eigenthümlichkeit der Vindication in Beziehung auf die Prozeßzinsen ist richtig bemerkt von Buchka Einfluß des Prozesses S. 265. — Man möchte Dasselbe erwarten bei der (persönlichen) actio depositi, da auch hier bestimmte Geldstücke gefordert werden, und deren Veräußerung gleichfalls rechtswidrig ist. Allein hier sind meist die Prozeßzinsen durch die Mora absorbirt, die oft schon vor dem Rechtsstreit eintritt, spätestens aber mit der Insinuation der Klage, also in beiden Fällen vor der L. C. (Vgl. unten Note h).

stände, die für sich betrachtet eine obligatorische Natur haben. — Bei dieser Klage finden sich folgende einzelne Bestimmungen über Prozeßzinsen.

a) Der Besitzer zahlt, von der L. C. an, Zinsen desjenigen Geldes, welches er vor der L. C. aus verkauften Erbschaftssachen gelöst hat, und das dadurch Bestandtheil der Erbschaftsmasse geworden ist (b). Unter diese verkaufte Erbschaftssachen gehören natürlich auch die Naturalfrüchte, die er bezogen und dann veräußert hat (c); eben so ohne Zweifel auch das eingenommene Mieth- und Pachtgeld.

Hierin nun sind unverkennbar reine Prozeßzinsen enthalten, welches sich auch darin zeigt, daß das Princip der versäumten Früchte darauf angewendet wird. Wenn nämlich der Beklagte das bedungene Kaufgeld einzutreiben unterläßt, so muß er dennoch auch davon Zinsen zahlen (d). — Gegen den unredlichen Besitzer hat der Kläger die Wahl, ob er, so wie gegen den redlichen, das erlöste Kaufgeld mit Zinsen, oder aber den wahren Werth der Sache mit

(b) *L.* 1 § 1 *C, de her. pet.* (3. 31) „usuras pretii rerum ante L. C. venditarum, *ex die contestationis* computandas, omnimodo reddere compellantur.“ — Damit stimmt überein *L.* 20 § 11 *de her. pet.* (5. 3), nur daß hier, wie oben bemerkt, die denuntiatio anstatt der L. C. erwähnt wird. Die in *L.* 20 § 6 *eod.* verneinte Zinsverpflichtung ist von den vor dem Rechtsstreit durch den redlichen Besitzer erhobenen Zinsen zu verstehen.

(c) Darauf geht *L.* 51 § 1 *de her. pet.* (5. 3), wobei nur hinzugedacht werden muß, daß die vor der L. C. gewonnenen Früchte verkauft worden sind, s. o. § 270. l. —

(d) *L.* 20 § 15 *de her. pet.* (5. 3).

Einrechnung der möglichen Früchte derſelben, fordern will (e). Das will ſagen, er kann den geſchloſſenen Verkauf mit ſeinen Folgen anerkennen oder nicht, je nachdem ihm das Eine oder das Andere vortheilhafter dünkt.

(b) Das Geld, wovon der Beklagte nach der eben aufgeſtellten Regel Zinſen zahlen ſoll, war von ihm ſelbſt in die Erbſchaftsmaſſe gebracht worden. Es fragt ſich aber, ob er auch von dem in der Erbſchaft vorgefundenen baaren Geld Zinſen zu zahlen hat. Nach allgemeiner Betrachtung müſſen wir geneigt ſeyn, dieſes ganz nach derſelben Regel, wie das vorher erwähnte, zu behandeln. Er iſt Verwalter eines möglicherweiſe fremden Vermögens, und hat daher deſſen Beſtandtheile, je nach ihrer Art, als guter Hausvater zu behandeln. Ein ſolcher aber wird nicht Geldſummen müßig liegen laſſen. Wenn alſo z. B. der Verſtorbene kurz vor ſeinem Tode ein zinsbares Capital eincaſſirt, und nicht Zeit genug gehabt hat, es wieder auszuleihen, ſo dürfte der Beſitzer ſchwerlich zu rechtfertigen ſeyn, der es während des ganzen Rechtsſtreits unbenutzt liegen laſſen wollte.

Dennoch ſcheint ganz unerwartet Papinian in folgender von Ulpian angeführten Stelle ſagen zu wollen, daß der Beſitzer der Erbſchaft von allem vorgefundenen baaren Geld niemals Zinſen zu zahlen habe:

„Papinianus autem libro tertio quaestionum, si possessor hereditatis pecuniam inventam in hereditate

(e) *L.* 20 § 12. 16, *L.* 36 § 3 *de her. pet.* (5. 3).

non attingat, *negat eum omnino in usuras conveniendum.*“ (f).

Glücklicherweise haben wir aber aus demselben Werke des Papinian, welches hier von Ulpian angeführt wird, eine Stelle, welche dazu dient, den aufgestellten Grundsatz nicht nur gegen diesen scheinbaren Widerspruch des Papinian zu retten, sondern zugleich durch eine nothwendige nähere Bestimmung vollständiger auszubilden:

„de pecunia *deposita*, quam heres non attingit, usuras praestare non cogitur“ (g).

In beiden Stellen ist die Rede von einer pecunia *quam non attingit*, nur wird in der ersten, als der nicht Berührende, der possessor hereditatis genannt, in der zweiten der heres, und dieser Ausdruck, verbunden mit der Erwähnung der pecunia *deposita*, führt zunächst dahin, die Stelle von einer actio depositi gegen den wahren Erben des Depositars zu erklären. Dennoch glaube ich diese Erklärung schlechthin verwerfen zu müssen. Die ganze Stelle, woraus dieses kleine Stück genommen ist, spricht von dem Beklagten in einer Vindication, und mit diesem kann wohl der Beklagte in einer Erbschaftsklage, aber nicht der Beklagte in einer actio depositi, zusammen gestellt werden. Daher halte ich folgende Erklärung für richtiger (h).

(f) *L.* 20 § 14 *de her. pet.* (5. 3).

(g) *L.* 62 *pr. de rei vind.* (6. 1) aus Papinianus lib. VI. Quaestionum.

(h) Ich will jedoch nicht verschweigen, daß auch noch eine andere Erklärung der Stelle juristisch möglich ist. Es kann allerdings die Rede seyn von dem

Heres steht hier für possessor hereditatis, wodurch beide Stellen auf einen und denselben Fall bezogen werden. Pecunia *deposita* heißt eine Geldsumme, welche der Verstorbene dazu bestimmt hatte, nicht in der Haushaltung verbraucht, auch nicht ausgeliehen, sondern vielmehr als ein Nothpfennig baar aufbewahrt zu werden, welcher Fall anderwärts genau angegeben und mit dem ganz verwandten Ausdruck: pecunia praesidii causa *reposita* (oder auch *seposita*) bezeichnet wird (i). Solches Geld

Erben eines Depositars, gegen welchen die actio depositi angestellt wird. Nur müssen dann folgende Voraussetzungen hineingetragen werden: 1. daß nicht schon der Verstorbene in Mora war, denn sonst würde die Mora (mit der Zinsenverpflichtung) auf den Erben übergegangen seyn, ohne daß diesen das Nichtberühren des Geldes schützen könnte (*L.* 87 § 1 *in f. de leg.* 2); 2. daß auch er selbst, nicht durch Mahnung in Mora versetzt war, aus demselben Grunde. Dieses letzte ließe sich allerdings so denken, daß der Erbe Nichts von dem Depositum gewußt hätte, welches die Mora abwendet (*L.* 42 *de R. J.*), und daß er doch zugleich aus Gewissenhaftigkeit erklärte, er wolle das Geld einstweilen unberührt lassen, wodurch dieser Fall dem des vindicirten Geldes ähnlich würde (Note a). — Daß nun aber bei dieser Erklärung so Vieles hinzugedacht werden muß, wenn der Ausspruch nicht durch andere unzweifelhafte Rechtsregeln widerlegt werden soll, macht diese Erklärung sehr bedenklich, und giebt der ersten den Vorzug, welche ohnehin durch die wörtliche Ähnlichkeit beider Stellen unterstützt wird.

(i) *L.* 79 § 1 *de leg.* 3 (32) „His verbis: *quae ibi mobilia mea erunt do lego*, nummos ibi *repositos ut mutui darentur*, non esse legatos Proculus ait: at eos, quos *praesidii causa repositos* habet, ut quidam bellis civilibus factitassent, eos legato contineri: Et audisse se rusticos senes ita dicentes, pecuniam sine peculio fragilem esse: peculium appellantes, quod praesidii causa seponeretur." — Diese Erklärung ist schon angegeben von Glück B. 8 S. 297. 298. Zur Unterstützung derselben kann noch folgende Bemerkung dienen. Die von Papinian an zwei Orten erwähnte *pecunia* inventa (deposita) in hereditate quam heres (possessor hereditatis) *non attingit* hat offen=

soll auch der Besitzer der Erbschaft fernerhin unberührt aufbewahren dürfen, ohne dafür Zinsen zu bezahlen, indem er nur die von dem Erblasser angefangene Behandlungsweise dieses Geldes fortsetzt. — Erklärt man nun die von Ulpian referirte Äußerung des Papinian von diesem ganz besonderen Fall, wofür die ähnlichen Ausdrücke (das non attingit) sehr deutlich sprechen, so ist der oben aufgestellte Grundsatz gegen jeden Widerspruch gerettet: denn es wird Niemand zweifeln, daß ein solches Verfahren ganz in den Gränzen verständiger Vermögensverwaltung liegt, nnd die Freisprechung von Prozeßzinsen gründet sich alsdann darauf, daß der erwähnte Nothpfennig überhaupt gar nicht als baares, zum Umlauf bestimmtes, Geld in Betracht kommt.

3. Bei der Klage auf Legate oder Fideicommisse, die in baarem Gelde bestehen, sind Zinsen eben so wie andere Früchte von der Zeit der L. C. an zu entrichten (k), und darin liegt eine entschiedene Anerkennung des Princips der Prozeßzinsen. Indessen muß dabei stets die Voraussetzung hinzugedacht werden, daß aus zufälligen Gründen

bar das Ansehen einer sprüchwörtlich erzählten Curiosität, so wie Gajus III. § 196 „quod veteres scripserunt de eo qui in aciem perduxisset," und Gajus III. § 202 „et hoc veteres scripserunt de eo qui panno rubro fugavit armentum." Dieses paßt nun sehr gut zu dem von Proculus erwähnten singulären Fall der praesidii causa nummi repositi.

(k) *L.* 1. 2 *C. de usur. et fruct.* (6. 47). — Für die Früchte allein (ohne Erwähnung der Zinsen) wird die L. C. als Anfangspunkt bezeichnet in *L.* 51 *pr. fam. herc.* (10. 2), *L.* 4 *C. de usur. et fruct.* (6. 47).

nicht etwa schon früher eine Mora begründet war, da die Prozeßzinsen überall durch die Verzugszinsen absorbirt werden.

Daß nämlich bei Legaten und Fideicommissen die Mora an sich, vor allem Rechtsstreit, die Forderung von Verzugszinsen begründet, eben so wie von allen anderen Früchten, ist unzweifelhaft. Anfangs galt dieses blos bei Fideicommissen, später auch bei dem legatum sinendi modo, zuletzt eben so bei dem damnationis und vindicationis legatum (l).

Die Stellen nun, welche bald die Mora, bald die L. C. als Anfangspunkt einer solchen Verpflichtung erwähnen, sind nicht so zu verstehen, als ob über **diesen** Gegensatz entweder Streit, oder eine Verschiedenheit des älteren und neueren Rechts, bestanden hätte; vielmehr war die Mora allgemeine Regel, und die L. C. trat oft nachhelfend ein, da wo im einzelnen Fall die Bedingungen der Mora fehlten (§ 264. g). Ganz besonders aber sollten beide Ausdrücke, ohne unter sich einen wahren Gegensatz zu bilden, vielmehr den gemeinsamen Gegensatz feststellen gegen die auch wohl denkbare Meinung, nach welcher Früchte und Zinsen von der Zeit des **Todes** an zu rechnen ge-

(l) Gajus II. § 280 (Fideicommiß und leg. sinendi modo), *L.* 51 *pr. fam. herc.* (10. 2 Vindicationslegat), *L.* 91 § 7 *de leg.* 1 (30. Damnationslegat), *L.* 3 *pr. de usuris* (22. 1. Fideicommiß), *L.* 39 § 1 *de leg.* 1 (30. unbestimmt), *L.* 4 *C. de us. et fruct.* (6. 47. Fideicommiß, leg. damn. und vind. zugleich, s. u. Note m).

wesen wären. Diese Meinung sollte durch alle jene Stellen vorzugsweise zurück gewiesen werden (m).

4. Bei den persönlichen Klagen endlich werden die Prozeßzinsen zufällig gar nicht erwähnt; die Gründe dieser Erscheinung sind schon oben angedeutet worden. Bei den freien Klagen nämlich wurden die Prozeßzinsen oft durch die vorhergehende Mora absorbirt, und konnten also nur in solchen Fällen zur Anwendung kommen, worin die Mora zufällig fehlte. Bei den strengen Klagen aber waren die Prozeßzinsen gerade für die wichtigste Art derselben, die certi condictio, ausgeschlossen, und daher auf den engeren Kreis der übrigen Condictionen beschränkt.

In der schwierigen Lehre von den Prozeßzinsen würden noch immer manche Zweifel zurück bleiben können, wenn nicht eine dem älteren R. R. angehörende Frage, die mit manchen Stellen des Justinianischen Rechts in Verbindung steht, untersucht und beantwortet wird. Es ist nämlich oben bemerkt worden, daß die L. C. bei allen Klagen eine Consumtion des Klagerechts, bei manchen persönlichen Klagen auch eine Novation der zum Grunde liegenden Obligation zur Folge hatte: die Novation jedoch mit weit beschränkteren Wirkungen als die, welche aus einer gewöhnlichen, nichtprozessualischen, Novation entsprangen (§ 258).

(m) *L. 4 C. de us. et fruct.* (6. 47) „In legatis et fideicommissis fructus post litis contestationem *non ex die mortis* consequuntur, sive in rem sive in personam agatur.“

Die Frage ist nun die: wirkte die Consumtion und die Novation auf eine Zinsenforderung?

Dabei müssen die oben dargestellten Gattungen der Zinsen genau unterschieden werden.

A. Viele derselben hatten gar keinen selbstständigen Rechtsgrund, indem sie nur entweder ein Stück einer anderen Obligation bildeten (wie das Pactum auf Zinsen neben einem b. f. contractus), oder überhaupt nicht auf einer eigentlichen Obligation, sondern nur auf dem officium judicis beruhten (wie die Verzugszinsen und die Prozeßzinsen).

Bei diesen hat die Sache keinen Zweifel. Die Anstellung der Hauptklage consumirte gewiß die Zinsenforderung, so daß niemals späterhin eine neue Klage auf solche Zinsen angestellt werden konnte.

Eine Novation konnte für diese Zinsenforderungen nicht eintreten, weil sie überhaupt nicht auf einer vorhergehenden Obligation, wenigstens nicht auf einer selbstständigen, beruhten.

B. Andere dagegen hatten einen selbstständigen Entstehungsgrund, wohin namentlich die auf einer Stipulation beruhenden Zinsen (neben Darlehn, oder Stipulation, als Hauptobligation) gehörten.

Hier ist vor Allem die oben durchgeführte Regel in Erinnerung zu bringen, daß in diesen Fällen niemals mit Einer Klage auf Kapital und Zinsen geklagt werden konnte, sondern stets mit zwei verschiedenen Klagen, einer certi und einer incerti condictio. War die Hauptobligation ein b. f. contractus, so waren es gleichfalls zwei verschiedene Klagen: die b. f. actio und die incerti condictio.

Wenn nun auf das Kapital geklagt wurde, so konnte diese Klage die völlig verschiedene Zinsenklage nicht consumiren, d. h. diese war durch die Kapitalklage nicht in judicium deducirt.

Die in der L. C. der Hauptklage liegende Novation konnte die bereits fällig gewordenen Zinsposten gewiß nicht tilgen, da diese ja selbst durch baare Zahlung des Kapitals nicht getilgt worden wären. Eine andere, und zwar bestrittene Frage aber ist es, ob durch die Novation der Hauptklage die Entstehung neuer Zinsen, also namentlich für die ganze Zeit des dauernden Rechtsstreits, unmöglich gemacht wurde. Man könnte dieses mit einigem Schein behaupten, weil ja die Zinsobligation eine accessorische Natur hat; ist nun die Kapitalforderung durch Novation getilgt, so scheint dadurch auch der accessorische Zinsenlauf für die Folge vernichtet zu seyn. Indessen muß aus folgendem Grunde das Gegentheil behauptet werden.

Es giebt außer den Zinsen auch noch manche andere Accessionen einer Obligation: namentlich Pfänder und Bürgschaften. Alle diese Accessionen gehen durch eine eigentliche, vertragsmäßige Novation, eben so wie durch baare Zahlung, wirklich unter. Wollte man nun dieselbe Wirkung auch der in der L. C. liegenden Prozeß-Novation zuschreiben, so würde durch die L. C. der Kläger in Nachtheil gerathen, da dieselbe doch dazu bestimmt ist, ihm Vortheil zu bringen. Daher gehen durch die L. C. die Accessionen nicht unter. Für das Pfand ist dieses ausdrücklich gesagt (n). Für die Zinsen (worauf allein es hier ankommt) soll es sogleich durch ein Rescript von Severus bewiesen werden. Nur bei den Bürgschaften verhält es sich anders, aber nicht wegen der Novation, sondern aus einem ganz anderen, viel weiter greifenden Grunde, der auch bei solchen Klagen einwirkte, in welchen die L. C. nicht mit einer Novation verbunden war. Die Klage gegen den Bürgen hatte mit der Klage gegen den Hauptschuldner eine und dieselbe Intentio, war also mit ihr (wenn auch nicht in der Bezeichnung der Personen, doch objectiv) identisch, und deswegen wurde durch die Hauptklage zugleich die Klage gegen den Bürgen in judicium deducirt und consumirt. Dieser Satz wird von Cicero bezeugt, und galt bis auf Justinian, der ihn ausdrücklich aufhob (o). Ein ähnlicher Grund trat bei den Zinsen nicht ein, deren Lauf daher durch die L. C. über die Hauptklage nicht unterbrochen wurde.

Wenn ferner auf die Zinsen geklagt wurde, so wurde damit die ganze Zinsenstipulation in judicium deducirt und consumirt, also sowohl für die verfallenen als für die noch

(n) *L.* 11 *pr.* § 1 *de pign. act.* (13. 7), *L.* 13 § 4 *de pign.* (20. 1). Eben so ist es mit dem privilegium dotis et tutelae. *L.* 29 *de nov.* (46. 2), wo zugleich der allgemeine Grund ausgesprochen ist.

(o) Cicero ad Att. XVI. 15. *L.* 28 *C. de fidejuss.* (8. 41). Ausführlich und gründlich handelt von diesem Satz Keller § 52, wo alle hierher gehörende Quellenzeugnisse angeführt sind.

künftig zu erwartenden Zinsen, weil beide auf einer und derselben Stipulation beruhten, die als Obligation ein Ganzes bildete. Auf die verfallenen sprach der Judex nun wirklich, auf die künftigen zu sprechen hatte er gegenwärtig noch keinen Grund; da aber die Klage auf dieselbe consumirt war, so waren diese künftigen Zinsen für immer verloren. Um diese Gefahr zu vermeiden, mußte der Kläger eine Präscription: cujus rei dies fuit seiner Klage hinzu fügen (p).

Diese Sätze mußten voran geschickt werden, um die Erklärung der folgenden wichtigen Stelle vorzubereiten, die auf mancherlei Weise misverstanden worden ist:

„Judicio coepto, usurarum stipulatio non est peremta; superest igitur, ut debitorem ejus temporis quod non est in judicium deductum convenire possis" (q).

Der erste Satz dieser Stelle bestätigt unmittelbar die so eben aufgestellte Behauptung, daß die Anstellung der Kapitalklage keine Consumtion und keine Novation für die Zinsenstipulation bewirke, diese Stipulation also nicht zerstöre. Der zweite Satz knüpft daran die Folgerung, daß auch nach angestellter Kapitalklage noch immer eine abgesonderte Zinsenklage angestellt werden könne. Dieses Letzte jedoch mit der Einschränkung, wenn nicht etwa die Klage auf die jetzt fällig gewordenen Zinsposten durch eine schon früher angestellte Zinsenklage consumirt sey. Eine solche

(p) Gajus IV. § 131.

(q) *L.* 1 *C. de jud.* (3. 1) von Severus und Antoninus.

Consumtion aber war nicht vorhanden, sowohl wenn noch gar nicht auf Zinsen geklagt worden war, als wenn bei einer früheren Zinsenklage die oben erklärte Präscription angewendet war, um die Consumtion der künftig eintretenden Zinsposten abzuwenden (r).

Um die Lehre von den Prozeßzinsen ganz abzuschließen, bleibt nur noch übrig, die Meinung neuerer Schriftsteller über den Zustand des heutigen Rechts in dieser Lehre kurz anzugeben.

Neuerlich ist von Mehreren die Zulässigkeit von Prozeßzinsen gänzlich verworfen worden, indem sie dieselben nicht sowohl negirt, als ignorirt haben. Sie gehen nämlich davon aus, es gebe überhaupt, aus Veranlassung eines Rechtsstreits, keine andere Zinsen als Verzugszinsen. Da nun (welches auch ich annehme) die L. C. keine Mora begründe, so könnten Prozeßzinsen, d. h. Zinsen die durch die

(r) Mayer Litiscontestation S. 35—38 behauptet, im Widerspruch mit den hier aufgestellten Sätzen, die Kapitalklage habe durch die Novation der L. C. den ferneren Zinsenlauf zerstört. Er verwechselt dabei die Consumtion und Novation, so wie er die zwei verschiedenen Klagen auf Kapital und Zinsen nicht unterscheidet, und ohne Grund einen practischen Unterschied zwischen Pfändern und Zinsen behauptet, welche selbstgemachte Schwierigkeit er dann nicht ohne Scharfsinn zu beseitigen sucht durch die Unterscheidung alter und neuer Rechtsinstitute. Sein Hauptbeweis liegt in *L.* 90 *de V. O.* (45. 1), welche für den Fall der poenae stipulatio (einer anderen Form als das Zinsgeschäft, aber mit ähnlichem Zweck und Erfolg) ganz richtig dasselbe behauptet, welches in *L.* 1 *C. de jud.* für die Zinsen gesagt ist. Er sieht darin eine versteckte Anspielung darauf, daß bei den Zinsen das Gegentheil gelte, trägt also ganz willkührlich ein argumentum a contrario in die Stelle hinein.

L. C. als solche begründet würden, niemals vorkommen. Insbesondere seyen sie bei den stricti juris Contracten ganz unmöglich, weil für diese überhaupt keine Verzugszinsen zugelassen würden (s). Das practisch Wichtige in dieser Meinung liegt nicht sowohl darin, daß man den Namen der Prozeßzinsen nicht zulassen, sondern nur von Verzugszinsen reden will, als vielmehr darin, daß in allen Fällen, in welchen die besonderen Bedingungen einer Mora nicht vorhanden sind, überhaupt gar keine Zinsen gelten sollen.

Die hier vertheidigte Meinung dagegen hat zu allen Zeiten zahlreiche Anhänger gefunden. Eigentlich gehören dahin alle Schriftsteller, welche für das R. R. die Gültigkeit der Prozeßzinsen bei den strengen Klagen behaupten (§ 270. p). Diese meinen damit in der That die allgemeine Gültigkeit der Prozeßzinsen überhaupt im gemeinen Recht, wie sich denn namentlich Huber zur Unterstützung seiner Meinung auf die heutige Praxis beruft. Außerdem aber haben sich auch mehrere Andere von dem rein practischen Standpunkt aus für die Annahme von Prozeßzinsen als solchen erklärt (t).

Bei dem Oberappellationsgericht zu Lübeck, welches für die Praxis der Vier freien Städte Zeugniß giebt, werden

(s) Göschen Vorlesungen B. 1. S. 478. — Madai Mora S. 369 bis 373. Wächter Heft 2 S. 54. 55, Heft 3 S. 24. Daß diese zugleich den Anfang von der Insinuation berechnen, anstatt von der L. C., ändert in dem Wesen der Sache Nichts. Von dieser Veränderung des Anfangspunktes wird unten besonders die Rede seyn.

(t) Bayer Prozeß S. 233. 234. Linde Prozeß § 200 Note 5.

Prozeßzinsen ganz allgemein angenommen, und zwar von der Insinuation der Klage an. In diesem Gerichtssprengel findet sich ein Fall, in welchem die eigenthümliche Natur der Prozeßzinsen, verschieden von den Verzugszinsen, besonders scharf hervortritt. In Hamburg werden (wenigstens nach der Meinung mancher Schriftsteller) Verzugszinsen zu Fünf, Prozeßzinsen zu Sechs Procent berechnet, so daß bei einer vor dem Anfang des Rechtsstreits wirklich vorhandenen Mora die Zinsen durch die Insinuation um Ein Procent steigen (u).

Der Revisions- und Cassationshof zu Berlin, welcher als Oberappellationsgericht für die vormals Nassauischen Landestheile nach gemeinem Recht und gemeinem Prozeß entscheidet, erkennt regelmäßig auf Prozeßzinsen von der Insinuation an (v). In den Gründen eines Urtheils vom J. 1832 wurde hier die eigenthümliche Natur der Prozeßzinsen, als verschieden von den etwa schon vorhergegangenen Verzugszinsen, bei einer besonderen Veranlassung ausdrücklich anerkannt.

Genau dieselbe Praxis findet sich auch bei der Juristenfacultät zu Berlin, die in ihrer Eigenschaft als Spruchcollegium gleichfalls für Länder, worin das gemeine Recht gilt, Recht zu sprechen hat (w).

(u) Ich verdanke diese Notiz einer schriftlichen Mittheilung meines Freundes Blume.

(v) Die Bezeichnung des Anfangs des Zinsenlaufs lautet verschieden: von der Insinuation, von der Zustellung der Klage, von der Klage an. Es ist überall die Insinuation gemeint.

(w) Auch hier kommen dieselben

Die Preußische Gesetzgebung schließt sich ganz an die hier aufgestellten Regeln des gemeinen Rechts an, nur werden die Prozeßzinsen nicht wörtlich von den Verzugszinsen unterschieden, sondern bloß als ein einzelner Fall derselben behandelt, der jedoch bei jeder Geldforderung stets eintreten soll, wenn nicht schon vorher zufällig Verzugszinsen laufend waren. Außergerichtlich nämlich entsteht der Verzug, und durch ihn eine Zinsenforderung, durch den Eintritt eines vorbestimmten Zahlungstages, oder wo ein solcher fehlt durch Interpellation (x). War nun ein solcher Verzug vor dem Rechtsstreit nicht vorhanden, so entsteht derselbe mindestens mit der Insinuation der Klage, und von dieser Zeit fängt dann auch der Zinsenlauf an (y).

§. 272.

Wirkung der Litis Contestation. — II. Umfang der Verurtheilung. — b. Verminderungen.

Die Veränderungen in dem Gegenstand eines Rechtsstreits, durch deren Eintritt eine Einwirkung der L. C. auf das materielle Rechtsverhältniß nöthig werden kann, sind theils Erweiterungen, theils Verminderungen (§ 264). Von diesen letzten soll nunmehr gehandelt werden.

Varietäten vor, welche in der Note v erwähnt werden, jedoch mit überwiegender wörtlicher Erwähnung der Insinuation, die ohnehin dem Sinn nach allgemein gedacht ist.

(x) A. L. R. Th. 1 Tit. 16 § 15. 16. 20. 64. 67. 68, und Tit. 11 § 827—829.

(y) A. G. O. Th. 1 Tit. 7 § 48. d.

Auch bei ihnen kommt die oben dargestellte Verwandtschaft und Zusammenwirkung von drei an sich verschiedenen Rechtsbegriffen in Betracht: Mora, mala fides, und Litiscontestation, und es sind dadurch nicht blos unter den neueren Schriftstellern große Streitigkeiten entstanden, sondern selbst in den Quellen des R. R. fehlt es nicht an verschiedenen Meinungen, so wie an zweifelhaften und schwankenden Zeugnissen. Ich will es versuchen, diejenigen Regeln anzugeben, welche nach unbefangener Betrachtung und Vergleichung der Quellenzeugnisse als letztes Resultat aus denselben hervorgehen.

Ehe aber die auf die Verminderungen bezüglichen Rechtsregeln aufgestellt werden können, ist es nöthig, über die Natur dieser Verminderungen selbst und die verschiedenen möglichen Gründe derselben eine Uebersicht zu geben.

Dahin gehört vor Allem der körperliche Untergang der Sache die den Gegenstand eines Rechtsstreites bildet, wohin der Tod eines Thieres, oder (bei den Römern) eines Sclaven, das Aufzehren der Sache, die durchgreifende Verarbeitung derselben mit Zerstörung ihrer bisherigen Form und Individualität, zu rechnen ist. — Eben so aber auch der partielle Untergang, wenn das auf einem streitigen Grundstück stehende Gebäude einstürzt oder abbrennt, so wie wenn ein Thier verwundet oder verstümmelt wird.

Es gehört dahin ferner der Verlust des Besitzes einer streitigen Sache, indem dadurch die Herausgabe derselben dem Beklagten eben so unmöglich gemacht wird wie durch den Untergang.

Alle diese Veränderungen sind Gegenstände sinnlicher Wahrnehmung, indem sie theils den körperlichen Zustand einer Sache, theils deren räumliches Verhältniß zu dem Besitzer betreffen. Daß diese durch die jetzt anzustellende Untersuchung betroffen werden, kann keinem Zweifel unterworfen seyn.

Allein es giebt noch andere, und zwar unsichtbare, Fälle der Verminderung, welche darin bestehen, daß der Geldwerth einer Sache abnimmt, während ihre Integrität und das bisherige Besitzverhältniß unverändert bleibt; ein Fall, der besonders bei schwankenden Waarenpreisen im Handelsverkehr Statt findet. Diese Veränderlichkeit des Geldwerthes kommt auch bei dem Untergang einer Sache in Betracht, indem dabei, wenn überhaupt eine Entschädigung zu leisten ist, die Frage entsteht, nach welcher Zeit der Geldwerth bestimmt werden soll, welche Frage weiter unten beantwortet werden wird. Von dieser Frage nun ist allerdings die eben berührte verschieden, welche dahin geht, ob, auch bei unveränderter objectiven Beschaffenheit der Sache, die bloße Verminderung des Geldwerthes Grund einer Entschädigung werden kann. Indessen stehen doch diese beiden Fragen in einem so nahen Zusammenhang, daß eine gemeinsame Untersuchung durchaus räthlich erscheint. Fürjetzt also werden wir uns ganz auf die Folgen derjenigen

Veränderungen beschränken müssen, welche blos eine objective, äußerlich erkennbare Beschaffenheit haben.

Ich will zuerst diejenigen Regeln aufstellen, die am wenigsten Zweifel mit sich führen.

Wenn der Untergang oder der Besitzverlust einer streitigen Sache nach der L. C. bewirkt wird durch Dolus oder Culpa des Beklagten, so muß dafür unbedingt Entschädigung geleistet werden, der Beklagte mag redlicher oder unredlicher Besitzer seyn, in einer Mora sich befinden oder nicht. Dieses gehört unter die wichtigsten Wirkungen der L. C., und ist eine Folge der obligatorischen Natur der L. C., welche den Beklagten verpflichtet, die Sache mit der größten Sorgfalt zu verwalten. — Die aufgestellte Regel wird in folgenden wichtigen Anwendungen anerkannt.

1. Bei der Eigenthumsklage, wenn der Untergang der Sache durch nachlässiges Thun oder Unterlassen bewirkt wird (a).

   Eben so wenn durch Nachlässigkeit der Verlust des Besitzes herbeigeführt wird (b).

Eine wichtige Erweiterung erhält diese Regel für den Fall des unredlichen Besitzers; dieser soll auch für den in dem Zeitraum vor der L. C. begangenen Dolus oder Culpa Entschädigung leisten. Dieses ist der wahre Inhalt folgender, nicht selten unrichtig aufgefaßter, Stelle (c):

(a) *L.* 36 § 1, *L.* 33, *L.* 51 *de rei vind.* (6. 1), *L.* 91 *pr. de verb. obl.* (45. 1).

(b) *L.* 63, *L.* 36 § 1, *L.* 21, *L.* 17 § 1 *de rei vind.* (6. 1), *L.* 21 § 3 *de evict.* (21. 2).

(c) *L.* 45 *de rei vind.* (6. 1) aus Ulpianus lib. LXVIII. ad ed.

„Si homo sit, qui post conventionem restituitur (d), si quidem a bonae fidei possessore, puto cavendum esse de dolo solo debere: ceteros, etiam de culpa sua (e): inter quos erit et bonae fidei possessor post litem contestatam“ (f).

Der redliche Besitzer, sagt hier Ulpian, ist verpflichtet für Dolus und Culpa einzustehen, die er nach der L. C. begeht, der unredliche Besitzer auch für die vorher begangenen Handlungen solcher Art. Hat aber die von dem redlichen Besitzer vor der L. C. begangene Handlung die Natur eines Dolus, so muß dafür allerdings auch er einstehen (g). — Diese strengere Behandlung des unredlichen

(d) post conventionem heißt, so wie auch anderwärts, so viel als post litis contestationem (§ 257. u). — Die hier erwähnte Restitution ist die, welche bei den arbiträren Klagen auf die Aufforderung des Judex geschah. Diese sollte nur dann genügen, wenn Caution gestellt wurde, daß dadurch dem Kläger eben so viel, wie außerdem durch das Urtheil, verschafft wurde: Daher ist der Inhalt dieser Caution zugleich ein Zeugniß für den Inhalt des Urtheils (§ 260 Num. 1), in welchem Sinn es auch in meiner Erklärung aufgefaßt wird.

(e) Durch den Gegensatz der folgenden Worte ist es klar, daß die Culpa vor und nach der L. C. den unredlichen Besitzer verantwortlich machen soll.

(f) d. h. für diejenigen Handlungen, die er nach der L. C. begeht, die ihn also wegen Dolus und Culpa verantwortlich machen sollen.

(g) Es scheint widersprechend, daß der redliche Besitzer eines Dolus fähig seyn soll. Die Sache ist aber so zu denken. Wenn er vor der L. C. den Sclaven manumittirt oder verpfändet hat, so war das zwar damals eine ehrliche Handlung. Wenn er sie aber jetzt, bei der Restitution (die dadurch unwirksam wird), verschweigt, so macht er sich dadurch eines Dolus schuldig; daher muß er Caution stellen, daß dergleichen nicht vorgefallen sey. — Wetzell Vindicationsprozeß S. 206 — 211 erklärt die Stelle willkührlich und gezwungen, indem er unter andern einen grundlosen Unterschied zwischen der Eigenthumsklage und Erbrechtsklage behauptet.

Besitzers für die Zeit vor der L. C. scheint im Zusammenhang zu stehen mit dem oben bei den Erweiterungen erwähnten, durch das Sc. Juventianum eingeführten, dolus praeteritus (§ 266. e. g), obgleich sie über den Buchstaben dieses Ausdrucks noch hinaus geht.

2. Bei den persönlichen Klagen, und zwar namentlich bei den Condictionen, bei welchen man es am ersten bezweifeln könnte, gilt dieselbe Regel. Der Beklagte muß also Entschädigung leisten, wenn er nach der L. C. durch Dolus oder Culpa irgend einer Art den Untergang oder den Besitzesverlust der Sache bewirkt hat. Es liegt Dieses in der omnis causa, zu welcher auch ihn die L. C. verpflichtet, und die darauf geht, dem Kläger alle Nachtheile zu vergüten, die aus der Dauer des Rechtsstreites entspringen (h). Vor der L. C. ist der Stipulationsschuldner (wenn keine Mora vorhanden ist) nur schuldig die positiven Handlungen zu unterlassen, wodurch die Erfüllung unmöglich werden würde (i).

(h) *L.* 31 *pr. de reb. cred.* (12. 1) „Cum fundus vel homo per condictionem petitus esset, puto hoc nos jure uti, ut post judicium acceptum causa omnis restituenda sit: id est, omne quod habiturus esset actor, si litis contestandae tempore solutus fuisset." — Eben so ist bei der Eigenthumsklage die omnis causa zu leisten (*L.* 17 § 1 *de rei vind.* (6. 1), und auch daraus folgt die Entschädigungspflicht für jeden durch Culpa bewirkten Verlust der Sache. *L.* 36 § 1 *de rei vind.* (6. 1).

(i) *L.* 91 *pr. de verb. obl.* (45. 1).

§. 273.

Wirkung der L. C. II. Umfang der Verurtheilung. — b) Verminderungen. (Fortsetzung.)

Schwieriger und bestrittener als die bisher untersuchten Fälle der Verminderung ist der Fall, wenn ohne Dolus und Culpa des Beklagten, also durch Zufall, die Verminderung bewirkt, z. B. die Sache zerstört oder dem Besitz des Beklagten entzogen wird.

Unzweifelhaft ist es, daß in vielen Fällen dieser Art der Beklagte Entschädigung leisten muß, und daß insbesondere bei persönlichen Klagen die Mora, bei Klagen in rem der unredliche Besitz, Bestimmungsgründe für diese Verpflichtung sind. Allein theils die näheren Bestimmungen hierüber, theils das Verhältniß der L. C. zu den beiden erwähnten Momenten, ist in hohem Grade streitig.

Unter den neueren Schriftstellern ist die Meinungsverschiedenheit großentheils so zu bestimmen. Einige sagen, dem unredlichen Besitz nach der L. C. sey völlig gleiche Wirkung mit der Mora zuzuschreiben; beide nämlich begründeten eine Verpflichtung zum Ersatz nur unter gewissen Einschränkungen. Andere dagegen nehmen an, diese Einschränkungen seyen nur auf den unredlichen Besitz anzuwenden, die Verpflichtung aus der Mora dagegen sey ganz unbedingt (a).

(a) Buchka Einfluß des Prozesses S. 202, wo viele Schriftsteller angeführt werden. Wächter H. 3 S. 133.

Aber nicht blos unter den Neueren ist ein solcher Widerstreit wahrzunehmen; auch bei den Römischen Juristen finden sich theils unter den Schulen, theils unter den Einzelnen, sehr abweichende Meinungen (b). Insbesondere werden von Einzelnen extreme Meinungen nach beiden Richtungen hin, d. h. bald zu unbedingter Bejahung, bald zu unbedingter Verneinung der Verbindlichkeit zum Ersatz angeführt. Die späteren großen Juristen aber suchten diese Extreme zu einer billigen Vermittelung hinzuführen.

Die oben angedeuteten Einschränkungen beziehen sich auf zwei Punkte. Es soll, wie behauptet wird, die Entschädigung davon abhängig gemacht werden, ob der Kläger die Sache, wenn sie nicht untergegangen wäre, verkauft haben würde; imgleichen davon, ob der jetzt eingetretene Untergang auch dann eingetreten seyn würde, wenn der Kläger den Besitz der Sache früher erhalten hätte. Beide Einschränkungen werden bald einzeln, bald in Verbindung behauptet. Bei beiden endlich kommt es noch darauf an, wer von beiden Theilen das Daseyn oder die Abwesenheit beider thatsächlichen Bedingungen zu beweisen hat. — Ich werde diese Fragen zunächst ganz unberührt lassen, und erst am Schluß dieser Untersuchung darauf zurückkommen.

I. Bei den persönlichen Klagen ist die Mora das entscheidende Moment, und hierüber sind bei folgenden einzelnen Klagen ausdrückliche Bestimmungen vorhanden.

(b) Keller S. 170.

A. Bei der Stipulation findet sich in vielen unzweifelhaften Stellen der unbedingte Ausspruch, daß von der Mora an, also oft vor allem Rechtsstreit, der zufällige Untergang der versprochenen Sache den Schuldner zur Entschädigung verpflichte (c). Diese Regel erhält ihre vollständige Bestimmung durch den Gegensatz des Rechtszustandes, welcher vor der Mora, in Folge des blos geschlossenen Vertrages, stattfindet. In diesem Zeitraum haftet der Schuldner nur für denjenigen Untergang, welcher durch seine Absicht, oder durch seine culpose Handlungen (nicht durch bloße Unterlassungen) bewirkt wird (d).

B. Ganz derselbe Grundsatz einer unbedingten Verpflichtung soll gelten bei allen Obligationen, auch außer der Stipulation, welche mit einer Klage auf dare oportere (einer Condiction) verbunden sind (e). — Eine bloße Anwendung dieser Regel ist es, daß der Dieb von dem Augenblick des Diebstahls an, durch welchen er stets in eine Mora versetzt wird, den zufälligen Untergang

(c) *L.* 82 § 1, *L.* 23 *de verb. obl.* (45. 1), *L.* 39 § 1 *de leg.* 1 (30). — Weniger direct ausgesprochen, aber dennoch erkennbar, findet sich dieselbe Regel auch in *L.* 91 *pr. de verb. obl.* (45. 1), *L.* 5 § 4 *de in litem jur.* (12. 3), *L.* 23 *de pec. const.* (13. 5).

(d) *L.* 91 *pr. de verb. obl.* (45. 1). Aber selbst bei der absichtlichen Veräußerung, welche hiernach gewiß zum Ersatz verpflichtet, kann diese Wirkung hinterher dadurch entkräftet werden, daß die Sache durch Zufall untergeht, indem nun die Veräußerung keinen Unterschied mehr macht. *L.* 45 *de verb. obl.* (45. 1).

(e) *L.* 5 *de reb. cred.* (12. 1). Das dare oportere ist, hier wie in vielen anderen Stellen, die Bezeichnung der Condictionen und zwar gerade der strengeren Arten derselben, mit Ausschluß der auf dare facere oportere gerichteten incerti condictio.

der gestohlenen Sache ersetzen muß; denn gegen ihn geht die auf dare oportere gerichtete condictio furtiva (f).

C. Bei dem Kaufcontract haftet gleifalls der Verkäufer für den zufälligen Untergang der verkauften Sache (g).

D. Dieselbe Regel wird endlich auch bei Legaten erwähnt, wenn dem Erben zur Zeit des zufälligen Untergangs der Sache eine Mora zur Last fällt (h).

Es bedarf keines Beweises, daß in allen diesen Fällen der Schuldner um so mehr zur Entschädigung verpflichtet ist, wenn der Untergang der streitigen Sache durch seine Culpa, nicht durch Zufall, bewirkt wird.

Als Grund dieser strengen, durch die Mora herbeigeführten Verpflichtung wird in einer der angeführten Stellen der Umstand angegeben, daß durch die Mora (also durch eine bewußte Rechtsverletzung) dem Berechtigten jede Möglichkeit entzogen worden sey, die Sache zu verkaufen, wodurch er sich gegen allen Verlust geschützt haben würde (i).

Wenn nun diese strenge Verpflichtung von der Mora an behauptet werden muß, so wird dieselbe in den meisten hierher gehörenden Fällen um so weniger bezweifelt werden können, wenn es (ohne daß eine frühere Mora nachzuweisen ist) in dem Rechtsstreit zur Insinuation der Klage, oder

(f) *L.* 20, *L.* 8 § 1 *de cond. furt.* (13. 1), *L.* 9 *C. de furtis* (6. 2).

(g) *L.* 4. 6 *C. de peric.* (4. 48).

(h) *L.* 39 § 1, *L.* 47 § 6, *L.* 108 § 11 *de leg.* 1 (30), *L.* 23 *de verb. obl.* (45. 1).

(i) *L.* 47 § 6 *de leg.* 1 (30).

sogar zur L. C. gekommen ist. Denn gerade in diesen Fällen, bei dem Rechtsstreit über eine bestimmte einzelne Sache (bei welcher allein von dem Untergang die Rede ist), wird nicht leicht ein Rechtsstreit anfangen, ohne daß der Schuldner in einer Mora sich befände. Besonders wird dieses gelten bei der Stipulation, deren formelle Natur meist allen Zweifel über das Daseyn der Schuld ausschließen muß (k).

Diese Bemerkung ist wichtig für die Erklärung einiger anderen Stellen, in welchen leicht ein Widerspruch gegen die aufgestellte Regel angenommen werden könnte. In diesen Stellen nämlich wird gesagt, eine Verpflichtung wegen des zufälligen Unterganges sey vorhanden von der L. C. an. Dieses wird namentlich erwähnt bei der Stipulation, dem Legat, dem Depositum, und der Obligation aus einer in jure confessio (l).

Es liegt sehr nahe, in diese Stellen ein argumentum a contrario hineinzutragen, so daß der Sinn derselben seyn würde: nur von der L. C., und nicht schon von der Mora an. Dadurch würden diese Stellen in einen unauflöslichen Widerspruch mit den vorher angeführten zahlreichen Zeugnissen treten, und es würde dieser Widerspruch

(k) In dieser Bemerkung liegt noch eine Bestätigung der oben in § 264. d aufgestellten Erklärung der *L.* 82 § 1 *de verb. obl.* (45. 1) „Et hic moram videtur fecisse, qui litigare *maluit* quam restituere,“ nach welcher diese (von der Stipulation handelnde) Stelle nicht von jeder Prozeßführung überhaupt, sondern nur von einer frivolen, böswilligen, zu verstehen ist.

(l) *L.* 8 *de re jud.* (42. 1), *L.* 12 § 3 *depos.* (16. 3), *L.* 5 *de confessis* (42. 2).

als eine aus Versehen in die Digesten aufgenommene Controverse der alten Juristen anzusehen seyn. — Allein diese Erklärung ist schon deswegen entschieden zu verwerfen, weil derselbe Pomponius in Einer Stelle die Mora, in einer andern die L. C. als unzweifelhaften Grund jener strengen Verpflichtung bei der Stipulation angiebt (m). Jene scheinbar widersprechende Stellen sind also dahin zu vereinigen, daß die strenge Verpflichtung von der Mora, und wo diese zufällig fehlt, von dem Rechtsstreit anfängt, wobei nach den besonderen Umständen des einzelnen Falles gerade die L. C. der Zeitpunkt seyn kann, in welchem der Richter die sichere Annahme einer anfangenden Mora zulässig findet (§ 264. g). Vielleicht waren auch einige dieser Äußerungen veranlaßt durch wirkliche Fälle, in welchem der Untergang zufällig in die Zeit nach der L. C. fiel, so daß ein Zurückgehen auf die frühere Zeit (von der Mora an) ohne practische Erheblichkeit war.

Außerdem aber findet sich noch die Erwähnung, daß Sabinus und Cassius jede Verpflichtung des Beklagten wegen des zufälligen Unterganges für unbillig und verwerflich erklärten (n). Diese Erwähnung einer so stark

(m) *L.* 5 *de reb. cred.* (12. 1) und *L.* 12 § 3 *depos.* (16. 3), beide aus Pomponius lib. XXII. ad Sabinum. Dabei ist doch wohl an eine Controverse gar nicht zu denken.

(n) *L.* 14 § 1 *depos.* (16. 3) „... veluti si homo mortuus fuerit, Sabinus et Cassius, absolvi debere eum cum quo actum est dixerunt: quia aequum esset, naturalem interitum ad actorem pertinere: utique cum interitura esset ea res, etsi restituta esset actori." Der letzte Satz der Stelle wird unten berücksichtigt werden.

abweichenden Meinung hat nur eine historische Bedeutung, wie denn selbst der Jurist bei dem sie sich findet, eine eigene Bestätigung derselben nicht hinzufügt.

Ich habe absichtlich die schwierigste unter den hierher gehörenden Stellen erst zum Schluß erwähnen wollen, um nicht das Ergebniß der sicheren Zeugnisse durch Einmischung eines dunklen unnöthig zu verwirren und zu schwächen. Diese von Ulpian herrührende Stelle hat folgenden Inhalt (o). Wenn ein Sclave durch Drohungen dem Eigenthümer abgenöthigt wird, so hat dieser eine actio quod metus causa auf Rückgabe des Sclaven. Stirbt nun der Sclave durch Zufall, so kann das geschehen entweder nach dem rechtskräftigen Urtheil, oder vor demselben. Im ersten Fall, sagt Ulpian, braucht der Beklagte Nichts mehr zu bezahlen, weil er schon wegen der verweigerten Natural-Restitution den dreifachen Werth als Strafe hat entrichten müssen, wodurch jede fernere Leistung absorbirt wird. Im zweiten Fall dagegen muß er den Werth des zufällig verlornen Sclaven ersetzen (p). Dieser zweite Fall muß nun so gedacht werden, daß der Untergang des Sclaven in die Zeit zwischen der L. C. und dem Urtheil fiel (q), so daß diese Stelle in die Reihe der so eben ange-

(o) *L.* 14 § 11 *quod metus* (4. 2).

(p) l. c. „si autem ante sententiam .. mortuus fuerit, tenebitur (nämlich auf einfachen Schadensersatz) ... Itaque *interdum* hominis mortui pretium recipit."

(q) Und zwar muß noch bestimmter angenommen werden, daß der Tod auch vor dem Restitutionsbefehl des Judex Statt fand, sonst

führten Stellen gehört, nach welchen der zufällige Untergang nach der L. C. zum Ersatz verpflichten soll (r). Ulpian fügt hinzu, Dasselbe müsse auch gelten bei den beiden Interdicten de vi und quod vi.

Wenn man übrigens die Wirkung der L. C. in der hier dargestellten Weise auffaßt, so ist es einleuchtend, daß, bei diesem Fall der strengen Verpflichtung des Beklagten, die L. C. als solche (d. h. durch ihre obligatorische Kraft) eigentlich gar nicht für ein entscheidendes Moment angesehen werden kann.

II. Bei den Klagen *in rem* finden sich über die Entschädigung wegen des zufälligen Untergangs folgende Aussprüche.

A. Eigenthumsklage.

Viele ältere Juristen hatten behauptet, durch den zufälligen Untergang der Sache, selbst nach der L. C., werde der Beklagte durchaus nicht zum Ersatz verpflichtet. Ulpian berichtigt diese extreme Meinung auf folgende Weise (s). Wenn der Untergang erfolge, nachdem schon

würde wegen des Ungehorsams die Strafe des dreifachen Werthes eingetreten seyn, welche so wie in dem ersten Fall den einfachen Schadensersatz absorbirt hätte. Es wäre nun eine eigentliche Mora gewesen.

(r) Ich will es nicht für unmöglich erklären, daß auch die Analogie der Eigenthumsklage hier vorgeschwebt haben kann, indem allerdings bei den drei hier genannten persönlichen Klagen der Beklagte auch als ein unredlicher Besitzer angesehen werden kann, und indem die Klage quod metus eine in rem scripta ist. — Ueberhaupt mag es dahin gestellt bleiben, ob das allerdings sehr confuse Aussehen dieser Stelle dem Verfasser zur Last fällt oder von einer ungeschickten Behandlung der Compilatoren herrührt.

(s) *L.* 15 § 3 *de rei vind.* (6. 1).

der Juder das Recht des Klägers vorläufig anerkannt und die Natural-Restitution anbefohlen hatte (welches vor dem eigentlichen Urtheil geschah § 221), so sey der Beklagte allerdings zum Ersatz verpflichtet, indem nun die verzögerte Restitution eine wahre Mora enthalte, und daher die (oben entwickelten) Grundsätze der Mora in Obligationen anwendbar seyen. Dies ist der Sinn folgender Worte der angeführten Stelle:

„Si servus petitus, vel animal aliud demortuum sit sine dolo malo et culpa possessoris, pretium non esse praestandum plerique ajunt. Sed est verius, si forte distracturus erat petitor si accepisset (t), *moram passo* debere praestari (u): nam si ei restituisset, distraxisset, et pretium esset lucratus."

(t) Diese Worte werden weiter unten berücksichtigt werden.

(u) Die Mora in dieser und der gleich folgenden Stelle werden gewöhnlich in dem allgemeinen Sinn aufgefaßt, als ob sie blos die in der Natur des Rechtsstreits liegende Verzögerung bedeuteten, also von Seiten des Beklagten die (an sich nicht zu tadelnde) Prozeßführung anstatt des freiwilligen Nachgebens. Schon an sich ist es unwahrscheinlich, daß ein so bestimmter und wichtiger Kunstausdruck in einer so vagen Bedeutung, völlig verschieden von dem wahren und technischen Sinn, gebraucht seyn sollte. Seitdem wir aber die Natur der arbiträren Klagen aus Gajus kennen, kann es keinem Zweifel unterliegen, daß die hier erwähnte mora den Ungehorsam gegen den Restitutionsbefehl des Juder bezeichnet, also dasselbe, welches anderwärts contumacia heißt. *L.* 1. *L.* 2 § 1 *de in litem jur.* (12. 3). Ohne Zweifel ist in dieser Stelle von einem redlichen Besitzer die Rede. Die Mora ist hier übrigens im eigentlichsten Sinn zu nehmen, und zwar auf die Obligation in der L. C. zu beziehen (§ 258. v). — Die richtige Erklärung der mora in diesen Stellen hat Wetzell Vindicationsprozeß S. 179 — 181, der aber außerdem die Stelle gezwungen und unrichtig erklärt.

Eine Bestätigung dieses Ausspruchs enthält auch die Fortsetzung derselben Stelle (v) in folgenden Worten:

„Idem Julianus eodem libro scribit, *si moram fecerit* in homine reddendo possessor et homo mortuus sit, et fructuum rationem usque ad rei judicatae tempus spectandam esse“ (w).

Außerdem aber ist, unabhängig von dieser Mora und schon vor derselben, der Beklagte für den zufälligen Untergang verhaftet, wenn er ein unredlicher Besitzer ist, und der Untergang nach der L. C. erfolgt (x).

B. Erbrechtsklage.

Hier hatten die älteren Juristen eine unbedingte Verpflichtung des Beklagten wegen des nach der L. C. eingetretenen zufälligen Untergangs behauptet. Sie waren dazu veranlaßt worden durch die zu absolut gefaßten Ausdrücke des Sc. Iuventianum. Paulus berichtigt diese zu weit gehende Behauptung durch die Unterscheidung des

(v) *L.* 17 § 1 *de rei vind.* (6. 1).

(w) Wenn sogar diese versäumten Früchte ersetzt werden sollen, so ist gewiß vor Allem die Entschädigung für den Werth des Sclaven selbst als ein begründeter Anspruch des Klägers gedacht.

(x) Vgl. die sogleich folgende *L.* 40 *pr. de her. pet.* (5. 3), die ausdrücklich auch von der Eigenthumsklage spricht. — Wenn übrigens Paulus in *L.* 16 *pr. de rei vind.* (6. 1) sagt: „*non* enim post litem contestatam *utique et fatum possessor praestare debet*,“ so reiht er sich damit nicht etwa an die plerique an, die Ulpian in *L.* 15 § 3 *eod.* anführt und widerlegt; denn er verneint hier nur die unbedingte Ersatzverpflichtung, und diese negative Behauptung ist eben so vereinbar, mit der durch die *mora* neu entstehenden Verpflichtung (wie sie Ulpian aufstellt), als mit der besonderen Verpflichtung des unredlichen Besitzers, (wie sie Paulus selbst in *L.* 40 *pr. de her. pet.* anerkennt).

redlichen und unredlichen Besitzers. Gegen den unredlichen Besitzer sey diese Strenge allerdings begründet, gegen den redlichen durchaus nicht. Er fügt hinzu, ganz Dasselbe wie bei der Erbrechtsklage, müsse auch bei der Eigenthumsklage zur Anwendung kommen. — Dies ist der Sinn folgender Worte (y):

„quid enim, si post litem contestatam mancipia, aut jumenta, aut pecora deperierint? damnari debebit secundum verba orationis, quia potuit petitor, restituta hereditate distraxisse ea. Et hoc justum esse in specialibus petitionibus Proculo placet. Cassius contra sensit. In praedonis persona Proculus recte existimat: in bonae fidei possessoribus Cassius. Nec enim debet possessor aut mortalitatem praestare, aut propter metum hujus periculi temere indefensum jus suum relinquere.“

Es hat jedoch keinen Zweifel, auf die Erbrechtsklage auch den Fall der unbedingten Verpflichtung des Beklagten anzuwenden, welcher oben bei der Eigenthumsklage in Folge einer eigenthümlichen Art der Mora, nachgewiesen

(y) *L.* 40 *pr. de her. pet.* (5. 3). Nach einer buchstäblichen Interpretation könnte man die Sache so auffassen. Bei der Eigenthumsklage werde in der That von Paulus zwischen dem redlichen und unredlichen Besitzer unterschieden. Aber bei der Erbrechtsklage müsse die (obgleich harte) Vorschrift des Senatsschlusses auch für den redlichen Besitzer gelten. Offenbar will jedoch Paulus sagen, die Härte des Sctѕ. gegen den redlichen Besitzer liege zwar in den Worten, aber nicht in dem Sinn desselben. In dieser Hinsicht will er beide Klagen völlig gleich behandelt wissen. Die Richtigkeit dieser Erklärung geht aus den Schlußworten unwidersprechlich hervor, die ja auf beide Klagen gleichmäßig passen.

worden ist. Denn beide Klagen waren gleichmäßig arbitrariae. bei beiden kam eine vorläufige Anerkennung des Rechts und ein Restitutionsbefehl des Juder vor, und bei beiden mußte der Ungehorsam gegen diesen Befehl gleich strenge Wirkungen hervorbringen.

Es ergiebt sich aus dieser Zusammenstellung, daß in diesen beiden Klagen die extremen Behauptungen der älteren Juristen späterhin zu einer billigen Mitte, die eine von Ulpian, die andere von Paulus, hingeführt worden sind.

Zugleich geht aus der hier gegebenen Darstellung für die eigenthümliche Wirkung der L. C. als solcher Folgendes hervor. In dem Fall der besonderen Mora (des Ungehorsams gegen den Restitutionsbefehl) ist die L. C. selbst gar kein entscheidendes Moment; sie ist nur mittelbar wichtig, indem gerade durch ihre vorhergehende Vollziehung der nachher eintretende Ungehorsam die Natur einer wahren Mora annimmt. Dagegen ist im Fall des unredlichen Besitzes die L. C. als solche das Entscheidende; dieser Fall ist daher der einzige überhaupt, von welchem man behaupten kann, daß der Zeitpunkt der L. C. die Verpflichtung des Beklagten für jeden nachher eintretenden zufälligen Untergang bestimmt.

C. Man kann diesen Klagen in rem auch noch die actio ad exhibendum hinzufügen, welche zwar eine persönliche Klage ist, aber doch großentheils nach den Regeln der Eigenthumsklage beurtheilt wird. Auch bei dieser Klage wird eine Verpflichtung des Beklagten wegen des zufälligen Untergangs ausgesprochen, jedoch ohne nähere Angabe der Gränzen derselben (z).

Fragen wir zuletzt, welche unter den bisher aufgestellten Regeln auch noch im heutigen Recht anwendbar sind, so kann die Antwort kaum zweifelhaft seyn. — Die allgemeine Verpflichtung des im Zustand der Mora befindlichen Schuldners ist unbedenklich anwendbar. Eben so auch die Verbindlichkeit des unredlichen Besitzers bei den Klagen in rem von der L. C. an. Dagegen kann die eigenthümliche Art der Mora bei der Eigenthumsklage und der Erbrechtsklage bei uns nicht mehr vorkommen, da sie durch das ganz besondere, für uns spurlos verschwundene, Prozeßverfahren bei den arbiträren Klagen des R. R. bedingt ist. Bei uns kann daher der Fall gar nicht mehr eintreten, in welchem das R. R. den Beklagten wegen einer solchen eigenthümlichen Mora, nämlich wegen des Ungehorsams gegen den vor dem Urtheil erlassenen Restitutionsbefehl, den zufälligen Untergang zu vergüten verpflichtete.

Das Preußische A. L. R. schließt sich hier im Allgemeinen dem R. R. an. Es verpflichtet zur Vergütung

(z) *L.* 12 § 4 *ad exhib.* (10. 4) „*interdum* .. damnandus est.“ Mit diesem Ausdruck wird auf beschränkende Bedingungen der Verpflichtung hingedeutet, ohne diese näher zu bezeichnen. Ohne Zweifel sind es dieselben Bedingungen wie bei der Eigenthumsklage: also entweder der unredliche Besitz des Beklagten, oder dessen Mora, d. h. der Ungehorsam gegen den Exhibitionsbefehl des Iudex, indem auch diese Klage unter die arbiträren gehört.

des Zufalls nicht jeden Beklagten überhaupt, obgleich demselben von der Insinuation an ein fingirter unredlicher Besitz zugeschrieben wird, sondern nur allein den eigentlich unredlichen Besitzer, also den, welcher wirklich weiß, daß er mit Unrecht besitzt (aa). Dieselbe Verpflichtung aber trifft auch den Schuldner, der mit der Uebergabe einer Sache im Verzug sich befindet (bb). — Es findet sich hier zwischen beiden Rechten völlige Uebereinstimmung, nur unter verschiedenen Ausdrücken, wie sie aus der Verschiedenheit der allgemeinen Auffassung hervorgehen mußte.

§. 274.

Wirkung der Litis Contestation. — II. Umfang der Verurtheilung. — b) Verminderungen. (Fortsetzung.)

Ich wende mich jetzt zu der oben (§ 273) ausgesetzten Frage wegen der angeblichen Einschränkungen der strengen Ersatzverbindlichkeit des Beklagten.

(aa) A. L. R., Th. 1 Tit. 7 § 241. Der „eigentlich unredliche Besitzer" ist hier allerdings zunächst gesagt im Gegensatz des unrechtfertigen (§ 240), der hierin gelinder behandelt werden soll. Wenn aber schon der unrechtfertige, dessen Bewußtseyn doch immer etwas fehlerhaft ist, von dieser strengen Verpflichtung frei seyn soll, so muß dieselbe Befreiung um so mehr demjenigen gebühren, dem blos die fingirte Unredlichkeit wegen der Insinuation (§ 222) zugeschrieben werden kann, und dessen Bewußtseyn daneben vielleicht vollkommen tadellos ist. Insofern bezeichnet das eigentlich auch (wenigstens indirect) einen Gegensatz gegen den § 222. — Von der Einschränkung am Schluß des § 241 wird im folgenden § die Rede seyn.

(bb) A. L. R., Th. 1 Tit. 16 § 18.

I. Die erste dieser Einschränkungen wird darin gesetzt, daß der Kläger die streitige Sache, wenn sie ihm zu rechter Zeit gewährt worden wäre, verkauft und eben dadurch jeden Schaden für sein Vermögen abgewendet haben müßte. Natürlich wird dabei hinzugedacht, daß der Kläger beweisen müsse, er würde verkauft haben.

Betrachten wir zuerst diese Frage im Allgemeinen, nach der inneren Natur des Rechtsverhältnisses, so muß uns jene Behauptung sehr bedenklich erscheinen. Wer einem Andern eine Sache zu geben schuldig ist, und dieses mit wahrer Mora unterläßt, begeht dadurch ein Unrecht mit Bewußtseyn, welches unter andern die Folge hat, daß dem Creditor einstweilen der Verkauf der Sache unmöglich gemacht wird (a). Für diesen Nachtheil kann er dem Gegner im Fall eines zufälligen Untergangs nur dadurch wahren, vollständigen Ersatz leisten, daß er ihm den Werth der Sache bezahlt. Dabei erscheint also die entzogene Möglichkeit des Verkaufs als Motiv der strengen Verpflichtung. Durch die oben angegebene Behauptung soll nun dieses Motiv in eine Bedingung verwandelt werden, so daß der Kläger nur dann einen Ersatz fordern könnte, wenn er bewiese, daß er von jener Möglichkeit Gebrauch gemacht, also in der That verkauft haben würde. Dadurch wird aber die ganze Regel so gut als völlig entkräftet.

(a) Nämlich factisch unmöglich fast immer, so lange der Besitz (vielleicht auch das zu verschaffende Eigenthum) dem Kläger entzogen ist; zuweilen auch juristisch unmöglich, während des Rechtsstreits, wegen der Vorschriften über das litigiosum.

Denn der Beweis, daß der Kläger unter einer gewissen (jetzt fehlenden) Voraussetzung Etwas gethan haben würde, ist schon an sich als eigentlicher Beweis unmöglich, so daß Diejenigen, die ihn dennoch fordern, anstatt des Beweises eine gewisse factische Wahrscheinlichkeit anzunehmen genöthigt seyn werden, die doch in der That kein Beweis ist (b). Besonders einleuchtend ist Dieses gerade in dem vorliegenden Fall, indem selbst derjenige, der zu einem Verkauf entschiedene Neigung hätte, einen Käufer nicht wird suchen und finden können, so lange ihm der Besitz der Sache (bei persönlichen Klagen auf Tradition sogar das Eigenthum) fehlt. Nach dieser allgemeinen Betrachtung müssen wir also den für den Kläger verhinderten Verkauf als Motiv der ganzen Rechtsregel, nicht als Bedingung ihrer Anwendung, betrachten.

Sehen wir nun zu, in welcher Weise das R. R. diese Frage auffaßt.

A. Für den Fall der Mora bei den persönlichen Klagen sagen die meisten unter den zahlreichen Stellen des R. R. hierüber gar Nichts. Sie sprechen die unbedingte Verpflichtung des Beklagten zum Ersatz für den zufälligen Untergang aus, ohne irgend eine Ausnahme, ohne Erwähnung eines dem Kläger verhinderten Verkaufs.

(b) Allerdings giebt es Fälle, worin es factisch größere Wahrscheinlichkeit hat, daß der Kläger verkauft haben würde: namentlich wenn der Kläger Kaufmann ist, und Waaren einklagt, die zu seinem Handelsgeschäft gehören. Aber auch in diesem Fall bleibt es noch ungewiß, ob er vor dem eingetretenen Untergang Käufer zu den von ihm gestellten Preisen gefunden hätte.

Eine einzige unter diesen zahlreichen Stellen, die von Ulpian herrührt, erwähnt den Verkauf, und zwar in folgenden Worten (c):

„Item si fundus chasmate periit, Labeo ait, utique aestimationem non deberi: quod ita verum est, si non post moram id evenerit: *potuit enim eum acceptum legatarius vendere.*"

Hier ist die Sache genau so aufgefaßt, wie ich sie so eben nach allgemeiner Betrachtung zu begründen gesucht habe. Die Verpflichtung zum Ersatz, von der Zeit der Mora an, wird unbedingt ausgesprochen. Als Motiv der Verpflichtung wird die bloße Möglichkeit des Verkaufs angegeben; nicht aber wird die hypothetische Wirklichkeit des Verkaufs in eine Bedingung verwandelt, ohne deren Beweis die Verpflichtung nicht gelten sollte.

Allerdings kann außer der so eben angeführten Stelle des Ulpian auch noch die schon oben angeführte, sehr verworrene, Stelle desselben Juristen über die actio quod metus causa in Betracht kommen, die von einer persönlichen Klage, und in derselben von den Wirkungen der Mora, oder der die Mora vertretenden L. C. spricht (d). Allein diese Stelle ist durch die zweideutige Unbestimmtheit ihres Ausdrucks für die vorliegende Streitfrage ganz unentscheidend. Sie lautet so:

(c) *L.* 47 § 6 *de leg.* 1 (30) aus Ulpianus lib. XXII. ad Sabinum.

(d) *L.* 14 § 11 *quod metus* (4. 2). Vgl. oben § 273.

„Itaque interdum hominis mortui pretium recipit, *qui eum venditurus fuit, si vim passus non esset.*“

Das qui kann hier sprachlich eben sowohl den Sinn von quia, als von si haben. Es kann also heißen: „weil er ihn vielleicht verkauft haben wird,“ als „wenn er ihn etwa verkauft haben wird.“ Die Stelle beweist also Nichts, weil sie für beide Meinungen ausgelegt werden kann. Am wenigsten beweist sie für die Annahme der Bedingung, weil derselbe Ulpian in der unmittelbar vorher angeführten Stelle den Verkauf nicht als Bedingung, sondern als Motiv aufgefaßt hat, welche Auffassung also auch in der gegenwärtig vorliegenden Stelle bei ihm für den Fall der Mora (oder L. C.) in persönlichen Klagen vorauszusetzen ist.

B. Genau auf dieselbe Weise wird von Paulus bei den Klagen auf Erbrecht oder Eigenthum die Verpflichtung des unredlichen Besitzers von der L. C. an behandelt (e):

„post acceptum judicium . . . . damnari debebit secundum verba orationis, *quia potuit petitor, restituta hereditate, distraxisse ea.* Et hoc justum esse in specialibus petitionibus Proculo placet . . . In praedonis persona Proculus recte existimat.“

Auch hier wieder ist die vorausgesetzte allgemeine Möglichkeit des Verkaufs als Motiv einer unbedingten Verpflichtung ausgedrückt, und es ist daraus nicht eine einschränkende Bedingung für den Fall eines wirklichen Verkaufs gemacht.

(e) *L.* 40 *pr. de her. pet.* (5. 3). Vgl. § 273.

C. Bei den Klagen in rem, in welchen die strenge Verpflichtung des Beklagten durch die diesen Klagen eigenthümliche Art der Mora (den Ungehorsam gegen den Restitutionsbefehl) begründet wird, drückt sich Ulpian so aus (f):

„Sed est verius, *si forte distracturus erat petitor si accepisset*, moram passo debere praestari: nam si ei restituisset, distraxisset, et pretium esset lucratus."

Hier ist allerdings ein Ausdruck gebraucht, der ein Bedingungsverhältniß bezeichnet. Wollten wir nun deshalb einen Widerspruch mit den vorhergehenden Stellen annehmen, so würde Dieses dadurch sehr bedenklich werden, daß eine dieser Stellen gleichfalls von Ulpian herrührt. Wollten wir, um diesem Widerspruch zu entgehen, annehmen, es habe hierin bei der Mora in den Klagen in rem ein anderes Recht gegolten, als bei der Mora in Obligationen und bei dem unredlichen Besitzer, so würde diese Voraussetzung kleinlich und unwahrscheinlich seyn.

Diesen Schwierigkeiten können wir jedoch durch folgende Erklärung der zuletzt angeführten Stelle entgehen, die zugleich eine vermittelnde Natur für die ganze hier vorliegende Controverse hat. Si forte distracturus erat heißt wörtlich: „wenn es als eine Möglichkeit erscheint, daß er verkauft hätte" (also forte für: möglicherweise). Gesetzt nun, der Beklagte könnte in einem einzelnen Fall den

(f) *L.* 15 § 3 *de rei vind.* (6. 1) aus Ulpianus lib. XVI. ad ed. Vgl. § 273.

Beweis führen, daß der Kläger gewiß nicht verkauft haben würde, so wäre durch diesen Beweis (der freilich nur höchst selten zu führen seyn wird und darum practisch ziemlich unerheblich ist) die Möglichkeit des Verkaufs ausgeschlossen, worauf doch die ganze Verpflichtung beruhen soll. Diese Einschränkung könnte dann ohne Gefahr auch in die anderen Fälle hinein getragen werden, in welchen die Möglichkeit nur als Motiv, nicht als Bedingung ausgedrückt ist. Daß sie bei diesen Fällen nicht erwähnt wird, erklärt sich befriedigend aus der schon erwähnten seltenen Anwendbarkeit. Aus demselben Umstand erklärt es sich auch, daß so viele Stellen über die Mora in Obligationen die Verpflichtung des Schuldners zur Vergütung des zufälligen Untergangs unbedingt aussprechen, dadurch also gar keinen Raum für irgend eine Art der Einschränkung zu lassen scheinen. — Zugleich würde diese Erklärung auch auf die schwierige Stelle des Ulpian über die actio quod metus causa (Note d) Anwendung finden, und jeden Schein eines Widerspruchs derselben mit den übrigen Stellen beseitigen. — Ein Beispiel des (immerhin höchst seltenen) Beweises des Beklagten wäre etwa Folgendes. Ein Lehn- oder Fideicommißgut oder auch ein fundus dotalis wird gegen einen unredlichen Besitzer vindicirt. Ein Blitzstrahl (also der Zufall) verzehrt die Gebäude durch Feuer. Hier läßt sich die Möglichkeit des Verkaufs durch die unveräußerliche Natur des Grundstücks widerlegen. Aber selbst ohne die Voraussetzung eines aus Rechtsgründen unveräußerlichen Gegenstandes läßt sich der Beweis der unmöglichen Veräußerung denken; wenn z. B. der Kläger in der ganzen Zeit, worin die Mora oder der unredliche Besitz des Beklagten bestand, in weiter Entfernung von der Heimath gelebt hat, ohne einen Bevollmächtigten zurück zu lassen, der in seinem Namen den Verkauf hätte vornehmen können.

Nimmt man diese Erklärung an, so würde sich für alle Fälle der strengen Verpflichtung die Sache so stellen. Die Verpflichtung wäre in sofern unbedingt, daß der Kläger, um sie geltend zu machen, niemals einen besonderen Beweis zu führen hätte. Grund der Verpflichtung wäre die dem Berechtigten entzogene Möglichkeit die streitige Sache vorher zu verkaufen, und dadurch jeden Schaden von seinem Vermögen abzuwenden. Diese Möglichkeit versteht sich im Allgemeinen von selbst, und nur in den seltenen Fällen, worin der Beklagte beweist, daß die Möglichkeit nicht vorhanden war, fällt auch die durch sie begründete Verpflichtung zur Entschädigung hinweg.

II. Die zweite Einschränkung hat den Sinn, daß der zufällige Untergang nicht zum Ersatz verpflichten soll, wenn er auch den Kläger als Besitzer getroffen haben würde, sondern nur dann, wenn er eine Folge des unrechtmäßigen Besitzes des Beklagten war (g).

(g) Wenn ein Grundstück durch einen Erdsturz untergeht (Note c), so ist Dieses ein Ereigniß, welches ohne Unterschied des Besitzers eingetreten wäre; eben so wenn ein Gebäude durch einen Blitzstrahl eingeäschert wird. Wenn dagegen eine eingeklagte bewegliche Sache mit dem ganzen Hause des Beklagten verbrennt, so ist dieser Unter-

Betrachten wir auch diese Einschränkung zuerst im Allgemeinen, nach der Natur des vorliegenden Rechtsverhältnisses. Eine scheinbare Rechtfertigung derselben liegt in dem Umstand, daß in dem ersten der beiden angegebenen Fälle der Kläger durch den vorenthaltenen Besitz keinen bleibenden Nachtheil erlitten zu haben scheint, indem sein Vermögen nach eingetretenem Untergang denselben Umfang haben würde, der Besitz möchte ihm vorenthalten worden seyn oder nicht.

Allein dieser Schein verschwindet, wenn man die erwähnte Einschränkung mit der so eben versuchten Erörterung der ersten Einschränkung zusammenhält. Denn auch wenn der Untergang so allgemeiner Natur ist, daß er überall Statt gefunden haben würde, so ist doch nicht die Möglichkeit abzuleugnen, daß der Kläger hätte rechtzeitig verkaufen und dadurch von seinem Vermögen allen Verlust abwenden können. Gerade auf dieser entzogenen Möglichkeit aber beruht, wie oben gezeigt worden ist, die strenge Verpflichtung des Beklagten überhaupt.

Fragen wir jetzt, was in den Quellen des R. R. über diese zweite Einschränkung vorkommt.

Alle klare und entscheidende Stellen, welche oben für die Feststellung der strengen Regel selbst benutzt worden sind, schweigen darüber gänzlich. Wenn also in vielen

gang der streitigen Sache eine Folge davon, daß eben dieser Beklagte sie besaß. — Allerdings werden aber auch in dieser Hinsicht viele Fälle unentschieden in der Mitte liegen bleiben.

Stellen unbedingt ausgesprochen wird, daß bei der Stipulation der Schuldner durch die Mora verpflichtet werde, den zufälligen Untergang der versprochenen Sache zu vergüten, ohne irgend eine Erwähnung jener Einschränkung, so würden wir durch Annahme der Einschränkung wenigstens mit diesen Stellen in entschiedenen Widerspruch treten, und es würde sehr klarer, unzweideutiger Zeugnisse bedürfen, wenn wir auch nur zu einem Zweifel, und zu dem Versuch einer Vereinigung der scheinbar widersprechenden Stellen veranlaßt werden sollten. Ganz eben so verhält es sich mit der strengen Verpflichtung des unredlichen Besitzers, so wie mit der eigenthümlichen Art der Mora bei den Klagen in rem.

Was wir nun in der That über jene angebliche Einschränkung im R. R. finden, läßt sich auf folgende Äußerungen zurück führen.

A. Bei der actio ad exhibendum ist schon oben der Satz vorgetragen worden, daß der zufällige Untergang der Sache nach der L. C. den Beklagten **zuweilen** zur Entschädigung verpflichte, welches so zu verstehen ist, daß die strenge Verpflichtung unter denselben Bedingungen eintreten soll, wie bei der Eigenthumsklage (§ 273. z). Diesem Ausspruch fügt **Paulus** folgende Worte hinzu (h):

„*Tanto magis*, si apparebit, eo casu mortuum esse, qui non incidisset, si tum exhibitus fuisset.“

In diesen Worten liegt Nichts als eine besondere Be-

(h) *L.* 12 § 4 *ad exhib.* (10. 4).

kräftigung des Ausspruchs für den hier bezeichneten Fall: es liegt aber darin keinesweges die Erklärung, daß das Gegentheil gelten solle, wenn der Untergang auf andere Weise erfolgt sey. Eine Einschränkung der strengen Verpflichtung liegt in diesen Worten durchaus nicht.

B. Bei der actio depositi war von Sabinus und Cassius jede Verpflichtung des Depositars zum Ersatz des zufälligen Untergangs schlechthin verneint worden, welche Meinung von Gajus blos historisch, ohne Billigung, erwähnt wird, und auch von den späteren Juristen, so wie späterhin in der Compilation, verworfen worden ist (§ 273. n). Diese verworfene ältere Meinung bekommt am Schluß der Stelle noch folgenden Zusatz (i):

„utique, cum interitura esset ea res, etsi restituta esset actori.“

Diese Worte lassen eine doppelte Auslegung zu. Sie können heißen: die Verneinung sey besonders außer Zweifel in diesem Fall (obgleich sie auch außerdem wahr und richtig sey). Sie können aber auch so verstanden werden: die Verneinung sey nur in diesem Fall schlechthin wahr (anstatt daß in anderen Fällen etwa noch Ausnahmen zugelassen werden könnten). Für das in der Compilation anerkannte, geltende Recht sind diese Worte in jedem Fall ganz gleichgültig, da sie sich blos auf eine verworfene ältere Meinung beziehen: nach der einen Erklärung als

(i) *L.* 12 § 4 *depos.* (16. 3).

Bekräftigung dieser Meinung, nach der anderen als Einschränkung derselben.

C. Endlich bleibt noch die öfter erwähnte sehr verworrene Stelle des Ulpian über die actio quod metus causa übrig (k). Darin wird gesagt, bei dem zufälligen Untergang während des Rechtsstreits sey der Beklagte zum Ersatz verpflichtet:

„si tamen peritura res non fuit, si metum non adhibuisset, tenebitur reus" (l).

In diesen Worten scheint allerdings, nach einem sehr nahe liegenden argumentum a contrario, für den entgegengesetzten Fall (wenn die Sache in jedem Fall untergegangen wäre, z. B. bei dem natürlichen Tode des Sclaven vor Alter) jede strenge Verpflichtung des Beklagten verneint zu werden, und Dieses ist in der That die einzige scheinbare Stütze der hier bekämpften Meinung. Es scheint mir jedoch aus folgenden Gründen durchaus unzulässig, den so

(k) *L.* 14 § 11 *quod metus* (4. 2). Vgl. oben § 273.

(l) Vollständig lautet der hierher gehörende Theil der Stelle so: Nachdem zuerst gesagt war, für einen Sclaven, der ohne Schuld des Beklagten entlaufen sey, habe der Beklagte blos Caution zu stellen, fährt Ulpian fort: „Sed et si non culpa *ejus cum quo agetur obierit*, si tamen peritura res non fuit, si metum non adhibuisset tenebitur reus." Die hier cursiv gedruckten Worte sind aus Haloander genommen, und geben folgenden Sinn. Vorher war die Rede gewesen von dem entlaufenen Sclaven („Ergo si *in fuga sit* servus sine dolo malo et culpa ejus cum quo agetur, cavendum esse" rel). — Dagegen bildet den Gegensatz der Fall des verstorbenen Sclaven („Sed et si ... *obierit*"). — Die Leseart der Florentina und der Vulgata: „Sed et si non culpa *ab eo* cum quo agetur *aberit*" giebt durchaus keinen erträglichen Sinn.

eben mitgetheilten Ausspruch dieser Stelle zum Grunde einer allgemeinen Regel zu legen, und daraus **für alle Klagen überhaupt** eine solche Einschränkung der strengen Verpflichtung des Beklagten zu construiren. Die entscheidendsten und unzweifelhaftesten Stellen über diese strenge Verpflichtung, sowohl bei den wichtigsten obligatorischen Verträgen, als bei den Klagen auf Eigenthum und Erbrecht, stellen die strenge Verpflichtung **unbedingt**, ohne eine solche Einschränkung, auf, stehen also mit derselben in Widerspruch. Die Einschränkung müßte in dieselben aus der angeführten Stelle erst hinein getragen werden, und dazu ist diese Stelle keinesweges geeignet. Der verworrene Inhalt derselben ist schon oben bemerklich gemacht worden. Besonders von dem hier einschlagenden Stück läßt sich zwar einigermaßen errathen und vermuthen, in welchen besonderen Fall, in welchen Theil des Prozesses es eingreifen möge, eine sichere Behauptung ist darüber nicht möglich. Dazu kommt noch, daß diese ganze Stelle von der actio quod metus causa handelt, einer für den Zusammenhang des ganzen Rechtssystems wenig erheblichen Klage. Eine bei dieser gelegentlich eingestreute Bemerkung darf nicht maaßgebend gemacht werden für den ganzen Umkreis aller Klagen überhaupt. Ein solches Verfahren würde den richtigen Grundsätzen über den Aufbau des Rechtssystems aus den Quellenzeugnissen, also dem wahren Verhältniß zwischen System und Exegese, gänzlich widersprechen.

Erwägt man nun das oben erörterte Verhältniß beider Einschränkungen zu einander, so ergiebt sich daraus das folgende practische Resultat.

1. Wenn die Ursache des Untergangs mit dem unrechtmäßigen Besitz des Beklagten dergestalt zusammenhängt, daß ohne diesen Besitz der Untergang selbst gar nicht erfolgt wäre, so ist unbedingt Entschädigung zu leisten, und es kommt in diesem Fall nicht darauf an, ob der Kläger die Sache hätte verkaufen können (m).

2. Im entgegengesetzten Fall ist zwar auch in der Regel Entschädigung zu leisten, jedoch nur weil es dem Kläger möglich gewesen wäre, durch rechtzeitigen Verkauf den Verlust von sich abzuwenden. Eben deshalb fällt die Entschädigung hinweg, wenn der Beklagte beweist, daß ein Verkauf gewiß nicht Statt gefunden hätte.

Nimmt man dieses Verhältniß zwischen beiden Sätzen an, so erscheint dann das, welches als eine zweite Einschränkung oben aufgefaßt und geprüft wurde, vielmehr als eine Ausnahme der ersten, nunmehr einzigen, Einschränkung der strengen Verpflichtung des Beklagten. Beide Sätze lassen sich alsdann in die gemeinsame Formel zusammen fassen, deren Natürlichkeit und Billigkeit nicht zu verkennen ist:

die strenge Verbindlichkeit des Beklagten zum Ersatz

(m) Die erläuternden Beispiele für diesen und den folgenden Fall sind aus der Note g zu entnehmen.

für den zufälligen Untergang leidet alsdann eine Ausnahme, wenn der Kläger, selbst im Fall des ihm rechtzeitig eingeräumten Besitzes der streitigen Sache, nicht im Stande gewesen wäre, den Verlust von sich abzuwenden.

Diese Auffassung der Sache stimmt mit der schwierigen Stelle des Ulpian über die actio quod metus causa insofern überein, als auch in dieser Stelle beide Sätze neben einander genannt werden. Ich will keinesweges behaupten, daß in derselben gerade dasjenige logische Verhältniß beider Sätze zu einander ausgesprochen sey, welches ich hier angenommen habe. Aber ich muß auch sehr bezweifeln, daß es jemals gelingen werde, in jener Stelle irgend eine andere practische Bedeutung der beiden Sätze klar und sicher nachzuweisen.

Das Preußische A. L. R. behandelt diesen Gegenstand in folgender Weise.

Die Möglichkeit des Verkaufs von Seiten des Klägers, wodurch Dieser jeden Schaden von seinem Vermögen hätte abwenden können, wird hier ganz mit Stillschweigen übergangen. Dagegen wird die andere Frage aufgefaßt, ob der Zufall die Sache im Besitze des Eigenthümers ebenfalls würde getroffen haben; dieser Umstand soll die Vergütung ausschließen. In einem älteren Entwurf war Dieses in der Art bestimmt worden, daß der Kläger beweisen solle, ihn würde der Zufall nicht betroffen haben. Späterhin ist es dahin abgeändert worden, daß der Beklagte die Thatsache zu beweisen hat, wovon seine Befreiung abhängt (n).

Es gilt jedoch eine Ausnahme dieser Ausnahme, also die unbedingte Nothwendigkeit der Vergütung, wenn der unredliche Besitz des Beklagten durch eine strafbare Handlung erworben wurde (o), womit hauptsächlich der Diebstahl gemeint ist.

§. 275.

Wirkung der L. C. — II. Umfang der Verurtheilung. — b. Verminderungen. Zeitpunkt der Schätzung.

In den Fällen, worin der Beklagte eine Verminderung in dem Gegenstande des Rechtsstreits zu vergüten hat (§ 272—274), ist stets eine Schätzung in Gelde erforderlich. Dieselbe ist nöthig bei jeder objectiven Verminderung, ohne Unterschied ob diese in einer totalen oder partiellen Zerstörung des Gegenstandes, oder in dem (der Zerstörung gleich wirkenden) Verlust des Besitzes besteht. Wie, auch ohne objective Verminderung, die bloße Veränderung des Preises zu behandeln ist (§ 272), wird am Schlusse untersucht werden. Ich beschränke mich zunächst noch auf den Fall der objectiven Verminderung, und will jetzt versuchen,

(n) A. L. R., Th. 1 Tit. 7 § 241. Vgl. Simon Zeitschrift B. 3 S. 328. 329.

(o) A. L. R., Th. 1 Tit. 7 § 242. Vgl. Simon S. 332 Num. 12 (Bemerkung von Suarez).

den Zeitpunkt festzustellen, für welchen die Schätzung des zu vergütenden Werthes vorzunehmen ist.

Die Frage nach diesem Zeitpunkt hatte für das mittlere R. R. eine viel ausgedehntere Anwendung und Wichtigkeit als für das älteste, so wie für das Justinianische und heutige Recht. Da nämlich in der Zeit des Formularprozesses alle Verurtheilung nur auf baares Geld gerichtet werden durfte (a), so war damals eine Schätzung in Geld auch da nöthig, wo der ursprüngliche Gegenstand des Rechtsstreits gar keine Verminderung erlitten hatte; im Justinianischen und heutigen Recht dagegen, so wie in der ältesten Zeit, ist die Schätzung nur im Fall einer solchen Verminderung erforderlich, weil außerdem das Urtheil auf den ursprünglichen Gegenstand selbst unmittelbar gerichtet wird.

Ich will eine Uebersicht der für den Zeitpunkt der Schätzung geltenden Regeln voraus schicken; dadurch wird es leichter werden, die nicht geringen Schwierigkeiten zu überwinden, die mit der Begründung jener Regeln durch die Aussprüche unsrer Rechtsquellen verbunden sind.

Der Regel nach ist zu unterscheiden zwischen den strengen und freien Klagen. Bei den strengen richtet sich die Schätzung nach der Zeit der L. C., bei den freien nach der Zeit des rechtskräftigen Urtheils.

Zwei Ausnahmen sind auf beide Regeln anzuwenden. Wenn durch Vertrag eine bestimmte Zeit der Erfüllung für eine Obligation vorgeschrieben war, so ist diese Zeit

(a) Gajus IV. § 48.

auch für die Schätzung maaßgebend. — Wenn sich der Schuldner in Mora befindet, so hat der Gläubiger die Wahl, ob die Schätzung nach den oben angegebenen regelmäßigen Zeitpunkten, oder vielmehr nach dem Anfangspunkt der Mora, vorgenommen werden soll; natürlich wird er den Zeitpunkt wählen, der auf die höhere Summe führt. In einem einzelnen Fall (bei dem Diebstahl) kommt sogar eine noch strengere Behandlung des Schuldners zur Anwendung.

Alle diese Regeln gelten jedoch nur für die persönlichen Klagen aus Rechtsgeschäften (Verträgen und Quasicontracten), so wie für die Klagen in rem; für die persönlichen Klagen aus Delicten sind andere Regeln anzuwenden, indem sich bei ihnen die Schätzung mehr an die Zeit des begangenen Delicts anschließt.

Die hier zusammengestellten Vorschriften sollen nunmehr im Einzelnen dargestellt, und zugleich durch quellenmäßige Zeugnisse begründet werden.

Für die als Regel an die Spitze gestellte Unterscheidung der strengen und freien Klagen findet sich eine so klare und principielle Entscheidung in folgender Stelle des Ulpian (b), wie sie in vielen anderen Rechtslehren nicht anzutreffen ist, wo eine solche vielmehr erst aus der Beurtheilung einzelner Rechtsverhältnisse abstrahirt werden muß:

„In hac actione, *sicut in ceteris bonae fidei judiciis,*

(b) *L.* 3 § 2 *commod.* (13. 6) aus Ulpianus lib. XXVIII. ad ed. Die Stelle spricht zunächst vom Commodat, knüpft aber daran einen durchgreifenden allgemeinen Grundsatz.

similiter in litem jurabitur: *et rei judicandae* (c) *tempus* quanti res sit, observatur: quamvis *in stricti juris judiciis* (d) *litis contestatae tempus spectetur.*“

Ehe ich andere, bestätigende Stellen hinzu füge, will ich an diese Hauptstelle noch einige allgemeine Bemerkungen anknüpfen.

a) Die für die bonae fidei judicia aufgestellte Regel wird hier offenbar als die billigere, der neueren Rechtsentwicklung angemessene, betrachtet. Daher würde es ganz unrichtig seyn, sie als ein Privilegium der diesen besonderen Namen (bonae fidei) führenden Klagen anzusehen. Sie ist vielmehr unbedenklich auch anzuwenden auf die Klagen in rem, so wie auf die prätorischen und die extraordinären Klagen, also auf die freien Klagen überhaupt. Dieses ist besonders einleuchtend für diejenigen freien Klagen, welche zugleich arbitrariae sind, weil bei diesen durch eine besondere Anstalt auf die freiwillige Erfüllung vor dem Urtheil hingewirkt wird; diese Einrichtung würde mit einer Schätzung nach der Zeit der L. C. ganz im Widerspruch stehen.

b) Das ganze Rechtsinstitut der L. C. dient im Allgemeinen dazu, den Vortheil des Klägers zu befördern (§ 260. No. II.): Sehen wir zu, inwiefern diese allgemeine

(c) Die Vulgata liest *judicatae;* beide Lesearten sind gleich annehmbar.

(d) Über diese Leseart vgl. oben B. 5 S. 462. Dieselbe gehört der Vulgata an; die Florentina liest blos: *in stricti* mit allzu harter Auslassung der Worte: *juris judiciis.* Der Sinn ist in beiden Lesearten nicht verschieden.

Richtung bei der Anwendung unsrer Regel fest gehalten wird, oder welches der Grund einer Abweichung seyn mag.

Nehmen wir an, daß bei einer strengen Klage die Preise von der Zeit der L. C. an stets sinkend gewesen sind, so wird jener Zweck unmittelbar erreicht; der Kläger erhält nun wirklich den höheren Preis, den er zur Zeit der L. C. erwarten konnte, und er wird gegen den Verlust geschützt, den er durch die Dauer des Rechtsstreits erlitten haben würde. Nehmen wir umgekehrt steigende Preise an, so entgeht allerdings dem Kläger der Gewinn, den er aus dem Steigen hätte ziehen können; allein der Zweck ist auch überhaupt nicht die Zuwendung eines Gewinnes, sondern nur die Abwendung des eben erwähnten Schadens.

Bei den freien Klagen wird im Fall sinkender Preise der Verlust des Klägers, der aus der Dauer des Rechtsstreits hervorgeht, nicht abgewendet. Man kann diese Abweichung von dem Grundsatz der strengen Klagen und von dessen Folgen aus der Rücksicht erklären, daß dem Beklagten nicht die aus redlichem Bewußtseyn hervorgehende Vertheidigung seiner Ansprüche durch eine Art von Strafdrohung erschwert werden sollte (e). Diese Auffassung wird unterstützt durch den Grundsatz der Sabinianer: omnia judicia esse absolutoria (f), d. h. das freiwillige

(e) *L.* 40 *pr. de her. pet.* (5. 3). „Nec enim debet possessor ... indefensum jus suum relinquere" (s. o. S. 180). Der sinkende Preis ist analog dem zufälligen Untergang der Sache.

(f) Gajus IV. § 114.

Nachgeben sollte stets, und während der ganzen Dauer des Rechtsstreits, die Freisprechung bewirken. In diesem Grundsatz lag gewissermaßen die Beförderung der freiwilligen Erfüllung durch eine Art von Prämium, welche Beförderung bei den arbiträren Klagen ohnehin noch durch deren besondere Einrichtung unterstützt wurde (g).

Wir finden also hier einen Conflict zwischen zwei verschiedenen Zwecken und Principien, die auf entgegengesetzte Folgen hinführten. Dem in den freien Klagen befolgten Princip aber wurde bei fortgehender Rechtsentwicklung der überwiegende Werth zugeschrieben. — Im heutigen Recht kann ohnehin nur noch von diesem Princip die Rede seyn.

c) So verschieden auch die beiden, für zwei Arten der Klagen aufgestellten, Regeln seyn mögen, so bilden sie doch einen gemeinsamen Gegensatz gegen eine andere, gleichfalls denkbare, Bestimmung, die also durch sie gleichmäßig verneint werden soll. Dieses ist der Anfang der Obligation, nach dessen Zeitpunkt auch wohl die Schätzung versucht werden könnte (h). Der Hauptgedanke ist also dieser: es soll die Schätzung nicht nach dem Zeitpunkt der ent-

(g) Wenn die streitige Sache noch vorhanden war, so konnte ohnehin auch bei den strengen Klagen der Beklagte durch Anwendung dieses Grundsatzes jeden Verlust von sich abwenden. Der Verlust trat also nur dann ein, wenn entweder der Beklagte Dieses hartnäckig unterließ, oder die Sache nicht mehr vorhanden war.

(h) Dieser Zeitpunkt ist bei den Delictsklagen wirklich berücksichtigt worden, wie unten gezeigt werden wird. Hier ist nur von den persönlichen Klagen aus Rechtsgeschäften, und von Klagen in rem die Rede.

standenen Obligation vorgenommen werden, sondern vielmehr — nach der Zeit des Rechtsstreits, wobei sich nun die untergeordnete Differenz zeigt, daß in den strengen Klagen nach der Zeit der L. C., in den freien nach der Zeit des Urtheils, geschätzt wird. Die Rechtfertigung jenes Gedankens liegt aber darin, daß es dem Gläubiger selbst eine Zeit lang gleichgültig oder selbst vortheilhaft scheinen kann, die Erfüllung einstweilen nicht zu verlangen, daß es aber stets in seiner Macht steht, die Klage anzustellen, und dadurch unter andern auch die Schätzungszeit zu firiren.

d) Diese letzte Bemerkung ist nicht unwichtig, indem sie einen natürlichen Anknüpfungspunkt darbietet zur Erklärung und Begründung der oben angegebenen zwei Ausnahmen. — Wenn nämlich in dem Vertrag die Zeit der Erfüllung besonders bestimmt ist, so liegt darin zugleich die vorbedachte Anerkennung des Zeitpunktes, in welchem die Erfüllung von dem Gläubiger erwartet wird und für ihn Werth hat, wodurch also der oben angegebene Zustand des unbestimmten Willens des Gläubigers ausgeschlossen ist. Dasselbe gilt von dem Fall der Mora; denn wenn der Kläger, auch nur außergerichtlich, zur Erfüllung auffordert, so firirt er dadurch gleichfalls den Zeitpunkt der Schätzung, indem außerdem der Schuldner von seiner rechtswidrigen Zögerung Vortheil ziehen würde.

e) Die hier aufgestellten Ansichten und Rechtsregeln haben auch in dem Römischen Formelwesen ihren gegensätzlichen Ausdruck gefunden, welches sich theils bestimmt nachweisen, theils sehr wahrscheinlich machen läßt. Der Ort der Formel, an welchem der Prätor über die Zeit der Schätzung eine Anweisung zu geben hatte, war unstreitig die Condemnatio, und hier mußte die Anweisung anders gefaßt werden, je nachdem man die Schätzung in die Vergangenheit setzen wollte (die Zeit der entstandenen Obligation), oder in die Gegenwart (Zeit der L. C.), oder in die Zukunft (Zeit des Urtheils). Für diese verschiedene Möglichkeiten boten sich folgende Ausdrücke dar:

quanti res *fuit*,
quanti res *est*, } condemna.
quanti res *erit*

Der erste dieser Ausdrücke ist auch wirklich gebraucht worden bei einer Delictsklage, der actio legis Aquiliae, in welcher der Werth zur Zeit des begangenen Delicts maaßgebend seyn sollte, nur noch mit einer gewissen Ausdehnung zum Nachtheil des Schuldners, und als Strafe für denselben (i).

(i) *L.* 2 *pr. ad L. Aqu.* (9.2) „quanti id in eo anno plurimi *fuit*, tantum aes domino dare damnas esto." — *L.* 27 § 5 *eod.* „quanti ea res *fuit* in diebus triginta proximis, tantum aes domino dare damnas esto." In beiden Fällen sollte von der Zeit des (in der Vergangenheit liegenden) Delicts zurück gerechnet werden. — Allerdings liest in der zweiten angeführten Stelle sowohl die Florentina, als die Vulgata: *erit* anstatt *fuit*. Nur Haloander hat *fuit*. Allein die Richtigkeit dieser letzteren Leseart wird ganz außer Zweifel gesetzt durch die gleich nachfolgenden Worte Ulpians aus dem Commentar zu dieser Gesetzesstelle: „haec verba: quanti in triginta diebus proximis *fuit*" rel. (*L.* 29 § 7 *eod.*, eben so wie die vorige Stelle aus Ulpianus lib. XVIII. ad ed.)

Der dritte Ausdruck wurde auch wirklich gebraucht bei den freien Klagen, von welchen wir aus unsrer Regel ohnehin wissen, daß bei ihnen die Schätzung auf die Zeit des Urtheils gerichtet werden sollte (k).

Erwägt man diese erweislich gebrauchten Ausdrücke, so wird man kaum zweifelhaft darüber seyn können, daß der in der Mitte liegende zweite Ausdruck (quanti res est) bei den strengen Klagen angewendet wurde; denn für diese wurde nach unsrer sicheren Regel die Schätzung auf die Zeit der L. C. gerichtet, welche für den die Formel feststellenden Prätor die Gegenwart war. Für diese letzte Behauptung kann ich allerdings ein beweisendes Zeugniß nicht vorbringen, welches jedoch blos aus der großen Armuth an aufbewahrten wirklichen Formeln überhaupt herrührt. Jeder andere Ausdruck würde an dieser Stelle fast unmöglich seyn, da er einen entschieden falschen, unsrer sicheren Regel widersprechenden, Gedanken enthalten müßte.

Ich will jetzt noch einige andere Stellen angeben, worin die von Ulpian aufgestellte Regel über die Schätzungszeit in einzelnen Anwendungen bestätigt wird. — Mit diesen aber sollen zugleich die Zeugnisse für die erste Ausnahme jener Regeln (im Fall der vorbestimmten Zeit der Erfüllung)

(k) Gajus IV. § 47 bei der actio depositi in factum concepta: „quanti ea res *erit*, tantam pecuniam ... condemnato.“ — Gajus IV. § 51 bei der Eigenthumsklage und der actio ad exhibendum: „quanti ea res *erit*, tantam pecuniam ... condemna.“

zusammengefaßt werden, weil in der That mehrere Stellen die Regel und diese erste Ausnahme neben einander aussprechen:

1. Bei der Stipulation einer bestimmten Sache spricht Africanus die Regel in folgenden Worten aus (l):

   „Aliter in stipulatione servatur: nam tunc id tempus spectatur, quo agitur."

2. Bei der Stipulation auf Wein und andere Quantitäten hat Gajus die Regel und die erste Ausnahme, mit dem Zusatz, daß Dasselbe auch bei allen anderen Sachen gelte (m):

   „Si merx aliqua, quae *certo die* dari debebat, petita sit, veluti vinum, oleum, frumentum, tanti litem aestimandam Cassius ait, quanti fuisset *eo die, quo dari debuit: si de die nihil convenit, quanti tunc cum judicium acciperetur* ... Quod et de ceteris rebus juris est."

3. Bei einem Darlehen auf Wein drückt Julian die Regel und die erwähnte Ausnahme aus, mit ausdrücklicher Verneinung der Zeit des Contracts, so wie des Urtheils (n):

   „Vinum quod mutuum datum erat, per judicem petitum est: quaesitum est, cujus temporis aestimatio fieret: utrum cum *datum* esset, an cum

(l) *L.* 37 *mandati* (17. 1). Die kleine Lücke in der Florentinischen Handschrift kann keinen Zweifel erregen.

(m) *L.* 4 *de cond. tritic.* (13. 3).

(n) *L.* 22 *de reb. cred.* (12. 1).

litem contestatus fuisset, an cum *res judicaretur?* Sabinus respondit, *si dictum esset, quo tempore redderetur, quanti tunc fuisset: si non, quanti tunc cum petitum esset.*"

4. Die Ausnahme allein, bei einer Stipulation in diem oder sub conditione, wird anerkannt von Julian und von Celsus (o).

Nachdem sowohl die Regel, als die erste Ausnahme (die vertragsmäßig bestimmte Erfüllungszeit betreffend) dargestellt worden ist, bleibt noch die Untersuchung der zweiten Ausnahme übrig, welche sich auf den Fall der Mora des Schuldners (p) bezieht. Daß überhaupt eine solche Ausnahme gilt, und daß sie auf eine nachtheiligere Behandlung des Schuldners, in Vergleichung mit der außerdem geltenden Regel, gerichtet ist, darüber ist kein Streit. Der Nachtheil soll überhaupt unstreitig darin bestehen, daß der Gläubiger zwischen verschiedenen Zeitpunkten für die Schätzung die Wahl haben, d. h. den vortheilhaftesten Zeitpunkt zu wählen berechtigt seyn soll. Welches aber die verschiedenen, zur Auswahl stehenden, Zeitpunkte sind, darüber haben sich zwei Meinungen gebildet. — Nach der

(o) *L.* 59 *de verb. obl.* (45. 1), *L.* 11 *de re jud.* (42. 1).

(p) Ich spreche hier blos von dieser, welche allein von practischer Erheblichkeit ist. Für die Mora des Gläubigers (im Abnehmen der Sache) gilt aber dieselbe Ausnahme wie für die des Schuldners, nämlich daß ihm seine Mora keinen Vortheil bringen soll, d. h. daß der Gegner zwischen zwei Zeitpunkten der Schätzung die Wahl hat. Nur sind hierüber die Stellen weniger klar und entscheidend. *L.* 37 *mand.* (17. 1), *L.* 3 § 4 *de act. emt.* (19. 1).

einen Meinung soll der Gläubiger die Wahl haben zwischen dem Zeitpunkt der Mora, und demjenigen Zeitpunkt welcher ohne Mora nach der allgemeinen Regel gelten würde. Nur in dem einzigen Fall, wenn mit der condictio furtiva gegen den Dieb geklagt wird, soll diese Ausnahme noch dadurch geschärft werden, daß der höchste Werth der ganzen Zwischenzeit (nicht blos der unter jenen zwei einzelnen Zeitpunkten) vergütet werden soll (q). — Die zweite Meinung geht dahin, die so eben bei dem Diebe erwähnte strengere Behandlung bei jeder Mora allgemein eintreten zu lassen, so daß in jedem Fall der Mora der Schuldner den höchsten Werth bezahlen müßte, welchen die Sache in der ganzen Zwischenzeit jemals erreicht hat (r).

Ich nehme die erste Meinung, welche zwischen dem Diebe und den übrigen Schuldnern unterscheidet, als richtig an, und gründe dieselbe zunächst auf folgende einzelne Zeugnisse.

I. Von dem Fall der Mora im Allgemeinen handeln diese Stellen:

1. *L.* 3 § 3 *de act. emti* (19. 1):

„Si per venditorem vini mora fuerit, quo minus tra-

(q) Donelli Comm. in var. tit. Dig. Antverp. 1582. f. Lib. 12 T. 1 L. 22 N. 26 p. 157. — Schulting theses contr. Th. 37 N. 8 (Comment. ac. T. 3 p. 118). — Madai Mora § 48, der gleichfalls zwischen dem Diebe und anderen Schuldnern unterscheidet, außerdem aber manches Unrichtige beimischt.

(r) Huber praelect. Pand. XIII. 3. § 7—11. — Glück B. 13 § 844. — Thibaut § 99 ed. 8, und Braun zu Thibaut § 103.— Puchta Pandekten § 268 Note f. — Buchka Einfluß des Prozesses S. 187—198.

deret, condemnari eum oportet, *utro tempore* pluris vinum fuit, *vel* quo venit (s), *vel* quo lis in condemnationem deducitur (t): item quo loco pluris fuit, vel quo venit, vel ubi agatur."

In dieser Stelle ist augenscheinlich nur von der Wahl zwischen zwei einzelnen Zeitpunkten die Rede, durchaus nicht von den in die Zwischenzeit fallenden Veränderungen. Dafür spricht auch die völlige Gleichstellung der Zeit mit dem Orte, indem bei diesem letzten offenbar nur die Wahl zwischen zwei einzelnen Orten in Frage kam, nicht auch die zwischen allen in der Mitte liegenden Orten.

2. *L.* 21 § 3 *de act. emti* (19. 1):

„Cum per venditorem steterit quo minus rem tradat ... nec major sit obligatio, quod tardius agitur, quamvis crescat si vinum *hodie pluris sit:* merito: quia sive datum esset, haberem emptor, sive non: quoniam saltem *hodie dandum est*, quod iam olim dari oportuit."

(s) Dabei wird stillschweigend vorausgesetzt, daß die Ablieferung auf der Stelle gefordert worden sey, die Zeit des Contracts also mit der Mora zusammenfalle. Sonst würde die Mora als gleichgültig gedacht werden müssen, welches gewiß nicht die Meinung des Pomponius ist, der ja gleich in den Anfangsworten die Mora als Bedingung der nachfolgenden Aussprüche angiebt.

(t) *Lis* in condemnationem deducitur heißt: der bisher geführte Rechtsstreit wird zur Condemnation gebracht; es ist eine Umschreibung der Zeit des Urtheils. — *Res* in judicium, oder auch in intentionem condemnationemve deducitur *(L. 2 pr. de exc.)* heißt: Das Rechtsverhältniß wird gerichtlich anhängig gemacht, in einen Rechtsstreit verwandelt; es ist eine Umschreibung der L. C.

Auch in dieser Stelle ist keine Rede von den schwankenden Preisen der Zwischenzeit; es wird nur verglichen der Preis zur Zeit der Mora, mit dem Preise welcher hodie stattfindet; d. h. zur Zeit des Urtheils, für dessen richtigen Inhalt ja eben hier eine Anweisung gegeben werden soll.

3. *L.* 37 *mandati* (17. 1):

„Aliter in stipulatione servatur: nam tunc id tempus spectatur, quo agitur: nisi forte aut per promissorem steterit, quo minus sua die solveret, aut per creditorem, quo minus acciperet: etenim neutri eorum frustratio sua prodesse debet.“

Der Zweck der ganzen Ausnahme wird hier richtig darin gesetzt, daß dem Schuldner seine rechtswidrige Verzögerung keinen Vortheil bringen dürfe; dieser Zweck aber wird vollständig erreicht durch die Wahl des Klägers zwischen den zwei angegebenen Zeitpunkten, auf welche allein auch in der angegebenen Stelle hingedeutet wird.

4. *L.* 3 *de cont. tritic.* (13. 3) (u).

II. Die Mora bei dem Diebe wird in folgender Stelle behandelt (v):

(u) Diese wichtige Stelle wird erst in dem folgenden §. erklärt, und dann auch für den gegenwärtigen Zweck benutzt werden.

(v) *L.* 8 § 1 *de cond. furt.* (13. 1) von Ulpian. — Eben so bei der actio rerum amotarum nach folgender Stelle, die zugleich den im Text aufgestellten Satz selbst bestätigt. *L.* 29 *rer. amot.* (25. 2) von Tryphonin: „Rerum amotarum aestimatio ad tempus quo amotae sunt referri debet: nam veritate furtum fit, etsi lenius coercetur mulier... sed si pluris factae (res) non

„Si ex causa furtiva res condicatur, cujus temporis aestimatio fiat, quaeritur. Placet tamen, *id tempus spectandum, quo res unquam plurimi fuit:* maxime, cum deteriorem rem factam fur dando non liberatur: *semper enim moram fur facere videtur.*“

Ich füge diesen einzelnen Stellen noch eine allgemeine Betrachtung hinzu. Diejenigen, welche die für den Dieb vorgeschriebene strengste Behandlung auf alle Fälle der Mora anwenden wollen, gehen dabei von der Ansicht aus, daß der Kläger, wenn er die Sache zur rechten Zeit bekommen hätte, den Augenblick des höchsten Preises der Zwischenzeit zum Verkauf hätte benutzen können; wie verschiedene Wendungen auch für diese Ansicht in neuerer Zeit versucht worden sind. Allein die Voraussetzung, daß er diesen Vortheil wirklich benutzt haben würde, ist sehr willkührlich und unwahrscheinlich; gewiß ungleich unwahrscheinlicher,

restituuntur, quae amotae sunt, *crescit aestimatio, ut in condictione furtivae rei.*“ — Bedenklich ist folgende, auch von Ulpian herrührende Stelle: *L.* 2 § 3 *de priv. del.* (47. 1). Es wird aus Pomponius angeführt, durch die cond. furtiva werde die a. L. Aquiliae wegen derselben Sache nicht ausgeschlossen: „namque Aquilia eam aestimationem complectitur, quanti eo anno plurimi fuit: condictio autem ex causa furtiva *non egreditur retrorsum judicii accipiendi tempus.*“ Daß hier die Zurückrechnung verneint wird, ist unbedenklich; daß aber die Schätzung auf die Zeit der L. C., (anstatt des Verbrechens) gestellt wird, widerspricht geradezu den übrigen Stellen, sowohl über die Condiction als über die furti actio. Wahrscheinlich ist diese Angabe blos ein Stück der aus Pomponius angeführten Meinung, welches Ulpian mit aufnimmt, ohne es gerade zu billigen. Es muß dann hierüber eine Controverse bestanden haben, wohin auch das Placet in *L.* 8 § 1 *de cond. furt.* zu deuten scheint.

als die oben erwähnte Annahme, daß er überhaupt verkauft haben könnte (S. 184. 190). Für den gerechten Anspruch des Klägers ist genug gethan, wenn demselben zwischen zwei Zeitpunkten die Wahl gelassen wird, insbesondere da es ja immer von seinem freien Entschluß abhängt, die Klage zu der Zeit anzustellen, worin er es gerade am vortheilhaftesten findet.

Dagegen hat die hier vertheidigte Unterscheidung zwischen dem Diebe und allen übrigen Schuldnern folgenden inneren Grund. Der Dieb ist so zu betrachten, als ob er in jedem Augenblick seinen Diebstahl wiederholte. Dies ist nicht so zu verstehen, als ob die gegen ihn geltenden Klagen ins Unendliche vervielfältigt, und dadurch zu einem völlig schrankenlosen Ertrag gebracht werden dürften, welches widersinnig seyn würde. Es hat vielmehr den Sinn, daß er in jedem Augenblick denselben (nicht einen neuen) Diebstahl wirklich begeht, so daß der Bestohlene völlig in seinem Rechte ist, wenn er sich den vortheilhaftesten Zeitpunkt aussucht, um zu behaupten, daß der Diebstahl gerade damals begangen worden sey. Dies ist der wahre Sinn der so eben mitgetheilten Worte: semper enim moram fur facere videtur. Diese Worte sollen eine eigenthümliche Verpflichtung des Diebes bemerklich machen. Deswegen dürfen sie nicht verstanden werden von der stetigen Fortdauer und Wirksamkeit der Mora überhaupt; denn diese Natur hat die Mora auch bei allen übrigen Schuldnern. Sie bekommt ihre wahre Bedeutung durch die eben gegebene Erklärung, deren Richtigkeit sogleich noch durch eine Stelle über die Delictsklage aus dem Diebstahl (die actio furti) außer Zweifel gesetzt werden wird. — Ein rein practischer Grund der härteren Behandlung des Diebes, gerade in der hier vorliegenden Beziehung, liegt auch noch darin, daß meist der Bestohlene den Dieb lange Zeit nicht kennt, die Anstellung der Klage also nicht so, wie bei anderen Klagen, in seiner Macht steht. Derselbe Grund hat auch veranlaßt, daß in diesem Fall die Mora ohne Interpellation entstehen soll.

Die ganze bisherige Untersuchung beschränkte sich auf die persönlichen Klagen aus Rechtsgeschäften und die Klagen in rem. Es bleibt nur noch übrig, mit wenigen Worten von der Schätzungszeit bei den Delictsklagen zu sprechen. Hier ist als fester Zeitpunkt, von welchem ausgegangen werden muß, nicht der Rechtsstreit (wie bei den bisher betrachteten Klagen), sondern vielmehr die begangene That zu betrachten, jedoch mit einigen Modificationen zum Nachtheil des Schuldners. Wir finden hierüber folgende Zeugnisse:

A. Bei der actio L. Aquiliae richtet sich die Schätzung nach der Zeit der begangenen That, jedoch so, daß dabei zugleich der höchste Werth innerhalb eines gewissen rückwärts liegenden Zeitraums berücksichtigt wird (w).

(w) *L.* 21 § 1 *ad L. Aquil.* (9. 2).

B. Bei der actio furti wird gleichfalls der Zeitpunkt der begangenen That zum Grunde der Schätzung gelegt (x). Wenn jedoch in der nachfolgenden Zeit die Sache einen höheren Werth bekommt, so muß dieser höhere Werth zum Grund gelegt werden, da auch in dieser späteren Zeit der Diebstahl wirklich begangen worden ist (y):

„. . . Idemque etsi nunc deterior sit, aestimatione relata in id tempus, quo furtum factum est. Quod si pretiosior facta sit, ejus duplum, quanti tunc cum pretiosior facta sit, fuerit, aestimabitur: *quia et tunc furtum ejus factum esse verius est.*“

In diesen letzten Worten ist die vollständige Bestätigung der vorher für die Mora bei der condictio furtiva aufgestellten Behauptung unverkennbar enthalten.

Wenn wir zum Schluß erwägen, in wiefern die hier über die Schätzungszeit aufgestellten Regeln auch noch im heutigen Recht anwendbar sind, so können wir über folgende Annahme kaum zweifelhaft seyn. Zwei Regeln sind es, welche ihre practische Bedeutung für uns verloren haben: die eigenthümliche Behandlung der strengen Klagen, weil wir solche nicht mehr haben; imgleichen die für die Delictsklagen aufgestellten Regeln, weil auch diese für uns verschwunden sind. Alles Übrige, also der bei weitem größte Theil der über die Schätzungszeit aufgestellten Re-

(x) *L.* 9 *de in litem jur.* (12. 3).

(y) *L.* 50 *pr. de furtis* (47. 2).

geln, ist für uns völlig eben so anwendbar, wie er es im R. R. war.

§. 276.

Wirkung der L. C. — II. Umfang der Verurtheilung. — b) Verminderungen. Zeitpunkt der Schätzung. L. 3 de cond. tritic.

In der eben angestellten Untersuchung über den Zeitpunkt der Schätzung (§ 275) waren zwar einzelne Fragen vielfach bestritten worden; die Hauptpunkte aber schienen fest und gewiß, welches namentlich von der allgemeinsten Regel behauptet werden mußte, nach welcher für die strengen Klagen die L. C., für die freien Klagen das Urtheil, den Zeitpunkt der Schätzung bestimmen sollte. Über diese Hauptregel war ein so klarer, unzweideutiger Ausspruch vorhanden (§ 275. b), daß daneben für keinen möglichen Zweifel Raum übrig zu bleiben schien.

Diese beruhigende Sicherheit aber wird sehr erschüttert durch eine Stelle des Ulpian, welche für den dem alten, strengen Recht angehörenden Theil jener Regel, worin am wenigsten Zweifel zu erwarten waren, gerade das Gegentheil zu sagen scheint. Die Stelle fängt nämlich an mit folgenden Worten (a):

„In hac actione si quaeratur, res quae petita est cujus temporis aestimationem recipiat, verius est, quod Servius ait, *condemnationis* tempus spectandum."

(a) *L.* 3 *de cond. trit.* (13. 3) aus Ulpianus lib. XXVII. ad ed.

Es ist hier von keiner anderen Klage die Rede, als von der condictio triticaria, d. h. von einer strengen Klage, womit irgend etwas Anderes als eine bestimmte Geldsumme gefordert wird (b); ohne Zweifel wird dabei eine Stipulation als Grund der Klage vorausgesetzt. — Daß aber in der That an keine andere als diese Klage gedacht werden kann, folgt nicht etwa blos aus dem Digestentitel, in welchen die Stelle aufgenommen ist (denn Dieses könnte auf einem Versehen der Compilatoren beruhen), sondern auch aus dem Umstand, daß die Stelle demselben Theil eines Werks des Ulpian angehört, wie eine andere Stelle, die unmittelbar vorher ausführlich von jener Klage handelt (Note a. b).

Von dieser Condiction nun sagt hier Ulpian, es müsse die Schätzung auf die Zeit der Condemnation gerichtet werden, also auf die Zeit des Urtheils, nicht wie man erwarten mußte, auf die Zeit der L. C.

Dieser schneidende und unerwartete Widerspruch hat von jeher die größten Bemühungen zur Beseitigung desselben hervorgerufen; die meisten derselben sind aber so willkührlich und bodenlos, daß es kaum begreiflich ist, wie man sich damit hat begnügen können.

So ist behauptet worden, die condictio triticaria sey gar nicht stricti juris, sondern bonae fidei, und sie gehöre

(b) *L.* 1 *pr. de cond. trit.* (13. 3), welche aus demselben Buch des Ulpian ad ed. genommen ist, wie die *L.* 3 *cit.* — Vgl. oben B. 5 S. 622. 626.

dem jus gentium an (c): eine Behauptung, die selbst vor der Entdeckung des Gajus völlig unerlaubt war.

Andere haben gesagt, die verschiedene Schätzungszeit richte sich gar nicht nach dem Unterschied der strengen und freien Klagen, sondern nach dem Gegenstand der Obligation; bei Quantitäten soll nach der Zeit der L. C. geschätzt werden, bei individuellen Sachen nach der Zeit des Urtheils (d). Dabei wird die Hauptstelle des Ulpian, welche die allgemeinste Regel in klarem, unzweideutigem Ausspruch enthält (§ 275. b) durch willkührliche Behandlung in den Hintergrund gedrängt, besonders aber wird die Stelle des Gajus (§ 275. m) ohne die ihr gebührende Beachtung gelassen, welche zuerst von der Condiction auf Quantitäten sagt, daß nach der Zeit der L. C. geschätzt werden müsse, und dann die entscheidenden Worte hinzufügt: quod et de ceteris rebus juris est (e).

(c) Cocceji jus controv. XIII. 3 qu. 2 mit der Anmerkung von Emminghaus. Hier kamen die wunderlichsten und bodenlosesten Ansichten über die Classification der Klagen vor.

(d) Diese schwer zu begreifende Meinung findet sich bei Donellus, der sich an mehreren seiner Schriften sehr weitläufig mit dieser Stelle beschäftigt hat. Donelli comm. in var. tit. Dig. Antverp. 1582. f, und zwar Lib. 12 T. 1 L. 22 N. 5. 19. 21 — 26, und Lib. 13 T. 3 L. 3 N. 12. 13. 25. Von der ersten dieser zwei Stellen wird sogleich erwähnt werden, welche Merkwürdigkeit sie außerdem darbietet.

(e) Es wird überhaupt bei den Erklärungsversuchen zu dieser Stelle recht anschaulich, wie im R. R. aller Erfolg der Quellenforschung davon abhängt, die vorzugsweise entscheidenden Stellen heraus zu finden, an die Spitze zu stellen, und festzuhalten, dabei aber mit völliger Unbefangenheit zu verfahren, anstatt daß die Meisten, in schwierigen Fällen wie der vorliegende, vorgefaßte Theorieen fertig mitbringen, und diesen die Quellenzeugnisse gut oder schlecht anzupassen suchen.

Andere haben das Daseyn einer Mora, welches augenscheinlich erst in dem Fortgang der Stelle mit in die Betrachtung gezogen wird, und dann zu ganz anderen Regeln führt, mit in diesen ersten Satz herein gezogen, und dadurch den inneren Zusammenhang der Stelle gänzlich zerstört (f).

Neuerlich ist der Versuch gemacht worden, der Stelle durch Emendation des Textes zu helfen (g). Es soll gelesen werden: contestationis, anstatt condemnationis, wodurch die oben aufgestellte Hauptregel auch in unsrer Stelle eine einfache Bestätigung erhielte. Allein erstens fehlt es an jeder Erklärung, wie in alle Handschriften ohne Ausnahme die Veränderung jenes Wortes gekommen seyn sollte, ohne auch nur in kleinen Abweichungen der Handschriften irgend eine Spur zu hinterlassen; ein Bedenken, das durch die geringe Zahl der zu verändernden Buchstaben nicht gehoben wird. Zweitens kommt contestatio allein, ohne den Zusatz von litis oder judicii, in dieser Bedeutung anderwärts nicht vor (§ 257. f).

Man könnte auch noch den Versuch machen, den scheinbaren oder wirklichen Widerspruch daraus zu erklären, daß eine Controverse einzelner Juristen, oder eine Aenderung des älteren R. R. durch das neuere, angenommen würde. Allein jeder Versuch solcher Art muß

(f) Cujacius in L. 59 de verb. oblig. — Glück B. 13 § 844 S. 271 — 300. — Liebe Stipulation S. 54. 55.

(g) Huschke in der Zeitschrift von Linde B. 20 S. 267.

sogleich aufgegeben werden, wenn man erwägt, daß gerade die zwei Hauptstellen, auf deren Vereinigung es ankommt, aus zwei ganz nahe an einander liegenden Stücken eines und desselben Werks von Ulpian hergenommen sind (h).

Das ganze Gewicht unsrer Stelle und die ganze Schwierigkeit liegt in dem Ausdruck: condemnationis tempus. Condemnatio aber hat im R. R. zwei verschiedene, wiewohl verwandte, Bedeutungen, für welche die Anwendung jenes Wortes völlig gleich berechtigt ist, und die also auch mit gleichem Rechte vorausgesetzt werden dürfen, wo es auf die Erklärung einer Stelle, die jenes Wort enthält, ankommt.

Condemnatio heißt zuerst einer der vier Hauptthelle der formula, die practische Anweisung des Prätors an den Judex über Verurtheilung oder Freisprechung. Es ist die condemnatio a praetore concepta.

Condemnatio heißt aber auch das vom Judex ausgesprochene Urtheil, die res judicata, in sofern das Urtheil gerade zum Nachtheil des Beklagten ausfällt. Es ist die condemnatio a judice prolata, die Vollziehung des ihm vom Prätor gegebenen Auftrags.

Es ist einleuchtend, daß die Erwähnung der ersten Art der condemnatio in die Justinianischen Rechtsbücher

(h) Unsre Stelle ist aus dem 27., die *L.* 3 § 2 *commod.* aus dem 28. Buch des Ulpian ad edictum entnommen.

(i) Gajus IV. § 39. 43. 44.

eigentlich nicht mehr gehörte, aber auch sehr begreiflich, wenn sie daraus, wie so manches Andere, dennoch nicht gänzlich verschwunden ist. Wir haben sogar eine Stelle, worin diese fortdauernde Erwähnung ganz unzweifelhaft ist (k):

„Exceptio ... opponi actioni cujusque rei solet, ad excludendum (l) id, *quod in intentionem condemnationemve deductum est.*"

Setzen wir jene erste Bedeutung in unsrer Stelle voraus, so ist Alles klar, und der scheinbare Widerspruch verwandelt sich in vollständige Einstimmung. Das condemnationis tempus ist dann so viel als formulae conceptae tempus (indem nur der Theil für das Ganze genannt ist), oder, mit anderen Worten, die Zeit der L. C., indem die Aufstellung der Formel mit der L. C. ganz gleichzeitig ist (m).

(k) *L. 2 pr. de except.* (44. 1) aus Ulpianus lib. LXXIV. ad ed. — Man könnte versuchen, eben dahin zu beziehen die Worte der *L.* 3 § 3 *de act. emti:* „quo *lis* in condemnationem deducitur"; allein diese gehen in der That auf die Zeit des Urtheils, s. o. § 275. t.

(l) Die Florentina liest: cludendum, woraus man Emendationen hat bilden wollen; allein die hier aufgenommene Vulgata ist unbedenklich.

(m) Es ist sehr merkwürdig, daß Donellus diese Bedeutung der condemnatio mit solcher Klarheit und Bestimmtheit entwickelt hat, als ob er den Gajus vor sich gehabt hätte. (S. o. Note d; die Stelle findet sich in N. 26. p. 156). Aber eben so auffallend ist es, daß er von dieser seiner bewunderungswürdigen Divination den verkehrtesten Gebrauch macht. Es fällt ihm nicht ein, die richtig aufgefundene Bedeutung von condemnatio auf unsre *L.* 3 *de cond. trit.* anzuwenden, um so deren Widerspruch mit anderen Stellen zu beseitigen; er wendet sie vielmehr auf die *L.* 3 § 3 *de act.*

Ich bin weit entfernt, die Einwürfe zu verkennen, die sich gegen diese Erklärung erheben lassen, und die ich nunmehr einzeln prüfen will.

1. Man kann sagen, Ulpian würde sich durch die Wahl dieses Ausdrucks einer gefährlichen Zweideutigkeit schuldig gemacht haben, indem er den Gegensatz gegen das rei judicatae tempus durch ein Wort bezeichnet hätte, welches eben so leicht gerade von dieser Zeit, die er ausschließen wollte, verstanden werden konnte.

Dieser Einwurf würde Gewicht haben, wenn nothwendig angenommen werden müßte, daß dem Schriftsteller gerade dieser Gegensatz vorgeschwebt habe. Allein bei der Stipulation, wie sie hier vorauszusetzen ist, lag ein anderer Gegensatz sogar viel näher: dieses ist die Zeit des geschlossenen Contracts, an welche man bei der buchstäblich bindenden Natur der Stipulation sehr leicht denken konnte. Die vorherrschende Rücksicht auf diesen Gegensatz erscheint noch durch folgende Betrachtung besonders natürlich und wahrscheinlich. Zwischen dem Contract und der L. C. konnte eine lange Zeit in der Mitte liegen, und in dieser konnten viele Veränderungen mit dem Gegenstand vorgegangen seyn. Dagegen ist dem Zeitraum zwischen der L. C. und dem Urtheil, bei einer so einfachen Sache wie die Stipulationsklage auf einen Sclaven, im Römischen Prozeß nur eine geringe Dauer zuzuschreiben,

emti an, wohin sie gar nicht gehört, und die durch dieses irrige Verfahren einen ganz falschen Sinn erhält.

die also auch nicht so leicht erhebliche Veränderungen in sich schließen konnte. Wenn nun Ulpian gerade diesen Gegensatz vor Augen hatte und ausschließen wollte (n), so war der Gebrauch des Ausdrucks condemnatio, um die Zeit der L. C. zu bezeichnen, ohne alle Gefahr.

2. War der Gebrauch des Ausdrucks condemnatio in dieser Bedeutung auch nicht gefährlich, so könnte man ihn doch wegen der Seltenheit dieses Sprachgebrauchs für unwahrscheinlich halten.

Darauf ist zu antworten, daß es eben so wenig gewöhnlich ist, den Ausdruck condemnatio anstatt res judicata zu gebrauchen, wo es auf die Bezeichnung des Zeitpunktes ankommt, indem fast immer von res judicata allein, ohne Abwechslung der Ausdrücke, gesprochen wird.

3. Noch mehr Schein endlich hat der Einwurf, daß es an einem Motiv fehle, weshalb Ulpian anstatt des einfachen, ganz unbedenklichen, Ausdrucks: litis contestationis den mindestens künstlichen, indirecten Ausdruck: condemnationis tempus gebraucht haben sollte.

Es wird schwer seyn, bei jeder etwas ungewöhnlichen Redeweise, stets das Motiv anzugeben; hier aber fehlt es auch selbst an einem solchen nicht. Der Ausdruck, der hier gewählt wurde, sollte zugleich den Beweis der

(n) Ganz eben so findet es Julian nöthig, in *L. 22 de reb. cred.* (s. o. S. 207) die Zeit des Contracts, eben so wie die des Urtheils, ausdrücklich auszuschließen, um die Zeit der L. C. als Regel aufzustellen. Durch dieses Beispiel erhält der von mir vorausgesetzte Gedanke des Ulpian noch größere Wahrscheinlichkeit.

Wahrheit des ausgesprochenen Satzes andeuten. Da es nämlich, je nach den verschiedenen Zeitpunkten der Schätzung, dreierlei Condemnationsformen gab: quanti res *fuit*, oder *est*, oder *erit*, und im vorliegenden Fall die Condiction die zweite Form (quanti res *est*) mit sich führte, also das Präsens gebrauchte (S. 205. 206), so folgte daraus von selbst, daß hier die Schätzung nach der Zeit der condemnatio, d. h. der L. C., geschehen sollte. Der gebrauchte Ausdruck mußte in dieser Beziehung für jeden Römischen Leser sogleich verständlich und überzeugend seyn, da die Fassung der verschiedenen Formeln aus dem täglichen Gebrauch Jedem geläufig war.

Nachdem nun der wichtigste und schwierigste Theil der Stelle behandelt ist, wird es möglich seyn, den ganzen Inhalt derselben im Zusammenhang darzustellen, wozu eine vorläufige Uebersicht den Weg bahnen soll.

Die Stelle spricht von der condictio triticaria aus der Stipulation einer Sache, die Anfangs unbestimmt gelassen, dann aber sogleich als ein Sclave bezeichnet wird. — Die Schätzungszeit desselben soll bestimmt werden. — Dieses geschieht erstens für den Fall, wenn keine Mora vorhanden ist, zweitens für den Fall der Mora. — Im ersten Fall wird weiter unterschieden, ob der Sclave lebt oder todt ist. — Daraus ergeben sich drei Fälle überhaupt. Im Fall des Lebens ohne Mora ist nach der Zeit der L. C. zu schätzen. Im Fall des Todes ohne Mora nach der Zeit des Todes. Im Fall der Mora darf der Kläger, wenn die Zeit der Mora einen höheren Werth ergiebt, diese Zeit für die Schätzung in Anspruch nehmen, der Sclave mag leben oder todt seyn. — Diese Sätze sollen jetzt im Einzelnen in der Stelle nachgewiesen und näher bestimmt werden.

Erster Fall. Der Sclave lebt, und es ist keine Mora vorhanden. Nun wird nach der Zeit der L. C. (condemnationis tempus) geschätzt.

„In hac actione . . . spectandum.“ Dieser Theil ist schon ausführlich erklärt worden.

Zweiter Fall. Der Sclave ist gestorben, und es ist keine Mora vorhanden.

„Si vero desierit esse in rebus humanis, mortis tempus . . erit spectandum“ . . . (o).

Hier kommt es darauf an, die Zeit zu bestimmen, in welcher, nach der Voraussetzung des Ulpian, der Sclave gestorben ist. Dieses ist sicher nicht die Zeit nach der L. C., da durchaus kein Grund denkbar ist, warum nicht in diesem Fall, ganz so wie im ersten, nach der Zeit der L. C. geschätzt werden sollte. Der Tod ist also in der Zeit zwischen dem Vertrag und der L. C., d. h. vor dem Prozeß, zu denken. Natürlich muß noch hinzugedacht

(o) Dazwischen steht noch ein untergeordneter Satz, der mit unseren Fragen Nichts zu schaffen hat, und den ich oben im Text übergangen habe, um nicht den Zusammenhang der Hauptgedanken zerstreuend zu unterbrechen. Die Todeszeit, heißt es, soll nicht zu buchstäblich von dem Augenblick des Verscheidens verstanden werden, da auch der Sclave, der in den letzten Zügen liegt, obgleich er noch lebt, doch schon fast völlig werthlos ist.

werden, daß der Tod zugleich unter solchen Umständen erfolgt ist, die den Beklagten zum Ersatz verpflichten, da sonst von einer Schätzung gar nicht die Rede seyn könnte. Es muß also der Tod erfolgt seyn nicht durch Zufall, sondern durch den Dolus oder durch culpose Handlungen des Schuldners (p). — In diesem Fall nun soll der Werth des Sclaven geschätzt werden nach der Zeit des Todes, nicht wie in dem ersten Fall nach der Zeit der L. C.; sehr natürlich, weil zu dieser Zeit kein Sclave mehr da ist, der geschätzt werden könnte.

Dritter Fall. Es ist eine Mora vorhanden, und dabei soll es keinen Unterschied machen, ob der Sclave noch lebt oder todt ist.

„In utroque autem (q), si post moram deterior res facta sit, Marcellus scribit lib. XX., habendam aestimationem quanti deterior res facta sit. Et ideo, si quis post moram servum eluscatum dederit, nec liberari eum. Quare ad tempus morae in his erit reducenda aestimatio."

Es wird nicht gesagt, daß im Fall der Mora die vorhergehenden Regeln nicht eintreten sollen. Diese gelten auch dann, aber es tritt nur eine mögliche Modification

(p) *L. 91 pr. de verb. obl.* (45. 1). Vgl. oben § 272 am Ende des §.

(q) D. h. sive vivat servus, sive mortuus sit. Aus diesem Zusammenhang der fortschreitenden Sätze ergiebt sich die Grundlosigkeit der Erklärung, welche auch schon in den Anfang der Stelle die Voraussetzung der Mora hinein tragen will (Note f).

zum Vortheil des Klägers hinzu. Ist der Werth des Sclaven nach der Mora gleich geblieben oder gestiegen, so ist von der Modification nicht die Rede: anders wenn der Sclave an Werth abgenommen hat (si deterior res facta sit), z. B. wenn ihm ein Auge ausgeschlagen worden ist. Nun kann der Kläger verlangen, daß der nach den vorhergehenden Regeln abzuschätzende Werth des Sclaven um so viel erhöhet werde, als der Sclave nach der Mora an Werth verloren hat (quanti deterior res facta sit); oder mit anderen Worten: der Kläger hat nun das Recht, die Schätzung nach der Zeit, worin die Mora anfing, vornehmen zu lassen (ad tempus morae in his erit reducenda aestimatio). — Hieraus ist es klar, daß der Kläger für die Schätzung zwischen zwei Zeitpunkten die Wahl haben soll; von einem höheren Werth der Zwischenzeit ist nicht die Rede (§ 275. u). Zugleich ist es klar, warum im Fall der Mora in utroque dasselbe gelten soll. Durch die Mora nämlich wird überhaupt Nichts geändert, als daß der Kläger für die Schätzungszeit zwischen L. C. und Mora, oder zwischen Tod und Mora, die Wahl haben soll.

§. 277.

Wirkung der Litis Contestation. II. Umfang der Verurtheilung. — b) Verminderungen. Preisveränderung.

Bisher ist nur von den objectiven Verminderungen die Rede gewesen, deren Natur darin besteht, daß der Gegenstand des Rechtsstreits selbst eine äußerlich wahrnehmbare

Veränderung erleidet. Es sind nun noch diejenigen Verminderungen zu betrachten, die eine unsichtbare Natur haben, indem sie in einer bloßen Preisverminderung gegründet sind (§ 272). Diese unterscheiden sich von den objectiven Verminderungen durch die Möglichkeit einer viel ausgedehnteren Anwendung. Denn anstatt daß die objectiven nur bei individuell bestimmten Gegenständen vorkommen, da nur diese durch Verschuldung oder Unglück zerstört, verdorben, verloren werden können, so tritt die Preisverminderung eben sowohl bei generisch bestimmten, als bei individuellen Gegenständen eines Rechtsstreits ein; also sowohl bei der übernommenen Lieferung von Hundert Scheffel Weizen, als wenn eine bestimmte, im Besitz eines Anderen befindliche, Masse Weizen vindicirt wird.

Um aber von diesem Theil der Untersuchung eine erschöpfende Übersicht zu geben, ist es nöthig, die Erwägung nach zwei Seiten hin auszudehnen: erstens, auf die Fälle, worin die Veränderung nicht in vermindertem, sondern in erhöhtem Preise des Gegenstandes besteht; zweitens, auf die zusammengesetzten Fälle, in welchen neben der Preisverminderung zugleich auch eine objective Verminderung des Gegenstandes selbst Statt findet.

Im R. R. werden die Fälle der Preisverminderung nicht besonders hervorgehoben, noch von den Fällen der objectiven Verminderung unterschieden. Daß sie aber nicht unbeachtet geblieben sind, läßt sich bestimmt behaupten, indem mehrere Stellen ausdrücklich von solchen Gegenständen handeln, die (wie Wein und Getreide) zum öffentlichen Marktverkehr gehören (a). Bei diesen aber ist gerade der schwankende Preis so vorzugsweise wichtig, daß er als Moment juristischer Entscheidung unmöglich übersehen werden konnte.

Allerdings können die hier angeregten Fragen auch bei solchen Gegenständen vorkommen, die nicht als Waaren zum Marktverkehr gehören. Selbst bei Grundstücken kommt es nicht selten vor, daß die Preise im Allgemeinen steigen oder fallen. Dennoch ist bei ihnen die hier vorliegende Frage deswegen von geringerer practischer Erheblichkeit, weil dabei die Veränderung der Preise nicht leicht auf feste und sichere Zahlensätze zurückgeführt werden kann, so daß die Anwendung der jetzt aufgestellten Regel nur selten wird begründet werden können. Es kommt hinzu, daß bei solchen Gegenständen die Schwankung der Preise im Großen meist erst nach längeren Zeiträumen deutlich hervortritt, und daher für die Dauer eines Rechtsstreits nicht leicht Einfluß erhält, anstatt daß dieselbe Schwankung im Marktverkehr oft eben so sicher als schnell wechselnd wahrzunehmen ist.

Es ist nun zunächst die juristische Natur der hier angegebenen Veränderungen festzustellen. Die Erhöhung des Preises hat ganz die Natur des aus einem anderen Vermögensstück entspringenden zufälligen Erwerbs

(a) *L.* 3 § 3, *L.* 21 § 3 *de act. emti* (19. 1), *L.* 4 *de cond. trit.* (13. 3), *L.* 22 *de reb. cred.* (12. 1.), s. o. § 275.

(§ 265). Es ist ein innerer Zuwachs des Gegenstandes, ganz ähnlicher Natur, wie der durch Alluvion bewirkte Zuwachs des Grundeigenthums. — Die Verminderung des Preises hat dagegen ganz die Beschaffenheit einer zufälligen Verminderung überhaupt, d. h. einer solchen, die ohne Dolus oder Culpa des Schuldners bewirkt wird, so wie dieser Rechtsbegriff oben (§ 273) aufgestellt und auf die Fälle objectiver Verminderung angewendet worden ist. Ich nenne diese (auf den Preis bezügliche) Verminderung eine zufällige, weil sie stets auf allgemeinen Conjuncturen beruht und außer dem Bereich individueller Einwirkung liegt, es mögen nun jene Conjuncturen im Welthandel oder in den vorübergehenden Zuständen einzelner Länder oder Städte ihren Grund haben.

Die völlige Gleichartigkeit der Preisverminderung mit der oben abgehandelten objectiven Verminderung wird durch folgende Betrachtung einleuchtend werden. Wenn die Eigenthumsklage auf eine Anzahl individuell bezeichneter Actien einer Fabrik-Unternehmung gerichtet wird, so können im Lauf des Rechtsstreits folgende Veränderungen eintreten. Es können diese Actien von ihrem ursprünglichen Pariwerth (100) auf 50 herabsinken, oder auch (wenn das Unternehmen völlig untergeht) auf 0. — Es können aber ferner die eingeklagten Actien zur Hälfte oder auch insgesammt durch Feuer zufällig zerstört werden. Hier ist es augenscheinlich, daß die eine und die andere Art der Verminderung gleich wichtig ist, und auf das Vermögen des Berechtigten ganz denselben Einfluß ausübt.

Diese Betrachtungen sollten nur als Vorbereitung dienen zu den Rechtsregeln über die verschiedenen Fälle der Preisverminderung, zu deren Aufstellung ich mich jetzt wende. Ich schließe mich dabei ganz an diejenigen Regeln an, die oben (§ 275) über die Behandlung der objectiven Verminderung, sowie über die dabei zu beobachtende Zeit der Schätzung, aufgestellt worden sind.

Erster Fall. Strenge Klagen, bei welchen kein Grund einer exceptionellen Behandlung vorliegt. Dabei sollte die Schätzung nach der Zeit der L. C. vorgenommen werden, welches im heutigen Recht nicht mehr vorkommt.

Hier ist die Erhöhung wie die Verminderung des Preises vor der L. C. ohne Einfluß, da in jedem Augenblick der Schuldner durch Erfüllung die Obligation tilgen, der Creditor aber durch Anstellung der Klage die L. C. herbeiführen kann.

Desgleichen ist jede Veränderung des Preises nach der L. C. ohne Einfluß, da der Sinn der auf die L. C. als Schätzungszeit gerichteten Regel eben darin besteht, daß hierdurch die Schätzung unabänderlich fixirt werden soll.

Es gilt also unbedingt die Schätzung nach der Zeit der L. C. ebensowohl für die schwankenden Preise, wie für die objective Verminderung des Gegenstandes.

Zweiter Fall. Freie Klagen, bei welchen kein Grund einer exceptionellen Behandlung vorliegt. Hier soll die

Schätzung nach der Zeit des rechtskräftigen Urtheils vorgenommen werden, welches im heutigen Recht auch für diejenigen Klagen gilt, die das R. R. unter die Regel des ersten Falles gestellt hatte.

Bei dieser Regel bleibt es unbedingt, wenn etwa eine Erhöhung des Preises vor dem Urtheil (sey es vor oder nach der L. C.) eingetreten seyn sollte. Wenn durch diese Erhöhung der Beklagte einen Nachtheil erleidet, so hat er sich diesen selbst zuzuschreiben, da es jeden Augenblick in seiner Macht stand, durch Erfüllung die Schuld zu tilgen, und so den Nachtheil aus den später steigenden Preisen abzuwenden.

Auch wenn eine Verminderung des Preises vor dem Urtheil eintritt, ist dieselbe Regel anzuwenden, jedoch hier mit folgender Ausnahme. Wenn nämlich die Eigenthumsklage gegen einen unredlichen Besitzer geführt wird, so muß dieser die Preisverminderung vergüten, die nach der L. C. eingetreten ist; gerade so wie er auch Entschädigung leisten müßte, wenn in diesem Zeitraum nicht durch Preisverminderung, sondern durch Untergang oder Beschädigung der Sache ein zufälliger Schade entstanden wäre (S. 179).

Dritter Fall. Persönliche Klage aus einer Obligation, deren Erfüllung durch Vertrag auf einen bestimmten Zeitpunkt gesetzt ist.

Hier ist der Preis dieses Zeitpunktes zum Grunde zu legen.

Der höhere oder niedere Preis der früheren Zeit ist

gleichgültig, weil die Parteien selbst eine frühere Erfüllung nicht wollten oder erwarteten.

Die Erhöhung und Verminderung der späteren Zeit ist gleichgültig, da der Vertrag selbst die Zeit der Erfüllung mit ihren Folgen fixirt hat, beide Theile also in diese besonderen Folgen eingewilligt haben. Jedoch wird in diesem Fall meist zugleich eine Mora eintreten, da denn die folgende Regel zur Anwendung kommen muß.

Dieser dritte Fall ist übrigens practisch besonders häufig und wichtig; es gehören dahin die zahlreichen Verträge, welche auf Lieferung von Handelsgegenständen in einer bestimmten Zeit geschlossen werden.

Vierter Fall. Persönliche Klage, wenn dabei eine Mora, sey es vor oder mit dem Rechtsstreit, eintritt.

Jede Erhöhung oder Verminderung des Preises vor der Mora ist gleichgültig.

Die Erhöhung oder Verminderung nach der Mora kann dem Kläger niemals Nachtheil bringen, weil er ein unbedingtes Wahlrecht hat, nach welchem Zeitpunkt die Schätzung vorgenommen werden soll.

Dem Beklagten geschieht dadurch kein Unrecht, da er eben durch die Mora jeden möglichen Nachtheil wohl verdient hat.

Es bleibt nur noch übrig, die verschiedenartige Anwendung dieser Rechtsregeln näher zu bestimmen. Dabei sind folgende Fälle zu unterscheiden.

1. Im älteren R. R. war diese Anwendung weit ausge-

dehnter, als in der späteren Zeit. Da nämlich alle Verurtheilungen nur auf baares Geld lauten durften (b), so mußten jene Regeln in jedem einzelnen Fall unmittelbar und einfach dadurch zur Anwendung gebracht werden, daß in der auszusprechenden Geldsumme nicht nur der objective Zustand der Sache, sondern auch (nach den eben aufgestellten Regeln) der Preis berücksichtigt wurde.

2. Dieses hat sich völlig geändert im Justinianischen Recht, welches zugleich die heutige Regel bildet. Hier wird, wenn der Gegenstand des Rechtsstreites noch vorhanden ist, auf dessen Naturalleistung, nicht mehr auf eine Geldsumme, erkannt. Dieses heißt für den letzten Erfolg eben so viel, als ob (nach der oben aufgestellten zweiten Regel) auf den Geldwerth zur Zeit des rechtskräftigen Urtheils erkannt würde. In denjenigen Fällen nun, worin vor dem Urtheil eine Preisverminderung eingetreten ist, und zugleich der Beklagte die exceptionelle Verpflichtung hat, für alle zufällige Verminderungen einzustehen (also im Fall der Vindication gegen den unredlichen Besitzer, so wie im Fall der Mora) ist zwar auch auf die Naturalleistung zu erkennen, jedoch mit einer zusätzlichen Ausgleichung in Geld, damit die oben aufgestellten Regeln rein und vollständig zur Anwendung gebracht werden.

3. Eine besondere Erwägung bedarf der Fall, wenn der Beklagte das Urtheil nicht abwartet, sondern dadurch abwendet, daß er den Anspruch des Klägers freiwillig

(b) Gajus IV. § 48.

erfüllt. Dazu war bei den arbiträren Klagen in dem Restitutionsbefehl des Juder eine besondere Aufforderung gegeben; bei allen übrigen Klagen aber sollte der Beklagte wenigstens das Recht dazu haben (c).

Nun scheint es, daß durch diese Einrichtung dem Beklagten in den Fällen, worin er nach den aufgestellten Regeln einen höheren Werth als den der Gegenwart zu leisten hatte, ein Mittel dargeboten würde, das Recht des Klägers zu vereiteln, indem er sich durch die einfache Natural-Restitution von jeder weiteren Verpflichtung freimachte.

Allein gegen diese Umgehung des Rechts schützt den Kläger der juristische Begriff der Restitution. Eine solche wird nämlich nicht unbedingt vollführt durch die materielle Herausgabe des Gegenstandes; vielmehr gehört dazu auch die omnis causa, welche in dem hier vorliegenden Fall gerade die Ausgleichung des höheren Werthes durch eine zusätzliche Geldsumme in sich schließt (d).

4. Zuletzt ist noch der zusammengesetzte Fall zu betrachten, wenn in einem und demselben Rechtsstreit die

(c) GAJUS IV. § 114.

(d) *L.* 75 *de V. S.* (50. 16) „Restituere is videtur qui id restituit, quod habiturus esset actor, si controversia ei facta non esset." Eben so *L.* 35, *L.* 246 § 1 *eod.*, und *L.* 9 § 8 *ad exhib.* (10. 4). In Anwendung dieses Grundsatzes wird ferner ausdrücklich gesagt, daß der Schuldner, der in Mora ist, nicht dadurch frei wird, daß er die versprochene Sache herausgiebt, wenn diese in der Zwischenzeit (wiewohl durch Zufall) schlechter geworden ist. *L.* 3 *de cond. trit.* (13. 3), s. o. S. 226.

objective Verminderung der streitigen Sache mit einer Preisverminderung zusammentrifft.

Die Beurtheilung dieses Falles kann keinem Zweifel unterliegen, indem die vollständige Anwendung der aufgestellten Regeln auf ein Urtheil führen kann, dessen Inhalt aus zwei Factoren hervorgeht. Folgendes Beispiel wird diese Behauptung anschaulich machen.

Wenn Actien durch eine Eigenthumsklage gefordert, und während des Prozesses gestohlen werden, so kommen bei dem Urtheil folgende Umstände in Betracht. Zunächst muß der Beklagte den Werth der gestohlenen Actien vergüten, weil bei jedem Diebstahl eine Culpa des Besitzers präsumirt wird; der Werth dieser Actien wird in der Regel nach der Zeit des Urtheils bestimmt. — Wenn aber der Beklagte ein unredlicher Besitzer ist, und in der Zeit zwischen der L. C. und dem Urtheil der Curs dieser Actien sinkt, so muß der Beklagte noch so viel Geld zulegen, als die Cursdifferenz beträgt. Er hat also in diesem Fall zwei von einander unabhängige, auf verschiedenen Rechtsgründen beruhende, Entschädigungen zu leisten: erstens für den durch Diebstahl entstandenen Verlust, wegen seiner Culpa; zweitens, für den zufälligen Verlust durch das Sinken des Curses, weil überhaupt der unredliche Besitzer nach der L. C. für jeden zufälligen Nachtheil einstehen soll.

§. 278.

Stellung der Litis Contestation und ihrer Folgen im heutigen Recht.

Das Wesen der L. C. im Formularprozeß des älteren R. R. ist oben ausführlich dargestellt worden (§ 257). Characteristisch war dabei die große Nähe, in welcher sich (verglichen mit den möglichen Ereignissen in unsrem Prozeßverfahren) die L. C. nebst den daran geknüpften Folgen neben dem ersten Anfang des Rechtsstreits befand.

Dieses Verhältniß, so wie das Wesen der L. C. überhaupt, erscheint zwar im Justinianischen Recht nicht von Grund aus verändert; indessen waren doch schon bedeutende Modificationen eingetreten, und namentlich hatte die gesetzliche Frist von Zwei Monaten die L. C. weiter als früher von dem Anfang des Rechtsstreits entfernt.

Das Canonische Recht hat diese vorgefundene neueste Gestalt der L. C. nicht abgeändert. Wichtiger und bedenklicher war die abgeänderte Stellung, welche der L. C. im ganzen Zusammenhang des Prozesses durch die Reichsgesetze gegeben wurde (§ 259).

Allein auch bei dieser Gestalt des gemeinen Deutschen Prozesses ist es nicht geblieben, vielmehr hat sich das Bedürfniß späterer Zeiten neue Bahnen gebrochen.

Zwar in dem Protokollar-Prozeß der von einzeln stehenden Richtern verwalteten Untergerichte läßt sich die frühere Gestalt der L. C. leicht wieder erkennen und ohne Nachtheil durchführen, so daß es bei ihm nur auf eine strenge und verständige Ausführung ankommt, um dem practischen Bedürfniß wahrhaft zu genügen.

Anders aber steht es mit dem weit wichtigeren, auf vier regelmäßigen Schriftsätzen beruhenden gemeinen Deutschen Prozeß, wie er in allen höheren collegialischen Gerichten und auch in vielen Untergerichten, herrschend geworden ist. Es würde eine bloße Täuschung seyn, wenn man glauben wollte, daß hier die Prozeßvorschriften des R. R., oder auch der Reichsgesetze, wirklich zur Ausführung gebracht würden. — Wollte man den Buchstaben des R. R. festhalten, und die der L. C. beigelegten Wirkungen an den Zeitpunkt unsres schriftlichen gemeinen Prozesses anknüpfen, in welchem gerade dasjenige vorgegangen ist, welches im R. R. als Inhalt der L. C. vorausgesetzt wird, so müßte man diesen entscheidenden Abschnitt des Prozesses an das Ende des ersten Verfahrens setzen, also entweder mit der Einreichung der Duplik, oder mit der Abfassung des Beweis-Interlocuts verknüpfen; denn erst in diesem Zeitpunkt kann man mit Sicherheit annehmen, daß die Exceptionen, Replicationen und Duplicationen vorgebracht seyn werden, so wie es das R. R. für den Zeitpunkt der L. C. unzweifelhaft voraussetzt.

Dennoch ist eine so strenge und buchstäbliche Gleichstellung mit der alten L. C. niemals versucht worden schon deswegen nicht, weil man von dieser Prozeßhandlung des R. R. keine hinreichende Kenntniß hatte; auch war dazu ein practisches Bedürfniß in der That nicht vorhanden. — Vielmehr wurde nunmehr die L. C., im Anschluß sowohl an die Reichsgesetze als an die gänzlich umgebildete Bedeutung dieses aus dem R. R. zu uns herübergekommenen Kunstausdrucks (§ 259), als die Einlassung des Beklagten auf die thatsächlichen Behauptungen der Klage aufgefaßt, und somit in die erste Prozeßschrift des Beklagten (die Exceptionsschrift) versetzt. Diese Stellung der L. C. ist jedoch ohne wesentlichen Nutzen für den letzten Zweck des Prozesses, und zugleich nicht ohne erhebliche Bedenken und Gefahren, indem sie dem Beklagten ein leichtes Mittel darbietet, diese Handlung willkührlich hinauszuschieben und dadurch die Rechte des Klägers zu gefährden (§ 259).

Man kann diese Gefahren dadurch beseitigen oder wenigstens vermindern, daß man die Wirkung der L. C. unbedingt an die Einreichung der ersten Prozeßschrift des Beklagten knüpft, ohne Rücksicht auf den Inhalt dieser Schrift; so daß eine L. C. fingirt würde, wenn etwa der Beklagte unredlicher Weise die factische Erklärung auf die Klage verweigerte oder verzögerte (a). Allein erstens wäre dieses nicht sowohl eine Anwendung des bestehenden Prozeßrechts, als eine in guter Absicht vorgenommene Umbildung desselben; zweitens, wäre damit in der That Nichts gewonnen. Diese fingirte L. C. wäre eine leere Formalität, und es erscheint als ganz willkührlich und grundlos, gerade an die

(a) Pufendorf Obs. IV. 94, Göschen Vorlesungen B. 1 S. 475, Wächter H. 3 S. 87.

Einreichung der ersten Schrift des Beklagten, ohne Rücksicht auf deren Inhalt, wichtige materielle Wirkungen zu knüpfen. — Das Bedürfniß, dessen Anerkennung in diesem Verfahren liegt, führt offenbar dahin, noch einen Schritt weiter rückwärts zu gehen, und jene wichtige Wirkungen an den Zeitpunkt des Prozesses zu knüpfen, in welchem zuerst der Beklagte sicher und auf amtliche Weise ein Bewußtseyn des erhobenen Rechtsstreits erhält. Dieser Zeitpunkt aber ist kein anderer, als der der Insinuation der Klage. Daß dabei der Beklagte blos leidend, ohne eigene Thätigkeit erscheint, ist kein Hinderniß, diese Thatsache als den Entstehungsgrund einer Obligation, d. h. als Quasicontract, anzuerkennen; denn wenn auch im R. R. der Beklagte bei der L. C. als thätig erscheint, so beruht doch diese Thätigkeit eben so wenig auf seinem freien Entschluß, als die Empfangnahme der Klagschrift und das dadurch erzeugte Bewußtseyn. Wenn wir uns also entschließen, das hier angegebene Verfahren einzuschlagen, so entfernen wir uns dadurch weniger von dem wahren Wesen des R. R., als es auf den ersten Blick scheinen mag, und wir vermeiden dennoch gänzlich die oben bemerkten Gefahren.

Ehe nun die durch die vorstehenden Bemerkungen vorbereitete Untersuchung weiter geführt wird, ist es nöthig, den Erfolg und die practische Wichtigkeit derselben näher zu bestimmen. — Vor Allem muß diese Untersuchung lediglich auf die materiellen Wirkungen beschränkt bleiben, von welchen allein auch in der ganzen bisherigen Darstellung die Rede gewesen ist. Der Einfluß der L. C. auf den Gang des Prozesses liegt ganz außer dem Bereich unsrer Betrachtung, und beruht auch auf ganz anderen Gründen als die hier zu bestimmende materielle Einwirkung. So z. B. wird gesagt, durch die L. C. würden alle zu dieser Zeit nicht vorgebrachte Einreden ausgeschlossen; eben so sey von dieser Zeit an eine Veränderung der Klage nicht mehr zulässig. Diese Folgen entspringen aber in der That aus der ersten Erklärung des Beklagten als solcher, ohne Rücksicht darauf, ob diese Erklärung gerade eine L. C. enthält, und worin diese besteht. — Eben so wird behauptet, durch die L. C. werde die Incompetenz des Richters beseitigt. Allein auch dies ist nicht eine Folge der L. C. als solcher, und ihres etwa so oder anders zu bestimmenden Inhalts, sondern die Einlassung ohne Widerspruch gegen die Incompetenz wirkt als Prorogation, d. h. als freiwillige Unterwerfung unter dieses Gericht.

Das so eben bemerkte dringende Bedürfniß führte dahin, die Wirkungen der L. C. auf einen früheren Zeitpunkt des Prozesses zu verlegen, und dadurch das R. R. der Form nach abzuändern, dem Sinn und Wesen nach aber festzuhalten. Dieses Bedürfniß ist auch schon längst und häufig, wenngleich oft bewußtlos, anerkannt worden. Es hat sich offenbart in der oben dargestellten Verwandlung des Begriffs der L. C., indem man dem im R. R. aufgestellten vollständigen Begriff die bloße Erklärung des Beklagten auf die Thatsachen der Klagen untergeschoben, und dadurch den ursprünglichen Begriff wesentlich eingeschränkt hat. Diese einschränkende Verwandlung bezweckte recht eigentlich, das Eintreten der L. C. zu erleichtern und früher herbeizuführen.

Dasselbe Bedürfniß offenbarte sich aber ferner in der Annahme, daß schon das neue R. R. selbst die L. C. rückwärts in einen früheren Zeitpunkt versetzt habe. Es ist oben gezeigt worden, daß diese Annahme mit historischen Misverständnissen in der Lehre von der Erbschaftsklage zusammenhängt (§ 264). Möge man aber auch hierüber denken wie man wolle, so beschränken sich doch ohne Zweifel die Stellen des R. R., welche man jener Annahme zum Grunde legt, allein auf die Erbschaftsklage, während bei den zahlreichen übrigen Klagen im R. R. stets nur von der L. C. als dem entscheidenden Zeitpunkt die Rede ist. Daß man nun dieses Verhältniß der Quellenzeugnisse so allgemein übersah oder ignorirte, und den Aussprüchen über die Erbrechtsklage eine allgemeine Bedeutung, im Widerspruch mit so vielen anderen Aussprüchen einräumte, erklärt sich lediglich aus dem richtigen Gefühl des oben erwähnten Bedürfnisses, dem man nur nicht auf dem richtigen Wege, sondern auf unkritische Weise, Befriedigung zu verschaffen suchte.

Ich will es nunmehr versuchen, eine Übersicht zu geben über den Stand der sehr auseinandergehenden Meinungen über die hier behandelte Frage.

Einige nehmen als Regel an, daß das ursprüngliche Princip des R. R. noch jetzt gelte, daß also die materiellen Wirkungen stets auf den Zeitpunkt der L. C. zurückzuführen seyen, wenngleich sie mitunter einzelne Ausnahmen gestatten wollen (b).

Andere behaupten eine gänzliche Umwandlung jenes Princips, indem an die Stelle der L. C. im heutigen Recht als Grund und Anfang wichtiger materieller Wirkungen, die Insinuation der Klage an den Beklagten getreten sey (c). Auch in dieser Meinung kommen einzelne untergeordnete Modificationen vor.

Noch Andere endlich, und zwar in neuerer Zeit die Meisten, wollen weder das erste noch das zweite Princip gelten lassen, indem sie annehmen, daß für jede einzelne materielle Wirkung der Anfangspunkt besonders untersucht und festgestellt werden müsse (d).

Ich erkläre mich aus den schon entwickelten Gründen, in offener Anerkennung des neu eingetretenen unabweislichen Bedürfnisses, für die zweite Meinung, und nehme daher die Insinuation der Klage als das heutige Surrogat der Römischen L. C. an, so daß von der Insinuation an alle materielle Wirkungen eintreten müssen, welche das R. R. an die L. C. knüpft. Hierin liegt das einzige durchgreifende Mittel, den Anspruch des Klägers auf die schützenden Vorschriften, welche das R. R. an die L. C. knüpft, gegen die

(b) Glück B. 6 S. 205, Hofacker § 1020. 4385, Thibaut § 709 ed. 8, Mühlenbruch §§ 144. 372 ed. 4.

(c) Hommel rhaps. Obs. 234, Sintenis Erläuterungen des Civilprozesses § 12. 15. 16, Kierulff S. 280—284.

(d) Winckler p. 355—365, Martin Prozeß § 152. 156, Linde § 200. 206, Bayer S. 229—234, S. 248—250, Heffter § 346. 350 ed. 2., Wächter H. 3 S. 86—119.

verzögernde Willkühr des Beklagten zu sichern, für welchen Zweck außerdem der heutige gemeine Prozeß keine ausreichende Hülfe gewährt. Auch hat die Praxis der meisten Gerichte diese wichtige Veränderung, wenigstens in den wichtigsten und häufigsten Anwendungen, längst anerkannt.

Für das aufgestellte Princip sind aber noch folgende nähere Bestimmungen nöthig.

Bei manchen einzelnen Wirkungen ist von einigen Schriftstellern noch ein Unterschied gemacht worden zwischen der Einreichung und der Insinuation der Klage, um durch das Zurückgehen auf jene einen noch früheren Anfangspunkt der materiellen Wirkungen zum Vortheil des Klägers zu gewinnen; dies ist insbesondere für die Unterbrechung der Klagverjährung behauptet worden, da außerdem in der Zwischenzeit die Verjährung ablaufen könnte. Diese Behauptung hat keinen Anhalt in unsren Rechtsquellen, und ist schon als kleinlich zu verwerfen. Besonders aber widerspricht sie gänzlich dem Princip, nach welchem es wesentlich darauf ankommt, daß in dem Beklagten ein Bewußtseyn des erhobenen Rechtsstreits entstanden seyn müsse. Wo in der That ein solcher Verlust eintritt, wird es nicht leicht ohne Nachlässigkeit des Klägers geschehen, und wo diese gar nicht vorhanden ist, wird durch Restitution geholfen werden können (e). Man könnte sogar in der ängstlichen Vorsorge noch weiter gehen, und zwischen der Absendung der Klagschrift und deren Empfang von Seiten

(e) Etwa so, wie gegen die schuldlos versäumte damni infecti stipulatio Restitution gegeben wird. *L.* 9 *pr. de damno inf.* (39. 2).

des Richters unterscheiden, indem ja auch noch in dieser Zwischenzeit ein Ablauf der Verjährung denkbar ist.

Es ist ferner behauptet worden, wenn man auch die Insinuation als heutiges Surrogat der L. C. im Allgemeinen anerkennen wollte, so müßte doch noch die beschränkende Bedingung hinzugefügt werden, daß es in Folge derselben auch wirklich zu einem Rechtsstreit gekommen sey, indem außerdem weder eine lis noch eine contestatio (Kriegsbefestigung) angenommen werden könne; ohne das Daseyn einer solchen aber sey für die materiellen Wirkungen kein rechtfertigender Grund vorhanden. — Obgleich diese Behauptung vielen Schein hat, so muß ich doch das practische Bedürfniß für die erwähnte Einschränkung verneinen. Erwägt man nämlich die verschiedenen Gründe, welche die wirkliche Entstehung des Rechtsstreits verhindern können, so liegt in denselben kein Bedürfniß, durch jenes Mittel einen ungerechten Nachtheil von dem Beklagten abzuwenden, welches doch eigentlich der Sinn jener Behauptung ist. — Der Grund kann zuerst darin liegen, daß der Beklagte gar keinen Streit führen will, indem er den Anspruch des Klägers einräumt; dann ist von Wirkungen der L. C. ohnehin nicht die Rede. — Oder der Rechtsstreit wird deswegen nicht erfolgen, weil die Klage vor einem incompetenten Richter, oder gegen einen unrichtigen Beklagten angestellt ist. Auch dann kann von Wirkungen der L. C. nicht die Rede seyn, indem dieser irrige Versuch eines Rechtsstreits mit dem vielleicht nachher folgenden wahren Rechtsstreit keinen Zusammenhang hat (f).

(f) So bewirkt z. B. die Anstellung der Klage eine Unterbrechung der

§. 279.

Stellung der Litis Contestation und ihre Folgen im heutigen Recht. (Fortsetzung.)

Nachdem nunmehr das Princip für das heutige Recht aufgestellt worden ist, sind die einzelnen Anwendungen desselben, mit Rücksicht auf die Meinungen neuerer Schriftsteller, durchzugehen. Ich werde dabei die Ordnung befolgen, nach welcher in der gegenwärtigen Abhandlung die materiellen Wirkungen der L. C. zusammen gestellt worden sind. Dabei muß noch die Bemerkung vorausgeschickt werden, daß zwei dieser Wirkungen durch ihr häufiges Vorkommen, so wie durch ihre practische Wichtigkeit, vor allen anderen sich auszeichnen. Ich meine die Unterbrechung der Klagverjährung, und die omnis causa, d. h. die Vergütung der Vortheile, die dem Kläger durch die Dauer des Rechtsstreits entzogen worden sind, insbesondere Früchte und Zinsen. Bei diesen Punkten hat sich denn auch vorzugsweise eine feste Praxis der Gerichte ausgebildet.

1. Der Quasicontract in der L. C., d. h. die in der Römischen L. C. enthaltene contractähnliche Obligation (§ 258).

Darin liegt nicht sowohl eine einzelne practische Folge, als vielmehr die Grundlage und der zusammenfassende Ausdruck für die einzelnen Folgen, welche nun der Reihe nach aufgeführt werden sollen. Daher hat sich auch dafür,

Klagverjährung nur zwischen diesem bestimmten Kläger und Beklagten. S. a. B. 5 S. 320.

wegen der abstracten oder theoretischen Natur dieser Wirkung, eine Praxis der Gerichte nicht eigentlich ausbilden können.

Dagegen ist sie vorzugsweise dazu geeignet, den wahren Sinn der hier behaupteten Neuerung, im Gegensatz der ihr widersprechenden Behauptung, zur Anschauung zu bringen.

Die Meinung geht nämlich dahin, daß im heutigen gemeinen Prozeß der Quasicontract mit allen seinen Folgen zu Stande kommt im Augenblick der Insinuation der Klage.

Die entgegen gesetzte Behauptung, welche das R. R. aufrecht zu erhalten vorgiebt, dieses aber nur scheinbar und dem Buchstaben nach thut, geht dahin: der Quasicontract sey geschlossen in dem Augenblick, worin sich der Beklagte zuerst auf den thatsächlichen Inhalt der Klage erklärt. Ein innerer Grund dieser Verbindung des Quasicontracts mit der thatsächlichen Erklärung des Beklagten ist nicht vorhanden, wird auch in der That von Keinem behaupret. Jene Verbindung ist vielmehr die blos zufällige Folge des Umstandes, daß das R. R. den Quasicontract an die L. C. knüpfte (die damals etwas Anderes bedeutete), und daß man sich vom Mittelalter her allmälig gewöhnt hat, den Römischen Namen litis contestatio für die Erklärung des Beklagten über die Thatsachen zu gebrauchen.

2. Unterbrechung der Klagverjährung (§ 261. No. I.).

Dieses war eine der wichtigsten Wirkungen der L. C., sie steht aber mit ihr nicht mehr in Verbindung, seitdem das neuere R. R. diese Wirkung an den früheren Zeitpunkt der Insinuation ausdrücklich angeknüpft hat (§ 242. 243).

In diesem einzelnen Fall also hat schon das R. R. die wichtige Umwandlung wirklich vollzogen, die hier dem heutigen Recht auch für alle übrigen Fälle zugeschrieben wird.

Der richtigeren Meinung nach ist mit dieser Unterbrechung der bisher laufenden Klagverjährung (die oft eine sehr kurze ist) stets auch die Begründung einer neuen Klagverjährung, und zwar nun von Vierzig Jahren, verbunden. Manche wollen ohne Grund diese beide Wirkungen von einander trennen, und an verschiedene Zeitpunkte des Prozesses knüpfen; sie nennen dann die Begründung der vierzigjährigen Verjährung die Perpetuation der Klage (a).

3. Entkräftung der Usucapion (§ 261. No. II.).

Manche behaupten eine wirkliche Unterbrechung der Usucapion, und wenden dann die Unterbrechung der Klagverjährung, mit dem Zeitpunkt derselben, unmittelbar auf die Usucapion an. Diese Meinung ist oben widerlegt worden.

Dagegen ist es richtig, daß der Beklagte die Verpflichtung hat, wenn während des Rechtsstreits die Usucapion abläuft, die Folgen derselben dadurch auszutilgen, daß er das so erworbene Eigenthum zurück auf den Kläger überträgt. Diese Verpflichtung ist eine einzelne Folge des Quasicontracts, entsteht also mit diesem im Augenblick der Insinuation.

4. Übergang der nicht vererblichen Klagen auf die Erben des Beklagten (§ 262. IV.) (b).

(a) S. o. B. 5 S. 323.
(b) nicht auch auf die Erben des Klägers (§ 264. a).

Hier behaupten die Meisten, daß noch jetzt die L. C. als Anfang des Übergangs festgehalten werden müsse (c). Gerade hier aber ist die practische Unhaltbarkeit dieser Ansicht recht augenscheinlich. Wenn Jemand durch ein Delict zur Entschädigung verpflichtet ist, so soll die hierauf gerichtete Pönalklage nur mit großen Beschränkungen auf die Erben des Beklagten übergehen (§ 211); dagegen läßt das R. R., von der L. C. an, den Uebergang unbedingt zu. Es ist aber wohl einleuchtend, daß es einem solchen Beklagten am wenigsten zukommen darf, durch absichtliche Verzögerung der L. C. den Übergang auf die Erben zu vereiteln. — Auch liegt der Grund, der hier eine so vielstimmige Vertheidigung des alten Rechtssatzes veranlaßt, nicht etwa in einem inneren Bedürfniß dieses besonderen Falles, welches von keinem behauptet wird; er liegt vielmehr nur darin, daß viele Stellen des R. R. die L. C. als Zeitpunkt des Übergangs anerkennen. Dieses nun soll gewiß nicht bezweifelt werden, aber es ist in diesem Fall nicht mehr wahr, als in manchen anderen Anwendungen, worin doch jene Vertheidiger selbst (ohne gehörige Consequenz) die L. C. Preis geben.

Einige Schriftsteller dagegen behaupten gerade für diesen Fall den Übergang von der Zeit der Insinuation an, jedoch aus einem irrigen Grunde (d). Ein Reichs-

(c) Carpzov jurispr. for. P. 4 Const. 46 Def. 6. — Winckler p. 357. — Pufendorf obs. IV. 94. — Glück B. 6 S. 205. — Martin Prozeß § 156. — Linde Prozeß § 206. — Bayer Civilprozeß S. 248. — Wächter H. 3 S. 112—114.

(d) Francke Beiträge S. 43. — Sintenis Erläuterungen S. 148; dieser will sogar auf die Zeit der Einreichung der Klage zurückgehen.

gesetz verordnet nämlich für den Fall des Landfriedensbruchs ausdrücklich, daß die Strafe auch gegen die Erben des Thäters gehen soll, selbst wenn er vor der L. C. stirbt (e). Dieses ist aber so wenig Ausdruck einer allgemeinen Regel für alle Klagen überhaupt, wofür es doch von jenen Schriftstellern ausgegeben wird, daß es vielmehr als ein Zeugniß in entgegengesetzter Richtung angesehen werden könnte, da es offenbar die Absicht des Gesetzes ist, jenes Verbrechen mit besonderer Strenge zu behandeln.

Nach der Praxis des Oberappellationsgerichts zu Lübeck tritt der Übergang auf die Erben mit der Insinuation ein.

5. Entstehung des Rechts des Klägers erst während des Rechtsstreits (§ 262. N. V.).

Wenn der Kläger eine Eigenthumsklage anstellt, ohne Eigenthum zu haben, dieses aber nach der L. C. erwirbt, so soll er in diesem Prozeß nicht gewinnen können, sondern genöthigt seyn eine neue Klage anzustellen.

Daß auch hier die Insinuation an die Stelle der L. C. gesetzt werde, ist zwar nicht sehr wichtig, folgt aber aus dem Princip. Auch ist es in diesem früheren Stadium des Prozesses für den Kläger noch weniger als später lästig, die erste Klage fallen zu lassen, und eine neue anzustellen. Dagegen kann es, wie oben bemerkt worden ist, den Beklagten ohne Grund gefährden, wenn dieser in Voraussetzung des früheren Rechtszustandes seine Vertheidigung einrichtet, ohne die eingetretene neue Thatsache zu kennen und zu berücksichtigen.

(e) K. G. O. 1555 Th. 2 Tit. 9 § 6.

6. Entstehung der Mora und der *mala fides* (§ 264).

Die von vielen aufgestellte Behauptung, welche jene Momente an die L. C. anknüpft, ist im Princip ohnehin zu verwerfen, wie schon oben gezeigt worden ist. Was aber dabei an relativer Wahrheit etwa zugegeben werden kann, daß nämlich oft, nach den Umständen des einzelnen Falles, einzelne Momente des Prozesses den Richter zur Annahme einer Mora bestimmen können (§ 264. g), — dieses ist von der Insinuation eben so wahr als von der L. C.

7. *Omnis causa*, insbesondere Früchte und Zinsen, mit Einschluß der versäumten Früchte (§ 265 — 271).

Diese Wirkung ist geradezu die wichtigste unter allen. Wir müssen sie an die Insinuation knüpfen, in Anwendung des allgemeinen Princips, dessen practische Wahrheit gerade bei dieser Anwendung recht anschaulich wird. Der Beklagte wird hier zu gewissen Leistungen verpflichtet, und selbst mit einer besonderen Strenge verpflichtet, weil er sich eventuell als den Verwalter fremder Vermögensstücke anzusehen hat. Dieses Bewußtseyn können wir ihm mit gutem Grunde zuschreiben, sobald er durch die Insinuation von dem Rechtsstreit Kenntniß erhält. Es ist abe durchaus kein innerer Grund vorhanden, den Anfang dieses Bewußtseyns gerade in den Zeitpunkt zu setzen, in welchem er sich über die thatsächlichen Behauptungen der Klage erklärt.

Hierin sind die Meinungen getheilt. Einige halten fest

an der L. C. (f). Die Meisten dagegen nehmen bei diesem wichtigsten Punkte ganz richtig die Insinuation als Anfang jener Verpflichtung an (g), aber freilich indem sie großentheils dieser ihrer Behauptung einen nicht haltbaren Grund unterlegen. Sie berufen sich dabei auf mehrere Aussprüche des R. R. über die Erbrechtsklage, indem sie den besonderen historischen Zusammenhang dieser Aussprüche unbeachtet lassen, und zugleich den Inhalt derselben generalisiren, dabei aber die zahlreichen Stellen des R. R. unbeachtet lassen, die für so viele andere Klagen entgegengesetzte Bestimmungen enthalten. Der Grund dieses unkritischen Verfahrens liegt in einer allgemeinen Ansicht, die für die ganze Auffassung unsres Gegenstandes so wichtig ist, daß ich dabei noch etwas verweilen muß.

Man geht davon aus, das ältere R. R. habe die L. C. an die Spitze des ganzen Rechtsstreits gestellt, und als Anfangspunkt wichtiger materieller Wirkungen behandelt; es gehöre aber zu einem an sich vollkommneren Zustand des Prozeßrechts, daß diese wichtige Stelle vielmehr der Vorladung des Beklagten eingeräumt werde. Dieses habe Hadrian wohl erkannt, und daher sey in dem Sc. Juven-

(f) Linde Prozeß § 206. Bei ihm scheint mir diese Behauptung besonders inconsequent, da er doch im § 200 die Mora und die mala fides mit der Insinuation anfangen läßt.

(g) Winckler p. 365 (nach der Praxis der meisten Gerichte). — Kind quaest. for. T. 3 C. 88, T. 4 C. 46. — Martin § 152. — Bayer S. 233. — Kierulff S. 278 in Verbindung mit S. 281. — Wächter H. 3 S. 105 — 110. Mit dieser richtigen Meinung stimmt überein die Praxis des O. A. G. zu Lübeck, welches von der Insinuation an Zinsen zuerkennt. Eben so die Praxis des Revisionshofs zu Berlin, so wie die der Juristenfacultät zu Berlin (§ 271. u. v. w).

tianum bei der Erbrechtsklage der große Fortschritt gemacht worden, nicht mehr bei der L. C. stehen zu bleiben, sondern jene Wirkungen in einem früheren Zeitpunkt eintreten zu lassen. Es liege nur an der einsichtslosen Justinianischen Compilation, wenn dieser Gedanke nicht rein und allgemein durchgeführt erscheine, sondern Altes und Neues unverbunden neben einander liege. Wir aber handelten ganz im Sinn der Entwicklung des R. R., wenn wir jene Durchführung noch jetzt vornähmen, den Gedanken Hadrians generalisirten, und Alles von der Vorladung abhängig machten (h).

Diese Auffassung muß ich für durchaus verwerflich erklären. Ob es überhaupt besser ist, die Vorladung oder die L. C. an die Spitze zu stellen und als entscheidenden Punkt zu behandeln, läßt sich im Allgemeinen nicht sagen; es hängt von der Einrichtung des ganzen Prozeßverfahrens ab. So lange der alte ordo judiciorum in seiner Reinheit und Vollständigkeit bestand (wie ganz gewiß in Hadrians Zeit), war die alte Stellung der L. C. dem Zweck des Prozesses völlig entsprechend, also durchaus gut und keiner Veränderung bedürftig. Hadrians Neuerungen hierin sind auch gar nicht aus der Absicht einer Vervollkommnung des Prozeßrechts im Allgemeinen entsprungen, sondern lediglich aus den ganz eigenthümlichen Bedürfnissen der Erbrechtsklage. Hätte er die ihm untergeschobene Absicht eines Fortschritts

(h) Mehr oder weniger liegt der im Text entwickelte und bekämpfte Gedanke bei den Meisten stillschweigend zum Grunde. Am vollständigsten ausgebildet findet er sich bei Kierulff S. 280 bis 284.

im Prozeßrecht gehabt, so wäre es doch wunderbar, daß die großen Juristen einer weit späteren Zeit, daß Papinian und Ulpian nicht hinter das Geheimniß jenes Gedankens gekommen seyn sollten; daß sie stets von der L. C. als dem entscheidenden Zeitpunkt sprechen, anstatt die Vorladung allgemein an deren Stelle zu setzen.

8. Vergütung des Untergangs und der Beschädigung der Sache, wenn diese während des Rechtsstreits durch Dolus oder Culpa des Beklagten erfolgt (§ 272).

9. Vergütung des zufälligen Untergangs in demselben Zeitraum, wenn der Beklagte ein unredlicher Besitzer ist (§ 273).

Diese beide Folgen stehen, eben so wie die Verpflichtung für die Früchte, in unmittelbarem Zusammenhang mit dem Quasicontract, und müssen also, genau so wie dieser, von der L. C. auf die Zeit der Insinuation übertragen werden.

Ich fasse diese Untersuchung über den Zustand des heutigen Rechts kurz zusammen. Das R. R. knüpft die wichtigsten materiellen Wirkungen an den Eintritt der L. C. Durch die sehr veränderte Lage des Prozesses sind wir genöthigt, diesen Grundsatz dem Buchstaben nach zu verlassen, und nur dem Sinn und Zweck nach fest zu halten, indem wir den Anfang jener Wirkungen von der L. C. auf die Insinuation übertragen.

Wenn ich neben dieser Überzeugung den Namen der L. C. überall beibehalten, und selbst an die Spitze der gegenwärtigen Abhandlung gestellt habe, so ist Dieses mit Absicht geschehen. Es ist geschehen, weil es dazu dient, den Schatz juristischer Einsicht, der uns in den Quellen des R. R. auch für diese Lehre aufbewahrt ist, zugänglicher zu erhalten, und weil uns zugleich der Zusammenhang mit der gesammten juristischen Literatur, vom Mittelalter bis auf unsre Zeit, gestört wird, wenn wir jene Bezeichnung aufgeben.

Gemeint aber ist in dieser ganzen Untersuchung der materielle Einfluß der Dauer des Rechtsstreits auf das streitige Rechtsverhältniß. Wenn dabei die L. C. von den Römern als entscheidendes Moment bezeichnet wurde, so geschah es nicht, als ob man ihr eine besondere, geheimnißvolle Kraft hätte beilegen wollen. Es geschah, weil sie dazu geeignet war, den genauen Anfangspunkt des Rechtsstreits zu bezeichnen, und so in ihr den Rechtsstreit gleichsam zu personificiren. Wir aber haben wichtige Gründe, hierin die Insinuation an ihre Stelle treten zu lassen.

Eine Bestätigung der hier entwickelten, großentheils auch von neueren Schriftstellern anerkannten, Meinung über das wahre Bedürfniß des heutigen Rechts, finde ich in dem Wege, den die Preußische Gesetzgebung eingeschlagen hat. Bei der Feststellung derselben kam es zur Sprache, mit welchem Zeitpunkt die eigenthümlichen Prozeßverpflichtungen anfangen sollten, die daselbst mit dem Namen des unredlichen Besitzes bezeichnet werden (§ 264). An die L. C., wie sie die neueren Romanisten annahmen, d. h. an die Zeit der eingereichten Exceptionsschrift, konnte man nicht denken, weil man den schriftlichen Prozeß des neueren gemeinen Rechts verlassen hatte (i). Daher wurde zuerst vorgeschlagen, die Verkündigung des Urtheils als Zeitpunkt anzunehmen; es wurde aber dieser Vorschlag verworfen, und die Insinuation der Klage als Zeitpunkt angenommen (§ 264. z). Und so findet sich hier, neben einer sehr verschiedenen Auffassung und Ausdrucksweise, dennoch ein hoher Grad innerer Übereinstimmung, hervorgegangen aus dem richtigen Gefühl des wahren practischen Bedürfnisses.

(i) Hätte man sich ganz an den wahren Sinn des R. R. anschließen wollen, so fand man in dem status causae et controversiae des Preußischen Prozesses einen richtigen Vergleichungspunkt (§ 259. o). Allein jener wahre Sinn war damals auch unter den Romanisten fast ganz vergessen, und so kam der hier erwähnte Zeitpunkt nicht einmal in Frage. Auch ist gar nicht meine Meinung es zu tadeln, daß dieser Zeitpunkt nicht gewählt wurde; denn allerdings wäre derselbe nicht auf alle Arten des Prozesses anwendbar gewesen, wie es die Insinuation in der That ist. — Fast möchte man aber glauben, Suarez habe angenommen, die L. C. sey im R. R. mit der Insinuation identisch. Denn er sagt in Kamptz Jahrb. B. 41 S. 8. 9: „daß das R. R. . . mit dem Tage, da der Possessor b. F. per litis contestationem in malam fidem versetzt worden;" und gleich nachher: „Nach der Römischen Theorie hängt es blos vom Zufall ab, zu welcher Zeit der Besitzer durch Insinuirung der Citation in malam Fidem versetzt wird." Die Stellen sind richtig abgedruckt, sie stehen Vol. 88 f. 47 der Materialien, und sind in der Zeit des letzten Abschlusses der Gesetzgebung niedergeschrieben.

Gedruckt in der Deckerschen Geheimen Ober-Hofbuchdruckerei.

§. 280.

Rechtskraft des Urtheils. Einleitung.

Hauptquelle: Tit. Dig. de exceptione rei judicatae (Lib. 44 Tit. 2) (a).

Schriftsteller:

Donellus Lib. 20 C. 5.

Keller über Litiscontestation und Urtheil. Zürich 1827. 8.

Buchka Einfluß des Prozesses auf das materielle Rechtsverhältniß. Th. 1. 2. Rostock und Schwerin 1846. 1847.

Wächter Handbuch des in Württemberg geltenden Privatrechts B. 2 (1846) § 73 S. 557 fg., und: Erörterungen Heft 3 (1846) S. 43—61.

Das Wesen jedes Rechtsstreits besteht in einem Gegensatz von Behauptungen und Ansprüchen der Parteien (§ 256), und die Aufgabe geht dahin, diesen Gegensatz

(a) Nach der Überschrift könnte man als die wichtigste Quelle den Titel de re judicata (XLII. 1) betrachten; allein dieser handelt von der Execution des Urtheils, den Mitteln und Einschränkungen derselben, also von der formellen oder prozessualischen Seite des Gegenstandes, welche nicht zu unsrer Aufgabe gehört.

von einem höheren Standpunkt aus in Einheit aufzulösen.

Diese Auflösung hat, eben so wie die bisher abgehandelten Stücke des Rechtsstreits, ihre formelle und ihre materielle Seite. Jene besteht bei dem ganzen Rechtsstreit in der Thätigkeit der Parteien und des Richters, also in der Form und Einrichtung der Prozeßhandlungen, ihrer Folge und ihrem Zusammenhang; insbesondere bei dem Theil des Rechtsstreits, wovon gegenwärtig die Rede ist, in der Art, wie der Richter zum Ausspruch eines Urtheils gelangt, so wie in der Form und dem Inhalt des Urtheils. — Die materielle Seite des Urtheils besteht in der Rückwirkung desselben auf den Inhalt und Umfang der Rechte selbst; sie allein gehört zur Aufgabe unsres Rechtssystems, und bildet in demselben einen Theil des Actionenrechts (§ 204).

Diese Lehre gehört unter die wichtigsten des ganzen Rechtssystems. Sie ist von sehr häufiger Anwendung, und die Wirkungen derselben sind noch bedeutender, als die der Litiscontestation. Daher muß es auffallen, daß gerade diese Lehre sowohl in Vorlesungen als in Rechtssystemen meist vernachlässigt worden ist, und auch durch besondere Schriften keine hinreichende Bearbeitung erfahren hat (b). Selbst in umfassenden neueren Gesetzgebungen ist derselben nur geringe Beachtung zu Theil geworden.

(b) Diese auffallende Vernachlässigung wird gerügt von Puchta im rhein. Museum B. 2 S. 251.

Daß aber das richterliche Urtheil eine solche Rückwirkung auf den Inhalt der Rechte ausübt, wie es oben als die Aufgabe des gegenwärtigen Abschnitts bezeichnet worden ist, das versteht sich keinesweges von selbst, und ist nicht etwa eine aus dem Begriff des Richteramtes abzuleitende natürliche oder nothwendige Folge. Aus diesem Begriff folgt nur, daß jeder Rechtsstreit entschieden, und daß diese Entscheidung durch äußere Macht, selbst gegen den Willen der unterliegenden Partei, zur Ausführung gebracht werde. Wenn aber in irgend einem späteren Rechtsstreit die Richtigkeit des früheren Urtheils in Zweifel gezogen wird, so scheint es natürlich, eine neue Prüfung vorzunehmen. Wird dabei das Urtheil als ein irriges erkannt (sey es von demselben oder von einem anderen Richter), so scheint es eine einfache Forderung der Gerechtigkeit, den früheren Irrthum zu berichtigen, und das begangene Unrecht gut zu machen, indem das zuletzt erkannte wahre Recht geltend gemacht wird.

Betrachten wir jedoch näher die Folgen, die mit einem solchen, scheinbar natürlichen und gerechten Verfahren unvermeidlich verbunden seyn würden. Hier müssen wir vor Allem anerkennen, daß sehr häufig die Entscheidung eines Rechtsstreits ungemein zweifelhaft seyn kann, bald wegen einer streitigen Rechtsregel, bald wegen ungewisser Thatsachen, bald weil die Thatsachen in ganz verschiedener Weise unter die Rechtsregeln bezogen werden können. Daher würde es oft geschehen können, daß ein richterliches

17 *

Urtheil später durch ein entgegengesetztes Urtheil entkräftet würde. Mit dieser Abänderung aber wäre die Sache noch keinesweges zu Ende. Denn ein noch späterer Richter könnte wieder das zweite Urtheil als irrig ansehen, und nun das erste wieder herstellen, oder auch eine von beiden verschiedene Meinung durchführen. Die nothwendige Folge jenes Verfahrens also würde eine wahrhaft endlose Unsicherheit des Rechtszustandes seyn, sobald einmal irgend ein Rechtsverhältniß Gegenstand eines Streites geworden wäre.

Aus dieser Betrachtung geht hervor, daß wir zwei sehr ernste Gefahren von entgegengesetzter Art vor uns haben. Auf der einen Seite steht die Gefahr, daß wir ein aus dem Irrthum oder bösen Willen eines Richters entsprungenes Urtheil aufrecht halten müssen, auch wenn wir dessen Ungerechtigkeit mit voller Ueberzeugung einsehen. Auf der anderen Seite die Gefahr einer völlig gränzenlosen Ungewißheit der Rechts- und Vermögensverhältnisse, die sich durch viele Geschlechter hindurch ziehen kann. Zwischen diesen beiden Gefahren haben wir zu wählen. Es ist eine Frage der Rechtspolitik, welches unter den Uebeln, die aus diesen entgegengesetzten Gefahren hervorgehen können, das größere ist, und auf diese Frage kann nur die erfahrungsmäßige Erwägung der wirklichen Zustände und Bedürfnisse eine sichere Anwort geben.

Diese Erwägung hat von sehr alter Zeit her, und in der Gesetzgebung verschiedener Völker, dahin geführt, die zuletzt erwähnte Gefahr der Rechtsunsicherheit als die weit größere, ja völlig unerträgliche, anzuerkennen, und für ihre Abwendung durch ein positives Rechtsinstitut die nöthige Anstalt zu treffen. Damit wird zugleich mit deutlichem Bewußtseyn die entgegengesetzte Gefahr übernommen, daß zuweilen ungerechte Urtheile ohne Abhülfe aufrecht erhalten werden müssen; diese Gefahr aber ist nicht nur an sich selbst die geringere, sondern es ist auch noch das Mittel gefunden worden, sie durch eine besondere künstliche Anstalt (die Instanzen) zu vermindern, von welcher weiter unten die Rede seyn wird (§ 284).

Das höchst wichtige Rechtsinstitut, wodurch der angegebene Zweck erreicht werden soll, läßt sich im Allgemeinen als die Rechtskraft der richterlichen Urtheile bezeichnen, welche nichts Anderes ist, als die Fiction der Wahrheit, wodurch das rechtskräftige Urtheil gegen jeden künftigen Versuch der Anfechtung oder Entkräftung gesichert wird. Ein geistreicher Schriftsteller hat dafür den Ausdruck des förmlichen Rechts, im Gegensatz des wirklichen Rechts, gebraucht (c). Der allgemeinste Ausspruch über den Inhalt und die Gründe dieses Rechtsinstituts findet sich in folgender Stelle aus dem Commentar des Paulus zum Edict:

L. 6 *de exc. rei jud.* (44. 2.)

Singulis controversiis singulas actiones (d), unum-

(c) Möser patriotische Phantasieen B. 4 N. 30.

(d) Den Worten nach könnte das so verstanden werden, jedem Rechtsverhältniß dürfe stets nur Eine Klage entsprechen, welches

que judicati finem sufficere, probabili ratione placuit; ne aliter modus litium multiplicatus summam atque inexplicabilem faciat difficultatem, maxime si diversa pronuntiarentur. Parere ergo exceptionem (e) rei judicatae frequens est.

falsch wäre, da man oft zwischen vielen Klagen die Wahl hat. Singulas actiones sufficere heißt vielmehr: man soll nicht mehrmals aus demselben Rechtsgrund klagen. Es ist der Ausdruck für die Klagenconsumtion, also derselbe Gedanke, wie in dem alten Rechtsspruch, welchen QUINCTILIAN. inst. or. VII. 6 anführt, indem er dessen zweideutige Fassung bemerklich macht: „quod scriptum est: *bis de eadem re ne sit actio.*"

(e) Dieses ist die Florentinische Leseart; die Vulgata hat exceptioni. Man sollte kaum glauben, wie mancherlei Erklärungen diese wenigen Schlußworte der Stelle zulassen. Nach der Vulgata können sie nur so verstanden werden: es geschieht häufig, daß man der exc. rei judicatae g e h o r c h e n (Folge leisten) muß. So versteht die Stelle CUJACIUS recit. in Paulum ad ed. lib. 70; dabei fehlt es aber an der Andeutung eines gehorchenden Subjects. — Nach der Florentina kann man auf zweierlei Weise erklären. Zuerst wenn man liest: parĕre, und nun so deutet: es geschieht häufig, daß eine exc. r. j. e r z e u g t w i r d. So versteht die Stelle BRISSONIUS v. parĕre N. 3; dabei aber fehlt wieder die Andeutung des erzeugenden Subjects, so daß dieser Gedanke nur durch: nasci exceptionem, oder durch: sententiam parere exceptionem fehlerfrei und ohne Härte ausgedrückt werden könnte. — Zweitens indem man liest parēre, in dem Sinn von apparere, also mit diesem Gedanken: es geschieht oft, daß die exc. r. j. e r s c h e i n t, gebraucht wird. Diese letzte Erklärung ist wenigstens frei von den Einwendungen, welchen die beiden ersten unterliegen. — Eine sehr bescheidene, alle Schwierigkeiten lösende, Emendation wäre diese: parĕre ergo exceptionem *rem judicatam* frequens est. (Vergl. als Parallelstelle *L.* 7 § 4 *de pactis* „*Nuda pactio* obligationem non parit, sed *parit exceptionem,*" und *L.* 7 *pr. eod.*). Die Entstehung des gegenwärtigen Textes würde sich dann theils aus der Überschrift des Titels, theils aus der etwas versteckten Construction des Satzes, leicht und befriedigend erklären.

Es ist einleuchtend, daß mit dieser, dem rechtskräftigen Urtheil beigelegten Fiction der Wahrheit eine sehr starke Rückwirkung der bloßen Prozeßhandlung auf die Rechte selbst verbunden ist. Denn durch diese Fiction kann es geschehen, daß ein vorher nicht vorhandenes Recht neu erzeugt, oder daß ein vorhandenes Recht zerstört, vermindert, oder in seinem Inhalt verändert wird.

Der praktische Werth dieses Rechtsinstituts bedarf noch einer kleinen Erläuterung. Auf den ersten Blick könnte man glauben, die Rechtskraft sey wichtig bei ungerechten Urtheilen, durch welche das vorhandene Rechtsverhältniß in sein Gegentheil verkehrt wird, unwichtig bei gerechten, durch welche nur dasjenige bestätigt wird, welches ohnehin und ohne Rechtskraft wahr ist. Wäre dem also, so müßte man die Abschaffung des ganzen Instituts wünschen; es verhält sich aber in der That ganz anders. Zwar ist allerdings die Einwirkung der Rechtskraft besonders stark und auffallend in dem unglücklichen Fall eines ungerechten Urtheils, für welchen Fall es gewiß nicht eingeführt ist, und dessen Möglichkeit wir nur mit hinnehmen müssen als ein unvermeidliches Übel; aber wichtig und heilsam ist die Rechtskraft auch im Fall des gerechten Urtheils, dessen Befestigung eben ihren ganzen Zweck ausmacht. Wenn man erwägt, wie viele Rechtsverhältnisse an sich schwankend und zweifelhaft sind, wie oft es geschieht, daß ein jetzt vorhandenes Beweismittel späterhin fehlt, daß ein späterer Richter irren kann, wo der gegenwärtige richtig urtheilte und daß die Entschiedenheit an sich (abgesehen von dem Inhalt des Urtheils), im Gegensatz der fortdauernden Ungewißheit, für alle Theile wünschenswerth ist — wenn man dieses Alles erwägt, so wird man geneigt seyn, die hohe Wichtigkeit des Einflusses der Rechtskraft auch für den Fall gerechter Urtheile anzuerkennen.

Die nun folgende Lehre von der Rechtskraft ruht, so wie das ganze vorliegende Werk, auf dem Boden des Römischen Rechts; aber die Fragen, die hier zur Erörterung kommen müssen, sind so allgemeiner Natur, daß sie überall ihre Beantwortung fordern, auch da, wo von dem Römischen Recht keine Anwendung gemacht wird. — Ferner würde es irrig seyn anzunehmen, daß der Werth und Erfolg dieser Untersuchung an irgend eine besondere Form des Prozeßverfahrens gebunden wäre. Sie wird schon hier angestellt für den altrömischen Formularprozeß, den Prozeß der Justinianischen Zeit, und den gemeinen deutschen Prozeß. Das Bedürfniß derselben tritt aber auch gleichmäßig hervor im Prozeß des Preußischen, so wie in dem des Französischen Rechts.

Das Rechtsinstitut, welches nunmehr abgehandelt werden soll, und zu dessen Einleitung die vorstehende Betrachtung bestimmt ist, setzt den regelmäßigen Gang eines Rechtsstreits voraus. Der vollständigen Übersicht wegen muß aber schon hier auf die anomalen Entwicklungen streitiger

Rechtsverhältnisse hingedeutet werden, die neben dem rechtskräftigen Urtheil vorkommen können.

Dahin gehören einige Rechtsinstitute, welche die Stelle eines Urtheils vertreten können, und eben deshalb das Urtheil unnöthig machen. Unter diese Surrogate des Urtheils gehört der Eid, die in jure confessio und responsio.

Es gehört dahin aber auch ein Rechtsinstitut, welches, so wie das Urtheil, auf der Thätigkeit einer richterlichen Obrigkeit beruht, aber eine andere und weiter gehende Bestimmung hat. Anstatt daß das Urtheil keine andere Aufgabe hat, als das vorhandene Recht zu erkennen und zur Geltung zur bringen, beruht die in integrum restitutio vielmehr auf der besondern Macht der Obrigkeit, unter gewissen Bedingungen in das vorhandene Recht mit Absicht und Bewußtseyn einzugreifen und dasselbe abzuändern..

Diese Institute werden nach Beendigung der Lehre vom Urtheil abgehandelt werden.

§. 281.

Rechtskraft des Urtheils. Geschichte.

Die mit der Rechtskraft verbundene Fiction der Wahrheit ist bisher nur erst als ein Zweck, der erreicht werden soll, aufgestellt worden. Es fragt sich nunmehr, durch welche Mittel dieser Zweck herbeizuführen ist, durch welche Rechtsform jenes Institut in das Leben eingeführt werden soll. Diese Frage läßt sich nur durch die geschichtliche

Entwicklung der Rechtskraft beantworten. Dabei ist es vor Allem nöthig, die verschiedenen Fälle zu betrachten, in welchen jene Aufgabe hervortreten kann. Es ist nämlich möglich, daß der Richter zum Vortheil des Klägers entscheidet durch Verurtheilung des Beklagten: oder zum Vortheil des Beklagten durch Abweisung des Klägers. In beiden Fällen sollen dem Sieger für alle Zukunft die Vortheile gesichert werden, die ihm das Urtheil zuspricht. Wie kann Dieses geschehen?

Für den ersten Fall scheint eine künstliche Anstalt kaum nöthig. Durch Execution wird der Beklagte zur Erfüllung des Urtheils gezwungen, und dadurch scheint der Kläger für immer befriedigt und gesichert. Daher hatte das ältere Römische Recht für diesen Fall keine besondere Vorsorge getroffen, und in den meisten Fällen ist auch keine nöthig. Es wird aber weiterhin gezeigt werden, daß es Verwicklungen der Rechtsverhältnisse giebt, für welche diese einfache Behandlung nicht ausreicht.

Anders verhält es sich in dem zweiten Fall. Der Beklagte, der völlig freigesprochen, oder nicht in dem Umfang, wie es der Kläger verlangte, verurtheilt ist, kann immer wieder durch neue Klagen beunruhigt werden, und gegen diese Gefahr ist er durch eine künstliche Anstalt zu schützen.

Das ältere Römische Recht gieng dabei so zu Werk, daß es den Schutz des Beklagten schon in einen früheren Zeitpunkt des Rechtsstreits legte. Jede Klage, welche bis zur Litis-Contestation gebracht war, galt als erschöpft oder consumirt, nnd konnte nie wieder von Neuem vorgebracht werden, ohne Unterschied, ob es zu einem Urtheil gekommen war oder nicht, und welchen Inhalt das etwa gesprochene Urtheil haben mochte. Bei manchen persönlichen Klagen trat diese Vernichtung des früher vorhandenen Klagerechts ipso jure ein, bei allen anderen Klagen vermittelst einer exceptio rei in judicium deductae, welche jede neue Klage ausschloß (§ 258).

Kam es nun, wie in den meisten Fällen, in der That zu einem Urtheil, und zwar zu einem freisprechenden, so war dessen Wirksamkeit für immer gesichert durch die eingetretene Consumtion, die jede Wiederholung der vorigen Klage unmöglich machte. Nunmehr aber hieß die Exception gegen die versuchte neue Klage nicht rei in judicium deductae, sondern rei judicatae, und diese mußte ungleich häufiger seyn, als jene, weil zu allen Zeiten der Ausgang eines Rechtsstreits ohne Urtheil zu den Seltenheiten gehört (a).

Demnach war in dieser älteren Zeit für die Sicherheit eines freigesprochenen Beklagten gesorgt durch die Consumtion jeder einmal angestellten Klage, welche Consumtion zuweilen ipso jure eintrat, häufiger aber durch eine exceptio rei judicatae geltend gemacht wurde. Diese Einrede war

(a) Die exc. rei in judicium deductae konnte also überhaupt nur vorkommen, wenn der frühere Prozeß entweder noch im Gang war, und daneben ein neuer versucht wurde, oder wenn derselbe liegen geblieben, und vielleicht schon durch die Prozeßverjährung für immer verloren gegangen war.

also schon in der älteren Zeit die häufigste und praktisch wichtigste Rechtsform zum Schutz gesprochener Urtheile gegen willkührliche neue Anfechtung.

Der Rechtssatz, welcher dieser Einrede in der älteren Zeit zum Grunde lag, läßt sich in folgender Formel ausdrücken:

Eine einmal abgeurtheilte Klage kann nie von Neuem vorgebracht werden.

Um den eigenthümlichen Charakter dieser Einrede des älteren Rechts scharf aufzufassen, ist es nöthig, zwei Stücke festzuhalten; erstlich, daß sie sich nur auf das Daseyn eines Urtheils gründet, nicht auf dessen Inhalt; zweitens, daß sie nur einen verneinenden Zweck und Erfolg hat, nämlich, eine Klage zu verhindern, nicht, irgend ein Recht durchzusetzen. Die Bedingung der Anwendung dieses Rechtssatzes ist die Identität einer versuchten neuen Klage mit der schon früher angestellten und abgeurtheilten.

Das hier beschriebene Rechtsinstitut, gedacht als ein Mittel, die Rechtskraft der Urtheile zu begründen, erfüllte seinen Zweck nur nothdürftig, indem es blos den Beklagten gegen eine Wiederholung der abgeurtheilten Klage schützte. Hatte aber etwa der Kläger durch eine Eigenthumsklage die Verurtheilung des Beklagten bewirkt, und so den Besitz seiner Sache wieder erlangt, so konnte gegen ihn der frühere Beklagte als Kläger dasselbe Eigenthum wieder in Frage stellen; denn da Dieser früher noch gar nicht geklagt, also keine Klage consumirt hatte, so konnte ihm die oben beschriebene Einrede nicht entgegen gesetzt werden, und es war nun ein neues Urtheil möglich, wodurch das frühere in seiner Wirkung zerstört wurde. -- Aber auch dem Beklagten gab jenes Rechtsmittel für solche Fälle keinen Schutz, in welchen der Kläger den Erfolg des früheren Urtheils nicht gerade durch Wiederholung der früheren Klage, sondern bei Gelegenheit eines anderen Rechtsstreits, also auf mehr indirecte Weise zu vereiteln suchte. — Ja es konnte sogar geschehen, daß jene Einrede bei etwas verwickelten Rechtsverhältnissen dazu misbraucht wurde, den durch das frühere Urtheil beabsichtigten Vortheil einer Partei zu zerstören, also seiner eigentlichen Bestimmung gerade entgegen zu wirken.

Auf der anderen Seite aber war dieses Rechtsinstitut in seinen Folgen mit manchen Härten verknüpft, die ganz außer dem Zweck desselben lagen, und durch die bloße Consequenz herbeigeführt, also praktisch in keiner Weise gerechtfertigt waren. Die Einrede war nämlich auch dann begründet, wenn der Beklagte freigesprochen war, nicht weil das Recht des Klägers verneint werden mußte, sondern wegen einer blos dilatorischen Einrede, die vielleicht auf einem ganz untergeordneten und vorübergehenden Grunde beruhte (b); dann ging also das wirklich vorhandene Recht des Klägers aus einem ganz zufälligen Grunde unter. —

(b) Gajus. IV. § 123. — S. o. § 227.

Nicht besser war es, wenn der Rechtsstreit durch die Prozeßverjährung des alten Rechts ohne Ausgang, also auch ohne Urtheil blieb (§ 256. b), welches ohne alle Nachlässigkeit des Klägers geschehen konnte; denn nun war durch die exceptio rei in judicium deductae jede fernere Verfolgung des wirklich vorhandenen Rechts für immer unmöglich gemacht.

Die Wahrnehmung dieser Mängel führte zum Nachdenken über das wahre Bedürfniß, und zu dem klaren Bewußtseyn, daß es eigentlich darauf, und nur darauf ankomme, jeder richterlichen Entscheidung ihre unzweifelhafte Wirksamkeit für alle Zukunft zu sichern. Man suchte nun das alte bekannte Rechtsinstitut der exceptio rei judicatae dahin auszubilden, daß dieser Zweck erreicht würde, und zwar vollständig erreicht. Dieses geschah, indem man sie nicht mehr wie bisher auf das bloße Daseyn des Urtheils gründete, sondern auf den Inhalt desselben. Dessen Geltung sollte für jeden künftigen Rechtsstreit gesichert werden, und indem man neben der Exception nach Bedürfniß auch eine *replicatio* rei judicatae gab, wurde das Rechtsinstitut in dieser neuen Ausbildung geeignet, dem früheren Kläger eben sowohl, als dem Beklagten, alle Vortheile zu sichern, die aus dem Inhalt des Urtheils in einem künftigen Streit hergeleitet werden konnten.

Der Rechtssatz, welcher nach dieser Ausbildung dem Institut zum Grunde gelegt wurde, läßt sich in folgender Formel ausdrücken:

Dem Inhalt eines gesprochenen Urtheils soll kein späteres Urtheil widersprechen.

Auf den ersten Blick scheint diese Formel eben so, wie die oben aufgestellte ältere Formel, blos verneinend, verhindernd. Da indessen kein Richter die Entscheidung eines ihm vorgelegten Rechtsstreits verweigern darf, so löst sich jene Formel sogleich in diese andere auf:

Wenn in einem gegenwärtigen Rechtsstreit eine Frage vorkommt, worüber schon in einem früheren Rechtsstreit ein Urtheil gesprochen worden ist, so muß der neue Richter den Inhalt jenes Urtheils als wahr annehmen und seinem eigenen Urtheil zum Grunde legen.

In dieser Formel aber nimmt der Rechtssatz eine völlig positive Gestalt an, und ist der unmittelbare Ausdruck der Fiction der Wahrheit, die schon oben (§ 280) als der eigentliche Sinn der Rechtskraft, und als das wahre praktische Bedürfniß angegeben worden ist.

Zur Bezeichnung dieses logischen Verhältnisses beider Gestalten der Einrede, der älteren und der neueren, hat man den passenden Ausdruck angewendet: exceptio rei judicatae in ihrer negativen und ihrer positiven Function (c).

Diese wichtige Ausbildung des Rechtsinstituts ist nicht durch eine allgemeine Vorschrift (Gesetz oder Edict) bewirkt worden, wodurch etwa das ältere Institut aufgehoben oder umgebildet, das neuere eingeführt worden wäre; dazu war

(c) Keller S. 223 Note 4.

in der That kein Bedürfniß vorhanden. Es war und blieb eine und dieselbe Einrede der Rechtskraft, welche für das Urtheil in dem neuen Rechtsstreit maaßgebend wurde, und der Unterschied beider Functionen wird nur sichtbar bei der Frage, in welchen Fällen, unter welchen Voraussetzungen die Einrede gegeben werden sollte. Dieses aber lag bei jedem einzelnen Rechtsstreit ganz in der Macht des Prätors, der dabei jederzeit nach der fortschreitenden Einsicht in das wahre praktische Bedürfniß verfuhr, und einer leitenden allgemeinen Vorschrift nicht bedurfte.

§. 282.

Rechtskraft des Urtheils. — Geschichte. (Fortsetzung.)

Das geschichtliche Verhältniß beider Functionen der Einrede der Rechtskraft soll nunmehr näher festgestellt werden.

Daß die negative Function die ältere und ursprünglich einzige Gestalt der Einrede war, läßt sich schon aus ihrer unvollkommneren Natur und aus ihrer Verwandtschaft mit dem augenscheinlich alterthümlichen Institut der ipso jure eintretenden Consumtion (§ 281) vermuthen. Es folgt aber auch unmittelbar daraus, daß Gajus in seinen Institutionen die Lehre von der Consumtion der Klage, d. h. die negative Function der Einrede, ausführlich und mit Sorgfalt darstellt (a), während er den Grundsatz, worauf die positive Function beruht, in jenem Werke gar nicht

(a) Gajus. III. § 180. 181, IV. § 106 — 108, vergl. mit § 104. 105.

erwähnt. Man könnte Dieses so deuten, als ob dieser letzte Grundsatz überhaupt erst nach der Zeit des Gajus entstanden, ihm selbst also unbekannt gewesen wäre. Diese Annahme jedoch wird durch die Wahrnehmung völlig widerlegt, daß die Einrede in ihrer positiven Function (als Aufrechthaltung des Inhalts eines jeden Urtheils) ganz bestimmt in einer Digestenstelle aus Gajus vorkommt (b), ja sogar schon von Julian anerkannt wird, in einem Zeugniß, das aus seinen Schriften Ulpian anführt (c). Dieser scheinbare Widerspruch löst sich auf befriedigende Weise, wenn man annimmt, daß neben der alten, längst ausgebildeten Consumtion auch schon die Fiction der Wahrheit des Urtheils (d. h. die Einrede in ihrer positiven Function) lange vor Gajus in einzelnen Entscheidungen angewendet wurde, daß sie aber zu seiner Zeit noch nicht in der Rechtstheorie so ausgebildet und grundsätzlich anerkannt war, daß er nöthig gefunden hätte, dieselbe in seinen Institutionen als ein besonderes Rechtsinstitut neben der Consumtion zu erwähnen.

Für die Einrede in ihrer positiven Funktion bedarf es besonderer Beweise insofern nicht, als die ganze folgende Darstellung nichts Anderes ist, als die vollständige Entwickelung gerade des Grundsatzes, der in ihr zur Geltung gebracht wird. Ich will aber hier diejenigen Zeugnisse der alten Juristen zusammen stellen, worin jener Grundsatz,

(b) *L.* 15 *de exc. r. j.* (44. 2.)
(c) *L.* 40 § *de proc.* (3. 3). — Vgl. Keller S. 230. 231.

d. h. die Fiction der Wahrheit, auch selbst des ungerechten Urtheils, in seiner allgemeinen durchgreifenden Natur besonders deutlich ausgesprochen wird.

L. 25 *de statu hom.* (1. 5) (ULPIAN.)

Ingenuum accipere debemus etiam eum, de quo sententia lata est quamvis fuerit libertinus: quia *res judicata pro veritate accipitur* (d).

L. 3 *pr. de agnosc.* (25. 3) (ULPIAN.) verbunden mit *L.* 1 § 16 *eod.*

Plane si denuntiante muliere negaverit ex se esse praegnantem .. non evitabit quo minus quaeratur, an ex eo mulier praegnans sit. Quae causa si fuerit acta apud judicem, et pronuntiaverit ... in ea causa est, ut agnosci debeat, sive filius non fuit, sive fuit, esse suum ... Sive contra pronuntiaverit, non fore

(d) Der letzte Satz dieser Stelle, welcher die Fiction der Wahrheit unmittelbar ausdrückt (res judicata pro veritate accipitur), ist als Doppelstelle noch an einem anderen Ort in die Digesten aufgenommen. *L.* 207 *de R. J.* (50. 17). — Es muß jedoch bemerkt werden, daß Ulpian in dieser ganzen Stelle ursprünglich gar nicht von der Rechtskraft in unserem Sinne (von der exceptio rei judicatae), d. h. von einem wiederholten Rechtsstreit über die jetzt abgeurtheilte Frage, sprechen wollte. Die Lex Julia hatte die Ehe der freigebornen Männer mit ehrlosen Frauen verboten. Hierauf bezieht sich der Ausspruch des Ulpian, daß eine solche Ehe auch dem freigelassenen Manne unmöglich sey, wenn derselbe durch ein irriges, aber rechtskräftiges Urtheil für einen Freigebornen erklärt worden war. Im Zusammenhang des Justinianischen Rechts indessen muß die Stelle von der eigentlichen Rechtskraft verstanden werden, worauf auch ihr energischer Ausdruck sehr gut paßt. Besonders die in einen anderen Theil der Digesten eingerückte Doppelstelle macht diese Deutung unzweifelhaft. — Vgl. über diese Stelle § 301 n.

suum, quamvis suus fuerit. *Placet enim ejus rei judicem jus facere* (e).

L. 65 § 2 *ad Sc. Trebell.* (36. 1) (MAECIANUS.)

Cum praetor cognita causa per errorem vel etiam ambitiose juberet hereditatem ut ex fideicommisso restitui, etiam *publice interest restitui, propter rerum judicatarum auctoritatem* (f).

L. 12 § 3 *de bonis libert.* (38. 2) (ULPIAN.)

Si quis, cum esset exheredatus, pronuntiatus vel perperam sit exheredatus non esse, non repellitur: *rebus enim judicatis standum est.*

In einer schon oben mitgetheilten Stelle des Paulus (g) wird auf beide Gestalten der Functionen der Einrede neben einander hingedeutet; aber freilich in so allgemeinen Ausdrücken, daß wir diese Hindeutung nicht verstehen würden, wenn uns nicht in den Institutionen des Gajus die Lehre von der Consumtion der Klage in ihrer

(e) In diesen Worten ist die Fiction der Wahrheit, als Erzeugung eines neuen, selbstständigen Rechts, besonders bezeichnend ausgedrückt. — Diese Stelle übrigens geht auf ein solches anomales Verhältniß, worin das Urtheil eine besonders ausgedehnte Wirkung, auch für und wider fremde Personen, hat. Eben so verhält es sich mit der in der vorhergehenden Note erwähnten Stelle. Vgl. § 301 m.

(f) Es muß besonders bemerkt werden, daß in dieser Stelle von einem Urtheil die Rede ist, welches nicht ein Juder, sondern der Prätor selbst sprach, weil die Fideicommisse Gegenstand einer extraordinaria cognitio waren. Die Fiction der Wahrheit, und selbst die Bezeichnung als res judicata, wird aber hier eben so, wie bei den ordinariis judiciis, angewendet.

(g) *L.* 6 *de exc. r. j.* (44. 2), s. o. S. 261.

ganzen Eigenthümlichkeit klar geworden wäre. Nachdem nämlich in jener Stelle gesagt worden war, daß aus jedem streitigen Rechtsverhältniß nur einmal geklagt werden dürfe, weil die zugelassene Wiederholung derselben Klage mit großen Nachtheilen für den Rechtszustand verknüpft sey, wird dann noch hinzugefügt, daß diese Nachtheile besonders stark in den Fällen hervortreten würden, wenn durch wiederholte Klagen sogar Urtheile von widersprechendem Inhalt herbeigeführt werden sollten: maxime si diversa pronuntiarentur. In diesen beiden Sätzen sind die zwei verschiedenen, aber verwandten Gestalten der Einrede unverkennbar angedeutet.

So hat die Einrede der Rechtskraft in ihren zwei Gestalten während des ganzen Zeitalters der Juristen fortgedauert, aus deren Schriften die Digesten hervorgegangen sind (h), und es zeigt sich hierin dasselbe Verfahren, welches wir auch in anderen Theilen des Römischen Rechts bei der Entwicklung von Rechtsinstituten angewendet finden. Man entschloß sich nicht leicht, ein Rechtsinstitut, dessen Grundlage sich bewährt hatte, völlig aufzuheben und durch ein anderes zu ersetzen, wenn es sich auch in der Anwendung von manchen Seiten mangelhaft zeigen mochte, wie Dieses von der Klagenconsumtion schon oben (§ 281) anerkannt worden ist. Man suchte vielmehr solchen Mängeln durch mildere Mittel, also in feinerer Weise, abzuhelfen. Insofern die Klagenconsumtion für das praktische

(h) Keller S. 231.

Bedürfniß unzureichend gefunden wurde, lag die Abhülfe in der stets fortschreitenden Entwicklung der Einrede in ihrer neueren Gestalt (der positiven Function), die für jedes Bedürfniß vollkommen ausreichte. Insofern die Consumtion harte und unbillige Folgen nach sich zog, suchte man durch sehr verschiedenartige Mittel zu helfen (i). Insbesondere in den schon oben (S. 270) angedeuteten, allerdings seltneren Fällen, worin beide Gestalten der Einrede in Widerstreit kamen, indem die Klagenconsumtion in ihren Folgen dahin führte, den Inhalt eines früher gesprochenen Urtheils zu vereiteln, half man in der Form, daß die exceptio rei judicatae durch eine replicatio desselben Namens völlig entkräftet wurde (k). Dieser letzte Fall ist besonders merkwürdig als ein unmittelbarer Beweis, daß die alten Juristen ein deutliches Bewußtseyn von der Verschiedenheit beider Gestalten der Einrede hatten, und daß sie keinen Anstand nahmen, in jedem Fall eines Widerstreits dem neueren Grundsatz (der Fiction der Wahrheit) den Vorzug vor dem älteren (der Klagenconsumtion) einzuräumen, wodurch also das neuere als das bessere und befriedigendere von ihnen anerkannt wurde.

Späterhin ist die Klagenconsumtion, also das ältere Rechtsinstitut, gänzlich verschwunden. Wir haben keine Nachricht, daß es jemals von einem Gesetzgeber ausdrücklich aufgehoben worden wäre; es scheint vielmehr allmälig

(i) Keller im ganzen sechsten Abschnitt seines Werks.

(k) Keller § 70. 71. 72.

abgestorben zu sein, so wie dürres Laub abfällt, wenn das neue hervorwächst und zu vollständiger Entwicklung kommt. Der Uebergang des alten ordo judiciorum in die extraordinaria judicia hat die Beseitigung der Klagenconsumtion zwar nicht unmittelbar und mit Nothwendigkeit herbeigeführt, aber ohne Zweifel befördert und beschleunigt. Denn die Ausschließung einer Klage aus dem Grund ihrer früheren Consumtion setzt voraus, daß beide Klagen identisch seyen; die Identität zweier Klagen aber wurde in den meisten Fällen, und zugleich am leichtesten und sichersten, erkannt mit Hülfe der Klagformeln, die zugleich mit dem ordo judiciorum völlig verschwanden. Ganz anders verhält es sich mit der Fiction der Wahrheit des Urtheils, worauf die Einrede in ihrer neueren Gestalt beruht; denn deren Anwendung setzt nur die Bekanntschaft mit dem Inhalt des Urtheils voraus, ist also mit jeder Form des Prozeßverfahrens gleich vereinbar.

Insbesondere aber läßt sich bestimmt behaupten, daß diejenige Consumtion, die im alten Recht bei manchen Klagen nicht durch eine Einrede, sondern ipso jure eintrat (§ 281), nach dem Untergang des ordo judiciorum gar nicht mehr möglich war, also sogleich völlig verschwinden mußte. Denn diese Art der Consumtion sollte nur eintreten bei Prozessen, die vor einem einzelnen, von der Obrigkeit ernannten Juder geführt wurden, und in welchen eine Formel mit juris civilis intentio vorkam (l); diese

(l) Gajus IV. § 107 vgl. mit § 104.

beiden Umstände aber konnten in einem extraordinarium judicium nie eintreten.

Im Justinianischen Recht wird weder die Klagenconsumtion, noch die mit ihr unzertrennlich verbundene exceptio rei in judicium deductae erwähnt, woraus unzweifelhaft erhellt, daß diese Institute damals keine Geltung mehr hatten. Von einzelnen wichtigen Folgen der Consumtion ist auch die Aufhebung noch ausdrücklich ausgesprochen (m).

Dagegen ist hier die Einrede der Rechtskraft in ihrer positiven Function, als Schutz des Inhalts eines Urtheils, aus den Schriften der alten Juristen so vollständig aufgenommen, daß diese Darstellung für die Anwendung völlig genügt, wie sich aus der folgenden Abhandlung ergeben wird. Auch ist diese Gestalt des Rechtsinstituts ganz in unsere neuere Praxis übergegangen, und wenn sich in dieser nicht selten Abweichungen von dem R. R. eingefunden haben, so sind dieselben nicht aus Absicht und Bewußtseyn entstanden, indem man das R. R. für unzureichend oder unzweckmäßig gehalten hätte; sie sind vielmehr lediglich aus mangelhafter Einsicht in die Rechtsquellen zu erklären.

(m) Dahin gehört *L.* 28 *C. de fidejuss.* (8. 42). — Zum Theil ist dahin auch zu rechnen die Aufhebung der alten Regel, daß der Kläger *plus petendo* sein Klagerecht verlieren solle, denn diese Regel beruhte allerdings auf der Consumtion der Klage, aber freilich nicht auf ihr allein, sondern nur in Verbindung mit der **certa intentio**, wovon nach dem Untergang des **ordo judiciorum** ohnehin nicht mehr die Rede seyn konnte. Keller § 56.

Allerdings finden sich in den Aussprüchen der alten Juristen über diese neuere Einrede der Rechtskraft einzelne Äußerungen eingemischt, die nur aus dem alten Institut der Klagenconsumtion zu erklären sind; diese zufällig erhaltenen Spuren aber sind so einzeln und unzusammenhängend, daß wir sie erst verstehen gelernt haben, seitdem uns jenes Institut durch die Institutionen des Gajus bekannt geworden ist. Es gehört dahin hauptsächlich die Erwähnung einer replicatio rei judicatae, wodurch in manchen Fällen die exceptio gleiches Namens entkräftet werden soll (Note k). Hier ist allerdings die exceptio nur von dem alten Institut der negativen Function zu verstehen, und die Aufnahme solcher Stellen in die Digesten wäre besser unterblieben, da die Schwierigkeit, zu deren Lösung sie bestimmt sind, ohnehin verschwunden war. Indessen war diese Aufnahme praktisch ungefährlich, indem daraus kein Zweifel über die letzte Entscheidung irgend eines streitigen Rechtsverhältnisses abgeleitet werden kann.

§. 283.

Rechtskraft des Urtheils. Geschichte. (Fortsetzung.)

Die Entdeckung der Einrede der Rechtskraft in ihren zwei verwandten, aber verschiedenen, Gestalten oder Functionen ist das glänzende Verdienst des Werks von Keller (a). Auch soll man nicht versuchen, dieses Verdienst durch die Bemerkung zu verkleinern, seit der Bekanntmachung der

(a) Keller § 28. 29. 30.

Institutionen des Gajus habe es blos vom Zufall abgehangen, wer zuerst den in ihnen enthaltenen Aufschluss benutzen wolle. Es ist vielmehr schon oben nachgewiesen worden, daß weder bei Gajus, noch in einem anderen Stück unsrer Rechtsquellen, beide Institute neben einander in ihrem eigenthümlichen Gegensatz erwähnt werden, so daß die Entdeckung dieses Gegensatzes nur durch die scharfsinnige Zusammenstellung und Vergleichung aller Theile der Rechtsquellen gefunden werden konnte.

Daß nun sämmtliche Schriftsteller vor der Bekanntmachung der Institutionen des Gajus von dieser besonderen Rechtsentwicklung keine Ahnung hatten, und dadurch in manche historische Irrthümer verfielen, kann ihnen gewiß nicht zum Vorwurf gereichen. Dagegen ist es nicht unnütz, die Art, wie spätere Schriftsteller die neue Entdeckung benutzt und verarbeitet haben, einer genauen Prüfung zu unterwerfen. Hierin nämlich sind Misverständnisse ganz verschiedener Art wahrzunehmen.

Von einer Seite wird die Sache so aufgefaßt, als ob die Einrede in ihren beiden Functionen auch noch im heutigen Rechte fortdauere (b). Daß aber schon im Justinianischen Recht der Grundsatz der Klagenconsumtion, der mit der negativen Function untrennbar zusammenhängt, völlig verschwindet, ist schon oben bemerkt worden (§ 282). Die eben erwähnte abweichende Meinung ist jedoch in der That nicht so bedenklich, als sie auf den ersten Blick scheint.

(b) Vangerow Pandekten § 173.

Sie gründet sich theils auf die schon erwähnten einzelnen Spuren des alten Rechtsinstituts, welche sich zufällig im Justinianischen Recht erhalten haben, theils darauf, daß manche wirkliche Bestandtheile des allein noch übrigen Rechtsinstituts mit dem alten Institut der Klagenconsumtion irrigerweise in Verbindung gesetzt werden; dieses Letzte deutlich zu machen, wird erst weiter unten möglich seyn (§ 286). — Die hier bemerklich gemachte irrige Auffassung hat übrigens eine blos theoretische Natur; es wird aus der angeblichen Fortdauer der negativen Function im heutigen Recht durchaus keine praktische Behauptung abgeleitet, die nicht auch aus der richtigen Auffassung vertheidigt werden könnte: insbesondere wird nicht, wie man etwa befürchten könnte, der Einrede eine ungebührliche Ausdehnung zu geben versucht (c).

Eine ganz verschiedene Gestalt hat das Misverständniß der neuen Entdeckung bei einigen andern Schriftstellern angenommen (d). Es ist nämlich oben erwähnt worden, daß zur Zeit der alten Juristen beide Rechtsinstitute neben einander bestanden, und daß die aus dieser Verbindung entsprungenen Schwierigkeiten von den alten Juristen wohl erkannt und mit gutem Erfolg beseitigt wurden (§ 282). Jene neueren Schriftsteller aber fassen die Sache so auf. Nach ihrer Meinung haben sich die Römer niemals von

(c) Vgl. den Schluß des § 282.

(d) Kierulff Theorie des gemeinen Civilrechts Th. 1. S. 250 bis 256. — Buchka B. 2 S. 76. 184. 192. 200.

den engen Fesseln des Formularprozesses und der darauf beruhenden Consumtion der Klagen befreien können, und auch noch im Justinianischen Recht soll dieser unfreie Geist herrschen. Erst die Erleuchtung der neueren Praxis, behaupten sie, habe jene Fesseln abgeworfen, jetzt herrsche die reine aequitas, und Alles sey nun in solcher Ordnung, wie man es nur wünschen könne.

Bei dieser Auffassung sind zwei Dinge schwer zu begreifen. Erstens, daß die späteren Kaiser, unter deren Rathgebern mitunter sehr verständige Leute waren, gar nicht gemerkt haben sollten, daß mit der Aufhebung des ordo judiciorum, d. h. des Formularprozesses, jeder Grund zu jener beklagenswerthen Knechtschaft völlig aufgehört hatte. Zweitens, daß die Juristen neuerer Zeit, deren Lehre und Praxis zuerst die Fesseln des R. R. nach jener Ansicht bewältigt hat, dieses gleichfalls nicht gemerkt haben sollten; denn es ist augenscheinlich, daß diese neueren Juristen ihre Lehre nicht etwa im Widerstreit mit dem R. R. durchzuführen suchten, sondern ohne alle Ausnahme gerade aus den Quellen des R. R. ableiteten. Man müßte also annehmen, daß sie einsichtiger waren, als sie selbst ahneten, und daß es erst der neuesten Zeit vorbehalten war, sie hierüber zu belehren. — Übrigens ist auch diese irrige Auffassung mehr geschichtlicher, als praktischer Natur, indem für das heutige Recht die Lehre, die in der That schon im R. R. enthalten ist, anerkannt wird. Sie ist aber gefährlicher, als die vorher erwähnte, indem sie die richtige Benutzung der Römischen Rechtsquellen durch irrige Voraussetzungen verhindert, und zugleich in der angeblichen aequitas des heutigen Rechts einer gränzenlosen Willkühr Raum giebt, wovon vielleicht spätere Schriftsteller größeren Misbrauch machen dürften, als bisher in der That geschehen ist.

Über die Richtigkeit dieser Auffassung muß der Erfolg die letzte Entscheidung geben. Die ganze folgende Abhandlung der Rechtskraft geht darauf aus, ein in sich geschlossenes System dieser Lehre aus den Quellen des R. R. abzuleiten, und ich glaube, daß dazu die Digesten ein völlig befriedigendes Material darbieten. Gelingt dieser Versuch, so ist damit die eben erwähnte Auffassung des Verhältnisses zwischen dem Römischen Recht und dem heutigen Recht als grundlos erwiesen.

Aus der nunmehr beendigten geschichtlichen Grundlegung zur Lehre von der Rechtskraft ergiebt sich folgender Gang, welchen die jetzt folgende Darstellung dieser Lehre zu nehmen haben wird.

Die Formel des neuesten Rechts für die Rechtskraft (§ 281) geht dahin, daß jedem rechtskräftigen Urtheil seine Wirksamkeit für alle Zukunft gesichert bleiben soll. Zur vollständigen Entwicklung dieses Grundsatzes ist eine zweifache Untersuchung und Feststellung nöthig:

I. Bedingungen der Rechtskraft:

A. Formelle Bedingungen.

B. Inhalt des Urtheils, welcher als wahre Grundlage der Rechtskraft anzusehen ist.

II. Wirkung der Rechtskraft in die Zukunft, d. h. nothwendiges Verhältniß zwischen dem rechtskräftig entschiedenen Rechtsstreit und dem künftigen Rechtsstreit, auf welchen jene Entscheidung Einfluß haben soll. Dieses nothwendige Verhältniß läßt sich im Allgemeinen als Identität ausdrücken, welche in zwei verschiedenen Beziehungen vorhanden seyn muß, wenn die Rechtskraft Einfluß haben soll:

A. Identität der Rechtsverhältnisse (objective).

B. Identität der Personen (subjective).

In einfacheren Worten läßt sich dieses nothwendige Verhältniß so ausdrücken. Damit die rechtskräftige Entscheidung einer früheren Klage auf die Entscheidung einer späteren Klage Einfluß haben könne, müssen beide Klagen zwei Stücke mit einander gemein haben:

dieselbe Rechtsfrage,

dieselben Personen.

§. 284.

Rechtskraft. I. Bedingungen. A. Formelle.

Es ist zunächst zu bestimmen, von welcher formellen Beschaffenheit ein richterlicher Ausspruch seyn müsse, um den wichtigen Einfluß auf jeden späteren Rechtsstreit ausüben zu können, welcher mit dem Ausdruck der Rechtskraft bezeichnet worden ist (§ 280).

Wenn wir, um diese Frage nach dem R. R. zu beantworten, den Standpunkt des Zeitalterts wählen, in welchem der Formularprozeß bestand, so hat es keinen Zweifel, daß die Rechtskraft jedem Urtheil zugeschrieben werden mußte, das unter der Autorität einer richterlichen Obrigkeit von einem Judex ausgesprochen war. Unter Judex aber ist hier zu verstehen die zur Entscheidung eines Rechtsstreits von der Obrigkeit ernannte Privatperson, mochte diese Ernennung an eine einzelne Person gerichtet seyn, oder an ein Richtercollegium. Ferner ist unter dem Urtheil dieses Judex, als Grundlage der Rechtskraft, nicht blos die eigentliche Sententia zu verstehen (Condemnatio oder Absolutio), sondern auch die derselben bei manchen Klagen oft vorhergehende Pronuntiatio (§ 287).

Allein dieser Fall war, wenn auch der regelmäßige und häufigste, dennoch keinesweges der einzige, worin die Rechtskraft entstehen konnte. Auch der Prätor konnte, ohne einen Judex zu ernennen, selbst das Urtheil aussprechen, und dieses ging dann nicht minder in Rechtskraft über. Wenn diese Befugniß neuerlich in Zweifel gezogen worden ist (a), so scheint dabei der allzu moderne Gedanke zum Grunde zu liegen, das Urtheilsprechen durch Privatpersonen sey eingeführt worden als eine Theilung der richterlichen Gewalt, zum Schutz gegen ungerechte Willkühr von Seiten des Prätors. Allein gegen diese Gefahr schützten manche andere Schranken der obrigkeitlichen Gewalt, und die Prozeßführung vor dem

(a) Puchta Cursus der Institutionen B. 2 § 175 Note n.

Juder war vielmehr eingeführt, und in der Regel unentbehrlich, weil ohne dieselbe die Rechtspflege durch zwei Civilprätoren in Rom gar nicht hätte besorgt werden können. Sie war aber fast nur nöthig, wenn zweifelhafte Thatsachen festgestellt werden mußten, da bei unbestrittenen Thatsachen der Prätor eben so schnell und sicher selbst ein Urtheil sprechen, als dem Juder eine Formel vorschreiben konnte. So war es denn die allgemeine Ansicht der Römer, daß in Civilsachen, wie im Criminalprozeß, ein Judicium nur zur Entscheidung bestrittener Thatsachen angeordnet zu werden pflege (b). — Auch fehlt es nicht an ausdrücklichen Zeugnissen, daß der Prätor eben sowohl selbst ein Urtheil sprechen konnte, als ein von ihm ernannter Juder (c).

(b) Tacitus annal. XI. 6 „*non judicium (quippe ut in manifestos),* sed poenam statui videbant.“

(c) *L.* 81 *de jud.* (5. 1) (Ulpian.) „Qui *neque jurisdictioni praeest,* ... *neque ab eo, qui jus dandorum judicum habet, datus est,* ... judex esse non potuit“ (diese Beide also sind gleich fähig, in einer einzelnen Sache das Urtheil zu sprechen). — Paulus V. 5 A. § 1 „Res judicatae videntur *ab his, qui imperium potestatemque habent, vel qui ex auctoritate eorum inter partes dantur* ....“. Diese letzte Stelle emendirt Puchta a. a. O. so: „Res judicatae videntur *a judicibus, qui* ab his, qui imperium etc. Diese Emendation aber gründet sich weder auf eine Andeutung der Handschrift, noch auf innere Nothwendigkeit, sondern lediglich auf das Bedürfniß, eine Widerlegung der oben aufgestellten Meinung zu beseitigen. Der handschriftliche Text stimmt mit der voranstehenden Stelle des Ulpian völlig überein. — Wenn der Prätor ohne Juder verurtheilte, so hat es kein Bedenken, daß daraus künftig eine eigentliche exceptio rei judicatae abgeleitet werden konnte. Wenn dagegen der Prätor die Klage sogleich abschlug, welches durch ein bloßes Decret geschah, so konnte wenigstens jener

Die hier aufgestellten Regeln gehen auf die ordinaria judicia; daneben aber hat es keinen Zweifel, daß in jedem extraordinarium judicium, z. B. bei Fideicommissen, der obrigkeitliche Beamte, der darüber zu urtheilen hatte, durch sein Urtheil gleichfalls Rechtskraft erzeugte, und zwar mit dem Namen einer res judicata (§ 282. f). Dennoch ist auch dieser Fall der Rechtskraft in neuerer Zeit ohne Grund in Zweifel gezogen worden (d).

Diese letzte Regel, welche zur Zeit des Formularprozesses nur als sehr beschränkte Ausnahme zur Anwendung kommen konnte, wurde zur allgemeinen und einzigen Regel durch die Aufhebung des alten ordo judiciorum. Der nunmehr eintretende Zustand war ganz derselbe, welchen allein wir in der heutigen Gerichtsverfassung aller Länder kennen.

Die bisher abgehandelte Seite der formellen Beschaffenheit des zur Rechtskraft fähigen Urtheils hat eine blos geschichtliche Bedeutung. Weit wichtiger, und gerade für

Name nicht wohl angewendet werden. Indessen mag man doch irgend eine Form gefunden haben, um auch diesem abweisenden Decret die Rechtskraft zu sichern. Vgl. den Schluß der folgenden Note.

(d) Puchta Cursus der Institutionen B. 2 § 177 Note o. Er nimmt an, das gewöhnliche Urtheil eines Juder habe wirklich neues Recht erzeugt, und sey daher von jedem späteren Richter anerkannt worden; das Urtheil eines Magistratus habe nur für die demselben untergeordneten Personen bindende Kraft gehabt. — Diese Meinung wird unmittelbar widerlegt nicht nur durch die Rechtskraft des Erkenntnisses über ein Fideicommiß (§ 282. f.), sondern auch durch die Rechtskraft, die dem Decret der Obrigkeit über Gewährung oder Versagung einer Restitution zugeschrieben wird. *L.* 1 *C. si saepius* (2. 44). Denn auch dieses war eine Entscheidung extra ordinem.

das neuere und heutige Recht besonders wichtig, ist die folgende Seite desselben Gegenstandes.

Es ist schon oben bemerkt worden, daß das Übel eines unheilbar ungerechten Urtheils, verglichen mit dem Übel einer endlosen Rechtsungewißheit, das geringere Übel sey, und daß daher die Gefahr desselben mit deutlichem Bewußtseyn übernommen werden müsse, um das sonst unvermeidliche größere Übel abzuwenden (§ 280). Bei diesem nothwendigen Entschluß wird jedoch die Natur des Übels, dessen Gefahr wir nothgedrungen übernehmen, und selbst die Wichtigkeit desselben nicht verkannt, und es ergiebt sich daraus die Aufgabe, diese Gefahr so viel möglich zu vermindern, sie in immer engere Gränzen einzuschließen.

Zu diesem Zweck dienen alle Anstalten für die Ausbildung und Auswahl der Richter; eben so dient dazu die Anordnung collegialischer Gerichte; endlich aber und ganz vorzüglich die Einrichtung, nach welcher die Prüfung und Entscheidung eines Rechtsstreits nicht mit einemmal abgethan wird, sondern in mehreren Abstufungen wiederholt werden kann.

Auf den ersten Blick scheint eine solche Einrichtung im Widerspruch zu stehen mit dem großen Werth, der gleich im Eingang dieser Abhandlung auf die unabänderliche Feststellung jedes Rechtsstreits durch richterliches Urtheil gelegt worden ist. Dieses geschah aber im Gegensatz einer endlosen, unbestimmbaren Unsicherheit der Rechtsverhältnisse für alle Zukunft. Damit ist nicht zu vergleichen die hier angedeutete Einrichtung, bei welcher nur das Finden des unabänderlichen Urtheils unter mehrere Stufen richterlicher Thätigkeit vertheilt wird. Ein solches Verfahren läßt sich bei guter Rechtspflege in mäßige Zeitgränzen einschließen, und es wird dann stets in nicht entfernter Zeit ein Zustand eintreten, in welchem die wünschenswerthe unzweifelhafte Rechtssicherheit wirklich erreicht ist.

Die großen Vortheile einer solchen Einrichtung für die Abwendung ungerechter Urtheile werden durch folgende Betrachtung einleuchten. Zunächst ist schon die blos wiederholte Prüfung eines Rechtsstreits an sich selbst ein wirksames Mittel sowohl für die Parteien, als für den Richter, zu einer vielseitigen Einsicht in das Wesen eines streitigen Rechtsverhältnisses zu gelangen. Dazu kommt aber zweitens der noch größere Vortheil, daß es bei dieser Einrichtung möglich wird, die letzte Entscheidung in einem zahlreichen, mit größter Sorgfalt besetzten Gericht zu concentriren, welches dann eine höhere Sicherheit für die gründliche Urtheilsfindung gewährt.

Der üblichste Kunstausdruck, der in unsrer neueren Rechtssprache zur Bezeichnung dieser Einrichtung gebraucht wird, ist folgender. Wir nennen Instanzen die einzelnen Stufen richterlicher Prüfung und Entscheidung. In der Regel sind diese verbunden mit der Unterordnung eines Gerichts unter das andere (niedere und höhere Instanz). Es kann aber auch bei demselben Gericht unter gewissen Bedingungen eine solche wiederholte Prüfung vor sich gehen.

Wie diese Einrichtung im Römischen Staat Eingang gefunden hat, soll nunmehr nachgewiesen werden.

Für das Daseyn derselben zur Zeit der freien Republik ist durchaus kein Zeugniß vorhanden, und es beruht auf unrichtiger Deutung, wenn man Spuren solcher Art in dieser Zeit wahrzunehmen geglaubt hat (e). Auch fehlte dazu eine Hauptbedingung, verschiedene Obrigkeiten derselben amtlichen Wirksamkeit, deren eine der anderen untergeordnet gewesen wäre. Die Prätoren waren von geringerem Rang, als die Consuln, jedoch in ihrem Amtskreise von diesen durchaus unabhängig. Wohl hätte es sich denken lassen, daß von dem Urtheil eines Juder die Berufung an das höhere Urtheil des Prätors, der ihn bestellt hatte, zugelassen worden wäre; aber gerade hierüber fehlt es aus der Zeit der Republik an Zeugnissen.

Daran freilich ist nicht zu zweifeln, daß auch in dieser Zeit die Frage streitig werden konnte, ob überhaupt ein Urtheil, und zwar ein der Form nach gültiges Urtheil, vorhanden sey oder nicht (f), und dann mußte über diese

(e) Hollweg Prozeß B. 1 S. 347 Note 1 widerlegt diese irrige Meinung, die u. a. von Zimmern B. 3 S. 500 Note 7 aus wenig haltbaren Gründen vertheidigt wird. Besonders Cicero in Verrem II. 13 spricht gewiß mehr dagegen als dafür, indem er dem Verres einen schweren Vorwurf daraus macht, daß er sich durch ein Edict vorbehalten habe, über die Richtigkeit der Urtheile der Judices hinterher selbst zu erkennen.

(f) Auf diesen Fall bezog sich ein besonderes Rechtsinstitut des älteren Rechts, die sententiae in duplum revocatio. Cicero pro Flacco C. 21. Paulus V. 5 A. § 5. 7. Auch in den Digesten wird dieser Fall erwähnt. *L.* 1 *pr. quae sent.* (49. 8). „Si quae-

Frage, so wie über jedes streitige Rechtsverhältniß, der Prätor einen Juder entscheiden lassen. Allein ein solcher Streit über das Daseyn, und vielleicht über die Richtigkeit eines Urtheils, der zu allen Zeiten nur ausnahmsweise und selten vorkommt, ist völlig verschieden von den regelmäßig eintretenden Instanzen, in welchen der gerechte Inhalt jedes gesprochenen Urtheils geprüft werden kann, damit dasselbe nach Befinden bestätigt oder abgeändert werde.

Dagegen findet sich die Einrichtung von Instanzen gleich im Anfang der Kaiserregierung, und zwar merkwürdigerweise nicht allmälig und unmerklich entstehend und fortschreitend, sondern sogleich in völliger Ausbildung und Anerkennung. Dieses erklärt sich zum Theil daraus, daß jetzt die oben, in der Zeit der Republik vermißte Bedingung regelmäßiger Instanzen, nämlich die Unterordnung einer Obrigkeit unter eine andere, eingetreten war. Denn daß dem Kaiser alle hohe Obrigkeiten, die alten, wie die neu erfundenen, untergeben seyen, bezweifelte Niemand.

So erscheint schon August als die regelmäßige höchste Instanz für alle Civilprozesse des ganzen Reichs. Da er aber die meisten Geschäfte dieser Art unmöglich selbst besorgen konnte, so übertrug er dieses höchste Richteramt an stellvertretende Obrigkeiten: die Prozesse aus der Stadt an den Präfecten der Stadt, die aus jeder Provinz an ein-

ratur, judicatum sit, nec ne." Die Stelle ist freilich aus einer späteren Zeit, aber Gedanke und Ausdruck paßt eben so auch in die frühere.

zelne Consularen, deren jeder für Eine Provinz besonders ernannt wurde (g). Neben dem Kaiser aber übte ein gleiches höchstes Richteramt jetzt auch der Senat aus (h). Eine Berufung vom Senat an den Kaiser war unmöglich (i), und eine Berufung vom Kaiser aufwärts mußte vollends als eine Thorheit angesehen werden (k).

Ob diese merkwürdige Einrichtung als eine bloße Verwaltungsmaaßregel aufgefaßt wurde, die sich als eine natürliche Entwicklung der höchsten Gewalt eines Einzelnen von selbst verstand, wissen wir nicht. Es ist aber auch sehr möglich, daß ein Volksschluß sie eingeführt hat, etwa die Lex Julia judiciaria. Ihre leichte und schnelle Einführung mag wohl durch ein längst empfundenes Bedürfniß begünstigt worden sein, welches erst in Folge der großen politischen Umwälzung seine Befriedigung finden konnte.

Als die Instanzeneinrichtung zu voller Ausbildung gelangt war, wurde sie in folgender Stufenfolge zur Ausführung gebracht.

(g) SUETON. August. C. 33. „Appellationes quotannis urbanorum quidem litigatorum praefecto delegabat urbis, at provincialium consularibus viris, quos singulos cujusque provinciae negotiis praeposuisset." Es war eine übertragene Gerichtsbarkeit, die auch in unsren Rechtsquellen bald mandata bald delegata jurisdictio heißt. *Dig.* I. 21 und *L.* 1 *de damno inf.* (39. 2). Daß aber in vielen Sachen auch die Kaiser selbst persönlich entschieden, ist aus den Digesten bekannt. — Vgl. über die Geschichte der Instanzen im Allgemeinen: Zimmern Rechtsgeschichte B. 3 § 170. Hollweg Prozeß B. 1 § 32.

(h) TACITUS annal. XIV. 28.

(i) *L.* 1 § 2 *a quibus app.* (49. 2).

(k) *L.* 1 § 1 *a quibus app.* (49. 2). „Et quidem stultum est, illud admonere, a principe appellare fas non esse, cum ipse sit, qui provocatur."

Von dem Judex ging die Berufung an die Obrigkeit, die ihn bestellt hatte, nie an eine andere oder höhere Obrigkeit (l); vom Prätor an den Präfecten der Stadt, von diesem aufwärts an den Kaiser (m).

So bestand diese Einrichtung Jahrhunderte lang neben dem alten ordo judiciorum, und als ein demselben eingefügter völlig neuer Bestandtheil. Denn es muß wohl bemerkt werden, daß jede höhere Instanz extra ordinem vollzogen wurde (n), indem über eine Berufung die Obrigkeit der höheren Instanz stets in eigener Person, ohne Judex, entschied. So fand sich also in diesem langen Zeitraum die merkwürdige Erscheinung, daß gerade der höhere und mächtigere Theil der Rechtspflege außer derjenigen Form lag, die noch stets als die regelmäßige Grundlage der ganzen Gerichtsverfassung anerkannt wurde. Indessen würde es unrichtig seyn, diese Erscheinung als eine Inconsequenz anzusehen, oder auch als ein Zeichen, daß man die erwähnte Grundlage gering geachtet und vielleicht aufzugeben schon damals beschlossen habe. Der Grund derselben liegt vielmehr in dem Wesen des Gerichtsverfahrens selbst. Die ganze richterliche Thätigkeit läßt sich auf zwei

(l) *L.* 1 § 3 *L.* 21 § 1 *de appell.* (49. 1), *L.* 1 *pr. L.* 3 *quis a quo* (49. 3). — Alle diese Stellen sind aus sehr später Zeit. es ist aber weder unmöglich, noch unwahrscheinlich, daß die Berufung vom Judex an den Prätor von Anfang an eintrat, sobald nur überhaupt die Berufung an den Kaiser das ganze Institut der Instanzen hervorgerufen hatte.

(m) *L.* 38 *pr. de minor.* (4. 4).

(n) Hollweg Prozeß B. 1 S. 348.

Hauptstücke zurückführen: Sammlung des Stoffes, und Bildung des Urtheils. In erster Instanz nimmt jenes erste Stück vorzugsweise Zeit und Arbeit in Anspruch, und dazu gebrauchte der Prätor eine große Zahl von Privatrichtern als Gehülfen, denen er das Urtheil hypothetisch vorschrieb. Die höheren Instanzen dagegen benutzen den in erster Instanz gesammelten Stoff, und was in ihnen zu dessen Ergänzung vielleicht geschehen muß, ist verhältnißmäßig von geringer Bedeutung. Darum war hier der Judex entbehrlich.

§. 285.

Rechtskraft. I. Bedingungen. A. Formelle. (Fortsetzung.)

Es ist hier als bloße Thatsache angenommen worden, daß ein höchstes Richteramt des Kaisers, vom Anfang der neuen Verfassung an, ausgeübt wurde, und daß sich hieran die vollständige Einrichtung eines Instanzenzuges anknüpfte. Bekanntlich gehört es aber zu der eigenthümlichen Natur der ganzen Staatsveränderung, daß man den äußeren Schein einer ganz neuen Gewalt überall zu vermeiden, und die wirkliche neue Macht auf alte, bekannte obrigkeitliche Würden zu gründen suchte, die nur, im Widerspruch mit dem Wesen der alten Verfassung, in Einer Person vereinigt wurden. Zur Zeit der Republik nun hatten die höchste richterliche Gewalt in Civilsachen zwei Prätoren, und unter den obrigkeitlichen Gewalten, deren Titel und Macht dem Kaiser übertragen wurden, war keine, in deren Amtskreis eine richterliche Gewalt, wenigstens für die Stadt Rom, unmittelbar enthalten gewesen wäre (a). Es bedarf daher einer besonderen Erklärung, durch welche künstliche Verbindung jenes neue höchste Richteramt an alte obrigkeitliche Gewalten angeknüpft wurde, indem es nur auf diesem Wege möglich war, das eben angegebene Verfahren bei der Gründung der kaiserlichen Gewalt auch in dieser einzelnen Anwendung durchzuführen. Diese Untersuchung ist in der Beilage *XV.* angestellt worden, wo insbesondere nachgewiesen wird, wie man dazu kam, zwei ursprünglich verschiedene Kunstausdrücke der alten Verfassung, appellatio und provocatio, bald als gleichbedeutende Bezeichnungen einer jeden Berufung auf eine höhere Instanz zu gebrauchen.

Unter Voraussetzung von Instanzen wird es nöthig, zweierlei Urtheile zu unterscheiden: die, bei welchen es unabänderlich bleibt, und die, welche durch eine weitere Instanz abgeändert werden können. Es versteht sich von selbst, daß die Rückwirkung auf den Inhalt der Rechte selbst, die allein zu unsrer gegenwärtigen Aufgabe gehört,

(a) Diese Gewalten waren: **Tribunitia potestas, proconsularis potestas, imperium, praefectura morum**, die Würde des **pontifex maximus**. Nur in der **proconsularis potestas** lag unmittelbar eine Gerichtsbarkeit, aber mit geographischer Beschränkung, und zunächst nicht als höheres Richteramt mit Unterordnung anderer Obrigkeiten.

(§ 280), nur den unabänderlichen Urtheilen zugeschrieben werden kann, und daß in dieser Beziehung jedes Urtheil, das einer ferneren Prüfung unterliegt, vorläufig nur als der Versuch eines Urtheils zu betrachten ist, oder als einer der vielen Schritte im Laufe eines Prozesses, die zu einem letzten, bleibenden Urtheil zu führen bestimmt sind.

Das unabänderliche Urtheil nun, mit welchem allein wir hiernach uns zu beschäftigen haben, nennen wir ein rechtskräftiges, und dieser Kunstausdruck der Rechtskraft, welcher erst hierdurch nach der einen Seite hin seine volle Bestimmtheit erhält, ist auch schon bisher in dieser Untersuchung angewendet worden, um die Einwirkung auf den Inhalt der Rechte (welche die andere Seite der Betrachtung bildet) dadurch zu bezeichnen.

Fragen wir nun, welche Bedingungen vorhanden seyn müssen, damit einem Urtheil überhaupt die besondere Beschaffenheit eines rechtskräftigen Urtheils zugeschrieben werden könne, so läßt sich diese Frage im Allgemeinen so beantworten. Das Urtheil ist rechtskräftig:

1. wenn alle Instanzen erschöpft sind, wenn es also in letzter Instanz (in Rom von dem Kaiser) gesprochen ist;
2. wenn das Recht der Berufung auf eine fernere Instanz verloren ist, oder wenn dasselbe ausnahmsweise bei manchen Arten von Prozessen gar nicht zugelassen wird. Der Verlust jenes Rechts tritt insbesondere ein durch freiwillige Unterwerfung unter das Urtheil, so

wie durch den unbenutzten Ablauf der für eine Berufung vorgeschriebenen Frist.

Diese Zusammenstellung soll übrigens hier nur zu einer ungefähren Übersicht dienen; die genauere Untersuchung und Feststellung gehört lediglich in die Prozeßlehre.

Eine genauere Erwägung bedarf aber noch der Römische Sprachgebrauch. Wir sind gewohnt, das rechtskräftige Urtheil res judicata zu nennen, also zwischen sententia und res judicata gerade so zu unterscheiden, wie zwischen Urtheil überhaupt und rechtskräftigem Urtheil. Res judicata aber heißt eigentlich nur ein abgeurtheilter Rechtsstreit, also ein Urtheil überhaupt. Zur Zeit der freien Republik nun, in welcher noch keine Instanzen bestanden, war jedes Urtheil sogleich rechtskräftig, und es war unbedenklich, sich damals mit dem Ausdruck: exceptio rei judicatae zu begnügen, und darunter die Einrede aus einem rechtskräftigen Urtheil zu verstehen.

Als aber Instanzen eingeführt wurden, unterließ man es, den Sprachgebrauch näher zu bestimmen. Res judicata hieß nach wie vor jedes Urtheil (b), selbst dann, wenn gegen dasselbe eine Berufung möglich, oder sogar wirklich eingewendet ist (c). Nunmehr war der Ausdruck exceptio rei judicatae nicht ganz vorsichtig, indem derselbe dem

(b) *L.* 1 *de re jud.* (42. 1). (Modestinus): „Res judicata dicitur, quae finem controversiarum pronuntiatione judicis accipit.“

(c) *L.* 7 *pr. de transact.* (2. 15). „Et post rem judicatam transactio valet, si vel appellatio intercesserit, vel appellare potueris.“ Eben so *L.* 11 *eod.*

Irrthum Raum lassen konnte, als ob diese Exception auch durch ein nicht rechtskräftiges, vielleicht gar von einem höheren Richter abgeändertes Urtheil begründet werden könnte. Dennoch fiel es gewiß Keinem ein, so etwas zu glauben, und die Gefahr war auch schon dadurch praktisch ganz unerheblich, daß in allen Fällen solcher Art ohnehin schon eine exceptio rei in judicium deductae damals wirklich begründet war, die ungefähr dieselben Wirkungen hervor brachte, wie die exceptio rei judicatae (§. 281).

Das canonische Recht änderte den Sprachgebrauch, und führte ganz denjenigen ein, dessen wir seitdem uns allgemein bedienen (d). Nun heißt res judicata nicht mehr ein Urtheil überhaupt, sondern ein rechtskräftiges Urtheil, d. h. ein solches, dem nicht mehr eine mögliche Abänderung in einer ferneren Instanz bevorsteht.

Wird nun überhaupt ein Instanzenzug und eine denselben völlig ausschließende Rechtskraft vorausgesetzt, so ist eine Anwendung dieser Verhältnisse auch auf das Innere des Prozeßverfahrens denkbar. Man kann auch bei manchen Aussprüchen des Richters, welche nicht zur Entscheidung des Rechtsstreits selbst, sondern nur zur Vorbereitung dieser Entscheidung bestimmt sind, z. B. bei prozeßleitenden Decreten, oder bei Beweiserkenntnissen, die Unabänderlichkeit, d. h. die Rechtskraft, und zu deren Abwendung eine Berufung auf höhere Instanzen annehmen.

(d) *C.* 13. 15 *X. de sentent.* (2. 27).

Ob dieses räthlich ist, und unter welchen Bedingungen es zugelassen werden soll, das sind Fragen, die lediglich in das Gebiet der Prozeßlehre gehören, und ganz außer unsrer Aufgabe liegen. Dieser Gegenstand ist hier nur berührt worden, um den Vorwurf zu verhüten, als sey hier von der Rechtskraft gehandelt worden, ohne den großen Umfang, dessen dieses wichtige Rechtsinstitut empfänglich ist, vollständig in's Auge zu fassen.

§. 286.

Rechtskraft. I. Bedingungen. B. Inhalt des Urtheils, als Grundlage der Rechtskraft. — Arten des Urtheils.

Das Institut der Rechtskraft ist dazu bestimmt, dem Inhalt jedes Urtheils seine Wirksamkeit für alle Zukunft zu sichern (§ 281). Dabei wird eine genaue Kenntniß dieses Inhalts vorausgesetzt, welcher die Grundlage der Rechtskraft seyn soll.

Zu dieser Kenntniß des Inhalts gehört aber erstlich die Angabe der verschiedenen Möglichkeiten, die bei einem Urtheil vorkommen können, also der möglichen Arten des Urtheils. Damit werden zugleich die Gränzen möglicher Urtheile zu ziehen seyn, d. h. es ist anzugeben, was nicht Inhalt eines Urtheils seyn, also nicht der Rechtskraft theilhaftig werden kann.

Zweitens gehört zu der Kenntniß des Inhalts die Angabe der Erkenntnißgründe, aus welchen wir jenen Inhalt zu schöpfen haben.

Es giebt zwei, und nur zwei Arten möglicher Urtheile in Beziehung auf ihren Inhalt (a):

A. Verurtheilung des Beklagten, also Erkenntniß nach dem Antrag des Klägers.

B. Freisprechung des Beklagten, also Erkenntniß nach dem Antrag des Beklagten.

Bevor diese beiden Arten des Urtheils in ihrem eigenthümlichen Inhalt genauer dargestellt werden, ist es nöthig, auf einige angebliche andere Arten einzugehen, aus deren Annahme die Unvollständigkeit der angegebenen Aufzählung hervorgehen würde. Es gehören dahin: 1. Gemischte Urtheile, 2. Unbestimmte Urtheile, 3. Verurtheilung des Klägers.

1. Gemischte Urtheile, d. h. die theils Verurtheilung, theils Freisprechung enthalten.

Daß diese überhaupt vorkommen können, ja daß sie sehr häufig vorkommen, soll gewiß nicht in Abrede gestellt werden. In der That aber bilden dieselben keine dritte Art, sondern es wird in solchen Fällen der Gegenstand des Urtheils in mehrere Theile zerlegt, deren jeder durch ein besonderes Urtheil (wenngleich in derselben Formel vereinigt) entschieden wird, so daß jedes dieser einzelnen Ur-

(a) *L.* 1 *de re jud.* (42. 1). „Res judicata dicitur, quae finem controversiarum pronuntiatione judicis accipit: *quod vel condemnatione vel absolutione contingit.*“ — *L.* 3 *C. de sentent.* (7. 45). „Praeses provinciae non ignorat, definitivam sententiam, *quae condemnationem vel absolutionem non continet, pro justa non haberi.*“

theile eine reine Verurtheilung oder eine reine Freisprechung enthält.

Beispiele: Aus einem Vertrag werden Hundert gefordert, der Richter verurtheilt auf Sechszig und spricht den Beklagten von Vierzig frei. Oder es wird das Eigenthum eines Grundstücks eingeklagt, der Richter verurtheilt auf Zwei Drittheile des Grundstücks, oder auf abgegränzte Stücke desselben, und spricht frei von Einem Drittheil oder von den übrigen abgegränzten Stücken.

Dabei ist zuvörderst die Eigenthümlichkeit des Römischen Formularprozesses wohl zu bemerken. Hatte die Klage eine certa intentio (b), so hatte der Judex nur die Wahl, entweder auf das Ganze zu verurtheilen, oder völlig freizusprechen, selbst wenn er die Klage für einen Theil des eingeklagten Gegenstandes als begründet ansah. Hatte also der Kläger mehr gefordert, als ihm gebührte, so verlor er auch das, welches er zu fordern hatte, und zwar nicht zur Strafe für unbillige Übertreibung, sondern lediglich in Folge der so gefaßten Formel, die dem Judex nur eine Alternative stellte, kein drittes zuließ (c). Bei der incerta intentio fiel diese Gefahr weg, weil der Umfang der Verurtheilung ganz in das Ermessen des Richters

(b) Z. B. Si paret, fundum Cornelianum Auli Agerii esse, oder: Si paret, Centum dari oportere . . . . condemna, si non paret, absolve.

(c) In dem: si non paret, absolve (Note b) war sowohl der Fall, wenn der Beklagte Sechszig, als wenn er gar Nichts schuldig war, enthalten; auf beide Fälle ging die Anweisung, zu absolviren. Vgl. oben B. 5 § 215 und Keller § 56.

gestellt war. Durch die Aufhebung des Formularprozesses hörte indessen diese Beschränkung des Richteramtes mit allen ihren Folgen auf (d), und es trat für alle Klagen der natürliche Zustand ein, welchen allein wir in unsrem Prozeßverfahren kennen.

Wenn nun der Kläger einen bestimmten Gegenstand einklagt, z. B. Hundert Thaler, so ist stets hinzuzudenken: Hundert oder weniger, so viel, als zu erlangen ist. Der Richter ist dann nur darin gebunden, daß er den eingeklagten Umfang nicht überschreiten darf; innerhalb desselben hat er völlig freie Hand. Findet er nun den Anspruch auf Sechszig begründet, so verurtheilt er auf Sechszig und spricht auf Vierzig frei. Eben so, wenn er die auf ein Grundstück gerichtete Eigenthumsklage für Zwei Drittheile oder für bestimmte Äcker in diesem Grundstück gegründet findet, da auch hier die Klage stets so gedacht werden muß: Ich fordere das ganze Grundstück, oder so viel davon irgend zu erlangen ist.

Für den Erfolg aber ist es ganz gleichgültig, ob das Urtheil diesen letzten Satz ausdrückt, oder nicht, da er sich von selbst versteht, auch wenn er nicht ausgesprochen wird. Man kann Dieses so ausdrücken: Jedes Urtheil, worin der Beklagte auf weniger verurtheilt wird, als der Kläger forderte, ist stets ein gemischtes Urtheil, indem darin die Freisprechung von dem übrigen Theil der Forderung stillschwei-

(d) § 33 *J. de act.* (4. 6).

gend mit enthalten ist. In keinem Fall also kann auf diesen übrigen Theil jemals wieder geklagt werden, auch wenn derselbe in dem früheren Urtheil nicht namentlich erwähnt ist. — Ja man kann sogar noch weiter gehen, und jede Verurtheilung überhaupt (auch ohne sichtbare Abweichung von dem Antrag des Klägers) als ein gemischtes Urtheil ansehen, indem dabei stets der stillschweigende Zusatz hinzu zu denken ist: Ein Mehreres hat der Kläger nicht zu fordern.

Diese Sätze lassen sich in folgende Formel zusammenfassen: Alles, was das rechtskräftige Urtheil nicht zugesprochen hat, obgleich es Gegenstand des Rechtsstreits geworden war und daher zugesprochen werden konnte (d. 1), ist als abgesprochen anzusehen. Oder mit anderen Worten: Durch das rechtskräftige Urtheil wird stets das streitige Rechtsverhältniß für immer festgestellt (e). Aus dieser

(d. 1) Diese Beschränkung des hier aufgestellten Satzes ist genau zu beachten, weil nur durch sie der Widerspruch mit den Grundsätzen von der Concurrenz der Klagen verhütet werden kann. Wenn daher durch die condictio furtiva auf Entschädigung wegen des Diebstahls geklagt und erkannt worden ist, so kann noch immer durch die actio vi bonorum raptorum, oder durch die actio furti auf eine Strafe geklagt werden. Denn in der ersten Klage hatte der Richter gar nicht die Möglichkeit, auf Strafe zu erkennen, so daß die Unterlassung des Straferkenntnisses nicht als stillschweigende Abweisung der Strafe angesehen werden kann. Vgl. B. 5 § 233. b. § 234. a.

(e) Keller S. 202 S. 584 Note 3. Buchka B. 2 S. 211. 212. — Dieser ungemein wichtige und in seinen Folgen reichhaltige Satz steht in geschichtlicher Verbindung mit der vertragsmäßigen (contractlichen oder quasicontractlichen) Unterwerfung beider Parteien unter das künftige Urtheil. Denkt man sich, welches nicht unwahr-

Regel ist denn auch für unser heutiges Recht der praktisch wichtige Satz abzuleiten, daß das stillschweigende Übergehen der omnis causa, so wie der Prozeßkosten, eben so zu betrachten ist, wie wenn sie ausdrücklich ausgesprochen worden wären (f).

Hält man fest an diesen Regeln, so vermindert sich die Wichtigkeit der oft aufgeworfenen Frage, ob der Kläger, der nach einer rechtskräftigen Verurtheilung seine Befriedigung noch nicht erlangt hat, blos mit der actio judicati klagen könne, oder auch mit der früheren, bereits abgeurtheilten Klage. Der Gebrauch der actio judicati macht die Sache klarer und einfacher, aber auch die frühere Klage ist ganz ungefährlich, wenn man sie nur unter die eben aufgestellten Beschränkungen stellt, so daß jeder Anspruch, der über die rechtskräftige Verurtheilung hinaus geht, durch die Einrede der Rechtskraft schlechthin ausgeschlossen ist. Wir müssen aber hierin noch weiter gehen. Da unser heutiger Prozeß weder Klagformeln, noch fest bestimmte Arten und Namen der Klagen kennt, sondern Alles von den Behauptungen und Anträgen der Parteien abhängen läßt, so haben wir oft gar kein durchgreifendes Mittel, zu unterscheiden, ob die actio judicati, oder vielmehr (unter

scheinlich ist, daß in den Stipulationen bei der L. C. stets die Worte vorgekommen seyn möchten: sententiae stari, amplius non peti (Brisson. de form. VI. 184), so wird die Sache noch anschaulicher. Vgl. oben § 258.

(f) Verzugszinsen. *L.* 13 *C. de usur.* (4. 32), *L.* 4 *C. depos.* (4. 34). — Prozeßkosten. *L.* 3 *C. de fruct.* 7. 51.

den oben aufgestellten Beschränkungen) die frühere Klage angestellt ist. Diese Unterscheidung wird nur dann, also nur zufällig, mit Sicherheit vorgenommen werden können, wenn etwa der Kläger ausdrücklich nur aus dem Urtheil geklagt hat, ohne das ursprüngliche Rechtsverhältniß genau zu erwähnen, oder wenn umgekehrt die Klage nur auf dieses frühere Verhältniß gegründet ist, nur etwa mit beiläufiger Erwähnung des schon gesprochenen Urtheils.

Ganz auf ähnliche Weise verhält es sich auch im Fall einer völligen Freisprechung. Diese geht nämlich nicht blos auf das Ganze, sondern auch auf jeden denkbaren Theil des Ganzen, weil auch auf diesen der Richter hätte sprechen können. Denn da die Klage auf Hundert stets so auszulegen ist: Auf Hundert oder irgend eine geringere Summe, so hat auch das völlig freisprechende Urtheil den Sinn, daß der Beklagte weder Hundert, noch irgend eine geringere Summe zu zahlen schuldig ist.

Die hier aufgestellten Sätze sind in der Praxis von jeher angewendet worden, wie verschieden man sie auch ausgedrückt und zu begründen versucht haben mag. Seit der Entdeckung des Gajus hat man versucht, dieselben auf verschiedene Weise an die Institute des altrömischen Prozesses anzuknüpfen, diesen also theilweise eine künstliche Wiederbelebung zuzuwenden. Indem ich mich entschieden gegen jedes Verfahren dieser Art erkläre, muß ich voraus bemerken, daß dieser Streit eine rein theoretische Natur hat, indem er blos die geschichtliche Verknüpfung und die

Bezeichnung von Rechtssätzen betrifft, deren Inhalt und Wahrheit außer Streit ist.

So ist neuerlich behauptet worden, die Klagenconsumtion und die damit verbundene negative Function der Einrede der Rechtskraft gelte noch im heutigen Prozeß (§ 283. b). Allerdings führten diese Rechtsinstitute auf dieselben Sätze, die so eben aufgestellt worden sind, und bei einigen der angeführten Stellen des Römischen Rechts (Note f) ist auch ohne Zweifel an sie gedacht worden. Dennoch sind jene Institute schon im Justinianischen Recht völlig verschwunden, und wir gelangen jetzt zwar zu denselben praktischen Regeln, aber auf einem anderen Wege.

Ganz Dasselbe muß ich von der Behauptung anderer Schriftsteller sagen, daß die Novation des altrömischen Prozesses noch jetzt fortdauere. Das rechtskräftige Urtheil nämlich (sagt man) zerstöre die frühere Klage gänzlich durch Novation und setze die neue judicati actio an die Stelle (g). Was man damit praktisch ausrichten will, ist wahr, aber die Herleitung und Bezeichnung ist nicht wahr. Die Novation im Prozeß, die selbst in den neu entdeckten Schriften der alten Juristen so sehr wenig erwähnt wird, war ohne Zweifel auf diejenigen Fälle beschränkt, worin die Klagenconsumtion ipso jure eintrat; Fälle, die schon Jahrhunderte vor Justinian völlig unmöglich geworden waren, und zu keiner Zeit positiv ausgedehnt worden sind. Auf welchem

(g) Diese Frage ist schon oben weiter ausgeführt § 258, besonders Note f.

Wege derselbe praktische Zweck im heutigen Prozeß erreicht wird, ist so eben bereits gezeigt worden.

Fassen wir die eben erörterte Streitfrage kurz zusammen. Die Römer hatten in ihrem Prozeß einige alte Rechtsinstitute, die zu Justinian's Zeit längst verschwunden waren, uns aber in der neuesten Zeit bekannt geworden sind. In diesen Instituten war Vieles ganz formell und historisch: Anderes beruhte auf einem allgemeinen und bleibenden praktischen Bedürfniß, das eben durch jene geschichtlichen Formen damals seine Befriedigung erhalten sollte. In den anderthalb tausend Jahren, seit welchen jene Formen verschwanden, hat das praktische Bedürfniß stets fortgedauert, und man hat sich auf andere Weise zu helfen gesucht, besser oder schlechter, mit mehr oder weniger deutlichem Bewußtseyn, wie es eben gelingen wollte. Jetzt werden jene alten Formen entdeckt, und wir finden, daß die Römer dieselben gebraucht haben, um praktische Bedürfnisse zu befriedigen, die auch wir bisher anerkannt haben. Zu verwundern ist daran nicht viel, da ja die Römer bei der Aufstellung jener Formen nicht aus einer wunderlichen Laune zu Werke gingen, sondern mit ächt praktischem Sinn, wovon sie bekanntlich ein nicht geringes Maaß hatten.

Die neue Entdeckung zeigt uns also, daß wir uns das bleibende Wesen jener alten Rechtsinstitute unter anderen Formen und Namen wirklich angeeignet haben, und diese Bestätigung der Richtigkeit unsres Verfahrens ist sehr anziehend und belehrend. Sollen wir aber deshalb die alten

Namen und Formen hervorsuchen, und in dem heutigen Prozeß von Klagenconsumtion, negativer Function, Novation sprechen? Ich muß ein solches Verfahren durchaus für eine falsche, verwirrende Gelehrsamkeit erklären, für einen Weg, der von der Wahrheit abzuführen geeignet ist.

Insbesondere muß dabei noch auf folgende Analogie des heutigen Rechts mit dem alten Recht aufmerksam gemacht werden. Nach der von mir oben aufgestellten Formel kommt Alles darauf an, was und wie viel zum Gegenstand des Rechtsstreits erhoben, und dadurch dem Urtheil des Richters unterworfen worden ist (S. 304). Wir können Das mit einem altrömischen Kunstausdruck so bezeichnen: Es kommt darauf an, was in judicium deducirt ist. Dabei ist nur der Unterschied zu beachten, daß die Römer den Umfang des in judicium deductum aus der formula, und zwar vorzugsweise aus der in derselben enthaltenen intentio beurtheilten; wir haben eine so feste, gleichförmige Prozeßform nicht, müssen uns aber an den Inhalt der Klagschrift (insbesondere des Antrags) halten, so daß unsre Beurtheilung dieses Gegenstandes auf der einen Seite freier, auf der anderen Seite aber schwankender und unsicherer ist, als es die der Römer war. Auch hierin also haben wir die Analogie eines altrömischen Rechtsinstituts vor uns, dessen genaues Studium uns sehr fördern und vergleichend belehren, dessen versuchte unmittelbare Anwendung aber nur irre führen kann.

2. Unbestimmte Urtheile.

Im Römischen Criminalprozeß wurden jedem Richter drei Täfelchen eingehändigt, bezeichnet mit C (condemno), A (absolvo), NL (non liquet). War die Stimmenmehrheit für non liquet, so wurde, nach einer unter unsren Schriftstellern seit langer Zeit verbreiteten Meinung, der Angeklagte nicht für schuldlos erklärt, aber er blieb ohne Strafe; es war nach dieser Meinung ähnlich unsrer Freisprechung von der Instanz. Man könnte glauben, ein ähnliches nicht entscheidendes Urtheil wäre auch im Civilprozeß möglich gewesen.

In der That aber verhielt es sich auch schon im Criminalprozeß ganz anders. Wenn die meisten Stimmen auf non liquet gingen, so lautete der Ausspruch des vorsitzenden Prätors nicht: Non liquet, wodurch die Sache auf unbestimmte Zeit, vielleicht für immer, unentschieden geblieben wäre, sondern vielmehr: Amplius, welches die Folge hatte, daß die Verhandlung an irgend einem anderen nahen Tage fortgesetzt wurde, bis die Richter glaubten, ein sicheres Urtheil aussprechen zu können. Der Ausgang jedes eingeleiteten Criminalprozesses war also stets Verurtheilung oder Freisprechung, nie Unentschiedenheit (h).

Eben so war aber auch im Civilprozeß zu allen Zeiten kein anderer Ausgang möglich, als durch Verurtheilung

(h) Dieser Gegenstand ist ausführlich und gründlich behandelt von Geib Geschichte des römischen Criminalprozesses. Leipzig 1842. S. 568—583.

oder Freisprechung, worunter auch die gemischten Urtheile mit begriffen sind; ein Urtheil mit non liquet war nie möglich.

Die regelmäßige Anweisung in der Formel: Si paret, condemna, si non paret, absolve, ließ für eine dritte Art von Urtheilen keinen Raum (Note b), und das zweite Glied der Alternative: si non paret, umfaßte nicht nur die Fälle, worin der Judex die bestimmte Überzeugung hatte, der Beklagte sey nicht verpflichtet, sondern auch die, worin es ihm an aller Überzeugung nach beiden Seiten hin gänzlich fehlte. Derselbe Satz, dessen Anerkennung so eben aus den Römischen Formeln nachgewiesen worden ist, wird von dem Standpunkt unsres wissenschaftlich ausgebildeten Prozeßrechts so ausgedrückt: Nach der Regel über die Beweislast darf und muß der Richter annehmen, die nicht erwiesene Klage sey nicht begründet. Es liegt hierin nur eine andere Auffassung und Bezeichnung desselben Satzes.

Es sind nur noch einige Stellen zu erklären, die auf die Möglichkeit eines solchen unentscheidenden Urtheils gedeutet werden könnten.

Gellius erzählt, er selbst sey einmal Judex gewesen, als ein sehr rechtschaffener Mann gegen einen Menschen von verdächtigem Charakter ein Darlehn einklagte, ohne Beweise führen zu können. Durch einen Eid: mihi non liquere, machte er sich frei von der Verlegenheit, gegen seine persönliche Meinung urtheilen zu müssen (i). Wollte man

(i) Gellius XIV. 2: „et propterea juravi, mihi non liquere, atque ita judicatu illo solutus sum.“

Das so verstehen, als sey nun das Urtheil non liquet gesprochen worden, so würde die oben aufgestellte Behauptung widerlegt seyn. Der Erfolg war aber nur der, daß dem Gellius gestattet wurde, persönlich aus dem auferlegten Judicium auszuscheiden, und daß nun ein anderer Judex an seine Stelle trat (k).

Eben so kommt es vor, daß bei einem Richtercollegium Einer schwört, sibi non liquere, während die Übrigen einverstanden sind. Das Urtheil derselben ist rechtsgültig, da sie ja sogar, wenn Jener seine entgegengesetzte Stimme wirklich abgegeben hätte, durch Stimmenmehrheit entschieden haben würden (l).

Wenn ein Schiedsrichter mit Beschränkung auf bestimmte Zeit gegeben ist, und schwört, sibi nondum liquere, so muß ihm die Frist verlängert werden (m). Auch in diesem Fall also kommt ein Urtheil non liquet nicht vor.

---

3. Verurtheilung des Klägers.

Dieser, in der oben gegebenen Aufzählung möglicher Urtheile nicht vorkommende Fall, kann hier einstweilen nur der Vollständigkeit wegen mit aufgeführt werden. Die

(k) Auf gleiche Weise wurde ein anderer Judex ernannt, wenn der zuerst ernannte vor dem Urtheil starb oder wahnsinnig wurde: dasselbe Judicium dauerte fort, und nur die Person wurde verändert. *L.* 32. 46. 60 *de jud.* (5. 1).

(l) *L.* 36 *de re jud.* (42. 1). Auch hier scheidet nur die einzelne Person aus, das Urtheil nimmt die Formel: Non liquet, nicht in sich auf.

(m) *L.* 13 § 4 *de receptis* (4. 8).

Beurtheilung desselben ist erst in Verbindung mit den freisprechenden Urtheilen möglich (§ 288. 289).

§. 287.

Rechtskraft. I. Bedingungen. B. Inhalt des Urtheils als Grundlage der Rechtskraft. — Fall der Verurtheilung des Beklagten.

Nach dieser vorläufigen Beseitigung anderer denkbarer Arten des Inhalts eines Urtheils kehre ich jetzt zur genaueren Betrachtung der beiden aufgestellten Fälle (§ 286) zurück, welche als:

Verurtheilung des Beklagten, und

Freisprechung des Beklagten

bezeichnet worden sind, um für jeden derselben besonders festzustellen, was als wahrer Inhalt desselben anzusehen ist.

Bei der Verurtheilung des Beklagten ist es zuvörderst nöthig, auf die beiden Hauptarten der Klagen zurück zu gehen: persönliche Klagen und Klagen in rem (§ 206. 207).

Die Verurtheilung bei einer persönlichen Klage ist sehr einfacher Art: sie geht stets auf eine bestimmte Handlung oder Unterlassung, die dem Beklagten als nothwendig auferlegt wird, übereinstimmend mit dem Inhalt der Obligation, die den Grund der angestellten Klage enthält.

Die Klagen in rem sind stets gegründet auf ein Verhältniß des Sachenrechts, Erbrechts, Familienrechts, welches der Kläger sich zuschreibt. Die Verurtheilung enthält zunächst die Anerkennung dieses bestrittenen Rechtsverhältnisses in der Person des Klägers; daneben aber, und nur als abgeleitete Folge davon, die dem Beklagten auferlegte Nothwendigkeit einer Handlung oder Unterlassung.

Das Rechtsverhältniß, welches auf diese Weise in Folge einer Klage in rem anerkannt wird, ist gewöhnlich ein ausschließendes, welches nur der einen oder nur der anderen Partei allein zukommen kann, vielleicht auch keiner von beiden. Die Verurtheilung also, die in der Person des Klägers das Recht anerkennt, schließt eben daher auch den Satz in sich, daß dieses Recht dem Beklagten nicht zustehe. Das Urtheil braucht diesen zweiten Satz nicht auszusprechen, spricht ihn auch gewöhnlich nicht aus; es ist aber stets so anzusehen, als ob es ihn ausspräche (a).

Endlich ist für beide Klassen der Klagen die gemeinsame, schon oben aufgestellte Bemerkung in Erinnerung zu bringen, daß in gewissem Sinn jede Verurtheilung zugleich ein gemischtes Erkenntniß ist, indem stets der Ausspruch stillschweigend hinzugedacht werden muß: mehr, als hier ausgesprochen worden, liege in dem Recht des Klägers, in der Verpflichtung des Beklagten, nicht (§ 286).

(a) *L.* 15 *de exc. r. j.* (44. 2) „quia *eo ipso,* quo meam esse pronuntiatum est, ex diverso pronuntiatum videtur, *tuam non esse.*“ — *L.* 30 § 1 *eod.* „Respondi, si de proprietate fundi litigatur, et secundum actorem pronuntiatum fuisse diceremus, petenti ei, qui in priore judicio victus est, obstaturam rei judicatae exceptionem: *quoniam de ejus quoque jure quaesitum videtur, cum actor petitionem implet.*“ — *L.* 40 § 2 *de proc.* (3. 3) „nam cum judicatur, rem meam esse, *simul judicatur, illius non esse.*“

Die hier aufgestellten Sätze über den wahren Inhalt eines verurtheilenden Erkenntnisses sind aus der allgemeinen Betrachtung des Wesens eines solchen Urtheils abgeleitet, und haben daher keine geschichtliche Natur. Aus dem eigenthümlichen Entwicklungsgang des Römischen Rechts aber können Zweifel hergenommen werden, ob es sich so in der That zu allen Zeiten und bei allen Arten der Klagen verhalten habe.

Zu einem solchen Zweifel veranlaßt uns die sehr eigenthümliche, während der ganzen Zeit des Formularprozesses geltende Regel, nach welcher alle Condemnationen nur auf Zahlung einer Geldsumme gerichtet werden konnten (b). Hiernach scheint es, daß die Verurtheilung auch bei den Klagen in rem, gerade so, wie bei den persönlichen Klagen, nur eine Leistung des Beklagten ausgesprochen, nicht ein Recht des Klägers anerkannt hätte.

Bevor die Lösung dieses Zweifels versucht wird, sind zuerst die Gränzen anzugeben, innerhalb welcher allein derselbe geltend gemacht werden kann.

Im ältesten Recht, d. h. vor der Einführung der formulae, galt jene Eigenthümlichkeil nicht, und eben so hat sie völlig aufgehört und ist Alles in das natürliche Verhältniß zurückgekehrt seit der Abschaffung des Formularprozesses, indem nunmehr wieder, so wie in der ältesten Zeit, auf die Herausgabe des streitigen Gegenstandes selbst, nicht auf

(b) Gajus IV. § 48.

Zahlung einer Geldsumme, gesprochen, also das streitige Recht unmittelbar dem Kläger zuerkannt wird (c).

Ferner ist jenem Zweifel durchaus nicht die Bedeutung zu geben, als ob zur Zeit des Formularprozesses jemals der scharfe Gegensatz der Klagen in rem und in personam verkannt oder verwischt worden wäre; vielmehr wurde dieser Gegensatz auf das Bestimmteste in der intentio ausgedrückt durch die Fassung: rem *actoris esse*, oder aber: reum *dare oportere* (d). — Ja sogar ist es durch viele unzweifelhafte Stellen aus der Zeit des Formularprozesses unmittelbar gewiß, daß wirklich dem Kläger das Daseyn eines Rechts in seiner Person zuerkannt wurde (e). Und

(c) § 2 *J. de off. jud.* (4. 17) „Et si in rem actum sit . . . sive contra possessorem (judicaverit), jubere ei debet, *ut rem ipsam restituat cum fructibus.*" — § 32 *J. de act.* (4. 6), *L.* 17. *C. de fideic.* (7. 4), *L.* 14 *C. de sentent.* (7. 45).

(d) Gajus IV. § 41. 86. 87.

(e) *L.* 8 § 4 *si serv.* (8. 5) „per sententiam non debet servitus constitui, *sed quae est declarari.*" — *L.* 35 § 1 *de rei vind.* (6. 1) „Ubi autem alienum fundum petii, et judex *sententia declaravit meum esse.*" — *L.* 58 *eod.* „Sed si . . . de ipso homine *secundum petitorem judicium factum esset,* non debere ob eam rem judicem, quod hominem non traderet, litem aestimare." — *L.* 9 *pr.* § 1 *de exc. r. j.* (44. 2) „sive fuit judicatum, *hereditatem meam esse,*" und nachher: „re secundum petitorem judicata . . . replicare eum oportere, de re secundum se judicata." — *L.* 3 § 3 *de rebus eorum* (27. 9) „si fundus petitus sit, qui pupilli fuit, et *contra pupillum pronuntiatum, tutoresque restituerunt.*" — *L.* 11 § 3 *de jurej.* (12. 2) „Si . . . juravero . . . id consequi debeo, quod haberem, *si secundum me de hereditate pronuntiatum esset.*" — *L.* 6 § 2 *de confessis* (42. 2) „Sed et si . . . confessus, perinde habearis, atque *si dominii mei fundum esse pronuntiatum esset.*" — Endlich auch *L.* 15, *L.* 30 § 1 *eod.* — *L.* 40 § 2 *de proc.* (s. o. Note a).

selbst abgesehen von diesen einzelnen Zeugnissen, geht dieselbe Wahrheit aus dem ganzen Zusammenhang der Einrede der Rechtskraft, so wie derselbe unten dargestellt werden wird, mit voller Gewißheit hervor.

Endlich ist noch zu erwägen, daß es für die Klagen aus Eigenthum und Erbrecht drei verschiedene Formen gab, die nach Umständen eintreten konnten: Eine legis actio vor den Centumvirn, eine Sponsionsklage, und die arbitraria actio, die allein im neuesten Recht übrig geblieben ist (f). Auf die beiden ersten Formen bezieht sich der Zweifel gar nicht. Denn die erste Form stand ganz unter den Regeln des ältesten Rechts, nicht des Formularprozesses. Die zweite Form war gerade darauf berechnet, daß über das Daseyn des Rechts, und über dieses allein, zunächst geurtheilt werden sollte (g). Der ganze Zweifel beschränkt sich also auf den Fall der arbitraria actio, d. h. der petitoria formula, und er nimmt hier nunmehr folgende Gestalt an, in welcher sich allerdings das Interesse der ganzen Frage sehr vermindert.

Wir wissen ganz gewiß, daß das Endurtheil nur auf eine Geldzahlung gerichtet war, nicht auf die streitige

(f) Gajus IV. § 91—95.

(g) Gajus IV. §. 93. 94. Es wurde folgende Sponsion geschlossen: Si homo, quo de agitur, ex jure quiritium meus est, sestertios XXV nummos dare spondes? Verurtheilte nun der Judex auf diese Summe, so hatte das nicht die Folge, daß die Summe gezahlt werden mußte, sondern daß die Bedingung der Sponsion (das Daseyn des Eigenthums) rechtskräftig festgestellt war. Man drückte Dieses so aus: Nec enim poenalis est (sponsio), sed praejudicialis.

Sache selbst. Wir wissen eben so gewiß, daß über das Daseyn des Eigenthums rechtskräftig entschieden wurde, mit sicherer Wirkung für alle Zukunft. Wie ist nun dieser scheinbare Widerspruch zu lösen? In welcher Form konnte neben jenem auf Geld beschränkten Inhalt des Urtheils dennoch für die rechtskräftige Anerkennung des Eigenthums gesorgt werden?

Der vollständige Verlauf einer solchen arbitraria actio war folgender (h). Wenn sich der Juder von dem Eigenthum des Klägers überzeugt hatte, so sprach er zunächst die gewonnene Überzeugung von dem Recht des Klägers aus, und forderte den Beklagten auf, dem Anspruch des Klägers freiwillig Genüge zu leisten, d. h. die streitige Sache herauszugeben. Gehorchte der Beklagte diesem jussus oder arbitratus, so erfolgte eine Freisprechung; gehorchte er nicht, so wurde er verurtheilt, aber nicht auf die Sache selbst, sondern auf eine Geldsumme, mit deren Bestimmung besondere Gefahren für den Beklagten verbunden waren.

Es ging also dem Befehl zur Restitution vorher ein Ausspruch des Juder, welcher das Daseyn des vom Kläger behaupteten Rechts ausdrücklich anerkannte. Dieser Ausspruch führte den technischen Namen Pronuntiatio, und auf ihn gründete sich für alle Zukunft die Wirkung der Rechtskraft, also insbesondere auch der Anspruch des Klägers, in jedem künftigen Rechtsstreit eine exceptio rei judicatae

(h) Dieser Gegenstand ist oben ausführlich behandelt worden B. 5 § 221—223.

geltend zu machen (i). Daß dieses sich so verhielt, ist jetzt unmittelbar gewiß geworden durch die neuerlich bekannt gemachten, von dem Antecessor Stephanus herrührenden griechischen Scholien zu den Digesten, worin an fünf verschiedenen Stellen der lateinische Kunstausdruck Pronuntiatio hervorgehoben, und in der hier angegebenen Weise ausführlich erklärt wird (k). Damit stimmt zugleich eine bedeutende Zahl von Digestenstellen überein, die ganz in demselben Sinn die Pronuntiatio und das pronuntiare erwähnen (l). Auf den Grund dieser Stellen war auch schon vor der erwähnten neuen Entdeckung von mehreren Schriftstellern das wahre Verhältniß der Sache im Ganzen richtig erkannt und dargestellt worden (m). Ja selbst wenn eine solche förmliche Handlung, wie sie hier unter dem Namen der Pronuntiatio anerkannt worden ist, nicht vorgekommen wäre, so hätte dennoch aus dem Urtheil eine Einrede der Rechtskraft abgeleitet werden können, wenn nur aus dem Inhalt des Urtheils unzweifelhaft hervorging, daß

(i) Ob diese Pronuntiatio gewöhnlich, oder auch nur zuweilen, den Namen einer sententia führte, kann dabei gleichgültig seyn. Auf den Zweifel über diesen Punkt habe ich früher mehr Gewicht gelegt, als ihm gebührt.

(k) Zachariä v. Lingenthal von der Pronuntiatio, Zeitschrift f. geschichtl. Rechtswissenschaft B. 14 S. 95—126.

(l) Vgl. oben Note a. und e. Mehrere andere Stellen dieser Art sind angeführt bei Zachariä S. 101. 102.

(m) Keller § 27—31. Wetzell Vindicationsprozeß S. 107 bis 110. Dieser letzte Schriftsteller bezeichnet zu scharf den vorläufigen Ausspruch des Iuder als ein eigentliches Präjudicium, und identificirt dadurch zu sehr den Sponsionsprozeß mit der petitoria formula. Die Verschiedenheit liegt aber hier mehr in der Form und dem Ausdruck, als in dem Wesen der Sache.

dabei die Anerkennung des Eigenthums als Grund und Bedingung der Entscheidung wirklich vorausgesetzt war. Diese Behauptung kann jedoch hier noch nicht gerechtfertigt werden, da sie mit Demjenigen zusammenhängt, welches unten über die Rechtskraft der Gründe gesagt werden wird. Durch diese Bemerkung soll darauf aufmerksam gemacht werden, daß in der angegebenen Wirksamkeit der Pronuntiatio nicht etwa eine zufällige und willkürliche Einrichtung lag, sondern daß sie in einem inneren Zusammenhang stand mit der allgemeinen Auffassung der Rechtskraft überhaupt. Die Pronuntiatio diente dazu, daß das Daseyn jenes Entscheidungsgrundes nicht übersehen oder in Zweifel gezogen werden konnte.

§. 288.

Rechtskraft. I. Bedingungen. B. Inhalt des Urtheils als Gundlage der Rechtskraft. — Fall der Freisprechung des Beklagten.

Von den beiden Fällen, die in dem Inhalt eines rechtskräftigen Urtheils vorkommen können (§ 287), ist jetzt noch der zweite, der Fall der **Freisprechung des Beklagten**, in seiner eigenthümlichen Bedeutung und Wirkung festzustellen.

Die Freisprechung des Beklagten, völlig gleichbedeutend mit der Abweisung des Klägers, hat einen blos verneinenden Inhalt; die Anerkennung eines dem Beklagten zustehenden Rechts kann darin nicht enthalten seyn. Dieser wichtige und durchgreifende Unterschied der Freisprechung von der Verurtheilung läßt sich so ausdrücken: Aus der Verurtheilung kann der Kläger für die Zukunft, wie er es bedarf, sowohl eine Klage, als eine Exception ableiten, aus der Freisprechung an sich entspringt für den Beklagten nur eine Exception, keine Klage.

Der wahre Grund dieser beschränkteren Wirkung der Freisprechung liegt in der allgemeinen Natur des Rechtsstreits überhaupt. Jeder Kläger fordert die Hülfe des Richteramtes zur Abänderung des factisch bestehenden Zustandes, weil dieser mit dem wahren Recht nicht übereinstimme. Der Richter kann diese Hülfe nach Befinden gewähren oder verweigern, für eine andere Thätigkeit, insbesondere für eine solche, die zum Nachtheil des Klägers gereichen könnte, liegt in einer angestellten Klage kein Beweggrund.

Eine Bestätigung der Wahrheit des aufgestellten Unterschieds enthält auch die Fassung der Römischen formula: Si paret, condemna, si non paret, absolve. In dem condemna liegt die Nothwendigkeit eines positiven Handelns von Seiten des Beklagten, in dem absolve liegt die bloße Verneinung oder Verweigerung jeder Hülfe; ein Drittes aber ist dem Judex auszusprechen weder geboten, noch verstattet.

Die Anwendung der aufgestellten Regel auf persönliche Klagen erregt keine Art von Bedenken; der Kläger behauptet die Nothwendigkeit einer bestimmten Handlung von

Seiten des Beklagten, der Richter spricht aus, diese Nothwendigkeit sey nicht vorhanden.

Etwas anders steht die Sache bei den Klagen in rem. In den häufigsten und wichtigsten Fällen derselben, bei Eigenthum und Erbrecht, wird über das Daseyn eines Rechts von ausschließender Natur gestritten, so daß das Daseyn desselben in der einen Partei das Nichtdaseyn in der andern nothwendig in sich schließt (§ 287).

Indem nun der Kläger behauptet, daß ein solches Recht in seiner Person vorhanden sey, kann der Beklagte diese Behauptung auf verschiedene Weise zu bestreiten suchen. Er kann sich darauf beschränken, die Beweise des Klägers zu entkräften; er kann aber auch das Daseyn des bestrittenen Rechts in seiner eigenen Person behaupten und beweisen, wodurch dann das Recht des Klägers nach der aufgestellten Regel von selbst widerlegt ist.

Wenn nun der Beklagte diesen letzten Weg einschlägt und von seinem Recht den Richter überzeugt, so könnte man glauben, das Urtheil müsse auf Anerkennung des Rechts des Beklagten gehen, insofern also auf Verurtheilung des Klägers, so daß der Beklagte aus diesem Urtheil an sich für die Folge sowohl eine Klage, als eine Exception unmittelbar ableiten könnte. In der That aber verhält es sich nicht also; vielmehr beschränkt sich auch hier der Ausspruch auf die bloße Abweisung des Klägers, so daß durchaus kein Unterschied in dem Ausspruch des Richters eintritt, der Beklagte mag gewinnen, weil er selbst sein

Eigenthum bewiesen, oder weil blos der Kläger das seinige nicht bewiesen hat.

Die Wahrheit dieser Behauptung folgt aus den so eben für alle Klagen aufgestellten allgemeinen Gründen, insbesondere aus der ausschließenden Alternative in der Römischen formula: Si paret, condemna, si non paret, absolve, die völlig gleichlautend war bei Klagen in rem, wie bei persönlichen Klagen.

Eine unmittelbare Bestätigung dieses Satzes liegt aber auch in einer wichtigen Stelle des Gajus (a), deren Inhalt und Gedankengang ich hier darlegen will, um den entscheidenden Theil derselben für den angegebenen Zweck benutzen zu können.

Zwischen mir und dir (sagt Gajus) ist Streit über eine Erbschaft: jeder von uns behauptet, allein Erbe zu seyn, und jeder besitzt einige Sachen aus der Erbschaft. Daraus folgt, daß ich gegen dich die Erbschaftsklage anstellen kann, eben so aber auch du gegen mich. Wenn nun zuerst ich gegen dich geklagt habe, und ein rechtskräftiges Urtheil gesprochen ist, dann aber du gegen mich klagen willst: so fragt es sich, ob Dieses zulässig ist, oder vielmehr durch die Einrede der Rechtskraft verhindert wird. Alles kommt auf den Inhalt des gesprochenen Urtheils an; bist darin du verurtheilt, so wirst du jetzt durch die Einrede ausgeschlossen, weil aus dem mir zuerkannten Erbrecht

(a) *L.* 15 *de exc. r. j.* (44. 2). (GAJUS Lib. 30 ad ed. prov.). — Vgl. über diese Stelle Keller S. 224.

nothwendig folgt, daß du nicht Erbe bist (§ 287. a). Wenn dagegen das gesprochene Urtheil mich abgewiesen hat, so hindert dich dieses Urtheil an sich nicht, die Klage anzustellen, in deren Entscheidung der Richter völlig freie Hand hat; er kann mich verurtheilen, oder dich abweisen, da es möglich ist, daß die Erbschaft weder mir, noch dir gehört. — Der letzte Theil der Stelle, auf den hier Alles ankommt, lautet wörtlich also:

> Interest, utrum meam esse hereditatem pronuntiatum sit, an contra. Si meam esse, nocebit tibi rei judicatae exceptio: quia eo ipso, quod meam esse pronuntiatum est, ex diverso pronuntiatum videtur tuam non esse. Si vero meam non esse, *nihil de tuo jure judicatum intelligitur, quia potest nec mea hereditas esse, nec tua.*

Hier werden augenscheinlich nur zwei Fälle möglicher Urtheilsfassung angenommen: eine Verurtheilung, und eine Freisprechung, die an sich das Recht des Beklagten ganz unentschieden läßt, so daß dieser zweite Ausspruch als solcher bei einem künftigen Streit über dieses Recht des Beklagten keinen Einfluß hat. Der Verfasser der Stelle setzt also unzweifelhaft voraus, daß der Ausspruch einer Anerkennung des Erbrechts in der Person des Beklagten unmöglich sey, indem er offenbar die Absicht hat, die Fälle vollständig aufzuzählen, die bei dem Ausspruch über den zuerst geführten Rechtsstreit möglicherweise vorkommen konnten.

Eine indirecte Bestätigung der hier aufgestellten Regel liegt noch in der Entscheidung eines verwandten Falles, die man auf den ersten Blick geneigt seyn könnte, als Widerlegung derselben anzusehen. Die Entscheidung eines Rechtsstreits durch einen zugeschobenen Eid hat großentheils ähnliche Wirkungen, wie die Entscheidung durch Urtheil, weshalb auch nicht selten beide Fälle der Entscheidung als gleichartig zusammengestellt werden (b). Schwört nun der Kläger den ihm zugeschobenen Eid dahin ab, daß er Erbe (oder Eigenthümer) sey, so erwirbt er für die Zukunft Klage und Einrede: schwört der Beklagte, der Kläger sei nicht Erbe oder nicht Eigenthümer, so entsteht aus diesem Eid eine bloße Einrede (c). Soweit steht der Fall des Eides dem des Urtheils völlig gleich.

Bei dem Eid aber kann auch noch ein anderer Fall eintreten. Die Fassung desselben steht in der Willkühr dessen, der den Eid zuschiebt. Daher kann der Kläger den Eid auch so zuschieben, daß der Beklagte schwöre, er (der Beklagte) sey Eigenthümer. Wird dieser Eid abgeschworen, so erwirbt daraus der Beklagte für die Zukunft nicht nur eine Einrede, sondern auch eine Klage, welches ausdrücklich von Ulpian bezeugt wird. Er spricht zuerst von dem so eben schon erwähnten Fall, wenn der Beklagte

(b) *L.* 11 § 3 *de jurej.* (12. 2). „Si jucavero . . hereditatem meam esse, id consequi debeo quod haberem, *si secundum me de hereditate pronuntiatum esset.*"

(c) *L.* 11 § 3 *cit.*, *L.* 7 § 7 *de public.* (6. 2)

schwört, der Kläger sey nicht Eigenthümer, und sagt, aus diesem Eid entstehe nur eine Einrede, keine Klage (d):

Sed si possessori fuerit jusjurandum delatum, juraveritque *rem petitoris non esse* .... exceptione jurisjurandi utetur... actionem non habebit... non enim *rem suam esse* juravit, sed *ejus non esse*.

Dann geht er unmittelbar zur Betrachtnng des von mir zuletzt erwähnten Falles über, wenn der Beklagte schwört, er selbst sey Eigenthümer, und spricht für diesen Fall dem Schwörenden auch selbst eine Klage zu.

Proinde si, cum possideret, deferente petitore *rem suam esse* (e) juravit, consequenter dicemus ... actionem in factum ei dandam.

Dieses ist nun gerade der Fall, welcher nach der oben aufgestellten Behauptung in dem Ausspruch des richterlichen Urtheils gar nicht vorkommen darf, so daß in Folge eines solchen Ausspruchs der Beklagte niemals eine Klage erwerben kann. Meine Behauptung geht also dahin, daß hierin beide Arten der Beendigung eines Rechtsstreits (Eid und Urtheil) völlig verschieden sind.

Es ist aber auch in der That nicht schwer, den wesentlichen und nothwendigen Grund des Unterschieds zu entdecken. Der Eid hat die Natur eines Vergleichs (f),

(d) *L.* 11 *pr.* § 1 *de jurej.* (12. 2).

(e) Die Florentina liest: rem suam juravit, ohne esse, wodurch der Satz zwar keinen anderen Sinn bekommt, aber hart wird. Das esse hat nicht blos Haloander, sondern auch die Vulgata, welches Gebauer nicht bemerkt.

(f) *L.* 2 *de jurej.* (12. 2).

indem es ganz in der Willkühr des Zuschiebenden steht, ob und in welcher Formel er die Entscheidung des Streits dem Gewissen seines Gegners überlassen will. Läßt er also diesen schwören, der Beklagte sey Eigenthümer, so muß er sich die ausgedehnteren Folgen des so gefaßten Eides gefallen lassen, weil er durch seinen freien Willen diesen Ausgang herbeigeführt hat.

Gerade Dieses aber verhält sich bei dem richterlichen Urtheil ganz anders. Hier beruht Nichts auf der Willkühr der Parteien, Alles auf fest bestimmten Rechtsregeln. Es ist also ganz folgerecht, daß es dem Richter nicht verstattet ist, dem freisprechenden Urtheile die oben erwähnte größere Ausdehnung zu geben, während der Kläger sich dieser Ausdehnung durch seinen freien Willen wohl unterwerfen kann (g).

Aus der hier angestellten Untersuchung geht hervor, daß der Inhalt des Urtheils nur zwei Gegenstände haben kann: die Verurtheilung des Beklagten, oder die Freisprechung des Beklagten; daß also die Verurtheilung des Klägers darin nicht vorkommen kann. Dieser Satz ist als Regel hier dargestellt und gegen mögliche Zweifel in Schutz genommen worden. Es werden jedoch Ausnahmen

(g) Es wird indessen weiter unten (§ 290. 291) gezeigt werden, daß die hier nachgewiesene Unmöglichkeit einer Verurtheilung des Klägers weniger strenge praktische Folgen hat, als man auf den ersten Blick anzunehmen geneigt seyn möchte.

von dieser Regel behauptet, und es soll nunmehr dargethan werden, daß diese angeblichen Ausnahmen auf bloßem Schein beruhen (h).

§. 289.

Rechtskraft. I. Bedingungen. B. Inhalt des Urtheils als Grundlage der Rechtskraft. — Nicht: Verurtheilung des Klägers.

Es werden zweierlei Fälle angegeben, in welchen ausnahmsweise auch der Kläger soll verurtheilt werden können: die duplex actio und die Widerklage. Beide Fälle sind sowohl verwandt, als verschieden: beide aber kommen darin überein, daß jede Partei wirklich Kläger und zugleich auch Beklagter ist, nur in verschiedenen Beziehungen. Wird also der ursprüngliche Kläger verurtheilt, so widerfährt ihm Dieses nicht in seiner Eigenschaft als Kläger, sondern in der eines Beklagten. In der That also müssen wir in diesen Fällen nur Anwendungen und Bestätigungen der aufgestellten Regel erkennen, nicht Ausnahmen derselben.

I. Duplex actio.

Von dieser Art der Klagen ist schon oben gehandelt worden (§ 225). Die Eigenthümlichkeit derselben liegt

(h) Die Verurtheilung des Klägers in die Prozeßkosten hat keinen Zweifel, kann aber unter diese Ausnahmen nicht gerechnet werden. Diese beruht auf den besonderen, aus dem Prozeß entspringenden Verpflichtungen; wir haben hier blos mit der Einwirkung des Urtheils auf die materiellen Rechtsverhältnisse der Parteien zu thun, wie dieselben unabhängig von dem Prozeß bestanden.

darin, daß die erwähnte doppelte Eigenschaft der Parteien nicht erst durch die Willkühr des Beklagten, sondern durch die allgemeine Natur der Klage begründet wird, also durch den Richter überall zur Anwendung gebracht werden muß, wo nur die Umstände dazu geeignet sind.

Es gehören dahin die drei Theilungsklagen und die zwei Interdicte zur Erhaltung des Besitzes.

Die Formel der Theilungsklagen bestand aus zwei Stücken, einem persönlichen und einem auf Adjudication gerichteten. — Wie das persönliche Stück lauten mußte, um jede Partei zum Kläger und Beklagten zugleich zu machen, wird bei der Widerklage gezeigt werden. — Die Adjudication aber war unpersönlich gefaßt, und in sofern ähnlich der intentio einer Klage in rem (a).

Die Formel der zwei erwähnten Interdicte war an beide Parteien gleichmäßig gerichtet (b), und drückte dadurch unmittelbar aus, daß beide in völlig gleicher Lage einander gegenüber stehen sollten, nicht in der bei anderen

(a) Gajus IV. § 42. „Quantum adjudicari oportet, judex Titio adjudicato.“ Der Name Titio scheint allerdings nicht zu der behaupteten Unpersönlichkeit der Formel zu passen, und könnte wohl auf einer unrichtigen Leseart beruhen; die gewöhnlichen Parteinamen: Aulus Agerius und Numerius Negidius scheinen absichtlich vermieden. Der unzweifelhafte Sinn würde am sichersten bezeichnet seyn durch utrique oder alterutri, da nach Umständen bald dem Einen das Ganze, bald Jedem ein Theil zuzusprechen ist.

(b) *L.* 1 *pr. uti poss.* (43.16). „Uti... possidetis, quo minus ita possideatis, vim fieri veto.“ — *L.* 1 *pr. de utrubi* (43. 31). „Utrubi hic homo ... fuit, quo minus is eum ducat, vim fieri veto.“

Klagen gewöhnlichen Verschiedenheit eines Klägers und eines Beklagten.

II. Widerklage. (c).

Wenn auf eine angestellte Klage der Beklagte vor demselben Richter und gegen denselben Kläger eine Klage vorbringt, so führt diese zweite Klage den Namen **Widerklage**, vorausgesetzt, daß sie in irgend eine Verbindung mit der ersten Klage gesetzt wird (d).

Diese Verbindung kann eine zweifache seyn:

1. Sie kann zuweilen lediglich darauf ausgehen, daß dadurch der erste Kläger genöthigt wird, sich vor demselben Richter verklagen zu lassen, welchem er außerdem nicht unterworfen gewesen wäre (uneigentliche Widerklage). Dieser Fall steht mit unsrer Aufgabe

(c) Vgl. überhaupt Linde Lehrbuch § 95. 211.

(d) Völlig verschieden also von dem hier allein in Betracht kommenden Fall sind alle die Fälle, in welchen zwischen denselben Parteien vor demselben Richter gleichzeitig mehrere Prozesse **ohne Verbindung mit einander** verhandelt werden, welches eben sowohl vor demselben Römischen Judex vorkommen konnte, als es jetzt vor demselben Gerichtshof vorkommt. In diesen mehreren Prozessen kann dieselbe Person Kläger seyn (*L.* 18 *de except.* 44. 1), die Parteien können aber auch in entgegengesetzten Parteirollen auftreten (*L.* 18 *pr. mand.* 17. 1, *L.* 18 *pr. de compens.* 16. 2, *L.* 1 § 4 *quae sent.* 49. 8), ohne daß deshalb der Fall einer Widerklage entsteht. Daher ist der Ausdruck mutua petitio, der in den Fällen dieser zweiten Art gebraucht wird, ja selbst bei der bloßen Einrede der Compensation (*L.* 6 *C. de comp.* 4. 31, *L.* 1 *C. rer. amot.* 5. 21) vorkommt, keine sichere Bezeichnung der Widerklage, wofür überhaupt die Römer keinen Kunstausdruck haben. Reconventio kommt in keiner ächten Stelle vor (*L.* 5 *C. de fruct.* 7. 51 ist restituirt), und ist erst durch das canonische Recht eingeführt.

in gar keiner Berührung; er kommt übrigens auch schon im Römischen Recht vor (e).

2. Sie kann aber auch tiefer eingreifen, indem zugleich beide Klagen neben einander verhandelt und durch ein gemeinsames Urtheil entschieden werden (simultaneus processus von den Neueren genannt). Dieser Fall gehört insofern zu unsrer Untersuchung, als dadurch der Inhalt des Urtheils bestimmt wird, und zwar auf solche Weise, daß scheinbar der Kläger verurtheilt werden kann, welches nach der oben aufgestellten Regel nicht sollte geschehen können.

Auch dieser Fall kam im Römischen Recht vor, und selbst zur Zeit des alten Formularprozesses. Es fragt sich nur, wie es möglich war, zwei verschiedene Prozesse in eine und dieselbe Formel zu fassen.

Dieses war allerdings möglich, aber nur unter folgender Voraussetzung: Die Widerklage mußte auf einer Gegenforderung aus demselben Rechtsgeschäft beruhen, welches nur bei den bonae fidei actiones vorkam. Wenn also gegen eine actio emti der Beklagte die actio venditi aus demselben Vertrag vorbringen wollte, oder bei einer actio pro socio die gleichnamige Klage, oder bei

(e) *L.* 22 *de jud.* (5. 1.) — War die erste Klage eine *extraordinaria*, so wurde dadurch auch die Widerklage vor den Präses ohne Juder gezogen. *L.* 1 § 15 *de extr. cogn.* (50. 13.) — Wenn dagegen die erste Klage vor eine Municipalobrigkeit, die nur über eine beschränkte Summe richten durfte, gebracht war, so wurde dadurch diese Obrigkeit für die Widerklage von höherer Summe nicht kompetent. *L.* 11 § 1 *de jurisd.* (2. 1).

einer actio commodati directa die contraria, dann war eine Widerklage mit derselben Formel, und durch dasselbe Urtheil, wie die Hauptklage, zu beendigen möglich: in allen anderen Fällen, also bei allen Klagen aus nicht verwandten Entstehungsgründen, war Dieses unmöglich. Um aber doch auch in solchen Fällen dem praktischen Bedürfniß zu genügen, welches wir durch unsere Widerklage befriedigen, wurde die Sache so behandelt, daß beide verschiedene Klagen gleichzeitig an denselben Juder gewiesen wurden. Zugleich aber hatten kaiserliche Constitutionen für diesen Fall besonders verordnet, daß aus dem zuerst gesprochenen Urtheil Nichts gefordert werden könne, bevor auch über die gegenseitige Klage entschieden seyn würde (f).

Die Formel für die wahre Verbindung zweier verwandter Klagen wurde nun ohne Zweifel so gefaßt. Eine demonstratio bezeichnete das vorliegende Rechtsgeschäft im Allgemeinen. Darauf folgte die intentio, etwa in diesen Worten:

> Quidquid ob eam rem *alterum alteri* dare facere oportet ex fide bona, judex condemna (g).

(f) *L.* 1 § 4 *quae sent.* (49. 8). Diese etwas künstliche Behandlung der Fälle solcher Art ist der sicherste Beweis, daß eine eigentliche Widerklage in unsrem Sinn, bei nicht verwandten gegenseitigen Forderungen, im Römischen Formularprozeß für unmöglich gehalten wurde.

(g) Unverkennbare Anspielungen auf diese Formel und Voraussetzungen ihres wirklichen Gebrauchs finden sich in folgenden Stellen: Gajus III. § 137 (von den obligationes, quae *consensu* contrahuntur): „Item in his contractibus alter alteri obligatur de eo, *quod alterum alteri ex*

Genau in derselben Weise wird nun auch bei der oben erwähnten duplex actio die Formel gelautet haben, denn auch die Theilungsklagen waren bonae fidei (h). Der Unterschied mag also wohl der gewesen seyn, daß bei der duplex actio jene Formel allgemein so gefaßt wurde, bei den Widerklagen aber nur, wenn der Beklagte besonders um eine so gefaßte Formel bat, da es von seinem freien Willen abhing, ob er eine Widerklage vorbringen wollte (i).

bono et aequo praestare oportet." — CICERO top. C. 17. Er rühmt hier den Einfluß der Juristen, die besonders bei den Klagen ex fide bona, ut inter bonos, quid aequius melius Rath geben müssen. „Illi enim dolum malum, illi fidem bonam, .. illi quid .. *alterum alteri praestare oporteret* .. tradiderunt." — CICERO de off. III. 17. Er sagt von den bonae fidei judiciis: „in his magni esse judicis statuere (praesertim cum in plerisque essent judicia contraria) *quid quemque cuique praestare oporteret.*" Alle diese Rathschläge und Aussprüche konnten ja nie zur Anwendung kommen, wenn nicht Formeln aufgestellt waren, die den Judex berechtigten und verpflichteten, über solche gegenseitige Ansprüche wirklich zu entscheiden.

(h) § 28 *J. de act.* (4. 6).

(i) Gajus sagt in *L.* 18 § 4 *comm.* (13. 6), die contraria commodati actio sey gewöhnlich nicht nöthig, weil man den Gegenstand derselben als Compensation gegen die directa actio des Gegners geltend machen könne. Er fügt aber hinzu, es gebe dennoch Fälle, worin man jene Klage nicht entbehren könne; namentlich, wenn die directa actio wegen des zufälligen Untergangs der Sache oder wegen der freiwilligen Rückgabe gar nicht angestellt werde. An die Spitze dieser Fälle der unentbehrlichen contraria actio stellt er folgenden: „Sed fieri potest, ut amplius esset, quod invicem aliquem consequi oporteat ... dicemus, necessariam esse contrariam actionem." Das könnte man so verstehen, als ob zur Zeit des Gajus eine Widerklage noch gar nicht möglich gewesen wäre, also deswegen eine die Hauptforderung übersteigende Gegenforderung niemals in dem Hauptprozeß hätte verfolgt werden können. Allein jene Worte erklären sich eben so gut von einem Fall, worin nur Anfangs der erste Beklagte die Höhe

Der Erfolg war am Ende des Rechtsstreits ganz derselbe: die Möglichkeit einer Verurtheilung nach beiden Seiten hin.

Nach dem Untergang des Formularprozesses machte sich insofern die Sache einfacher und leichter, als die Fassung der Formel nicht mehr ein beschränkendes Hinderniß abgab. Das ganze Verhältniß war nunmehr demjenigen ähnlich, welches wir in unsrem heutigen Prozeß kennen. Die Widerklage war nun in größerer Ausdehnung möglich, als früher, so daß sie angebracht werden konnte, ohne Rücksicht darauf, ob sie mit der Hauptklage einen gemeinsamen Entstehungsgrund hatte, oder nicht. Das aber wurde gewiß immer gefordert, daß der Beklagte, der die Widerklage in denselben Prozeß bringen wollte, darauf gleich Anfangs antragen mußte.

Justinian gab der Widerklage eine sehr eigenthümliche Wendung, die in die neuere Praxis niemals Eingang gefunden hat. Er behandelte die Widerklage vor demselben Gericht nicht blos als ein Recht, sondern auch als eine Verpflichtung des Beklagten. Gefalle ihm dieser Richter nicht, so könne er bewirken, daß beide Klagen gemeinschaftlich vor einem anderen Richter (dem competenten Richter des Gegners) verhandelt würden. Unterlasse er

der Gegenforderung nicht übersah, und es deswegen unterließ, eine Formel zu begehren, wie die oben im Text angegebene. — Welche Änderung gerade hierin zur Zeit von Papinian eingetreten zu seyn scheint, davon wird sogleich weiter die Rede seyn. (§ 290).

Beides, so müsse er seine gegenseitige Klage so lange gänzlich ruhen lassen, bis die gegen ihn angestellte zu Ende gebracht sey (k).

Es ist nöthig, vor jeder weiteren Erörterung den Zusammenhang der Widerklage mit der Compensation in's Auge zu fassen, indem diese einen ähnlichen, wenngleich nicht völlig gleichmäßigen, Entwicklungsgang gehabt hat, wie er so eben bei der Widerklage bemerkt worden ist. Dieselben Thatsachen können, bei einem Vertrag der oben bemerkten Art, sowohl zu einer Compensation, als zu einer Widerklage Veranlassung geben. Die Compensation reicht aus, wenn die Gegenforderung nicht weiter geht, als den Gegenstand der Hauptklage ganz oder theilweise durch Aufrechnung zu beseitigen. Geht sie auf eine höhere Summe als die der Hauptklage, so ist eine Widerklage nöthig, und wird auch diese versäumt, so kann die Gegenforderung nur durch eine abgesonderte neue Klage geltend gemacht werden (Note h). Zur Zeit des Gajus stand nun die Sache so, daß die Widerklage, wie die Compensation, auf Gegenforderungen aus demselben Rechtsgeschäft beschränkt war (l). Marc Aurel erweiterte den Gebrauch der Compensation dahin, daß sie vermittelst einer doli exceptio auch gegen jede Condiction vorgebracht werden konnte, also nun ohne

(k) Nov. 96 C. 2.

(l) Gajus IV. § 61: „ex eadem causa,“ und zwar als ein eigenthümliches Rechtsinstitut bei den bonae fidei actiones. — Die besonderen Fälle des Argentarius und des bonorum emtor im älteren Recht können hier natürlich nicht in Betracht kommen. Vgl. Gajus IV. § 64 sq.

Rücksicht auf die gemeinschaftliche Entstehung beider Forderungen (m). Diese Erweiterung der Compensation trat also weit früher ein, als die so eben erwähnte gleichartige Erweiterung der Widerklage, welche erst seit der Abschaffung des Formularprozesses angenommen werden kann. Der Grund dieses chronologischen Unterschiedes aber ist leicht einzusehen. Die Erweiterung der Compensation vermittelst einer ohnehin längst bekannten Einrede konnte vorgehen, ohne irgend eine in der Form des Verfahrens begründete Schwierigkeit; die gleichartige Erweiterung der Widerklage war kaum möglich, so lange zwei völlig verschiedene gegenseitige Klagen in eine und dieselbe formula hätten zusammen gefaßt werden müssen. Trat daher ein Fall solcher Art ein, so blieb Nichts übrig, als zwischen denselben Personen zwei mutuae actiones gleichzeitig und vor demselben Juder zu geben (Note d. f.), wobei freilich die Wirkung nicht so verschieden von der einer eigentlichen Widerklage war, als man glauben möchte.

Diese ganze, die Widerklage betreffende Untersuchung ist hier lediglich als Grundlage zur Beantwortung der Frage angestellt worden, ob durch die Folgen der Widerklage eine wahre Verurtheilung des Klägers, abweichend

(m) Der geschichtliche Zusammenhang dieses Rechtsinstituts ist oben bei einer anderen Gelegenheit nachgewiesen worden B. 1 § 45 Note d.

von der im § 288 aufgestellten Regel, herbeigeführt werde. Die Antwort auf diese Frage kann nur eben so ausfallen, wie sie auf die gleichlautende Frage bei der duplex actio gegeben worden ist: dahin nämlich, daß auch bei der Widerklage die Verurtheilung des Klägers sich in bloßen Schein auflöst. Allerdings kann hier der ursprüngliche Kläger verurtheilt werden, aber wenn Dieses geschieht, so ist es nicht der Kläger, sondern der Beklagte, der in ihm verurtheilt wird, indem er in der That beide Eigenschaften in seiner Person vereinigt.

Das ganze Verhältniß der neben einer Klage vorkommenden Widerklage muß daher so aufgefaßt werden, als ob zwei Prozesse geführt, und zwei Urtheile gesprochen worden wären, bei welchen dieselben Personen, nur mit umgekehrten Parteirollen, auftreten. Der täuschende Schein, als ob ein Kläger verurtheilt werde, rührt blos von dem an sich zufälligen Umstande her, daß in diesem Fall beide Urtheile in eine einzige Urtheilsformel zusammengefaßt werden.

Dieses Verhältniß kann übrigens in den mannichfaltigsten Anwendungen vorkommen:

1. Gegen eine persönliche Klage kann sowohl eine persönliche Widerklage, als eine Widerklage in rem vorkommen.
2. Eben so gegen eine Klage in rem sowohl eine persönliche Widerklage, als eine Widerklage in rem (n).

(n) Inwiefern die ausschließende Natur eines forum rei sitae,

Es ergiebt sich aus dieser Untersuchung, daß weder die duplex actio, noch die Widerklage einen Grund darbietet, die aufgestellte Regel von der unmöglichen Verurtheilung des Klägers (§ 288) in Zweifel zu ziehen.

Es kommen jedoch einige besondere Anwendungen vor, in welchen es bezweifelt werden kann, ob die hier aufgestellten Grundsätze in unsren Rechtsquellen streng festgehalten worden sind, und ob wir damit völlig ausreichen, ohne ihnen einige mildernde Modificationen beizufügen. Diese sollen nunmehr einzeln geprüft werden.

§. 290.

Rechtskraft. I. Bedingungen. B. Inhalt des Urtheils als Grundlage der Rechtskraft. — Nicht: Verurtheilung des Klägers. (Fortsetzung.)

I. Große Zweifel hat von jeher eine Verordnung Justinian's vom J. 530. erregt, die auf den ersten Blick so aufgefaßt werden kann, als sollte dem Richter in allen Fällen gestattet seyn, auch den Kläger, wenn er ihn schuldig finde, zu verurtheilen. Bevor der Text dieser Stelle mitgetheilt und im Einzelnen erklärt wird, scheint mir folgende Einleitung nöthig.

Justinian geht aus von einem Ausspruch des Papi-

wenigstens bei Grundstücken, hierin eine Ausnahme begründet, die nach R. R. nicht anzunehmen, nach der gemeinrechtlichen Praxis sehr bestritten ist, gehört als reine Prozeßfrage nicht in den Kreis unsrer Untersuchung. Vgl. hierüber Glück B. 6 § 515. Linde Lehrbuch § 88. 90. Heffter Archiv für civil. Praxis B. 10. S. 215.

nian, der einen neuen Rechtssatz aufgestellt zu haben scheint. Dieser Rechtssatz wird von dem Kaiser nicht nur bestätigt, sondern auch für die Anwendung erweitert; worin diese Erweiterung besteht, ist klar genug angegeben. In der Hauptsache haben wir daher mit einem Ausspruch von Papinian zu thun, der uns nicht wörtlich mitgetheilt ist, und den wir also aus dem sonst bekannten Recht seiner Zeit zu erläutern und zu ergänzen haben werden, allerdings mit Rücksicht darauf, daß er wahrscheinlich das bestehende Recht frei behandeln und fortbilden wollte.

Augenscheinlich ist das allgemeine Verhältniß vorausgesetzt, welches bei jeder Widerklage zum Grunde liegt; sonst könnte ja nicht von Verpflichtungen des Klägers und von einer Verurtheilung desselben die Rede seyn. Es wird aber nicht gesagt, daß der Beklagte eine Widerklage ausdrücklich angestellt habe; vielmehr scheint die Stelle voraus zu setzen, daß erst im Laufe des Rechtsstreits eine überschießende Verpflichtung des Klägers klar geworden sey.

Fassen wir diese Umstände zusammen, so ergiebt sich der folgende wahrscheinliche Zusammenhang. Papinian setzt nothwendig voraus den Fall von gegenseitigen Ansprüchen aus Obligationen, und zwar aus solchen Obligationen, die ihren gemeinsamen Ursprung in einem bonae fidei Contracte haben; denn ohne diese Voraussetzung war zu seiner Zeit, und so lange der Formularprozeß bestand, selbst eine ausdrückliche Widerklage ganz unmöglich (§ 289). Er denkt also nothwendig an gegenseitige Ansprüche ex eadem causa, ex eodem negotio, und diese Voraussetzung erhält eine nicht geringe Bestätigung durch die Schlußworte: eum habere et contra se judicem *in eodem negotio,* non dedignetur (a).

War nun in einem solchen Fall die Widerklage gleich bei der Litiscontestation angebracht, und in Folge derselben die Formel gegeben: quidquid *alterum alteri* dare facere oportet (§ 289), so verstand sich schon lange vor Papinian die Befugniß des Richters zur Verurtheilung des ursprünglichen Klägers (der zugleich Widerbeklagter war) so sehr von selbst, daß unmöglich die Anerkennung dieser Befugniß als ein besonderer und neuer Gedanke Papinian's angesehen werden konnte.

Wenn dagegen Anfangs der Beklagte annahm, seine Gegenforderung werde der Hauptforderung nicht gleichkommen, in welchem Fall die Einrede der Compensation ausreichte, wenn er deswegen jene Formel zu begehren versäumte, und erst während des Prozesses einsah, daß er mehr, als sein Gegner, zu fordern habe, dann konnte noch zur Zeit des Gajus eine Verurtheilung des ursprünglichen Klägers nicht erfolgen, vielmehr mußte deshalb eine neue Klage angestellt werden. Papinian's neue Meinung scheint nun dahin gegangen zu seyn, auch in diesem

(a) Ich betrachte also diese Worte als bedeutend nur in Verbindung mit den angeführten übrigen Gründen, und bestreite nicht, daß sie für sich allein auch so verstanden werden könnten: in demselben Prozesse. Diese letzte Erklärung vertheidigt ausführlich Sartorius Widerklage S. 319. 323—329.

Fall die Verurtheilung des ersten Klägers zu gestatten, also eine stillschweigende Widerklage anzunehmen (b), vorausgesetzt, daß ohnehin der Magistratus, der den Judex gegeben hatte, für beide Parteien competent war.

Justinian bestätigte diesen Ausspruch, und erweiterte ihn noch dahin, daß Dasselbe gelten sollte, auch wenn der Richter für den ersten Kläger ursprünglich nicht competent war, sondern erst durch die (stillschweigende) Widerklage competent wurde.

Die Stelle selbst, deren Erklärung einstweilen vorausgeschickt worden ist, lautet nun so:

L. 14 *C. de sent. et interl.* (7. 45).

Imp. JUSTINIANUS A. Demostheni P. P.

Cum Papinianus, summi ingenii vir, in quaestionibus suis rite disposuerit, non solum judicem de absolutione rei judicare (c), sed et ipsum actorem, si e contrario obnoxius fuerit inventus (d), condemnare:

(b) Vgl. § 289 Note h, wo die entgegengesetzte Ansicht des Gajus ausführlich erörtert ist.

(c) judicare ist durch Handschriften und alte Ausgaben beglaubigt und nach dem Zusammenhang allein möglich. Der Text der Göttinger Ausgabe hat noch die sinnlose Leseart judicatae.

(d) d. h. „Wenn sich nun im Lauf der Verhandlungen ergiebt, daß der Beklagte aus diesem Geschäft Gegenforderungen hat, und zwar solche, die den Betrag der Hauptforderung übersteigen.“ Diese zufällige Wahrnehmung war bei Gegenforderungen aus demselben Geschäft, die bei der L. C. und in der Formel gar noch nicht erwähnt zu seyn brauchten, sehr wohl möglich, bei fremdartigen Gegenforderungen nicht. Waren aber diese schon Anfangs vorgebracht, so hatten sie die Natur einer ausdrücklichen Widerklage, an deren Zulässigkeit für alle Fälle, wenigstens in Justinian's Zeit, ohnehin nicht zu zweifeln war.

hujusmodi sententiam non solum roborandam (e), sed etiam augendam esse sancimus (f), ut liceat judici, vel contra actorem ferre sententiam, et aliquid eum daturum vel facturum pronuntiare (g), nulla ei opponenda exceptione, quod non competens judex agentis esse cognoscatur (h). Cujus enim in agendo observat arbitrium, eum habere et contra se judicem *in eodem negotio* (i), non dedignetur. 530.

Die hier versuchte Erklärung der streitigen Verordnung stimmt in ihrem Resultat mit den Ansichten der meisten älteren, und auch mehrerer neuerer Schriftsteller (k) überein;

(e) Wenn Justinian hier sagt, daß er vor Allem den Ausspruch des Papinian bestätige, so folgt daraus, daß er gerade von dem Fall sprechen will, der allein dem Papinian vor Augen stehen konnte.

(f) Diese Erweiterung könnte an sich auf zweierlei Weise gedacht werden: als Anwendung auf andere Fälle, oder als Anwendung unabhängig von der richterlichen Competenz. Die Fälle erwähnt der folgende Theil der Stelle gar nicht, die Unabhängigkeit von der Competenz wird dagegen ausgesprochen; daher kann in dieser allein die neue Erweiterung enthalten seyn, woraus zugleich folgt, daß Papinian gerade hierin so weit nicht gehen wollte.

(g) An sich geht jede Verurtheilung auf ein dare oder facere nach der allgemeinen Bedeutung dieser Worte. Erwägt man aber, daß im Formularprozeß dare facere oportere der charakteristische Inhalt der intentio bei den persönlichen Klagen war, und zugleich, daß der Gesetzgeber eine Stelle des Papinian vor Augen hatte, worin gewiß diese Worte in ihrem ächten, technischen Sinn gebraucht waren, so liegt in diesen Worten eine Bestätigung meiner Voraussetzung, daß in der ganzen Stelle vor Allem nur von gegenseitigen Obligationen die Rede ist.

(h) In diesen Worten liegt nun die neue Vorschrift von Justinian, sie erklären also die vorhergehenden Worte: sed etiam augendam esse.

(i) Vgl. über diese Worte die Note a.

(k) Zimmern Rechtsgeschichte B. 3 S. 312. 313. Heffter Archiv für civil. Praxis B. 10 S. 212. 213.

Andere dagegen behaupten in größter Ausdehnung, daß nach dieser Stelle stets der Kläger verurtheilt werden könne, auch wenn die beiderseitigen Ansprüche nicht durch einen gemeinsamen Entstehungsgrund in Verbindung stehen sollten (l).

Ich fasse das Resultat dieser Erklärung kurz zusammen. Die unbeschränkte Ausdehnung, in welcher überhaupt Widerklagen ausdrücklich vorgebracht werden können, ist schon oben anerkannt worden (§ 289), und wird in der vorliegenden Verordnung nicht berührt. Dieselbe nimmt aber auch eine stillschweigende Widerklage, mit möglicher Verurtheilung des Klägers, an, wenn sich dessen höhere Gegenansprüche erst im Laufe des Rechtsstreits ergeben; Dieses jedoch nur in den Fällen, worin die Gegenansprüche auf demselben Rechtsgeschäft, wie die Hauptklage, beruhen.

Es fragt sich nun, ob diese eigenthümliche Bestimmung auch für das heutige Prozeßrecht anzuerkennen ist. Ich glaube, Dieses bestimmt verneinen zu müssen, und zwar nach der Analogie der von dem jüngsten Reichsabschied gegebenen strengen Vorschrift über die Einreden. Denn wenn schon die Einreden, die nicht bei der ersten Einlassung

(l) Sartorius Widerklage S. 43—59. 319. 323—329. Obgleich derselbe in der Erklärung der hier besprochenen Gesetzstelle völlig von mir abweicht, so kann ich ihn doch im letzten Resultat nicht eigentlich als Gegner anerkennen. Er behauptet nämlich, wenn ich ihn recht verstehe, die unbeschränkte Anwendung einer ausdrücklich vorgebrachten Widerklage, und damit bin ich für die Zeit von Justinian, wie für den heutigen Prozeß, völlig einverstanden. Ich halte seine Ansicht nur darin für irrig, daß er hierauf die Stelle *L. 14 C. de sent.* bezieht, die ich von einer stillschweigenden, jedoch nur in sehr beschränkter Weise zuzulassenden, Widerklage verstehe.

vorgebracht werden, für diese Instanz verloren seyn sollen, so muß Dieses um so mehr für eine Widerklage gelten, die der Beklagte als Widerklage bei der ersten Einlassung vorzubringen unterläßt. Wenngleich vielleicht der Grund, woraus späterhin die Widerklage abgeleitet werden soll, zum Zweck einer Exception wirklich vorgebracht worden ist, so ist es doch für die Ordnung des Prozesses und für das Vertheidigungssystem des Klägers von großer Wichtigkeit, daß der Beklagte die Absicht einer Widerklage, wenn er diese gebrauchen will, gleich Anfangs bestimmt ausspreche.

Die Richtigkeit dieser Behauptung wird auch durch einen weit älteren Ausspruch des canonischen Rechts bestätigt. Wenn nämlich gegen irgend eine Klage die Einwendung einer Spoliation vorgebracht wird, so kann Dieses in einem zweifachen Sinn geschehen: als bloße Einrede und als Widerklage. Nun verordnet P. Innocenz III., daß im ersten Fall höchstens die Klage ausgeschlossen seyn, im zweiten auch der Kläger verurtheilt werden könne (m). Darin liegt die deutlich ausgesprochene Vorschrift, daß eine von dem Beklagten vorgebrachte Thatsache nicht hinterher zum Zweck einer Widerklage verwendet werden könne, daß sie vielmehr, um als Widerklage zu wirken, gleich Anfangs zu diesem Zweck aufgestellt werden müsse.

Nach dem hier aufgestellten Resultat verschwindet auch jeder Schein eines Zweifels, der aus der hier erörterten

(m) *C.* 2 *X. de ord. cogn.* (2. 10).

Verordnung Justinian's gegen die Allgemeinheit der Regel hergeleitet werden könnte, nach welcher der Kläger als solcher niemals soll verurtheilt werden können (n).

II. Von der Eigenthumsklage ist oben (§ 288) nachgewiesen worden, daß sie nur zu einem zweifachen Ausgang führen kann: zur Verurtheilung des Beklagten, d. h. zur Anerkennung des Eigenthums in der Person des Klägers; zur Freisprechung des Beklagten, welche zwar nicht immer, aber doch in den meisten Fällen, den Ausspruch, daß der Kläger nicht Eigenthümer sey, in sich schließen wird. Ein dritter Fall, nämlich die unmittelbar ausgesprochene Anerkennung des Eigenthums in der Person des Beklagten, also die Verurtheilung des Klägers, ist selbst dann nicht zulässig, wenn der Beklagte den Richter von seinem Eigenthum wirklich überzeugt, und eben dadurch die Abweisung des Klägers bewirkt hat.

Dieser letzte Satz, in so nothwendigem Zusammenhang er mit der ganzen Reihe der hier aufgestellten Rechtsregeln steht, kann jedoch nach Umständen sehr unbillige Folgen und eine Gefährdung des wirklichen Rechts hervorrufen. Wenn es dem Beklagten gelingt, jetzt den vollständigsten Beweis seines Eigenthums zu führen, so können doch diese Beweise späterhin verloren gehen, die Zeugen insbesondere können sterben. Kommt nun in irgend einer späteren Zeit

(n) Vgl. den Schluß des § 288.

der Besitz der Sache durch Zufall an den gegenwärtig abgewiesenen Kläger, so würde es für den Beklagten von großem Werth seyn, wenn er, oder sein Erbe, sich alsdann auf ein rechtskräftig ausgesprochenes Anerkenntniß des Eigenthums stützen könnte, da ein solches nach verlornen Beweisen vielleicht nicht mehr zu erlangen seyn würde. Es fragt sich, wie dieser an sich gerechte und billige Zweck etwa erreicht werden könnte.

Man möchte vielleicht glauben, der Beklagte könnte mit seiner Vertheidigung gegen die Eigenthumsklage des Klägers eine umgekehrte Eigenthumsklage (als Widerklage) anstellen, die dann eine Verurtheilung seines Gegners zur Folge haben würde. Dieses ist jedoch deswegen unmöglich, weil er Besitzer ist, die Eigenthumsklage aber nur von dem Nichtbesitzer gegen den Besitzer angestellt werden kann (o).

Dagegen liegt die wahre und consequente Befriedigung jenes praktischen Bedürfnisses in der Rechtskraft der Gründe des Urtheils, die weiter unten (§ 291) nachgewiesen werden wird. Wenn nämlich in dem oben vorausgesetzten Fall der Beklagte die Abweisung der Eigenthumsklage dadurch zu bewirken sucht, daß er sein Eigenthum behauptet, wenn über diese Behauptung verhandelt, der Richter aber von der Richtigkeit derselben überzeugt, und durch diesen Grund zur Freisprechung bestimmt wird, so bleibt es zwar auch dann der Form nach bei einer bloßen Freisprechung, die

(o) § 2 *J. de act.* (4. 6), *L.* 9 *de rei vind.* (6. 1).

nicht die Gestalt einer Verurtheilung des Klägers annehmen kann. Da aber die Gründe des Urtheils rechtskräftig werden, so wird durch die Rechtskraft dieses Grundes der Freisprechung dem gegenwärtigen Beklagten für jeden künftigen Rechtsstreit, auch wenn er darin als Kläger auftreten sollte, derselbe praktische Vortheil verschafft, wie wenn er jetzt eine Verurtheilung seines Gegners bewirkt hätte.

III. Auf die Erbrechtsklage ist alles Dasjenige anwendbar, welches so eben für die Eigenthumsklage bemerkt worden ist. Wenn also der Intestaterbe die Erbrechtsklage gegen den Besitzer der Erbschaft anstellt der aus einem Testament Erbe zu seyn behauptet, wenn der Richter die Gültigkeit des Testaments anerkennt, und aus diesem Grunde den Beklagten freispricht, so wird dieser Grund rechtskräftig, und der Freigesprochene kann davon in jedem künftigen Rechtsstreite auch als Kläger Gebrauch machen.

Außerdem aber kann bei der Erbrechtsklage auch noch ein Fall eintreten, welcher bei der Eigenthumsklage nicht möglich ist. Es kann hier die Lage des Rechtsstreits dahin führen, daß für die positive Anerkennung des dem Beklagten zustehenden Rechts nicht blos indirect (durch die Rechtskraft der Urtheilsgründe), sondern unmittelbar durch den richterlichen Ausspruch selbst vollständig gesorgt wird. Wenn nämlich zwei Personen auf die ganze Erbschaft Anspruch machen, und jede derselben einzelne Erbschaftssachen besitzt, so kann Jeder gegen den Andern die Erbschaftsklage auf das Ganze anstellen, und in Folge dieser Klage als Erbe des ganzen Vermögens in dem Urtheil anerkannt werden, wodurch ihm dieses Erbrecht für alle Zukunft rechtskräftig festgestellt ist (p).

Dieses kann unter andern auf die Weise geschehen, daß zuerst der Eine die Klage anstellt, und dann der Andere die gleichnamige Klage als Widerklage vorbringt. In diesem Fall kann das Urtheil entweder dem Kläger, oder dem Widerkläger das ganze Erbrecht zusprechen, es kann aber auch Beide mit ihren Klagen abweisen. So ist also hier, vermittelst der Widerklage, ein Urtheil möglich, das in dem ursprünglichen Beklagten das Erbrecht geradezu positiv anerkennt, welche Möglichkeit oben bei der Eigenthumsklage verneint werden mußte (q).

Der Grund dieses Unterschieds zwischen beiden Klagen liegt darin, daß das Erbrecht nur an dem ganzen Vermögen oder an einem aliquoten Theil des Vermögens vor-

(p) *L.* 15 *de exc. r. j.* (44. 2). Vgl. oben § 288. a.

(q) Man könnte glauben, derselbe Fall könnte eintreten, wenn Gajus ein abgegränztes Stück eines Landguts besäße, Sejus den abgegränzten übrigen Theil des Landguts, Jeder aber Eigenthum des Ganzen behauptete. Hier kann jedoch Jeder gegen den Andern die Eigenthumsklage nur auf das von ihm selbst nicht besessene Stück anstellen, und das Urtheil entscheidet blos über das Eigenthum an diesem Stück, so daß also zwei von einander unabhängige Urtheile gesprochen werden, jedes über einen anderen Gegenstand. — Ganz eben so verhält es sich, wenn Jeder die ideale Hälfte des Landguts besitzt. Nun hat Jeder eine partis vindicatio, und es werden wieder zwei unabhängige Urtheile über juristisch verschiedene Gegenstände gesprochen. — In beiden Fällen macht es auch keinen Unterschied, wenn etwa beide Klagen als Klage und Widerklage verbunden seyn sollten.

kommen kann, die Erbrechtsklage aber, und zwar auf das ganze Vermögen, auch schon durch den Besitz eines einzelnen Vermögensstücks in der Person des Beklagten begründet wird, vorausgesetzt, daß der Beklagte pro herede oder pro possessore besitzt.

IV. Die Negatorienklage verdient hier noch eine besondere Erwägung. Bekanntlich hat diese Klage die eigenthümliche Natur, daß der Beklagte nur, indem er den Beweis der Servitut führt, die Abweisung des Klägers bewirken kann. Wollten wir nun den Grundsatz einer blos negativen Wirkung der Freisprechung auch hier streng anwenden, so müßte der Beklagte aus dem abweisenden Urtheil keine positive Anerkennung seiner Servitut ableiten können. Wenn er also später aus dem Besitz der Servitut käme, und deshalb confessorisch klagte, so müßte er von Neuem den Beweis führen, ohne sich auf das frühere rechtskräftige Urtheil berufen zu können. Das wäre in diesem Fall besonders hart, da er in dem früheren Prozeß den Beweis der Servitut nicht willkührlich übernommen hat (wie es auch bei der Eigenthumsklage geschehen kann), sondern weil er ihn nach allgemeinen Rechtsregeln übernehmen mußte.

Hier ist nun dem Beklagten auf dieselbe indirecte Weise, wie bei den beiden vorher erwähnten Klagen, zu helfen, durch die Rechtskraft der Gründe. Außerdem aber kann er sich auch eine unmittelbare Anerkennung seines Rechts durch den richterlichen Ausspruch selbst verschaffen, und zwar nicht blos, wie es so eben bei der Erbrechtsklage nachgewiesen worden ist, in Folge einer zufälligen Lage des Rechtsstreits, sondern in allen Fällen überhaupt. Er kann nämlich gleich im Anfang des Rechtsstreits die confessorische Klage als Widerklage vorbringen. Dann muß der Richter, der sich von dem Daseyn der Servitut überzeugt, den Kläger (als Widerbeklagten) zur Anerkennung der Servitut verurtheilen.

Sogar kann diese günstige Stellung des Beklagten in der Negatorienklage schon aus der Römischen Formel der Negatorienklage gerechtfertigt werden. Diese lautet so: Si paret, Negidio jus non esse etc. Weiset nun der Richter diese Klage ab, so spricht er aus: Non videtur Negidio jus non esse etc. Dieses ist aber völlig gleichbedeutend mit dem Ausspruch: Negidio jus esse etc.

§. 291.

Genauere Bestimmungen des Inhalts. Rechtskraft der Gründe.

Die bisher durchgeführte Untersuchung über den Inhalt des Urtheils (die Verurtheilung und Freisprechung) bildet zwar die sichere und unentbehrliche Grundlage für die Lehre von der Rechtskraft, ist aber dafür keineswegs ausreichend; vielmehr ist es nöthig, nun noch auf genauere Bestimmungen des Inhalts einzugehen, weil nur auf diesem Wege eine erschöpfende Einsicht in das Wesen der Rechtskraft gewonnen werden kann.

Seit alter Zeit kehrt bei vielen Schriftstellern der Satz wieder: die Rechtskraft beziehe sich nur auf das Urtheil selbst, nicht auf die Urtheilsgründe, und man sucht diesen Satz noch schärfer durch den Ausdruck zu bezeichnen, daß nur der Tenor oder das Dispositive im Urtheil rechtskräftig werde.

Bevor die unklaren Begriffe und die Mißverständnisse dargelegt werden, in welchen die Vertheidiger dieses Satzes befangen zu seyn pflegen, ist es nöthig, auf eine zweifache Beziehung aufmerksam zu machen, die in diesem Satz (wie viel oder wenig Wahrheit er in sich schließen möge) anerkannt werden muß. Die erste, durch den Ausdruck der Rechtskraft selbst unmittelbar angedeutete Beziehung ist die auf die Zukunft, indem jener Satz zunächst den Sinn hat, daß aus den Gründen keine Fiction der Wahrheit abgeleitet werden dürfe. Die zweite, damit zusammenhangende, obgleich an sich verschiedene Beziehung ist die auf den gegenwärtigen Rechtsstreit selbst, indem jener Satz dahin führt, daß gegen die Urtheilsgründe (eben weil sie ohnehin nicht rechtskräftig werden) ein Rechtsmittel nicht nöthig, ja nicht einmal zulässig, also auch der Richter höherer Instanz darüber nicht competent sey. In dieser zweiten Beziehung also kann man sagen: So weit, als der Inhalt des Urtheils rechtskräftig wird, ist es möglich und nöthig, diese Rechtskraft durch Berufung an den höheren Richter zu hindern. Was daher in Folge der gegenwärtigen Untersuchung über die Rechtskraft der Gründe als wahr erkannt werden wird, muß eben so auch auf die Möglichkeit und Nothwendigkeit einer Berufung gegen die Gründe bezogen werden.

In dem Satz selbst aber, dessen Wahrheit nunmehr zu prüfen ist, werden zwei an sich ganz verschiedene Behauptungen häufig zusammengeworfen, deren wahre Bedeutung sich auf folgende zwei Fragen zurückführen läßt.

I. Was ist in dem Gedanken des urtheilenden Richters wahrhaft enthalten, was wird also durch den Ausspruch dieses Gedankens zur Rechtskraft, d. h. zur Fiction der Wahrheit erhoben?

Der Zusammenhang der so gefaßten Frage mit dem oben aufgestellten Satze wird durch folgende Erläuterung anschaulich werden. Wenn in dem vollständigen Gedanken des Richters das logische Verhältniß von Grund und Folge enthalten ist (und Dieses wird sich meistens darin finden), müssen wir dann auch einem solchen Grunde die Rechtskraft zuschreiben, oder vielmehr nur dem aus diesem Grunde abgeleiteten Ausspruch selbst?

II. Aus welchen Quellen haben wir den wahrhaften Inhalt des richterlichen Gedankens zu erkennen? wo haben wir denselben aufzusuchen?

Um den Zusammenhang dieser zweiten Frage mit dem oben aufgestellten Satze anschaulich zu machen, muß daran erinnert werden, daß es seit Jahrhunderten in vielen

Gerichtshöfen üblich ist, neben jedem ausgesprochenen Urtheil eine ausführliche Rechtfertigung desselben aufzustellen, die den Namen führt: Urtheilsgründe, oder auch: Zweifels- und Entscheidungsgründe. Der Sinn der eben aufgeworfenen zweiten Frage geht also dahin, ob wir Dasjenige, welches rechtskräftig werden soll, blos in dem einen jener zwei Schriftstücke (dem Tenor) aufzusuchen haben, oder in beiden; mit anderen Worten: ob auch die Urtheilsgründe rechtskräftig werden.

Es ist einleuchtend, daß beide aufgestellte Fragen an sich ganz verschieden sind, und daß in beiden der Ausdruck: Gründe, nach deren Rechtskraft man fragt, eine verschiedene Bedeutung hat. Die erste Frage geht in das Wesen der Sache ein, und muß unter allen Umständen beantwortet werden. Die zweite Frage hat eine mehr formelle Natur, und kann nur vorkommen unter Voraussetzung einer besondern Einrichtung der geschriebenen Urtheile, die ganz zufällig, und nichts weniger als allgemein ist. Der Verschiedenheit dieser beiden Fragen aber pflegen sich die Schriftsteller oft gar nicht bewußt zu werden, welche die Rechtskraft der Gründe in Frage stellen, verneinen oder bejahen; sie verfahren dabei so, als wäre in dieser ganzen Sache nur eine einzige Frage zu beantworten. Allerdings beschäftigen sie sich meist scheinbar nur mit der zweiten Frage, aber diese hat selbst nur Werth und Wichtigkeit, insofern die erste Frage unvermerkt in dieselbe hinein spielt.

Ich will nunmehr die Beantwortung der ersten Frage versuchen, die ich nochmals so ausdrücke:

Was ist es, das durch den Ausspruch des richterlichen Gedankens zur Rechtskraft erhoben wird?

Ich will damit anfangen, mich versuchsweise auf die Seite Derer zu stellen, die alle Rechtskraft der Gründe völlig verneinen, und also durch die äußerste Abstraction aus dem Urtheil jeden Schein eines ausgesprochenen Grundes zu entfernen suchen.

Hiernach würde etwa die Verurtheilung so lauten können:

daß der Beklagte dem Kläger eine bestimmte Sache heraus zu geben, eine bestimmte Geldsumme zu zahlen schuldig sey (a);

Die Freisprechung aber so:

daß Kläger mit der erhobenen Klage abzuweisen sey.

In diesen beiden Formeln dürfte wohl jede Spur eines Grundes vertilgt seyn.

Wenn aber überhaupt die Rechtskraft anerkannt werden soll, so wie oben ihre Unentbehrlichkeit dargethan worden ist, muß ich die in jener Abstraction liegende Einschränkung für völlig unausführbar und verwerflich halten.

Dieses soll nunmehr nach zwei Seiten hin dargethan werden:

(a) Schon wenn die Verurtheilung so lautet: „daß Beklagter die geliehene Summe von Hundert zurück zu zahlen schuldig," ist ein Grund der Entscheidung (die Darlehns=Obligation) in dem Urtheil ausgedrückt.

Erstlich mit Hinsicht auf die künftige Wirkung der Rechtskraft:

Zweitens mit Hinsicht auf die Natur des Rechtsstreits und die Aufgabe des Richteramtes.

Was zuerst die künftige Wirkung der Rechtskraft betrifft, so besteht diese darin, daß der Inhalt des rechtskräftigen Urtheils als wahr behandelt werden soll in jedem künftigen Rechtsstreit, in welchem dieselbe Rechtsfrage, wie in dem gegenwärtigen Urtheil, vorkommt, der also mit dem jetzt entschiedenen Rechtsstreit *hierin* identisch ist (b). Daß aber diese Identität, worauf alle Anwendung der Rechtskraft beruht, durch jene abstracte Einschränkung völlig unerkennbar wird, geht aus folgender Betrachtung hervor.

Die Bedingungen jeder Verurtheilung, so wie jeder Freisprechung, können eine sehr zusammengesetzte Natur haben.

Bei der Eigenthumsklage sind stets die positiven Bedingungen des Klagrechts: 1. Eigenthum des Klägers, 2. Besitz des Beklagten. Es können ferner mancherlei Einreden entgegengesetzt seyn, z. B. a. aus einem Vergleich über diesen Rechtsstreit, b. aus einem Vertrag über diese

(b) Der hier aufgestellte Satz mußte einstweilen aus der später folgenden Darstellung erborgt werden, worin er erst volles Licht und Begründung erhalten kann.

Sache (etwa Miethcontract), c. die exceptio hypothecaria.

Bei der Erbrechtsklage hat das Klagrecht folgende Bedingungen: 1. Erbrecht des Klägers, 2. Besitz des Beklagten an bestimmten Sachen, und zwar mit der besonderen Beschaffenheit einer pro herede oder pro possessore possessio, 3. Eigenschaft der besessenen Sachen als Bestandtheile der Erbschaft. Es können ihr mancherlei Einreden entgegen stehen, z. B. a. Klagverjährung, b. Vergleich.

Eine persönliche Klage setzt stets als Bedingung des Klagrechts voraus die Begründung der Obligation. Es kann ihr unter andern entgegen gesetzt werden die Einrede der Compensation; desgleichen die Einrede der Zahlung.

Bei allen diesen Klagen nun gehört zur Verurtheilung die Überzeugung des Richters von der Richtigkeit aller Bedingungen des Klagrechts, und zugleich von der Unrichtigkeit aller etwa vorgebrachten Einreden.

Zur Freisprechung dagegen genügt die Überzeugung von der Unrichtigkeit einer einzigen Bedingung des Klagrechts; eben so aber auch die Überzeugung von der Richtigkeit auch nur einer einzigen Einrede. Es bleibt also bei der oben angegebenen abstracten Formel der Freisprechung, die sich auf die Abweisung des Klägers beschränkt, völlig ungewiß, was der Richter dabei gedacht hat. Er kann (in dem beispielsweise angeführten Fall der Eigenthumsklage) angenommen haben, das Eigenthum, oder der Besitz sey nicht vorhanden; oder aber, der Vergleich, oder der Miethvertrag, oder das Pfandrecht sey vorhanden. Er kann ferner ein einziges unter diesen fünf denkbaren Hindernissen des Klägers als wahr angenommen haben, oder einige derselben, oder alle. Jede dieser Möglichkeiten rechtfertigt das freisprechende Urtheil vollkommen. Daher ist es unmöglich, bei einem künftigen verwandten Rechtsstreit von der Rechtskraft jenes Urtheils Gebrauch zu machen, so lange wir Nichts wissen, als daß damals der Kläger abgewiesen worden ist. Jede vom Richter ausgesprochene Verneinung nämlich wird rechtskräftig; um aber diesen Satz anwenden zu können, müssen wir vor Allem wissen, was er verneint hat. — Wir müssen also durchaus tiefer in den Sinn jenes Urtheils eindringen, sonst ist künftig jede sichere Anwendung der Rechtskraft ganz unmöglich.

Bei dem verurtheilenden Erkenntniß findet sich, wenn auch in geringerem Grade, dennoch dieselbe Schwierigkeit. Die Ungewißheit ist dabei geringer, weil wir bestimmt wissen, daß der Richter alle Bedingungen der Klage als vorhanden, alle Einreden als unbegründet angesehen haben muß (c). Aber auch hier kommen Ungewißheiten vor, die durch den bloßen Ausspruch der Verurtheilung nicht gehoben werden können. Wenn z. B. bei einer persönlichen Klage verurtheilt wird mit Verwerfung

(c) Überhaupt ist die Benutzung einer rechtskräftigen Verurtheilung bei künftigen Prozessen ungleich seltner, als die der Freisprechung, wie denn auch die actio judicati praktisch unwichtiger nnd von seltnerer Anwendung ist, als die exceptio rei judicatae.

der Einrede der Compensation, so kann Dieses geschehen seyn entweder, weil der Richter überzeugt war, die aufgestellte Gegenforderung sey nicht vorhanden, oder, weil er sie nur für illiquid und deshalb für untauglich zur Compensation hielt. Welcher unter diesen beiden Gedanken dem Richter vorschwebte, läßt sich der bloßen Verurtheilung nicht ansehen, sondern nur durch tieferes Eindringen in den Sinn des Urtheils erkennen; dennoch hängt gerade von diesem Umstand der Gebrauch dieses rechtskräftigen Urtheils bei einem künftigen Rechtsstreit lediglich ab (d).

Aus diesen Erwägungen folgt, daß in der That die Rechtskraft auch die Gründe des Urtheils mit umfaßt, d. h. daß das Urtheil als rechtskräftig anzusehen ist nur in unzertrennlicher Verbindung mit den vom Richter bejahten oder verneinten Rechtsverhältnissen, wovon der rein praktische Theil des Urtheils (die dem Beklagten auferlegte Handlung, oder die Abweisung des Klägers) abhängig ist. In diesem Sinn des Ausdrucks: Gründe, behaupte ich die Rechtskraft derselben. Um aber der Gefahr von Mißverständnissen zu entgehen, die aus der Vieldeutigkeit jenes Ausdrucks entsteht, will ich die in diesem Sinn aufgefaßten Gründe: Elemente der streitigen Rechtsverhältnisse und des (den Streit entscheidenden) Urtheils, nennen, nnd nunmehr den aufgestellten Satz so ausdrücken:

Die Elemente des Urtheils werden rechtskräftig.

(d) *L.* 7 § 1 *de compens.* (16. 2), *L.* 8 § 2 *de neg. gestis* (3. 5).

In dem oben angeführten Beispiel von der Eigenthumsklage wird also rechtskräftig: die Bejahung, oder Verneinung des Eigenthums, des Besitzes; ferner des Vergleichs, des Miethvertrags, des Pfandrechts.

Zu dieser Überzeugung sind wir hier gelangt durch die Hinsicht auf die künftige Wirkung der Rechtskraft (S. 355); zu demselben Ziel aber führt uns auch die Hinsicht auf die Natur des Rechtsstreits und die Aufgabe des Richteramts.

Diese Aufgabe geht dahin, das streitige Rechtsverhältniß, sobald es durch die Verhandlung spruchreif geworden ist, festzustellen, und dieser Feststellung Wirksamkeit zu sichern. Zu dieser Wirksamkeit aber gehört nicht blos die augenblickliche Abwehr äußerer Rechtsverletzung, sondern auch die Sicherung durch die in alle Zukunft fortwirkende Rechtskraft. Daß Dieses geschehe, dabei hat die obsiegende Partei ein augenscheinliches Interesse; was aber mehr ist, sie hat darauf ein unzweifelhaftes Recht.

Der Richter also würde seiner Pflicht nicht genügen, wenn er blos für das Bedürfniß des nächsten Augenblicks nothdürftig sorgen, die Sicherung aber für alle Zukunft versäumen wollte. Diese Sicherung begründet er nur dadurch, daß er die Elemente der Entscheidung feststellt, deren Rechtskraft hinfort bei jedem neuen Rechtsstreit benutzt werden kann.

Rechtskräftig wird demnach Alles, was der Richter in Folge der spruchreif gewordenen Verhandlung entscheiden will. Damit ist aber nicht gesagt, daß der Richter alle, in dem Rechtsstreit zur Sprache gekommenen Elemente wirklich entscheiden muß, vielmehr ist hierin ein freier Spielraum des Ermessens zuzulassen.

Wenn z. B. bei der Eigenthumsklage der Richter die Überzeugung gewonnen hat, daß dem Kläger das Eigenthum nicht zusteht, so muß er Dieses verneinen. Behauptet zugleich der Beklagte, daß er nicht besitze, und wird der Richter davon überzeugt, während der Beweis des Eigenthums weder geführt, noch mißlungen, vielmehr in seiner Fortsetzung weit aussehend ist, so kann der Richter den Kläger abweisen, indem er den Besitz des Beklagten verneint, und das Eigenthum des Klägers unentschieden läßt; eben so, wenn irgend eine Einrede bewiesen ist, ehe über das Eigenthum entschieden werden kann. Hierin das rechte Maaß zu halten, ist die Aufgabe, die sich ein verständiger Richter stellen soll, welcher auch die Wünsche der Parteien zu berücksichtigen nicht versäumen wird.

Suchen wir aber noch vollständiger in die Erwägungen des Richters einzudringen, wodurch er zu der rein praktischen Entscheidung (Verurtheilung, oder Freisprechung) gelangt, so müssen wir uns überzeugen, daß diese Erwägungen von zweierlei Art sind.

Zunächst gehören dahin die bereits erwähnten Elemente der Rechtsverhältnisse, die, wenn sie der Richter erkannt hat, selbst integrirende Theile des Urtheils werden, und daher an der Rechtskraft Theil nehmen. — Die Überzeugung von diesen Elementen aber gewinnt der Richter durch Erwägungen ganz anderer Art: durch die ihm beiwohnende Kenntniß der Rechtsregeln; durch die Beweismittel, welche ihn bestimmen, die in diesem Rechtsstreit wichtigen Thatsachen für wahr, oder unwahr anzunehmen.

Demnach können wir in der ganzen Reihe von Gedanken und Erwägungen, wodurch der Richter zum Ziel des Urtheils gelangt, zweierlei bestimmende Gründe unterscheiden: objective, die eigentlich Bestandtheile des Rechtsverhältnisses selbst sind, also Dasselbe, wofür oben die Bezeichnung von Elementen gebraucht worden ist; subjective, wodurch der Richter persönlich bewogen wird, eine bestimmte Überzeugung von jenen Elementen zu fassen, sie zu bejahen, oder zu verneinen. Nun aber müssen wir sogleich den Grundsatz hinzufügen:

> Die vom Richter angenommenen objectiven Gründe (die Elemente) werden rechtskräftig, die subjectiven Gründe werden nicht rechtskräftig (e).

(e) Es kommt nicht selten vor, daß in den besonders abgefaßten Urtheilsgründen verwandte, aber in diesem Rechtsstreit nicht mit begriffene Rechtsverhältnisse herbeigezogen werden, um des Richters Ansicht von den Rechtsregeln oder den Thatsachen anschaulicher zu machen, und so die Überzeugung des Richters von den Elementen des vorliegenden Rechtsstreits sicherer zu rechtfertigen. Solche Erwägungen gehören unter die subjectiven Gründe und können nie rechtskräftig werden. In diesem Sinn wird die Rechtskraft der Gründe mit Recht verneint von Böhmer, wie unten gezeigt werden wird (§ 293 f). So z. B., wenn in den Gründen eines Urtheils über das Possessorium zugleich petitorische Erwägungen benutzt werden, um die Entscheidung über den Besitz plausibler zu machen.

Hier sind wir aber auch auf dem Punkt angelangt, von welchem aus alle in dieser Lehre vorkommende Meinungsverschiedenheit und Verwirrung der Begriffe zu erklären ist. Wer die Rechtskraft der Gründe behauptet, hat Recht, wenn er dabei an die objectiven Gründe denkt; wer sie verneint, hat Recht, wenn er diese Verneinung auf die subjectiven Gründe bezieht. Eine genaue Unterscheidung dieser beiden Arten von Gründen ist bis jetzt stets vernachlässigt worden.

Damit jedoch die hier behauptete Rechtskraft der objectiven Gründe in ihrem wahren Werth und Einfluß anerkannt werde, ist es nöthig, auf den Begriff der objectiven Gründe noch etwas genauer einzugehen. Ich habe bisher als Beispiele derselben hauptsächlich angeführt die Bestandtheile des Klagegrundes, und die der Klage entgegen gesetzten Exceptionen, mit welchen die Replicationen und Duplicationen unzweifelhaft ganz gleiche Natur haben.

Daß nun die Bejahung, oder Verneinung gerade dieser Stücke des Prozesses rechtskräftig für alle Zukunft einwirkt, ja daß eben hierin die häufigste und darum wichtigste Wirksamkeit der Rechtskraft der Gründe besteht, soll nicht bestritten werden. Allein es würde unrichtig seyn, und es würde die heilsame Wirkung der Rechtskraft willkührlich verkümmern, wenn man die Rechtskraft der Gründe auf die hier genannten Fälle streng beschränken wollte.

Vielmehr müssen dahin auch solche Fälle gerechnet werden, die oben als unächte Exceptionen bezeichnet worden sind, also namentlich die Fälle der relativen Verneinung, d. h. der absoluten Vernichtung eines früher vorhandenen Rechts des Klägers (§ 225).

Wird daher einer persönlichen Klage die Einrede der Compensation entgegengesetzt, welches eine wahre Exception ist, so wird allerdings die Zulassung, oder Verwerfung dieser Exception (also dieser Grund der Freisprechung, oder der Verurtheilung) rechtskräftig. Aber nicht minder wird rechtskräftig die Zulassung, oder Verwerfung der vom Beklagten vorgeschützten Einrede der Zahlung, obgleich diese keine wahre Exception im Römischen Sinn des Wortes ist. Genau so verhält es sich auch mit der Eigenthumsklage, wenn derselben die fälschlich sogenannte exceptio recentioris dominii entgegengesetzt wird, d. h. die Behauptung des Beklagten, daß das früher wirklich vorhandene Eigenthum des Klägers durch ein späteres Ereigniß verloren worden sey. Auch in diesen Fällen also muß die Rechtskraft der objectiven Gründe in der That behauptet werden.

Ja selbst auf diese, der wahren Exception näher stehenden, Fälle der relativen Verneinung dürfen wir uns nicht beschränken, wir müssen vielmehr noch einen Schritt weiter gehen. Wenn nämlich in einer Klage aus Eigenthum, oder Erbrecht der Beklagte gar nicht behauptet, das früher vorhandene Recht des Gegners sey später zerstört worden, sondern wenn er das Daseyn desselben absolut, für alle Zeiten, bestreitet, so kann er diese seine Bestreitung unter andern dadurch zu begründen suchen, daß er selbst dieses Eigenthum, oder dieses Erbrecht zu haben behauptet, woraus dann von selbst folgt, daß der Kläger es nicht haben kann (§ 287 a). Wenn er nun diesen Weg einschlägt, wenn darüber verhandelt, und der Richter von dieser Behauptung des Beklagten überzeugt wird, so daß er ihn aus diesem Grunde freispricht, so wird dieser objective Grund der Entscheidung rechtskräftig, und es steht für alle Zukunft, diesem Kläger gegenüber, rechtskräftig fest, daß dieser Beklagte Eigenthümer, oder Erbe ist. Durch diesen nachgewiesenen Zusammenhang glaube ich Dasjenige begründet zu haben, welches am Schluß des vorhergehenden §. nur vorläufig behauptet worden ist, um zur billigen Befriedigung eines wahren praktischen Bedürfnisses zu gelangen.

Da jedoch die Behauptung einer so ausgedehnten Rechtskraft der objectiven Gründe von großer Wichtigkeit ist, und vielleicht manchen Widerspruch erfahren möchte, so will ich sie noch durch folgende Vergleichung in Beziehung auf die Eigenthumsklage zu bestätigen suchen. Wenn nicht die Eigenthumsklage, sondern die publiciana actio angestellt wird, wenn der Beklagte die exceptio dominii (eine ächte Exception) aufstellt und beweist, und wenn er deshalb freigesprochen wird, so wird man leicht geneigt seyn, ihm den Vortheil der Rechtskraft aus dieser ihm zuerkannten Exception einzuräumen. Nun kann aber auch derselbe Gang des Rechtsstreits eintreten, wenn nicht die publiciana, sondern die Eigenthumsklage angestellt wird, und der Beklagte gleichfalls durch den Beweis seines Eigenthums die Freisprechung bewirkt. Sollte er nun etwa den Vortheil der Rechtskraft dieses Grundes der Entscheidung nicht genießen, den er im Fall der publiciana genossen haben würde? Blos deswegen nicht, weil der juristische Begriff einer exceptio in dem einen Fall vorhanden, in dem anderen Fall nicht vorhanden wäre? Dieses würde gewiß dem praktischen Rechtssinn in hohem Grade widersprechen.

Oben ist ausführlich dargethan worden, daß die Freisprechung des Beklagten niemals in eine Verurtheilung des Klägers umgebildet werden dürfe (§ 288.), und man könnte auf den ersten Blick geneigt seyn, zwischen dieser Behauptung und den so eben aufgestellten Sätzen einen Widerspruch anzunehmen. Folgende zwei Erwägungen werden dazu dienen, den Schein dieses Widerspruchs zu beseitigen. Mit der Verurtheilung sind überhaupt zwei mögliche Folgen verknüpft, die zwar zusammenhangen, jedoch von einander unterschieden werden können. Die erste Folge ist das Gebot, Etwas zu thun, zu geben, zu unterlassen; diese kann in keinem Fall den Kläger als solchen treffen, und in dieser Hinsicht ist die oben aufgestellte Behauptung unbedingt wahr und wichtig. Die zweite Folge ist die Einwirkung der Rechtskraft auf zukünftige Streitverhältnisse, und hierauf allein bezieht sich der so eben angegebene Schein eines Widerspruchs. Aber auch in dieser Hinsicht ist wohl zu bemerken, daß die oben aufgestellte Behauptung nur dahin ging, daß die Freisprechung an sich, als solche, nicht die Natur und Wirkung einer rechtskräftigen Verurtheilung des Klägers haben dürfe. Damit ist aber nicht ausgeschlossen, daß der Beklagte indirect, vermittelst der Rechtskraft der Gründe, ähnliche Vortheile erlangen könne, wie sie ihm die Verurtheilung des Klägers, wenn sie zulässig wäre, ohnehin verschafft haben würde. Ein solcher indirecter Vortheil des Beklagten setzt indessen stets besondere thatsächliche Verhältnisse in dem geführten Rechtsstreit voraus, und besonders muß der Beklagte künftig den Beweis führen, daß in der That solche objective Gründe bei dem Urtheil vorhanden gewesen sind. Es ist daher noch immer auch in dieser Hinsicht eine nicht unerhebliche praktische Folge mit jener oben aufgestellten Behauptung verbunden.

Die bisher angestellte Untersuchung über die Rechtskraft der Gründe beruhte auf allgemeinen Betrachtungen über die Natur des Rechtsstreits, die Stellung des Richteramtes, die Bedingungen möglicher Anwendung der Rechtskraft. Wie stellt sich aber dazu das Römische Recht? Man könnte jene Behauptungen nach ihrer allgemeinen Herleitung als wahr zugeben, daneben aber behaupten, das Römische Recht lehre etwas ganz Anderes, oder es sey auf diese Fragen gar nicht eingegangen, oder es habe sie nur theilweise und unbefriedigend berührt.

Ich muß dagegen behaupten, daß die hier dargestellte Lehre von der Rechtskraft der Elemente des Urtheils im Römischen Recht ihre vollständige und sichere Anerkennung gefunden hat. Zwar ist sie nirgend in der Gestalt eines allgemeinen Grundsatzes aufgestellt, aber das bestimmte Bewußtseyn derselben giebt sich in folgenden Äußerungen unsrer Rechtsquellen auf unzweifelhafte Weise kund.

Erstlich in der sicheren und erschöpfenden Anwendung der Rechtskraft bei den Römischen Juristen, wovon die folgende Darstellung den Beweis liefern wird. Diese wäre aber, wie oben gezeigt worden ist, völlig unmöglich, wenn nicht stets die Rechtskraft der Elemente (d. h. der objectiven Gründe) von ihnen vorausgesetzt würde.

Zweitens zeigt ihre Behandlung einiger einzelnen Fälle unwidersprechlich, daß sie die Rechtskraft der Elemente mit deutlichem Bewußtseyn vorausgesetzt haben.

Wenn die Eigenthumsklage nur deshalb abgewiesen wird, weil der Beklagte nicht besitzt, später aber der Besitz an den Beklagten kommt, so kann die Eigenthumsklage von Neuem mit Erfolg angestellt werden, und die frühere Rechtskraft des Urtheils steht nicht im Wege (f). Hier ist nun zunächst einer der Fälle vorhanden, worin nach gesprochenem Urtheil neue Thatsachen eingetreten sind (g),

(f) *L.* 9 *pr. L.* 17 *L.* 18 *de exc. rei jud.* (44. 2). Vgl. oben § 263.

(g) Eine nova oder superveniens causa, wovon unten § 300. die Rede seyn wird.

auf deren Folgen das frühere Urtheil natürlich keinen hindernden Einfluß haben kann; dieser Satz hat allerdings mit unsrer Frage keine Berührung. Daß aber das frühere Urtheil die Klage abgewiesen hat wegen des fehlenden Besitzes und nur aus diesem Grunde, daß es insbesondere nicht auch das Eigenthum dem Kläger abgesprochen hat (in welchem eine später eingetretene Veränderung gar nicht behauptet wird), — dieses Alles erfahren wir nur, indem wir uns nicht mit der Kenntniß des rein praktischen Ausspruchs im Urtheil (der Abweisung) begnügen, sondern auf den objectiven Grund dieses Ausspruchs zurück gehen, und dadurch erkennen, ob der Richter blos das Eigenthum des Klägers, oder vielmehr blos des Beklagten Besitz, oder endlich Beides zugleich verneinen wollte.

Ein ganz ähnlicher Fall tritt ein, wenn einer persönlichen Klage die Compensation entgegen gestellt wird, der Richter aber diese Einrede verwirft, und den Beklagten auf die volle eingeklagte Summe verurtheilt. Hier kommt Alles darauf an, ob die Einrede verworfen worden ist, weil der Richter die Gegenforderung für nicht vorhanden, oder nur für illiquid gehalten hat. Im ersten Fall wird der künftigen Klage auf die Gegenforderung die exceptio rei judicatae entgegen stehen, im zweiten Fall aber nicht (Note d). Auch hier also ist die Anwendbarkeit der Rechtskraft ganz abhängig von der Einsicht in den Grund, aus welchem der Richter die Einrede verworfen hat; die bloße Verwerfung an sich läßt uns darüber völlig ungewiß.

Der entscheidendste Fall aber, welcher beweist, daß die Römischen Juristen die Gründe der Entscheidung mit in das Gebiet der Rechtskraft gezogen haben, ist diejenige Art der Eigenthumsklage, welche per sponsionem geführt wurde (h).

Drittens endlich finden sich mehrere Stellen des Römischen Rechts, worin die Anwendung der Rechtskraft auf einen künftigen Rechtsstreit geradezu und wörtlich von dem Umstande abhängig gemacht wird, aus welchem Grunde ein früherer Ausspruch erlassen worden ist, worin wir also auf die Erforschung und Berücksichtigung dieses Grundes unmittelbar angewiesen werden (i).

Die bisher angestellte Untersuchung hat zu dem Ergebniß geführt, daß die Rechtskraft nicht blos der Entscheidung selbst (Verurtheilung oder Freisprechung), sondern auch den objectiven Gründen derselben, zugeschrieben werden muß, d. h. daß diese Gründe als integrirende Theile des Urtheils anzusehen sind, der Umfang der Rechtskraft also stets durch den Inhalt des Urtheils in Verbindung mit jenen Gründen bestimmt werden muß.

(h) Vgl. unten § 292 f.

(i) Dahin gehören folgende Stellen: *L.* 17 *de exc. r. j.* (44. 2) „Si rem meam a te petiero, tu autem *ideo* fueris absolutus, *quod* probaveris sine dolo malo te desisse possidere ... non nocebit mihi exceptio rei judicatae.“ — *L.* 18 *pr. eod.* „Si ... absolutus fuerit adversarius, *quia* non possidebat ... rei judicatae exceptio locum non habebit.“ — Eben so *L.* 9 *pr. eod.*

Dieser wichtige Grundsatz aber ist nicht nur für wahr zu halten nach der Aufgabe des Richteramtes und nach der Natur der Rechtskraft, sondern er ist auch schon im Römischen Recht bestimmt anerkannt und zur vollen Anwendung gebracht worden.

§. 292.

Genauere Bestimmungen des Inhalts. Rechtskraft der Gründe. (Fortsetzung.)

Bisher ist die Frage beantwortet worden, **was** durch den Ausspruch des richterlichen Gedankens rechtskräftig werde, und es bleibt nun noch die zweite Frage zu beantworten übrig:

> Aus welchen Quellen der wahrhafte Inhalt des richterlichen Gedankens (also der Umfang der rechtskräftigen Gegenstände) zu erkennen ist. (S. 352.)

Wenn wir die, seit langer Zeit sehr weit verbreitete Art, die Urtheile schriftlich abzufassen, voraussetzen, nach welcher dem Urtheil selbst eine ausführliche Rechtfertigung hinzugefügt wird, so liegt der Gedanke sehr nahe, nur der Inhalt des Urtheils werde rechtskräftig, der Inhalt der Urtheilsgründe sey blos zur Ueberzeugung der Parteien oder anderer Leser bestimmt, und werde nicht rechtskräftig. So ist es auch in der That zu verstehen, wenn seit langer Zeit viele Schriftsteller über die Frage gestritten haben, ob Gründe rechtskräftig werden?

Die angegebene Behauptung würde nur unter der Voraussetzung wahr und zugleich ausreichend seyn, wenn stets in dem Urtheil alle objectiven Gründe, in den Urtheilsgründen alle subjectiven Gründe, und nur diese, enthalten wären. Dann würde diese Behauptung mit der oben aufgestellten Lehre (§ 291) völlig übereinstimmen.

Jene Voraussetzung aber trifft in der Wirklichkeit ganz und gar nicht zu, ja sie kann schon deshalb nicht zutreffen, weil in der Abfassung der Urtheilsgründe die größten Verschiedenheiten wahrzunehmen sind. Unmöglich kann aber der Umfang der Rechtskraft von einem so zufälligen und willkührlichen Verfahren der verschiedenen Gerichte abhängig gemacht werden.

Ich will dabei nicht die großen Verschiedenheiten der äußeren Form erwähnen, die hier weniger in Betracht kommen (a). Aber auch darin herrscht große Verschiedenheit, daß bald mehr, bald weniger in das Urtheil selbst aufgenommen wird, so daß die Gränze zwischen beiden

(a) In den ältern Fakultätsurtheilen findet sich die pedantische Form, erst die Zweifelsgründe, dann die Entscheidungsgründe dem Urtheil voranzuschicken, beide aber mit dem Urtheil zu einem einzigen Satz zu verbinden, selbst wenn dieser durch eine große Zahl von Bogen hindurch ging z. B. so anfangend: „Wenn es gleich scheinen wollte, daß . . .; dennoch aber und dieweilen“ u. s. w. — In der Anordnung ähnlich sind die, nach Französischer Form abgefaßten Urtheile, welchen ein Considérant (In Erwägung), oft in sehr vielen einzelnen Sätzen, vorhergeht. — Die neuere, in Deutschen Gerichten vorherrschende Form ist die, daß dem Urtheil die Gründe in Gestalt einer besonderen Abhandlung, eines Gutachtens, beigegeben werden. Vgl. Danz Prozeß, Anhang S. 67. Brinkmann richterliche Urtheilsgründe S. 91.

Schriftstücken als eine schwankende und zufällige erscheint. Diese innere Verschiedenheit hat auch ihren Grund nicht blos in den Gewohnheiten verschiedener Gerichte, sondern die eigenthümliche Beschaffenheit jeder einzelnen Rechtsstreitigkeit führt dahin, daß dasselbe Gericht nicht überall dieselbe Gränze beobachtet, indem bei einfachen Sachen die vollständige Aufnahme der objectiven Gründe in das Urtheil selbst sehr leicht seyn kann (b), die bei verwickelten Sachen vielleicht große Schwierigkeit mit sich führen wird.

Die größte Verschiedenheit aber findet sich darin, daß manche Gerichte überhaupt gar keine Gründe aufstellen, so daß die oben aufgestellte Behauptung, selbst wenn sie außerdem wahr und unbedenklich wäre, wenigstens zu einem allgemein durchgreifenden Princip nicht geeignet seyn würde (c).

Nach diesen Erwägungen müssen wir die oben aufgestellte Behauptung gänzlich verwerfen, und dagegen den Grundsatz aufstellen:

Rechtskräftig werden die objectiven Gründe, und diese

(b) So z. B., wenn in einer Eigenthumsklage lediglich über das Daseyn des Eigenthums gestritten, und dann der Beklagte verurtheilt wird, so kann das Urtheil selbst sehr leicht das Eigenthum aussprechen, und daran die Verpflichtung des Beklagten zur Herausgabe der Sache (vielleicht auch der Früchte u. s. w.) unmittelbar anknüpfen. Eben so, wenn dieselbe Klage blos wegen des dem Beklagten fehlenden Besitzes abgewiesen wird, ist es leicht, der Abweisung diesen einzigen Grund unmittelbar beizufügen.

(c) In Preußen haben schon längst die meisten Gerichte Urtheilsgründe abgefaßt und den Parteien mitgetheilt, bei dem Geheimen Ober-Tribunal aber erfolgt diese Mittheilung erst seit der Kabinetsordre vom 19. Juli 1832 (S. 192 der Gesetzsammlung von 1832).

müssen wir aufsuchen, wo sie auch zu finden seyn mögen.

Wir haben sie also erstens aufzusuchen in dem Urtheil selbst, so weit sie in demselben ausgesprochen sind. — Zweitens in den besonders abgefaßten Urtheilsgründen; hier aber kommt es darauf an, nach inneren Merkmalen die objectiven Gründe, welche allein der Rechtskraft empfänglich sind, von dem übrigen Inhalt genau auszuscheiden. — Drittens müssen wir, wenn jene Erkenntnißquellen nicht ausreichen (d), die gesammten Verhandlungen des Rechtsstreites zu Hülfe nehmen, wobei die Klageschrift die erste Stelle einnimmt. — Endlich sind viertens außer diesen geschriebenen Quellen, aber in gleichem Werthe mit diesen, manche allgemeinere Erwägungen zu benutzen, von welchen am Schluß des gegenwärtigen §. noch besonders die Rede seyn wird.

In Folge dieser Übersicht über die wahren Quellen für die Erkenntniß des Umfangs der Rechtskraft läßt sich fragen, welche Einrichtungen bei Abfassung der Urtheile räthlich seyn möchten, um den unzweifelhaften Zweck der Rechtskraft möglichst sicher zu stellen.

Am besten würde dieser Zweck erreicht werden, wenn es möglich wäre, schon in das Urtheil selbst die Gesammtheit der objectiven Grunde aufzunehmen, so daß schon das Urtheil allein hinreichen würde, den Umfang der Rechts-

(d) Dahin gehören all Urtheile derjenigen Gerichte, die überhaupt keine Urtheilsgründe aufzutellen pflegen.

kraft vollständig zu übersehen; die abgesonderten Urtheilsgründe würden dann nur dazu dienen, das Urtheil zu erläutern, und die Ueberzeugung des Richters auch in Anderen zu erwecken. Da aber diese Einrichtung bei verwickelten Sachen in aller Strenge kaum durchzuführen seyn möchte, so läßt sie sich nur annäherungsweise als wünschenswerthes Ziel aufstellen.

Dagegen ist es unter allen Umständen sowohl möglich, als räthlich, in den besonders abgefaßten Urtheilsgründen alle diejenigen Stücke, welche die Natur von objectiven Gründen haben, und daher nach der Absicht des Richters rechtskräftig werden sollen, als solche bestimmt anzugeben, damit über diesen Punkt kein Zweifel entstehen könne.

Zur Bestätigung der hier aufgestellten Behauptungen wird es dienen, wenn wir uns klar zu machen suchen, aus welchen Quellen die Römer in jedem Rechtsstreit den Umfang der Rechtskraft festzustellen suchten, da bei ihnen die äußeren Formen des Verfahrens mit den unsrigen durchaus keine Aehnlichkeit hatten, und doch derselbe Zweck, wie von uns, erreicht werden mußte.

Über die spätere Zeit des Römischen Rechts fehlt es uns hierin gänzlich an Nachrichten; für die Zeit des Formularprozesses aber glaube ich darüber ziemlich sichere Auskunft geben zu können.

Im Formularprozeß wurde der Umfang der Rechtskraft, d. h. der objectiven Gründe, die als Bestandtheile des

Urtheils anzusehen seyn sollten, zunächst erkannt aus der Intentio und der dieselbe ergänzenden Demonstratio. Wo aber diese Erkenntnißmittel nicht ausreichten, wurden auch wohl in das Urtheil selbst ausgesprochene objective Gründe mit aufgenommen. Einige Beispiele werden diese Behauptungen sowohl erläutern, als bestätigen.

Manche Klagen, wie z. B. die depositi actio, hatten eine zwiefache Formel: in jus und in factum. Bei jener wurde der Inhalt des Rechtsstreits aus der Demonstratio erkannt, bei dieser aus der Intentio (e), und so konnten diese verschiedenen Theile der Formel unmittelbar dazu dienen, den Inhalt und Umfang des in die Rechtskraft übergegangenen Urtheils zu erkennen.

Beispiele anderer Art aber, worin die formula nicht ausreichte, sondern andere Umstände hinzugenommen werden mußten, um die Rechtskraft zu bestimmen, sind folgende. Wenn die Eigenthumsklage per sponsionem angestellt wurde, so lautete die formula ganz einfach so: Si paret, N. Negidium A. Agerio sestertios XXV. nummos dare oportere. Diese 25 Sesterze aber sollten gar nicht bezahlt werden, sondern die Absicht ging dahin, ein rechtskräftiges Anerkenntniß des Eigenthums zu erlangen. Diese Absicht wurde nur dadurch erreicht, daß man auf den Grund der Entscheidung zurückging, nämlich auf die, in der Formel nicht ausgedrückte, vorhergegangene Stipulation, worin der

(e) Gajus IV. § 47.

Beklagte dem Kläger 25 Sesterze unter der Bedingung, daß der Kläger Eigenthümer wäre, versprochen hatte (f).

Der Besitz des Beklagten als Bedingung der petitoria formula wurde in der Intentio gar nicht erwähnt, sondern lediglich officio judicis geprüft und im Urtheil beachtet (g). Wenn daher wegen des Mangels dieses Besitzes die Klage abgewiesen wurde, so konnte dieser Grund der Entscheidung nicht aus der Vergleichung des Urtheils mit der formula erkannt werden. Daher pflegte dieser Grund der Entscheidung, wie es mehrere Stellen der Römischen Juristen geradezu erwähnen, in dem Urtheil selbst ausgedrückt zu werden (h).

Auch noch in mehreren anderen Stellen werden Urtheile erwähnt, in welchen Entscheidungsgründe unmittelbar ausgedrückt sind (i). Schwerlich ist hierüber ein ganz gleichförmiges Verfahren in allen Urtheilen beobachtet worden.

(f) Gajus IV. § 93. 94. — In der Behandlung dieses Falles liegt zugleich einer der vollständigsten Beweise der oben aufgestellten Behauptung, daß überhaupt im Römischen Recht die Rechtskraft auch auf die Gründe der Entscheidung bezogen worden ist. Vgl. oben § 291. h. — Eben weil in dem Fall der certi condictio aus einer Geldstipulation die bloße Intentio keinen Aufschluß über die Natur und den Grund des Anspruchs gab, so mußte bei dieser Klage neben der actio auch die vollständige stipulatio edirt werden. *L.* 1 § 4 *de edendo* (2. 13).

(g) *L.* 9 *de rei vind.* (6. 1).

(h) Vgl. oben § 291. f. i.

(i) *L.* 1 § 1 *quae sent. sine app.* (49. 8). (Macer) „Item si calculi error in sententia esse dicatur, appellare necesse non est: veluti si judex ita pronuntiaverit: *Cum constet, Titium Sejo ex illa specie quinquaginta, item ex illa specie viginti quinque debere; idcirco Lucium Titium Sejo centum condemno.* Nam quoniam error computa-

Es ist oben gesagt worden, daß es außer den, hier angegebenen, geschriebenen Quellen auch noch manche allgemeinere Erwägungen gebe (gleichsam unsichtbare Erkenntnißquellen), welche bei Bestimmung des Umfangs der Rechtskraft benutzt werden müßten.

Diese Erkenntnißquellen können in zwei entgegengesetzten Richtungen bestimmend einwirken: Einige, indem sie als stillschweigende Zusätze zu dem Urtheil hinzugedacht werden müssen; Andere, indem sie diejenigen Aussprüche, die ihrer Form nach, und nach der Absicht des Richters, zu dem Urtheil gehören, und also der Rechtskraft theilhaftig zu seyn scheinen, ganz, oder theilweise entkräften. — Es gehören dahin folgende Fälle:

I. Jede Verurtheilung schließt in sich die Freisprechung von allen weiter gehenden Ansprüchen aus dem streitig gewordenen und abgeurtheilten Rechtsverhältniß; jede Freisprechung geht nicht blos auf das von dem Kläger geforderte Ganze, sondern auch auf jeden denkbaren Theil dieses Ganzen (§ 286).

Diese, in ihren praktischen Folgen ungemein wichtigen Sätze, die niemals in dem Urtheil ausgedrückt zu werden pflegen, sind stets als stillschweigende Bestandtheile des

tionis est, nec appellare necesse est, et citra provocationem corrigitur." — Eben so in dem anderen Fall, welcher in dem § 2 derselben Stelle als Beispiel einer Entscheidung mit Gründen aufgestellt wird. Desgleichen auch in *L.* 2 *C. quando provocare* (7. 64).

Urtheils anzusehen, die eben so rechtskräftig werden, wie der ausgesprochene Theil desselben.

II. In jedem Urtheil ist stillschweigend hinzuzudenken eine gewisse Zeitbestimmung. Die Anerkennung, oder Verneinung eines Rechts in der Person des Klägers soll als Wahrheit gelten, und wird rechtskräftig nur für den Zeitpunkt, in welchem das Urtheil gesprochen wird.

Der Richter spricht also Etwas aus nur in Beziehung auf den gegenwärtigen Zeitpunkt; er läßt nothwendig unberührt alle in die Zukunft fallenden Veränderungen, und die Rechtskraft des Urtheils bleibt ohne Einwirkung auf jeden Rechtsstreit, welcher auf der Behauptung von Thatsachen beruht, die erst nach dem Urtheil eingetreten seyn sollen.

Dieser Satz, der in seinen einzelnen Anwendungen niemals bezweifelt worden ist (k), findet gerade hier seine wahre Begründung. Er beruht nämlich darauf, daß die eben erwähnte Zeitbestimmung als stillschweigender Zusatz in das Urtheil hinein zu denken ist. Daraus folgt, daß eine künftige, auf spätere Thatsachen gegründete Klage mit dem früheren Urtheil gar nicht im Widerspruch steht (l).

(k) Er kommt vor bei der causa superveniens, s. u. § 300.

(l) Die angegebene Regel ist hier abgeleitet worden aus dem richtig verstandenen Inhalt des Urtheils, also aus der Natur der Einrede der Rechtskraft in ihrer positiven Function. Dieselbe Regel wurde auch anerkannt, nur aus anderen Gründen, bei der Einrede in ihrer älteren Gestalt (der negativen Function). Hier beruhte sie

III. Die bisher abgehandelten Fälle führten dahin, daß dem wörtlich ausgesprochenen Urtheil aus allgemeinen Erwägungen stillschweigende Zusätze beigegeben wurden, die an der Rechtskraft Theil nehmen sollten. Es giebt aber auch Fälle, in welchen umgekehrt Dasjenige, welches durch seine Form und durch die Absicht des Richters rechtskräftig werden sollte, von der Rechtskraft ausgeschlossen bleiben muß.

Dahin gehört, richtig aufgefaßt und begränzt, der Fall des Rechnungsfehlers. Wenn nämlich das Urtheil selbst eine Rechnung aufstellt und aus dieser die Summe der Verurtheilung ableitet, die Rechnung aber falsch ist, so steht die ausgesprochene Summe mit den mathematischen Denkgesetzen im Widerspruch. Die Folge ist die, daß die Bestandtheile der Rechnung als wahr und rechtskräftig angenommen werden, die Summe selbst aber berichtigt werden kann und muß, und zwar ohne Appellation oder irgend ein anderes Rechtsmittel, ohne neues Urtheil, sowohl von demselben Richter, der das Urtheil gesprochen hat, als auch von jedem anderen Richter, der mit dieser Sache zu thun bekommt (m). Der Fall, welcher von dem alten Juristen

darauf, daß die später angestellte Klage auf alia res ging, also mit der früher in judicium deducirten und dadurch consumirten Klage nicht identisch war. Keller S. 292.

(m) *L.* 1 § 1 *quae sent.* (49. 8), oben in der Note i. abgedruckt. — Vgl. Gönner B. 3 S. 203. Linde Handbuch § 13. — Alle anderen Irrthümer des Urtheils darf der urtheilende Richter selbst durchaus nicht verbessern, nachdem das Urtheil einmal ausgesprochen ist. *L.* 42, *L.* 45 § 1, *L.* 55 *de re jud.* (42. 1). Nur eine Er-

angeführt wird, bezieht sich auf ein Urtheil von folgendem Inhalt: „Da der Beklagte aus Einem Rechtsgrund 50 schuldig „ist, aus einem andern Rechtsgrund 25, so verurtheile ich „ihn zu 100.“ Hier soll nicht etwa (wie man glauben könnte) das ganze Urtheil nichtig seyn, sondern es soll nur die Rechnung berichtigt werden (citra provocationem *corrigitur*), d. h. es soll so angesehen werden, als wenn zu 75 verurtheilt wäre. Nach den oben aufgestellten Grundsätzen aber kann es kein Bedenken haben, dasselbe Verfahren anzuwenden, ohne Unterschied, ob jene Rechnung in dem Urtheil selbst (wie in jener Digestenstelle), oder in den abgesondert beigefügten Urtheilsgründen aufgestellt ist.

Mit diesem Fall des Rechnungsfehlers läßt sich noch der andere (schwerlich je vorkommende) Fall vergleichen, wenn irgend ein Stück des Urtheils nach Naturgesetzen unmöglich ist (n), da diese denselben Anspruch auf unbedingte Anerkennung haben, wie die Gesetze der Mathematik, so daß in beiden Fällen eine eigentlich juristische Prüfung und Berichtigung des Urtheils als gleich überflüssig erscheint.

Dagegen haben eine ganz verschiedene Natur einige

gänzung des Urtheils soll ihm gestattet seyn, wenn sie noch an demselben Tage hinzugefügt wird. *L.* 42 *cit.*

(n) *L.* 3 *pr.* § 1 *quae sent.* (49.8) „Paulus respondit, impossibile praeceptum judicis nullius esse momenti. — Idem respondit, ab ea sententia, cui pareri rerum natura non potuit, sine causa appellari.“ — Über den, auch in manchen anderen Rechtsinstituten wahrzunehmenden Einfluß der auf Naturgesetzen beruhenden Nothwendigkeit oder Unmöglichkeit vgl. oben B. 3 § 121 fg.

andere Fälle, die mit dem eben dargestellten Fall des im Urtheil enthaltenen Rechnungsfehlers mehr oder weniger verwandt sind, und daher irrigerweise von manchen Schriftstellern auf gleiche Linie gestellt werden.

Ein Rechnungsfehler nämlich kann auch außer einem Rechtsstreit, in Rechtsgeschäften verschiedener Art vorkommen, und dann zu einer Anfechtung des Geschäfts Anlaß geben. Wenn z. B. eine aus mehreren Posten bestehende Kaufmannsrechnung falsch summirt wird, und deshalb der Käufer mehr bezahlt, als er schuldig ist, so kann er die Überzahlung mit einer condictio indebiti zurückfordern. Bei diesem Rechtsstreit kann ein Vergleich, so wie ein rechtskräftiges Urtheil vorkommen (o); aber alle diese Folgen, die sich an einen ursprünglich außergerichtlichen Rechnungsfehler anknüpfen, haben mit der oben aufgestellten Regel von dem im Urtheil enthaltenen Rechnungsfehler Nichts gemein. — Ferner kann der Rechnungsfehler zwar einem Urtheil zum Grunde liegen, jedoch so, daß er nicht

(o) Von einem Fall solcher Art handelt *L. un. C. de err. calculi* (2. 5). Zweifelhaft ist die Bedeutung von PAULUS V. 5 A. § 11. „Ratio calculi saepius se patitur supputari, atque ideo potest quocunque tempore retractari, si non longo tempore evanescat.“ Die Anfangsworte sind ganz ähnlich gefaßt, wie die angeführte Stelle des Coder („unde rationes etiam saepe computatas denuo tractari posse“), und können daher gleichfalls auf außergerichtliche Rechtsgeschäfte bezogen werden. Aber die Worte ***quocunque tempore*** retractari scheinen die Nothwendigkeit der zu beobachtenden Appellationsfrist verneinen zu wollen, und dann müßte Paulus den Fall des im Urtheil enthaltenen Rechnungsfehlers (Note i.) vor Augen gehabt haben.

aus dem Urtheil selbst erhellt, sondern erst von uns hinterher als Anfechtungsgrund geltend gemacht wird, indem wir eine andere Rechnung aufstellen, als die, welche den Richter, nach unsrer Voraussetzung, zu seiner Entscheidung bestimmt hat. Dieses ist der Gegenstand einer gewöhnlichen Anfechtung des Urtheils durch Appellation (p), und hat wiederum mit jener Regel Nichts gemein. Es müssen daher die verschiedenen Beziehungen, in welchen ein Rechnungsfehler vorkommen und Einfluß haben kann, genau unterschieden werden.

In unmittelbarer Verbindung mit der Regel, nach welcher der Rechnungsfehler niemals in Rechtskraft übergehen kann (Note i.), wird von Macer die andere Regel aufgestellt, daß es auch dann gegen ein Urtheil keiner Appellation bedürfe, wenn darin der Inhalt einer Kaiserconstitution verletzt werde (q). Man möchte dadurch verleitet werden, diesen Fall mit dem Fall des Rechnungsfehlers auf gleiche Linie zu stellen, woraus wieder folgen würde,

(p) Darauf ist zu beziehen *L.* 2 *C. de re jud.* (7. 52.) „Res judicatae si *sub praetextu* computationis instaurentur, nullus erit litium finis," welche Stelle, so verstanden, mit *L.* 1 § 1 *quae sent.* (Note i.) nicht im Widerspruch steht, da sie von einem ganz anderen Falle spricht. Das ganze Gewicht liegt auf den Worten sub praetextu. In dem, von Macer in der angeführten Digestenstelle aufgestellten Falle konnte von einem praetextus nicht die Rede seyn, da der bloße Augenschein entschied.

(q) *L.* 1 § 2 *quae sent.* (49. 8). Vgl. *L.* 27. 32 *de re jud.* (42. 1), *L.* 19 *de appell.* (49. 1), woraus zugleich erhellt, daß die Verletzung einer Lex, oder eines Senatusconsults hierin auf gleicher Linie stand mit der Verletzung einer Kaiserconstitution.

daß auch der fehlende Richter selbst seinen Irrthum (ähnlich einem bloßen Schreibfehler) wieder verbessern könne. Diese Meinung würde jedoch ganz irrig seyn, und beide Fälle haben eine verschiedene Natur. Die in einem Urtheil enthaltene Gesetzverletzung kann nur durch ein Rechtsmittel gegen das Urtheil berichtigt werden, und ist nur dadurch von anderen, in einem Urtheil vorkommenden Fehlern verschieden, daß die Anfechtung nicht den beschränkenden Regeln und Formen der Appellation unterworfen ist. Der innere Unterschied des Rechnungsfehlers von der Gesetzverletzung liegt darin, daß der Rechnungsfehler von Jedem, der nur darauf aufmerksam gemacht wird, unfehlbar anerkannt werden muß; bei der angeblichen Gesetzverletzung aber kommt es erst auf eine, oft nicht unzweifelhafte, Prüfung des Inhalts des Gesetzes an, ferner auf eine Vergleichung des Gesetzes mit dem Urtheil, insbesondere auch auf die Frage, ob der Richter in der That das Gesetz verkannt, oder vielmehr in der Subsumtion der Thatsachen unter das Gesetz geirrt hat, auf welchen letzten Fall die Befreiung von den regelmäßigen Bedingungen der Appellation ganz und gar nicht bezogen werden darf (r).

An die so eben erwähnte Regel des Römischen Rechts von der Gesetzverletzung in einem Urtheil, deren Anfechtung nicht unter den gewöhnlichen Regeln und Formen der Appellation stehen soll, haben sich in dem Prozeßrecht neuerer

(r) *L.* 32 *de re jud.* (42. 1), *L.* 1 § 2 *quae sent.* (49. 8).

Zeiten sehr wichtige Rechtsinstitute in mannichfaltiger Entwickelung angeschlossen. — Es gehört dahin die Lehre des gemeinen Deutschen Prozesses von der Nichtigkeit des Urtheils wegen des verletzten jus in thesi (s); ferner im Französischen Prozesse das Rechtsmittel der Cassation; eben so im früheren Preußischen Prozesse die (dem gemeinen Deutschen Prozesse nachgebildete) Nichtigkeitsklage wegen verletzter klarer Gesetze (t); im neueren Preußischen Prozesse die Nichtigkeitsbeschwerde, welche eine der Französischen Cassationsbeschwerde ähnliche Natur hat (u).

Alle diese, den neueren Zeiten angehörenden, Rechtsinstitute sind hier nur beiläufig erwähnt worden, um auf sie die gemeinsame Bemerkung zu beziehen, daß sie lediglich dem Prozeßrechte angehören, und mit der hier vorliegenden Lehre von der Rechtskraft keine unmittelbare Berührung haben, insofern also von den, so eben aus dem Römischen Rechte dargestellten Folgen des Rechnungsfehlers wesentlich verschieden sind. Es sind insgesammt Rechtsmittel gegen richterliche Urtheile, und insofern sind sie mit der Appellation gleichartig, obgleich von dieser in Bedingungen und Formen mehr, oder weniger verschieden (v).

(s) Linde Lehrbuch § 419—422.

(t) Allgemeine Gerichtsordnung Th. 1 Tit. 16 § 2 N. 2.

(u) Gesetz vom 14. Dez. 1833 (Gesetzsammlung 1833 S. 302).

(v) Aehnlich der Römischen Behandlung des Rechnungsfehlers ist die Vorschrift der Preußischen A. G. O. I. 14. § 1. „Wenn in dem publicirten Urtel erster Instanz irgend ein Irrthum in Worten, Namen, oder Zahlen vorgefallen . . . zu seyn scheint, so bedarf es deshalb keiner Appellation, sondern . . . dieses (das Kollegium) muß . . . den vorgefallenen Irrthum durch eine . . . Registratur abändern lassen“ u. s. w.

§. 293.

Genauere Bestimmung des Inhalts. Rechtskraft der Gründe. Schriftsteller.

Die Untersuchung über die Rechtskraft der Gründe würde nicht zu einem befriedigenden Schluß geführt seyn, wenn nicht auch die Meinungen unsrer Schriftsteller über diese Frage übersichtlich dargestellt würden. Daß diese Meinungen so sehr unter sich selbst im Widerstreit sind, muß gerade bei einem Gegenstand von so häufiger praktischer Anwendung auffallen, und ist nur daraus zu erklären, daß man es versäumt hat, die Begriffe und die Fragen, worauf es bei diesem Streit ankommt, zu klarer Entwicklung zu bringen, bevor die Entscheidung der Fragen unternommen wurde.

An die Darstellung der gemeinrechtlichen Literatur soll die Behandlung desselben Gegenstandes im Preußischen Recht angeschlossen werden. Dieses Verfahren würde nicht zu rechtfertigen seyn, wenn das Preußische Recht hierin (so wie in den wichtigsten Theilen des eigentlichen Prozeßrechts) einen eigenen und neuen Weg eingeschlagen hätte; so verhält es sich aber in der That nicht. Praxis und Literatur geht hier stets aus von wenigen, allerdings nicht erschöpfenden, Gesetzstellen. Bei deren Abfassung aber lag augenscheinlich nicht die Absicht zum Grunde, die Lehre von der Rechtskraft auf einem neu erfundenen Grunde zu erbauen, welche Absicht schon durch die Kürze und Unvollständigkeit dieser Stellen widerlegt wird. Vielmehr sollte nur mit wenigen Worten die Befolgung derjenigen Regeln über die Rechtskraft angeordnet werden, deren Kenntniß und Übung bei allen damals vorhandenen Richtern aus dem gemeinen Recht vorausgesetzt werden konnte.

Um aber die folgende literarische Darstellung verständlicher zu machen, ist es nöthig, zwei Gesichtspunkte hervor zu heben, welche möglicherweise sowohl von der Gesetzgebung, als von der Wissenschaft und der Praxis in der Lehre von der Rechtskraft aufgefaßt werden können, und welche großentheils zu entgegengesetzten Zielen führen. Dabei muß an die schon oben (§ 291) gemachte Bemerkung erinnert werden, daß die Rechtskraft unzertrennlich verbunden ist mit der Möglichkeit und dem Bedürfniß der Appellation; was rechtskräftig zu werden fähig und bestimmt ist, kann und muß, damit es nicht rechtskräftig werde, durch Appellation angefochten werden, und umgekehrt: was nicht rechtskräftig wird, braucht und soll nicht Gegenstand einer Appellation seyn.

Der eine Gesichtspunkt nun, den man in der Lehre von der Rechtskraft vorzugsweise verfolgen kann, ist die Befriedigung des augenblicklichen Bedürfnisses. Es soll so leicht und so schnell, als möglich, auf die letzte Entscheidung des jetzt vorliegenden praktischen Streites hingewirkt werden. Kann diese Entscheidung auch bei künftigen Streitigkeiten helfen, so ist es gut; für diesen untergeordneten Gegenstand aber haben wir wenig zu sorgen.

Der entgegengesetzte Gesichtspunkt ist die Feststellung aller, unter den Parteien streitig gewordenen und bis zur Spruchreife verhandelten, Rechtsverhältnisse für alle Zukunft. So weit dabei die Entscheidung des zunächst vorliegenden, unmittelbar praktischen Streites erleichtert und beschleunigt werden kann, muß es geschehen; nur darf durch die Verfolgung dieses untergeordneten Zweckes das angegebene eigentliche Ziel nicht gefährdet werden (a).

Dieser zweite Gesichtspunkt ist unzweifelhaft der der Römischen Juristen. Dafür zeugt ihre gründliche Ausbildung der Lehre von der Rechtskraft, deren Darstellung die Aufgabe der vorliegenden Abhandlung ist.

Der erste Gesichtspunkt ist nicht selten in neuerer Zeit von Schriftstellern und Gerichten auf einseitige Weise verfolgt worden, und in diesem Gegensatz ist wohl der Hauptgrund der starken Meinungsverschiedenheiten in dieser Lehre zu suchen.

Die Meinungen der Schriftsteller lassen sich auf drei Klassen zurück führen.

(a) Es darf freilich diese Behauptung nicht dahin übertrieben werden, als ob das Urtheil nie früher gesprochen werden dürfte, als bis alle streitig gewordenen Fragen spruchreif geworden wären, welchem möglichen Mißverständniß schon oben vorgebeugt worden ist (S. 360). Nur was wirklich spruchreif geworden ist (oder in naher Zeit gemacht werden kann), soll durch das Urtheil so festgestellt werden, daß diese Feststellung für alle Zukunft sicheres Recht bilden könne.

I. Die meisten verneinen die Rechtskraft der Gründe unbedingt, selbst ohne für den Fall eine Ausnahme vorzubehalten, wenn die Gründe mit der Urtheilsformel selbst verwebt sind (b). Dahin sind auch diejenigen zu rechnen, welche den Gründen nur insofern einen Werth beilegen, als dadurch vielleicht ein zufällig undeutliches Urtheil erklärt werden kann (c); denn auch in dieser Meinung wird die wahre Bedeutung der Gründe, und das innere Verhältniß derselben zu dem Urtheil selbst, völlig verkannt.

II. Einige Schriftsteller nehmen die Rechtskraft der Gründe an, wenn sie in das Urtheil eingerückt sind, nicht, wenn sie blos in einem abgesonderten Aufsatz stehen. Sie tadeln aber eben deshalb die Einrückung in das Urtheil, halten es also für einen Nachtheil, wenn die Gründe rechtskräftig werden. Diese Meinung hatte früher Wernher, und sie ist nachher von Claproth angenommen worden (d). — Später änderte Wernher seine Meinung dahin, daß auch die abgesonderten Gründe rechtskräftig werden, insofern sie der Richter zugleich mit dem Urtheil den Parteien publicire. Eben deshalb aber tadelt er nun auch dieses Verfahren, und findet es besser, sie nicht zu publiciren (e).

(b) Berger oecon. forensis Lib. 4 T. 22 Th. 4 Not. 6. — Hymmen Beiträge B. 6 S. 102 N. 45. — Martin Prozeß § 113 Note d. — Linde Lehrbuch § 381 Note 5.

(c) Cocceji jus controv. XLII. 1 Qu. 8 Pufendorf Obs. I. 155.

(d) Wernher Obs. T. 1 P. 4 Obs. 172. — Claproth ordentl. Prozeß Th. 2 § 210.

(e) Wernher Obs. T. 3 P. 3 Obs. 97 N. 24 — 32.

Diese ganze Meinung, und insbesondere die Warnung gegen Publication der Gründe, hangt augenscheinlich zusammen mit der oben erwähnten Auffassung, nach welcher das ganze Streben auf die schnelle Beseitigung des augenblicklichen Bedürfnisses und auf die Verminderung der Rechtsmittel, nicht auf die bleibende Feststellung streitiger Rechtsverhältnisse für die Zukunft, gerichtet seyn soll. Dasselbe Motiv liegt auch der ersten Meinung zum Grunde, durch welche die Rechtskraft der Gründe überhaupt, und ohne Rücksicht auf äußere Form und Stellung, verneint wird.

III. Bei einer dritten Klasse von Schriftstellern endlich wird der innere Zusammenhang der Gründe mit dem Inhalt des Urtheils, und daher die Theilnahme der Gründe an der Rechtskraft, richtig anerkannt, ohne Unterschied, in welcher Form die Gründe ausgesprochen, und an welcher Stelle dieselben angebracht sind.

Der erste Schriftsteller neuerer Zeiten, bei welchem ich diese freiere Ansicht finde, ist J. H. Böhmer. Er nennt die Gründe wesentliche Bestandtheile des Urtheils, die Seele des Urtheils, die Ergänzung des richterlichen Gedankens, und schreibt ihnen daher dieselbe Kraft, wie dem Urtheil selbst, zu (f).

(f) Böhmer exercit. ad Pand. T. 5 p. 534 § 18: „Equidem rationes decidendi virtualiter sententiae inesse creduntur, cum contineant fundamenta, quibus judex motus sententiam eo, quo factum est, modo tulit, adeoque eandem vim cum ipsa sententia habere videntur, utpote cujus anima et quasi

Zu den Schriftstellern dieser Klasse gehört ferner Bayer, der sich ausdrücklich dahin erklärt, daß es bei der Rechtskraft nicht darauf ankomme, an welchem Orte (in der Urtheilsformel, oder in den Entscheidungsgründen) ein Ausspruch des Richters stehe, und daß jede Entscheidung irgend eines, in dem vorhergehenden Verfahren bestrittenen Hauptpunktes rechtskräftig werde (g). Eben so gehört dahin auch Wächter, der die Streitfrage über die Rechtskraft der Gründe zwar nicht als solche behandelt, wohl aber die Grundsätze des Römischen Rechts über die Rechtskraft so darstellt, wie es nur unter Voraussetzung einer richtigen Entscheidung jener Streitfrage möglich ist (h).

Noch bestimmter aber und ausführlicher sprechen sich über diesen Punkt zwei neuere Schriftsteller aus, deren geschichtliche Auffassung der Lehre von der Rechtskraft von einer anderen Seite her oben bekämpft werden mußte, Kierulff und Buchka. Der erste behauptet ganz richtig (i), „daß das richterliche Urtheil nach seinem Geist und nicht nach dem bloßen Wortinhalt behandelt werden

nervus sunt.“ (Wörtlich gleichlautend mit Jus eccl. Prot. Lib. 2 T. 27 § 14). — Weiterhin verneint er die Rechtskraft derjenigen Stücke der Entscheidungsgründe, worin der Richter zur bloßen Erläuterung fremdartige Erwägungen mit einmischt, z. B. Betrachtungen über die Lage des Eigenthums bei Gelegenheit der Entscheidung über eine Besitzklage. Gewiß mit Recht, da solche Betrachtungen zu den blos subjectiven Gründen gehören (§ 291. e).

(g) Bayer Civilprozeß S. 184 Ausg. 4.

(h) Wächter Handbuch des in Württemberg geltenden Privatrechts B. 2 § 73.

(i) Kierulff S. 250. 254. 256. 260. Vgl. oben § 283 S. 282.

darf." Ferner: „Was man gewöhnlich Entscheidungsgründe nennt, ist eben der wahre concrete Inhalt, und die Condemnation, oder Absolution sind nur der Ausspruch des, aus ihm gefolgerten, rechtlichen Resultats. Was entschieden ist, weiß man wahrhaft nur, wenn man jene sogenannten Gründe kennt, und die gewöhnlich sogenannte Entscheidung selbst giebt davon nur eine oberflächliche andeutende Kunde." Damit ist die Sache selbst so richtig bezeichnet, daß sich von diesem Standpunkt aus jede einzelne Frage über die Rechtskraft der Gründe befriedigend beantworten läßt. Allein derselbe Schriftsteller verknüpft mit dieser richtigen Auffassung der Sache selbst eine ganz irrige geschichtliche Behauptung, indem er annimmt, diese richtige Einsicht sey erst die Frucht der, im heutigen Recht völlig zur Herrschaft gelangten aequitas, das Römische Recht habe diese Lehre noch nicht anerkannt. Diese Auffassung hängt zusammen, sie steht und fällt, mit der oben widerlegten Behauptung, daß die Römer bis in ihre neueste Gesetzgebung unter der Herrschaft des Consumtionsprinzips gebunden gewesen seyen, also niemals die Handhabung des Inhalts des Urtheils, vermittelst der positiven Function der exceptio rei judicatae, als wahre Aufgabe der Rechtskraft rein und vollständig durchgeführt hätten (§ 283). Die Widerlegung dieser Ansicht ist schon oben versucht worden, sie ist aber jetzt noch durch folgende Bemerkung zu ergänzen. Es müßte doch angegeben werden können, wann und wie die bessere Einsicht des heutigen Rechts, und zwar namentlich in Anwendung auf die Rechtskraft der Gründe, entstanden seyn sollte. Sie könnte etwa durch ein deutsches Reichsgesetz geltend geworden seyn; ein solches findet sich nicht. Es könnten einzelne Schriftsteller eine gründliche Theorie aufgestellt, und damit allgemeine Anerkennung gefunden haben, im Widerspruch mit dem Römischen Recht; oder es könnte, ohne theoretische Durchführung, blos in der gesunden Praxis, die bessere Einsicht allgemein durchgedrungen seyn. Aber es ist ja so eben gezeigt worden, wie ganz mangelhaft, unter einander streitend, und besonders der richtigen Lehre mehr oder weniger widersprechend, bis auf die neueste Zeit fast alle Schriftsteller die Rechtskraft der Gründe behandelt haben; darunter Schriftsteller, die aus der Mitte der Praxis hervorgegangen sind, und aus deren Zeugnissen allein wir den Stand der Praxis kennen. Vor der unbefangenen Erwägung dieser Thatsachen muß die geschichtliche Auffassung des erwähnten Schriftstellers als unmöglich zerfallen, selbst ohne Darlegung des wahren Inhalts des Römischen Rechts.

Ganz ähnlich ist die Behandlung dieser Frage bei Buchka, der nur noch ausführlicher, und mit mehr Schein der Quellenforschung, auf dieselbe eingegangen ist. Die eigene Darstellung, die derselbe von der Rechtskraft der Gründe giebt, ist befriedigender, als die irgend eines früheren Schriftstellers (k). Er behauptet, der Richter müsse und wolle über Alles entscheiden, das bis zur Duplik als Gegenstand des verhandelten Rechtsstreites festgestellt worden sey. Der Umfang dieser zur Rechtskraft bestimmten Entscheidung sey also nicht blos aus der Urtheilsformel, sondern auch aus den beigefügten Entscheidungsgründen zu erkennen. Von diesem Grundsatz macht er die richtige Anwendung auf die Rechtskraft der Präjudicialpunkte und insbesondere der legitimatio ad causam. Von diesem Allen aber, als der im heutigen Recht

(k) Buchka B. 2 S. 183—209, besonders S. 183. 184. 207.

gewonnenen Einsicht, behauptet er gerade das Gegentheil für den Standpunkt des Römischen Rechts, in welchem, wie er glaubt, die Rechtskraft nur auf die unmittelbare Entscheidung selbst, nicht auf die Gründe, insbesondere nicht auf die Präjudicialpunkte, soll bezogen worden seyn (l). Die Bemerkungen, die so eben über die Auffassung von Kierulff gemacht worden sind, finden auch hier ihre volle und buchstäbliche Anwendung.

Wenn man die sehr aus einander gehenden und oft so irrigen Ansichten der Schriftsteller in dieser Lehre erwägt, so liegt der Gedanke sehr nahe, daß nothwendig auch die Praxis hierin von jeher eine ganz verschiedene und großentheils irrige gewesen seyn müsse. Dennoch muß ich die Richtigkeit dieser Folgerung bezweifeln, und vielmehr für wohl möglich halten, daß Mancher unter den angeführten Schriftstellern eine bessere Praxis mit erlebt und selbst geübt haben mag, als man ihm nach seinen Schriften zutrauen sollte. Dieser Umstand würde sich aus der, schon im Anfang des gegenwärtigen §. ausgesprochenen, Bemerkung erklären, nach welcher die, in der Lehre von der Rechtskraft herrschenden, falschen Ansichten weniger aus deutlich gedachten, und mit bestimmtem Bewußtseyn angenommenen Irrthümern, als aus einem Mangel an klarer Entwicklung der hier vorkommenden Begriffe und Fragen entsprungen sind.

Aus zuverlässiger Mittheilung kann noch hinzugefügt werden,

(l) Buchka B. 1 S. 290—314, besonders S. 301. 305. 308. Die klarsten Stellen, aus welchen die richtige Auffassung der Rechtskraft bei dem Römischen Juristen hervorgeht, *L* 7 § 4. 5 *de exc. r. j.* (44. 2) sucht er auf gezwungene Weise zu entkräften (S. 296). Die scheinbaren Gründe, die er aus anderen Stellen für seine Behauptung anführt (insbesondere bei der Alimentenklage S. 305 und bei der pignoris capio S. 308) können erst weiter unten widerlegt werden (§ 298).

daß die Praxis des K. Sächsischen Oberappellationsgerichts zu Dresden mit der hier aufgestellten Lehre völlig übereinstimmt. Diese Übereinstimmung erhellt aus den nachstehenden Regeln, die in dem erwähnten Gerichtshof befolgt werden.

Decisive Sätze, welche in die Entscheidungsgründe aufgenommen worden sind, der Sache nach aber die nothwendige Unterlage der Entscheidung (also integrirende Theile derselben) bilden, erlangen mit der Entscheidung Rechtskraft.

Sätze, die in den Rationen ausdrücklich zu Motivirung der Abweisung aufgestellt worden sind, oder dem Zusammenhange nach bei der Entscheidung stillschweigend vorausgesetzt seyn müssen, gehen mit der Entscheidung selbst in Rechtskraft über.

Wegen der Entscheidungsgründe kann daher gegen das Urthel appellirt werden, so lange oder so weit noch eine Appellation gegen das Urthel zulässig ist.

§. 294.

Genauere Bestimmung des Inhalts. Rechtskraft der Gründe. Preußisches Recht.

Im Preußischen Prozeßrecht ist die Rechtskraft des Urtheils in einigen so allgemein gefaßten Stellen anerkannt (a), daß daraus die unzweifelhafte Absicht hervorgeht, nur den Bestand des vorgefundenen gemeinen Rechts in diese Lehre aufzunehmen, und ferner gelten zu lassen.

Was aber insbesondere die Rechtskraft der Gründe betrifft, so findet sich eine Gesetzstelle, welche auf den

(a) A. G. O. Einleitung § 65. 66 und I. 16 § 1.

ersten Blick diese Rechtskraft unbedingt auszuschließen, und insbesondere auch auf den Ort, wo sich ein richterlicher Ausspruch findet, den größten Werth zu legen scheint.

> Allg. Gerichtsordnung I. 13 § 38. Die Kollegia und Urtelsfasser müssen sorgfältig Acht geben, daß überall die wirkliche Entscheidung und deren Gründe deutlich von einander unterschieden, und nicht etwa, das zu der erstern gehört, in die letzteren, noch auch umgekehrt, mit eingemischt werde, indem bloße Entscheidungsgründe niemals die Kraft eines Urtels haben sollen (b).

Indessen bleibt dabei der Begriff der Gründe noch ganz unentschieden, und besonders läßt der Ausdruck: bloße Entscheidungsgründe, dem Gedanken Raum, daß hier verschiedene Arten von Gründen als denkbar vorausgesetzt

(b) Die Materialien zur Allg. Gerichtsordnung geben über die Entstehung und den Sinn dieser Stelle gar keinen Aufschluß. Das von der Hand von Suarez geschriebene Concept (Band 15 fol. 44) ist mit dem gedruckten Text wörtlich gleichlautend. Das gedruckte Corpus j. Frid. von 1781 Tit. 13 § 11 stimmt eben so überein bis auf Kleinigkeiten (z. B. maaßen anstatt indem). Ein früherer Entwurf von der Hand von Suarez stimmt gleichfalls wesentlich überein, nur mit etwas mehr wörtlichen Verschiedenheiten, z. B. mit eingemischten lateinischen Ausdrücken, wie distinguiret, *vice versa* (B. 5 fol. 61; es ist daselbst Tit. 14). Ein noch älterer Entwurf von Carmer (1775) hat eine solche Bestimmung noch gar nicht (B. 2 fol. 75—77; es ist daselbst das Cap. XVII.). — Eine ganz ähnliche Bewandniß hat es mit dem § 36. Dieser steht im Corpus J. Frid. 1781 Tit. 13 § 10 und hat gleichfalls nur geringe Verschiedenheiten von der A. G. O. („die bei der Sache etwa vorkommenden Präliminär- und Präjudicialfragen"). Der Entwurf von Suarez B. 5 fol. 61 sagt: „passus praeliminares et praejudiciales."

sein möchten, welches mit der oben aufgestellten Lehre ganz übereinstimmen würde (c).

Ganz besonders aber ist dabei eine kurz vorhergehende Gesetzstelle zu berücksichtigen, die bei dem Streit über die Rechtskraft meist übersehen zu werden pflegt.

Die Frage wegen der Rechtskraft der Gründe tritt mit praktischer Wichtigkeit besonders da hervor, wo neben dem eigentlichen Klagegrund gewisse Präjudicialfragen zu entscheiden sind, wohin insbesondere die sogenannten exceptiones litis finitae (z. B. Vergleich), und die sogenannte legitimatio ad causam gehören. Für die Behandlung solcher Fälle giebt das Preußische Prozeßgesetz folgende an sich zweckmäßige Vorschrift (d). Wenn die Präjudicialfrage wahrscheinlich leicht und schnell, die Hauptsache aber schwierig zu entscheiden ist, so wird zuerst die Präjudicialfrage allein instruirt und durch ein besonderes Urtheil entschieden; für diesen Fall kann kein Zweifel an der Rechtskraft der Entscheidung seyn. Wenn dagegen beide Fragen „ungefähr in gleichem Verhältniß stehen", so bleibt es bei der Regel: „Hauptsache und Exception werden zu gleicher Zeit instruirt und abgeurtelt" (e). Es fragt sich nun, wie dieses Letzte ausgeführt werden soll.

Nach der strengen Lehre Derjenigen, welche durchaus keine Rechtskraft der Gründe aufkommen lassen wollen,

(c) Schon ein neuerer Schriftsteller hat auf diesen Ausdruck aufmerksam gemacht. Koch Lehrbuch des Preuß. Rechts B. 1 § 199

(d) A. G. O. I. 10 § 62—81 b.

(e) A. G. O. I. 10 § 62 c. und § 63 verglichen mit § 68. Ganz eben so soll es gehalten werden, wenn die Hauptsache einfach und leicht, die Exception aber schwierig ist; außer wenn es in diesem Fall

müßte das Urtheil Nichts enthalten, als allein die Verurtheilung, oder die Freisprechung; die Überzeugung, die der Richter über die Präjudicialfragen gewonnen hätte, wäre für ihn blos ein Beweggrund der Entscheidung, käme nicht in das Urtheil, würde nicht rechtskräftig, und wäre nicht Gegenstand eines möglichen Rechtsmittels (f). Gesetzt nun, es fände sich über diese Frage gar keine gesetzliche Vorschrift, so müßte es doch für höchst bedenklich gehalten werden, wenn der Umfang der in jedem einzelnen Rechtsstreit eintretenden Rechtskraft von ganz zufälligen Umständen abhängig gemacht werden sollte. Nichts kann nämlich zufälliger seyn, als die dem subjectiven Ermessen des Richters überlassene Vermuthung, daß eine Präjudicialfrage leichter, als die Haupsache, entschieden werden könne. Wenn der Richter dieser Vermuthung Raum giebt, wird über die Präjudicialfrage ein besonderes Urtheil gesprochen, das dann unzweifelhaft rechtskräftig wird; sollte nun wohl die Rechtskraft blos deswegen nicht eintreten, weil zufällig der Richter jene Vermuthung nicht gelten läßt, und daher kein besonderes Urtheil über die Präjudicialfrage spricht?

In der That aber findet sich über jene Frage, nämlich über die Behandlung des Falles eines gleichzeitigen Urtheils über die Präjudicialpunkte und die Hauptsache, folgende ausführliche Vorschrift:

gelingt, in der Hauptsache sogleich eine rechtskräftige Abweisung zu bewirken, weil dadurch die Verhandlung über die Exception ohnehin entbehrlich wird. § 64—67.

(f) Daß die Sache in der neuesten Zeit in dieser buchstäblichen Strenge aufgefaßt worden ist, wird unten nachgewiesen werden.

Allg. G. O. I. 13 § 36.

In dem Urtel selbst müssen zuvörderst die bei der Sache sich findenden, vorläufigen und Präjudicialfragen, wohin auch die Incidentpunkte gehören, abgemacht, und bei jedem Punkte die Gründe der Entscheidung beigefügt; sodann zur Decision der Hauptsache übergegangen; wenn auch diese aus mehreren Punkten besteht, bei jedem derselben die Entscheidung besonders festgesetzt, und die Gründe dafür sofort angehängt werden (vgl. Note b.)

Hier ist also ausdrücklich vorgeschrieben, daß Aussprüche, die nicht unmittelbar die augenblickliche Erledigung des vorliegenden Streites durch Verurtheilung oder Freisprechung enthalten, die daher nach dem üblichen Verfahren der Gerichte nicht in das Urtheil, sondern blos in die Entscheidungsgründe gesetzt zu werden pflegen, daß diese Aussprüche dennoch in das Urtheil selbst aufgenommen und dadurch der Rechtskraft unzweifelhaft unterworfen werden sollen.

Ich kann in dieser Gesetzstelle nur die bestimmte Anerkennung des oben aufgestellten Grundsatzes über die Rechtskraft der (objectiven) Gründe des Urtheils finden. Der einzige Zweifel, den man gegen die Richtigkeit dieser Auslegung des angeführten Gesetzes erheben könnte, möchte darin bestehen, daß das Gesetz vielleicht den Ausdruck: Präjudicialfragen in irgend einem engeren Sinn genommen hätte. Ich verstehe darunter alle Fragen überhaupt, wodurch, unabhängig von dem eigentlichen Klagegrund, eine endliche Entscheidung der ganzen Sache herbeigeführt werden kann, so daß dann eine Prüfung der Wahrheit, oder Unwahrheit des Klagegrundes unnöthig wird. Es gehören dahin die sogenannten exceptiones litis finitae, aber eben so auch die sogenannten exceptiones litis ingressum impedientes, ferner die exceptio deficientis legitimationis ad causam. und andere mehr. Von allen diesen wird ausdrücklich gesagt, daß sie ganz auf gleiche Weise behandelt werden sollen, und zwar nach dem oben aufgestellten Unterschied (g). Sind sie schneller, als die Hauptsache, spruchreif zu machen, so wird über sie durch ein besonderes Urtheil entschieden, das also jedem möglichen Urtheil über den Klagegrund vorhergeht (h). Stehen sie mit der Hauptsache „ungefähr in gleichem Verhältniß", so werden sie mit der Hauptsache zugleich abgeurtelt, und auf die Einrichtung des Urtheils in diesem Falle geht eben der oben mitgetheilte § 36, der also den Ausdruck: Präjudicialfragen, in der größten denkbaren Ausdehnung nimmt (i).

(g) Über diese, nach der Vorschrift des Gesetzes völlig gleichartige Behandlung aller hier aufgezählten Fälle lassen keinen Zweifel die § 79—81 b. (G. O. I. 10), verglichen mit § 62—78 b.

(h) Gerade aus diesem Umstand, daß über solche Fragen abgesondert und vorhergehend verhandelt und entschieden wird, oder doch werden kann, erklärt und rechtfertigt sich die allgemeine Bezeichnung derselben als Präjudicialfragen.

(i) Im § 81 a. heißt die legitimatio ad causam ein Präjudicialpunkt, und das Marginale: Andere Präjudicialpunkte bei § 81 b. sagt deutlich genug, daß alle vorhergehenden Fälle als Präjudicialpunkte angesehen werden, wozu auch der Name vollkommen paßt. Über den Ausdruck: Präjudicialfragen oder

Wollte man etwa eine Widerlegung dieser Auslegung des Gesetzes aus dem Umstande hernehmen, daß in der Praxis die Urtheile anders abgefaßt werden, als es nach dieser Auslegung des § 36 geschehen müßte, so könnte ich diese Widerlegung nicht anerkennen. Ob die Praxis hierin von dem Gesetz abgewichen ist, ja ob sie vielleicht durch Gründe der Zweckmäßigkeit zu dieser Abweichung bestimmt seyn mag, ist für unsere Frage völlig gleichgültig. Es kommt dabei lediglich auf den wahren Sinn des Gesetzes selbst an, und aus diesem von mir festgestellten Sinn folgt, daß unser Prozeßgesetz die Rechtskraft der objectiven Gründe deutlich gedacht und gewollt hat. Es hat diese Rechtskraft sogar dadurch zu sichern gesucht, daß es solche Stücke, die in der That die objectiven Gründe in sich schließen, in die Urtheilsformel selbst aufzunehmen vorgeschrieben hat.

Ich will nun in chronologischer Ordnung zusammenstellen, welche Äußerungen der, auf dem Boden jener Gesetze erwachsenen Praxis zur öffentlichen Kunde gekommen

Präjudicialpunkte vgl. Bethmann-Hollweg Versuche S. 123 bis 137, und A. G. O. I. 5 § 29. — Ich habe geglaubt, diese Frage etwas ausführlich behandeln zu müssen, weil neuerlich eine willkührlich einschränkende Erklärung des § 36 versucht worden ist. Waldeck im neuen Archiv für Preußisches Recht, Jahrg. 7 (1841) S. 469 — 471. Er selbst giebt aber zu, daß die legitimatio ad causam zu den Präjudicialpunkten gehört (worüber der § 36 einen Ausspruch verlangt), und wenn diese ein Gegenstand des Urtheils, also rechtskräftig wird, so ist eigentlich schon die ganze Rechtskraft der Gründe im Prinzip anerkannt.

sind. Ich rechne dahin sowohl Urtheilssprüche der Gerichte, als Rescripte der höchsten Aufsichtsbehörde.

1. Urtheil des Geheimen Ober = Tribunals vom 22. August 1817 (k).

Ein Mühlenpächter hatte Erlaß von Pachtgeldern gefordert wegen gestörter Ausübung des gepachteten Rechts. Ein rechtskräftiges Urtheil hatte den Erlaß im Allgemeinen als begründet anerkannt, aber als Bedingung desselben die im Landrecht vorgeschriebene Legung einer Administrationsrechnung gefordert. Kläger konnte eine solche Rechnung nicht legen, klagte aber dennoch von Neuem auf Pachterlaß.

Zwei Urtheile wiesen die neue Klage ab wegen des rechtskräftigen früheren Urtheils. Das Revisionsurtheil änderte ab und sprach den Erlaß zu, indem es die Rechtskraft durch zwei Gründe beseitigte. Erstlich habe in dem früheren Prozeß der Beklagte selbst erklärt, es sey ihm gleichgültig, ob der Beweis durch Rechnung, oder auf andere Weise geführt werde. Zweitens widerspreche das rechtskräftige Urtheil sich selbst, indem es den Erlaß überhaupt für begründet erkläre, und doch noch an eine Bedingung knüpfe.

Auf den ersten Blick könnte man geneigt seyn, hierin eine freie Behandlung der Rechtskraft, und namentlich eine Anerkennung der Rechtskraft der Gründe zu finden. Ich

(k) Simon und Strampff Rechtssprüche B. 1 S. 62.

finde darin vielmehr eine wahre Verletzung der Rechtskraft, die ich für sehr bedenklich halte. Die in den Voracten enthaltene Erklärung einer Partei gehört nicht zu den Urtheilsgründen, und ihre Nichtachtung hätte höchstens ein Rechtsmittel rechtfertigen können. Ein innerer Widerspruch ist aber gewiß nicht vorhanden, wenn ein Anspruch zwar anerkannt, aber doch nur unter einer Bedingung (d. h. theilweise) anerkannt wird.

2. Rescript vom 18. Nov. 1823 (l) (Minister Kircheisen).

In dem Tenor eines abweisenden Urtheils brauche nicht der abgewiesene Antrag umständlich aufgenommen zu werden, „indem die beigefügten Entscheidungsgründe ... dem succumbirenden Theil jederzeit hierüber die erforderliche Belehrung geben.“

Der Ausdruck Belehrung ist zwar nicht ohne Bedenken; dennoch scheint die richtige Ansicht vorausgesetzt, daß die Gründe einen wahren Bestandtheil des Urtheils ausmachen; denn nur unter dieser Voraussetzung geben die Gründe die erforderliche Belehrung, d. h. die Belehrung über die Frage, ob die Partei ein Rechtsmittel einzulegen hat.

3. Rescript vom 28. Juli 1835 (m) (Min. Mühler). Darin wird gesagt, das Erkenntniß bilde nur in Verbindung mit den Gründen ein Ganzes, ein wahres Urtheil.

(l) Kamptz Jahrbücher B. 22 S. 173.

(m) Kamptz Jahrbücher B. 46 S. 112.

Daher sey auch ein, auf einem gesetzwidrigen Grunde ruhendes Urtheil für nichtig zu erklären, selbst wenn dasselbe aus anderen Gründen gerechtfertigt erscheine, also in der letzten Entscheidung bestätigt werden müsse.

Dabei ist augenscheinlich die richtige Lehre vom Verhältniß der Gründe zum Urtheil vorausgesetzt.

4. Urtheil des Tribunals vom 1. Decbr. 1843 (n).

Ein Gutsherr hatte rückständige Laudemiengelder eingeklagt, der Beklagte hatte durch Widerklage Löschung der Hypothek auf diese Rückstände verlangt. Der Beklagte wurde rechtskräftig verurtheilt und mit der Widerklage abgewiesen. Nun klagte der vorige Beklagte auf Löschung der hypothekarisch eingetragenen Laudemialverpflichtung des Gutes selbst (nicht mehr einzelner Rückstände). Beide erste Richter wiesen die neue Klage zurück wegen der exceptio rei judicatae. In Folge einer Nichtigkeitsbeschwerde wurde deswegen abgeändert, weil das frühere Urtheil nur über einzelne Laudemialzahlungen, nicht über das Laudemialrecht selbst, rechtskräftig entschieden habe, so daß in den zwei ersten Urtheilen die (nicht rechtskräftigen) Gründe mit dem (rechtskräftigen) Urtheil verwechselt worden seyen.

In diesem Erkenntniß des Tribunals liegt ein ganz entschiedener Widerspruch gegen die oben aufgestellten Grundsätze über die Rechtskraft der Gründe.

(n) Koch Schlesisches Archiv B. 5 S. 277 fg. Die Hauptstelle ist S. 283—285. Der Herausgeber hebt noch mehrere andere bedenkliche Seiten dieses Urtheils heraus.

5. Plenarbeschluß des Tribunals vom 23. Januar 1843 (o).

Der hier entschiedene Fall selbst gehört nicht unmittelbar in das Gebiet unsrer Frage. Allein in den Gründen wird ausdrücklich folgende Lehre aufgestellt. Wenn der Klagegrund und mehrere Einreden instruirt sind, und der Richter freisprechen will, so muß er das Urtheil hierauf beschränken, ohne dabei zu sagen, ob er die Klage für unbegründet, oder eine oder die andere Einrede für begründet hält. Sonst käme der Beklagte, der sich ja über Nichts zu beschweren habe, in die Lage, wenn der Kläger appellire, gleichfalls gegen die ihm nachtheiligen Gründe zu appelliren.

Hier ist recht augenscheinlich der oben (§ 293) dargestellte und getadelte Gesichtspunkt vorherrschend, nur leicht und schnell für den Augenblick abzuhelfen, unbekümmert um die Zukunft, besonders aber, so viel als möglich die Rechtsmittel zu verhüten. Die Einseitigkeit dieses Gesichtspunktes wird recht augenscheinlich, wenn man auf die Fälle Rücksicht nimmt, worin ein nach dieser Anweisung eingerichtetes Urtheil, in Ermangelung eingelegter Rechtsmittel, sogleich rechtskräftig wird, oder worin es von der höchsten Instanz gesprochen ist. Dann kann die, zur Ersparniß von Rechtsmitteln getroffene Vorkehrung dahin ausschlagen, daß künftig neue Prozesse entstehen, die durch eine richtig aus-

(o) Entscheidungen des O. Tribunals B. 9. S. 128 fg. Die Hauptstelle findet sich S. 132. 133.

gedehnte Rechtskraft für immer verhütet worden wären. Auch ist nicht einzusehen, wie die hier aufgestellte Lehre mit der oben angeführten Stelle der Gerichtsordnung (I. 13 § 36) vereinigt werden soll.

6. Plenarbeschluß des Tribunals vom 19. September 1845 (p).

Wenn ein Beklagter Einwendungen gegen das Klagerecht selbst hat, und daneben die Einrede der fehlenden Activlegitimation, so kann nach Umständen über diese Präjudicialeinrede besonders instruirt und erkannt werden. Wenn aber Dieses nicht geschieht, sondern beide Einwendungen gleichzeitig verhandelt werden, so soll (nach jenem Plenarbeschluß) die Präjudicialeinrede nicht in dem Tenor, sondern nur in den Gründen erwähnt werden, die Entscheidung darüber soll nicht rechtskräftig werden, und es soll dagegen kein Rechtsmittel zulässig seyn.

Gegen diese Entscheidung gelten dieselben Gründe, welche bereits gegen die vorhergehende geltend gemacht worden sind; ja es ist in ihr der Widerspruch mit der angeführten Stelle der A. G. O. (I. 13 §. 36) sogar noch unmittelbarer und augenscheinlicher.

7. Urtheil des Tribunals vom 26. Januar 1847 in Sachen Neste auf Molstow wider Ulrike Amalie Koltermann (aus handschriftlicher Mittheilung). In den Gründen dieses Urtheils kommt folgende Stelle vor, die mit der hier vorgetragenen Lehre vollkommen übereinstimmt:

(p) Entscheidungen des O. Tribunals B. 11 S. 118—122.

„Im Vorprozesse nämlich hat der Verklagte sich schon „auf den Erbschaftskaufvertrag vom 1. Juli 1842 ge= „stützt, und diesen excipiendo gegen die Klägerin gel= „tend gemacht. Der Revisionsrichter verwarf jedoch „den desfallsigen Einwand, indem er ausführte, wie „dieser Vertrag die Klägerin nicht beeinträchtigen „könne. Durch die Verwerfung, wenn sie auch blos „in den Urtelsgründen erfolgte, weil es sich um eine „Einrede handelte, erlosch die letztere; sie blieb zu „einer nachherigen Protestation eben so wenig, wie zu „einer neuen Klage geeignet. (cf. Wächter Hand= „buch Bd. II. S. 558. 567.)"

Endlich ist auch noch anzugeben, welche Meinungen von Schriftstellern des Preußischen Rechts über die vorliegende Frage aufgestellt worden sind.

Grävell hat an mehreren Stellen seines Commentars über die Gerichtsordnung (q) Regeln über das Verhältniß der Präjudicialpunkte zum Urtheil selbst und zu dessen Rechtskraft aufgestellt, die wohl auf eine freiere Ansicht der Sache gedeutet werden können; allein seine Ausdrücke sind doch so wenig bestimmt und entschieden, daß ich es für ungewiß halte, ob dieser Schriftsteller mit der hier aufgestellten Lehre wirklich übereinstimmt, oder nicht.

(q) Grävell Comm. über die A. G. O. B. 1 S. 145, B. 2 S. 681. 685. 686.

Dagegen hat Koch sehr entschieden an mehreren Orten dieselbe Lehre über die Rechtskraft der Gründe aufgestellt, welche oben für das Preußische, wie für das gemeine Recht vertheidigt worden ist (r).

Zum Schluß dieser ganzen Untersuchung ist noch der Zusammenhang derselben mit einer, an sich sehr verschiedenen, Frage bemerklich zu machen, welche in neuerer Zeit mit Gründlichkeit und Scharfsinn nach beiden Seiten hin verhandelt worden ist, mit der Frage nämlich, wie in einem Richtercollegium abzustimmen ist; ob nach Gründen, oder vielmehr nach dem letzten Resultat (s). Im ersten

(r) Koch Lehrbuch des Preußischen Rechts B. 1 §. 199. 200, und: Juristische Wochenschrift 1837 S. 1—10, S. 21—34. Besonders entscheidend ist folgender Rechtsfall (S. 1. 2. 31. 32). Einer Klage auf verfallene Zinsposten war die exceptio non numeratae pecuniae entgegengesetzt worden; diese wurde verworfen, und der Beklagte wurde zur Zahlung der Zinsen verurtheilt. Nunmehr klagte der vorige Beklagte mit der condictio sine causa auf Herausgabe des Schuldscheins, und zwar aus demselben Grunde, den er früher als Einrede ohne Erfolg geltend gemacht hatte. Der erste Richter wies die Klage ab wegen des rechtskräftigen Urtheils, der Appellationsrichter reformirte, weil beide Klagen verschiedene Objecte gehabt hätten, und in dem ersten Prozeß das gegebene Darlehn zwar angenommen, aber nur in den Gründen, die nicht rechtskräftig würden, nicht in dem Tenor, ausgesprochen worden sey. — Koch tadelt dieses Urtheil mit Recht.

(s) Für die Abstimmung nach Gründen haben sich ausgesprochen: Ein Ministerial-Rescript von 1819; ein zweites von 1834; ein drittes von 1840; (Ergänzungen und Erläuterungen der Preußischen Rechtsbücher B. 8 Breslau 1843, zu G. O. I. 13 § 31, S. 314. 315. Justiz-Ministerialblatt 1841 S. 18 bis 24). Ferner: Göschel Zerstreute Blätter B. 1 S. 238. Koch Lehrbuch des Preußischen Rechts B. 1 §. 64. — Für die Abstim-

Falle muß aus den, durch die Mehrheit angenommenen, einzelnen Gründen das Resultat gezogen werden, auf die Gefahr hin, daß mit diesem Resultat an sich die Mehrheit vielleicht nicht zufrieden seyn würde. Im zweiten Falle müssen die Entscheidungsgründe aus allen, von den einzelnen Mitgliedern vorgebrachten Gründen so ausgesucht werden, wie sie zu dem gezogenen Resultat passen, auf die Gefahr hin, daß jeder dieser Gründe für sich von der Mehrheit mißbilligt werden möchte (t).

Es ist nicht meine Absicht, mich hier in die Prüfung dieser schwierigen und verwickelten Frage im Allgemeinen einzulassen, und dadurch den Gang unsrer Untersuchung zu unterbrechen: ich will nur den partiellen Zusammenhang nachzuweisen suchen, in welchem diese Frage mit der hier aufgestellten Lehre von der Rechtskraft der Gründe steht. Wenn diese Lehre richtig ist, d. h. wenn die objectiven Gründe wahre Bestandtheile des Urtheils sind, und mit demselben rechtskräftig werden sollen, so muß nothwendig über jeden objectiven Grund, nicht blos über Verurtheilung oder Freisprechung, besonders abgestimmt und entschieden werden, weil sonst die Rechtskraft dieser Gründe nicht von dem Collegium in seiner Mehrheit entschieden seyn würde. Es bleibt aber dabei noch unentschieden, ob vielleicht in

mung nach dem Resultat: Dorguth, Juristische Wochenschrift 1841 S. 153. 173. 625. 645. 647. 671, und Waldeck im neuen Archiv für Preußisches Recht, Jahrg. 7. (1841) S. 427—471.

(t) Dieses letzte Verfahren verlangt ausdrücklich Dorguth a. a. O. S. 159 N. 11.

Ansehung der subjectiven Gründe das entgegengesetzte Verfahren als richtig anzusehen seyn möchte (u).

§. 295.

Rechtskraft. II. Wirkungen. Einleitung.

Die bisher geführte Untersuchung ging darauf aus, die Bedingungen der Rechtskraft festzustellen; es bleibt nun noch übrig, die Wirkung derselben zu untersuchen (a).

In der Wirkung der Rechtskraft sind drei Stufen zu unterscheiden, welche in folgenden Rechtsinstituten erscheinen: Execution, actio judicati, Einrede der Rechtskraft.

Die beiden ersten Institute sind insofern von beschränkterer Anwendung, als sie nur bei verurtheilenden Erkenntnissen vorkommen, nicht bei freisprechenden, während das dritte (die Einrede) bei jeder Art von Erkenntnissen vorkommen kann. Ein größerer Unterschied aber, in Beziehung auf unsren besonderen Zweck, liegt darin, daß die zwei ersten Institute mehr zu dem Prozeßrecht zu rechnen sind, anstatt daß das dritte ganz dem materiellen Recht angehört, dessen Darstellung allein in unsrer Aufgabe liegt.

Die Execution ist im Fall eines verurtheilenden Erkenntnisses, wenn demselben nicht freiwillig Folge geleistet

(u) Allerdings habe ich selbst kein Bedenken, mich bei den subjectiven Gründen für dasselbe Verfahren, wie bei den objectiven, zu erklären. Dieses würde z. B. zur Anwendung kommen, wenn etwa die Beweiskraft einzelner Zeugen oder Urkunden aus verschiedenen Gründen bestritten werden sollte.

(a) Der Zusammenhang dieser verschiedenen Fragen ist oben, am Ende des §. 283, angegeben worden.

wird, die nächste und fühlbarste Wirkung der Rechtskraft. Sie hat jedoch keinen anderen Zweck, als den, dem richterlichen Ausspruch durch äußere Macht sichere Geltung zu verschaffen, und gehört also als letztes Glied in die Reihe der Prozeßhandlungen (b). Eine Einwirkung auf das materielle Recht, durch Veränderung der Rechtsverhältnisse, liegt darin nicht, und wenn eine solche Veränderung durch Veranlassung der Execution dennoch eintritt, so liegt der Grund nicht sowohl in der Natur und Bestimmung derselben, als in zufälligen Umständen. Für viele Verpflichtungen nämlich, die das verurtheilende Erkenntniß dem Beklagten auferlegen kann, ist ein unmittelbarer Zwang gar nicht möglich, und es müssen dann entweder indirecte Zwangsmittel angewendet, oder Surrogate aufgesucht werden, um so durch Umwege dem Urtheil eine annähernde Ausführung zu verschaffen (c).

(b) Aus den Quellen des Römischen Rechts gehört dahin ein großer Theil des Digestentitels de re judicata (42. 1), insbesondere die Bestimmungen über das tempus judicati (L. 7, L. 4 § 5, L. 29 de re jud. u. s. w.), so wie die über das pignus in causa judicati captum.

(c) Die Herausgabe einer vom Beklagten besessenen Sache kann unmittelbar erzwungen werden; eben so, durch Abpfändung und Verkauf, die Zahlung einer Geldsumme. Nicht so, wenn zur Vollziehung des Urtheils eine freie Thätigkeit des Beklagten erforderlich ist; in diesem Falle bleibt Nichts übrig, als indirecter Zwang, z. B. durch persönliche Haft, oder Verwandlung des ursprünglichen Gegenstandes in eine Geldzahlung durch aestimatio, die im R. R. in sehr ausgedehnter Weise vorkommt. Hierüber sind von jeher in der Theorie und Praxis sehr verschiedene Regeln angenommen worden. Vgl. Wächter Heft 2 S. 14—33.

Etwas, aber nicht viel, anders verhält es sich mit der Actio judicati. Allerdings enthält diese insofern ein neues materielles Rechtsinstitut, als ihr eine eigenthümliche Obligation zum Grunde liegt, welche jedoch selbst nur die Entwicklung und Vollendung der, durch die Litiscontestation begründeten Obligation ist (d). Indessen hat diese Obligation keinen anderen Stoff, als die Execution, und so ist sie selbst doch eigentlich nur eine andere Form der Execution, mit welcher sie daher die wesentlich prozessualische Natur theilt (e). — So haben denn auch die meisten Eigenthümlichkeiten, die man als Privilegien dieser Klage bezeichnen kann, eine überwiegend prozessualische Beschaffenheit (f). Eine derselben, die ganz in das materielle Recht gehört, muß jedoch noch besonders hervorgehoben werden: diese betrifft die Urtheilszinsen.

(d) S. o. § 258 S. 32. 33. Viele Stellen, die von dieser Obligation handeln, sind zusammengestellt bei Keller S. 199 Note 3.

(e) Ein großer Theil des Digestentitels de re judicata (42. 1) handelt von der actio judicati, deren allgemeine Natur in folgenden Stellen angegeben wird: L. 4. 5. 6. 7. 41 § 2. 43. 44. 61 *de re jud.* (42. 1). Bei den neueren Juristen ist oft noch neben dieser Klage von einer besonderen imploratio officii judicis die Rede, die aber im Grunde immer wieder die actio judicati ist, wenn sie auch vielleicht weniger förmlich erscheint. Vgl. Buchka B. 2 S. 214. — Anders freilich verhält es sich in der besonderen Prozeßgesetzgebung mancher Länder, worin verschiedene Stufen dieser Rechtsverfolgung vorgeschrieben sind. So in der Preußischen Allg. Gerichtsordnung Th. 1 Tit. 24 § 3 Tit. 28 § 14.

(f) Dahin gehört im älteren Recht die Strafe der doppelten Zahlung bei Ableugnung des Urtheils, ferner die manus injectio, die satisdatio, ein besonderes vadimonium. Gajus IV. § 9. 21. 25. 102. 186.

Wenn nämlich das Urtheil dem Beklagten eine Geldzahlung auferlegt, so ist es denkbar, daß er von dieser Summe vor dem Urtheil Vertragszinsen, Verzugszinsen, Prozeßzinsen, oder auch gar keine Zinsen zu zahlen hatte. Es entsteht nun die Frage, ob das rechtskräftige Urtheil auf die Zinsverpflichtung, je nach diesen verschiedenen Fällen, irgend einen abändernden Einfluß ausübt für die künftige Zeit. Das Römische Recht ist in der Beantwortung dieser Frage lange schwankend gewesen; die Entscheidung des Justinianischen Rechts ist aber nicht zweifelhaft (g). Von dem Augenblick des rechtskräftigen Urtheils an ist aller bisherige Zinsenlauf gehemmt, und diese Begünstigung des Beklagten, die ihm die freiwillige Erfüllung des Urtheils erleichtern soll, dauert vier Monate. Hat er innerhalb dieses Zeitraums nicht gezahlt, so wird nicht etwa der frühere Zinsenlauf fortgesetzt, sondern es entstehen, ohne daß es einer Mahnung bedarf, neue Zinsen, welche stets zwölf Procente (centesimae) betragen, jedoch nur von der früheren Kapitalschuld, nicht von früheren Zinsen, bezahlt werden müssen. — Diese ganz eigenthümliche, sehr willkührliche Vorschrift ist indessen nach dem übereinstimmenden Zeugniß der bewährtesten praktischen Schriftsteller im heutigen Recht nicht anerkannt worden (h). Es bleibt also nunmehr bei einem unveränderten Fortgang der früher lau-

(g) *L.* 13 *C. de usur.* (4. 32). *L.* 1. 2. 3 *C. de us. rei jud.* (7. 54).

(h) Voetius Lib. 22 Tit. 1 § 11, Stryk ibid. § 13. Lauterbach ibid. § 22.

fenden Zinsen, insbesondere der Prozeßzinsen, wo solche zur Anwendung kommen, auch nachdem ein rechtskräftiges Urtheil ergangen ist.

Unter den drei oben angegebenen Wirkungsarten der Rechtskraft bleibt jetzt noch die letzte zur näheren Betrachtung übrig: die exceptio rei judicatae, oder die Einrede der Rechtskraft. Von dieser ist schon oben nachgewiesen worden, daß die historische Entwicklung der Rechtskraft sich hauptsächlich an sie, als ihren eigentlichen Mittelpunkt, angeknüpft hat (§ 281 fg.). Durch sie sollte vorzugsweise die Fiction der Wahrheit des rechtskräftigen Urtheils praktisch durchgeführt werden, oder mit anderen Worten, es sollte durch sie bewirkt werden, daß niemals der Inhalt eines Urtheils mit dem Inhalt eines früheren rechtskräftigen Urtheils in Widerspruch trete. Allerdings theilte sie in früherer Zeit diesen Beruf mit anderen verwandten Rechtsinstituten (i); als aber diese allmälig verschwanden, diente sie allein zu jenem wichtigen Zweck, so daß sie im neuesten Recht eine noch höhere Stufe der Wichtigkeit eingenommen hat, als in der früheren Zeit.

Diese Einrede kann begründet werden sowohl durch eine Freisprechung, als durch eine Verurtheilung, hat also insofern eine weitere Wirkungssphäre, als die Execution

(i) Nämlich mit der, schon in der Litiscontestation liegende Consumtion der Klage, wodurch manche Klagen ipso jure zerstört, andere vermittelst einer exceptio rei in judicium deductae entkräftet wurden (§ 281).

und die actio judicati, da diese nur aus einer Verurtheilung entspringen können. — Aus der Freisprechung entspringt diese Einrede zum Vortheil des Beklagten, welcher dadurch gegen jede neue Klage geschützt wird, wodurch der Erfolg jener Freisprechung gefährdet werden könnte. — Aus der Verurtheilung kann sowohl der Kläger, als der Beklagte, einen Anspruch auf jene Einrede erwerben. Der Kläger, wenn durch eine neue Klage der frühere Beklagte ein Recht geltend zu machen versucht, welches mit der rechtskräftigen Verurtheilung im Widerspruch steht (§. 287). Der Beklagte, wenn er aus dem früher abgeurtheilten Recht von Neuem in Anspruch genommen wird, und zwar über die Gränzen der rechtskräftigen Verurtheilung hinaus (§ 286).

Die Einrede der Rechtskraft steht in Verwandtschaft mit einigen anderen Rechtsinstituten, die mehr oder weniger ähnliche Natur mit ihr haben. — Dahin gehört zunächst die exceptio pacti und jurisjurandi, indem ein Rechtsstreit eben sowohl durch Vertrag oder Eid, als durch rechtskräftiges Urtheil, zu Ende geführt werden kann. In allen diesen Fällen ist es gleich unzulässig, durch eine neue Klage mit einer solchen Beendigung in Widerspruch zu treten, und damit Dieses nicht geschehe, sind eben jene drei Einreden aufgestellt worden. Bei jeder derselben kann es in Frage kommen, ob auch wiklich die neue Klage dieselbe ist, worauf sich die frühere Beendigung bezog, und bei der Erörterung dieser oft schwierigen Frage kann nicht selten die Vergleichnng einer dieser Einreden mit den anderen gute Dienste thun. Ein durchgreifender Unterschied aber zwischen diesen drei Einreden besteht darin, daß die exceptio pacti und jurisjurandi schon im jus gentium anerkannt sind, welches von der exceptio rei judicatae, als einem Institut des blos positiven Rechts, nicht behauptet werden kann (§ 249. c).

Eine fernere Verwandtschaft hat diese Einrede mit der oben abgehandelten Concurrenz der Klagen (§ 231 fg.).

Der Grundsatz der Concurrenz soll verhindern, daß der durch eine Klage geforderte und zuerkannte Gegenstand noch einmal gefordert werde; der Grundsatz unsrer Einrede soll verhindern, daß der, im frühern Rechtsstreit geforderte und abgesprochene Gegenstand ferner gefordert werde. Insofern wird bei diesen beiden Rechtsinstituten ein gerade entgegengesetzter früherer Erfolg vorausgesetzt. Ihre Verwandtschaft aber besteht in der Voraussetzung einer gewissen Identität des ersten und zweiten Rechtsstreits. Indessen ist diese Verwandtschaft doch mehr scheinbar, als wahr, wenn man die Einrede der Rechtskraft in ihrer neuesten Gestalt (der positiven Function) auffaßt, indem bei dieser die Identität eine ganz andere Bedeutung hat, als in der Lehre von der Concurrenz. Der Grundsatz der Concurrenz kann den Gebrauch einer neuen Klage ausschließen, auf deren Verhältniß zu der früheren Klage die Einrede der Rechtskraft gar nicht anwendbar seyn würde, und eben so kann auch umgekehrt diese Einrede eine neue

Klage in solchen Fällen ausschließen, auf welche der Grundsatz der Concurrenz gar keine Anwendung findet. Manche Schriftsteller haben diesen Umstand übersehen, und daher beide Institute in eine ihrer Natur nicht angemessene Verbindung zu bringen gesucht (k).

Der Zweck und Erfolg der Einrede der Rechtskraft läßt sich einfach dahin bestimmen, daß sie auf Entkräftung jeder Klage geht, die mit dem Inhalt eines früheren rechtskräftigen Urtheils in Widerspruch zu treten versucht. — So, wie alle anderen Exceptionen, kann auch diese in Gestalt einer Replication oder Duplication geltend gemacht werden, wenn die Lage des Rechtsstreits dazu Gelegenheit darbietet. In solchen Fällen wird dadurch nicht die Klage des Gegners, sondern dessen Exception oder Replication entkräftet. Man kann daher für alle diese Fälle die gemeinsame Formel so ausdrücken: Es soll dadurch jederzeit der Anspruch des Gegners entkräftet werden, welcher mit einem rechtskräftigen Urtheil in Widerspruch treten würde.

Nach diesen Vorbemerkungen bleibt noch der wichtigste Punkt zu erörtern übrig: unter welchen Bedingungen die Einrede der Rechtskraft anwendbar ist. Auf diese Frage wird sich der ganze noch übrige Theil der gegenwärtigen Abhandlung beziehen.

(k) S. o. § 231 p. — Mehr wirkliche Verwandtschaft bestand noch zwischen der Concurrenz und der exceptio rei judicatae in ihrer älteren Gestalt (der negativen Function).

§. 296.

Einrede der Rechtskraft. Bedingungen. — Uebersicht. Dieselbe Rechtsfrage.

Die Frage nach den Bedingungen dieser Einrede hat folgende Bedeutung. Wenn in einem gegenwärtigen Rechtsstreit die Einrede aus der rechtskräftigen Entscheidung eines früheren Rechtsstreits gebraucht wird um die neue Klage zu entkräften, so soll das Verhältniß festgestellt werden, in welchem der erste zu dem zweiten Rechtsstreit stehen muß, damit die Einrede diese Wirkung haben könne.

Über diese Frage finden wir in folgenden zwei Stellen des **Ulpian** einen großentheils wörtlich gleichlautenden Ausspruch, merkwürdigerweise jedesmal mit Berufung auf das Zeugniß des **Julian**.

L. 3 *de exc. r. j.* (44. 2). Julianus lib. 3 Dig. respondit, exceptionem rei judicatae obstare, quotiens eadem quaestio inter easdem personas revocatur.

L. 7 § 4 *eod.* Et generaliter, ut Julianus definit, exceptio rei judicatae obstat, quotiens inter easdem personas eadem quaestio revocatur, vel alio genere judicii (a).

In beiden übereinstimmenden Stellen wird zur Anwendbarkeit der Einrede ein zweifaches Verhältniß der Identität zwischen dem ersten und zweiten Rechtsstreit erfordert: die

(a) In derselben Stelle heißt es, wenige Zeilen vorher, (*L.* 7 § 1 *eod.*): „Et quidem ita definiri potest, totiens eandem rem agi, *quotiens apud judicem posteriorem id quaeritur, quod apud priorem quaesitum est.*"

jetzt zu entscheidende Rechtsfrage soll dieselbe seyn, welche schon früher entschieden worden ist, und die Personen, die jetzt streiten, sollen dieselben seyn, welche den früheren Rechtsstreit geführt haben.

Man kann Beides kurz als objective und subjective Identität bezeichnen. Zunächst soll nun die erste, die Identität der Rechtsfrage, genau bestimmt werden.

Was in den angeführten beiden Stellen als eadem *quaestio* bezeichnet wird, heißt in manchen anderen Stellen eadem *res* (b). Es ist einleuchtend, daß dieser letzte Ausdruck weit unbestimmter ist, als der erste, indem es bei der großen Vieldeutigkeit des Wortes res ungewiß bleibt, ob vielleicht eine Übereinstimmung in dem äußern Gegenstand, oder in dem Namen, oder in der Formel beider Klagen gemeint seyn möge. Der Ausdruck quaestio dagegen deutet geradezu auf die in beiden Klagen der richterlichen Prüfung und Entscheidung vorliegende Rechtsfrage, legt also dem zweiten Richter die Pflicht auf, den Inhalt des frü-

(b) *L. 7 pr. de exc. r. j. (Ulp.), L. 14 pr. eod. (Paul.), L. 27 eod. (Nerat.).* — Derselbe Ausdruck findet sich in *L. 5 eod.*; allein diese Stelle spricht in der That nicht von unserer Einrede, sondern von folgender Frage. Bei einer beabsichtigten mandati actio hatte sich der Kläger eine cautio judicio sisti versprechen lassen, und zwar vor der L. C. (vgl. *L. 10 § 2, L. 13 si quis* caut.). Er änderte nachher seine Absicht, und stellte zu demselben Zweck die a. negot. gest. an. Wenn nun der Beklagte ausblieb, so fragte es sich, ob die für eine andere Klage versprochene Caution dennoch verfallen sey. Ulpian bejaht diese Frage, weil es eadem res sey. Vgl. Buchka B. 1 S. 97. — Dennoch kann die Aufnahme dieser Stelle in unseren Digestentitel nicht getadelt werden, da für die Exception das Daseyn der eadem res eben so, und in demselben Sinn, wie für die Caution, erfordert wurde.

heren Urtheils zu beachten und zu befolgen. Diese größere Bestimmtheit des Ausdrucks ist nicht nur an sich eine wesentliche Verbesserung, sondern sie enthält zugleich ein unverkennbares Zeichen, daß man sich, indem man diesen Ausdruck wählte, der neueren Entwicklung unsres Rechtsinstituts (der positiven Function der exceptio rei judicatae) deutlich bewußt geworden war.

Allerdings wurde auch bei der älteren Gestalt jener Exception (der negativen Function) eine gewisse Identität beider Klagen erfordert; allein diese hatte dabei eine nicht wenig verschiedene Bedeutung, indem vorzugsweise auf die übereinstimmende Intentio beider Klagen (nicht auf den Inhalt des Urtheils) gesehen wurde, wovon in dem neuesten Recht ohnehin nicht mehr die Rede seyn konnte (c).

Zunächst ist also das Daseyn derselben Rechtsfrage (die objective Identität), als erste Bedingung für die Einrede der Rechtskraft, genau zu bestimmen. Diese Bedingung schließt zwei entgegengesetzte Regeln in sich, deren Sinn vorläufig festzustellen und durch Beispiele anschaulich zu machen ist.

I. Soweit beide Klagen auf einer verschiedenen Rechtsfrage beruhen, darf die Einrede der Rechtskraft

(c) Dieser Punkt ist von Keller § 33 mit großer Sorgfalt, und mit Beachtung der nöthigen Einschränkungen behandelt worden. — Von demselben Schriftsteller wird S. 272—275 ausgeführt, daß eadem quaestio mit der eigenthümlichen Natur der Einrede in ihrer positiven Function in Verbindung steht.

nicht angewendet werden, auch wenn ein Schein von Uebereinstimmung vorhanden seyn sollte. Erläuternde Anwendungen sind folgende.

Die Entscheidung einer Besitzklage begründet niemals die Einrede der Rechtskraft für die künftige Eigenthumsklage (d), und eben so auch umgekehrt. Man könnte versucht seyn, das Eigenthum als das größere, den Besitz als das geringere Recht an der Sache anzusehen, folglich den Besitz als Bestandtheil des Eigenthums; diese Auffassung aber würde ganz irrig seyn. Beide Rechte sind vielmehr ganz ungleichartig (e), so daß die Bejahung des einen mit der Verneinung des andern niemals im Widerspruch steht.

Wird eine confessorische Klage auf iter abgewiesen, später eine confessorische Klage auf actus angestellt, so steht die Einrede nicht entgegen (f). Zwar umfaßt der actus unter andern auch alle einzelnen im iter enthaltenen Befugnisse; dennoch sind es Servituten verschiedener Art und Benennung, deren jede also, unabhängig von der anderen, durch ein Rechtsgeschäft besonders begründet werden kann.

Die Abweisung der Eigenthumsklage hindert nicht die spätere Anstellung einer Condiction auf dieselbe Sache, obgleich beide Klagen denselben äußeren Zweck haben, nämlich dem Kläger diese Sache zu verschaffen (g).

Die Abweisung einer durch Dolus bedingten Klage hindert nicht die spätere Anstellung der Aquilischen Klage,

(d) *L.* 14 § 3 *de exc. r. jud.* (44. 2).

(e) *L.* 12 § 1 *de adqu. vel am. poss.* (41. 2).

(f) *L.* 11 § 6 *de exc. r. jud.* (44. 2).

(g) *L.* 31 *de exc. r. jud.* (44. 2).

weil diese schon durch bloße Culpa begründet werden kann (h).

II. Soweit dagegen beide Klagen auf derselben Rechtsfrage beruhen, ist die Einrede der Rechtskraft anzuwenden, auch wenn ein Schein von Verschiedenheit vorhanden seyn sollte.

Um diese wichtige, und in manchen Beziehungen schwierige, Regel in das wahre Licht zu setzen, sollen zuerst die einfachsten Fälle betrachtet werden, die Fälle, in welchen an dem Dasein unbedingter Uebereinstimmung kein Zweifel denkbar ist. Dann ist zu untersuchen, welche einzelnen Bestandtheile jener unbedingten, vollständigen Uebereinstimmung etwa fehlen dürfen, ohne die Annahme der für unsren Zweck erforderlichen Uebereinstimmung aufzuheben, also ohne für die Anwendbarkeit der Einrede der Rechtskraft ein Hinderniß darzubieten. In solchen Fällen wird ein bloßer Schein der Verschiedenheit vorhanden seyn, bei wesentlicher Gleichheit.

Ich will zwei Fälle aufstellen, in welchen die Uebereinstimmung beider Klagen keinem auch nur scheinbaren Zweifel unterworfen seyn kann.

Die auf ein Landgut aus dem Grund der Ersitzung angestellte Eigenthumsklage wird rechtskräftig abgewiesen. In der Folge wiederholt derselbe Kläger gegen denselben Beklagten die Eigenthumsklage aus demselben Erwerbungs-

(h) *L.* 13 *pr. de lib. causa* (40. 12).

grunde. — Eine Darlehnsklage auf Hundert wird rechtskräftig abgewiesen, und später gegen denselben Beklagten wiederholt. — In beiden Fällen ist die spätere Klage von der früheren in keiner Beziehung verschieden; sie ist eine reine, einfache Wiederholung derselben, und die Anwendbarkeit der Einrede der Rechtskraft kann daher keinem Zweifel unterliegen.

Es ist jedoch keinesweges erforderlich, daß die Übereinstimmung alle hier angegebenen Voraussetzungen umfasse; sie kann in mehreren derselben fehlen, und dennoch als wahre Uebereinstimmung gelten, also auch die Einrede der Rechtskraft begründen. Alles kommt darauf an, daß in jedem einzelnen Fall die oben aufgestellten Grundbedingungen jener Einrede wirklich vorhanden sind, nämlich: dieselbe Rechtsfrage, und dieselben Personen.

Ich will eine vorläufige Übersicht der möglichen Verschiedenheiten beider Klagen geben, welche nicht als nothwendige Hindernisse für die Anwendung unsrer Einrede zu betrachten sind.

1. Der zweite Rechtsstreit kann über eine Klage von anderem Namen und anderer Natur geführt werden, als der erste. (Ungleichartige Klage).
2. Die Parteirollen können in dem zweiten Rechtsstreit verwechselt seyn, so daß der frühere Kläger jetzt als Beklagter auftritt.
3. Das Recht, welches in der einen Klage der Hauptgegenstand des Streites ist, kann in der anderen als

bloße Bedingung eines anderen, eigentlich verfolgten Rechts zur Sprache kommen (als Legitimationspunkt).

4. Der äußere Gegenstand kann in beiden Klagen verschieden seyn.

5. Der juristische Gegenstand kann in beiden Klagen verschieden seyn.

6. Das bestrittene Recht kann in beiden Klagen aus verschiedenen Entstehungsgründen abgeleitet werden.

Die hier aufgestellte Behauptung geht also dahin, daß die Übereinstimmung der Rechtsfrage (eadem quaestio) für die Anwendbarkeit der Einrede der Rechtskraft allein entscheidend ist, und daß daneben andere, wenn auch sehr scheinbare, Verschiedenheiten beider Klagen nicht in Betracht kommen. Diese Behauptung aber steht in dem engsten Zusammenhang mit der oben aufgestellten Lehre von den (objectiven) Gründen des Urtheils, als wesentlichen, untrennbaren Bestandtheilen desselben, auf welche sich die Rechtskraft des Urtheils selbst mit erstreckt. In der Auffassung der Römischen Juristen erscheinen beide Behauptungen als zusammenhangende Stücke eines und desselben Grundsatzes, und auch bei den neueren Schriftstellern bewährt sich dieser innere Zusammenhang darin, daß fast überall beide Fragen gleich richtig oder gleich irrig aufgefaßt zu werden pflegen (i).

(i) Derselbe innere Zusammenhang bewährt sich in der Behandlung beider Gegenstände, wie sie in der Praxis und in der Literatur des Preußischen Rechts wahrzunehmen ist. Vgl. Koch Lehrbuch B. 1 § 200.

Daß in der That diese Behauptung dem Römischen Recht entspricht, soll nunmehr für die aufgestellten Klassen der Verschiedenheiten, durch welche die Einrede der Rechtskraft nicht ausgeschlossen wird, im Einzelnen nachgewiesen werden.

§. 297.

Einrede der Rechtskraft. Dieselbe Rechtsfrage.

1. Ungleichartige Klage.

Der Umstand, daß die zweite Klage einen anderen Namen führt, als die erste, ist niemals ein Hinderniß für die Anwendung der Einrede.

Diese Regel ist geradezu ausgesprochen in einer der oben angeführten Hauptstellen über die Bedingungen unsrer Einrede (§ 296).

L. 7 § 4 *de exc. r. j.* (44. 2) . . , exceptio rei judicatae obstat, quotiens inter easdem personas eadem quaestio revocatur, *vel alio genere judicii* (a).

Ein erläuterndes Beispiel der Anwendung dieser Regel würde etwa folgendes seyn. Wenn Jemand seine Sache einem Anderen als Pfand, oder Commodat, oder Depositum hingiebt, und der Empfänger diese Sache beschädigt, so hat der Geber die Wahl, ob er mit der Contractsklage oder mit der Aquilischen Klage Entschädigung fordern

(a) Ganz eben so sagt *L.* 5 *eod.* „etsi diverso genere actionis.“ Es ist jedoch von dieser Stelle schon oben bemerkt worden, daß sie nicht unmittelbar von der Einrede der Rechtskraft spricht (§ 296. a).

will. Ist aber eine dieser Klagen abgewiesen, weil der Richter keine Beschädigung annimmt, so ist auch der Gebrauch der anderen Klage durch die Einrede der Rechtskraft ausgeschlossen.

Eine solche Entscheidung findet sich nun wirklich in mehreren einzelnen Anwendungen, jedoch so unbestimmt, daß diese allein nicht als zweifellose Bestätigungen unsrer Regel gelten können. Wenn nämlich darin blos gesagt wird, die spätere Klage werde durch die frühere ausgeschlossen (b), so bleibt es dabei noch ungewiß, ob nicht vorausgesetzt ist, die Entschädigung sey durch die frühere Klage bereits *bewirkt* worden, in welchem Fall vielmehr die Regel der Concurrenz, als die der Einrede, entscheidend seyn würde. In einigen anderen Stellen wird allerdings die exceptio rei judicatae als Grund der Ausschließung erwähnt; jedoch ist es auch da nicht klar, ob in der That der *Inhalt* des früheren Urtheils und nicht vielmehr das bloße Daseyn desselben, also die Einrede in der negativen Function, gemeint ist (c).

Dagegen sind völlig klar und unzweifelhaft mehrere Entscheidungen, die bei den folgenden Klassen der Verschiedenheit vorkommen werden, namentlich bei der Verschiedenheit der Parteirollen, und bei dem Legitimationspunkt.

(b) *L.* 18 § 1 *commod.* (13. 6), *L.* 38 § 1 *pro soc.* (17. 2), *L.* 1 § 21 *tutelae* (27. 3), *L.* 4 § 5 *quod cum eo* (14. 5).

(c) *L.* 4 § 3 *de noxal.* (9. 4), *L.* 25 § 1 *de exc. r. jud.* (44. 2).

Eben so unzweifelhaft ist folgende Entscheidung für die exceptio jurisjurandi, deren hier anwendbare Analogie schon oben (§ 295) geltend gemacht worden ist. Wenn eine Entschädigung eingeklagt wird mit der Klage aus einem Mandat, einer Geschäftsführung, einer Societät, und der Beklagte schwört, die Thatsache, woraus die Entschädigung abgeleitet wird, sey nicht wahr, so wird durch die Einrede des Eides nicht blos die Wiederholung der früheren Klage ausgeschlossen, sondern auch die certi condictio, wenn etwa eine solche aus derselben Thatsache, worauf sich der Eid bezog, an sich begründet werden könnte. Auch hier wird die Anwendbarkeit der Einrede in dem späteren Rechtsstreit ausdrücklich davon abhängig gemacht, daß darin eadem quaestio, wie in dem früheren Rechtsstreit, zur Entscheidung gebracht werde (d).

2. Verschiedene Parteirolle in dem ersten und zweiten Rechtsstreit. Auch durch diese Verschiedenheit wird die Anwendung der Exception oder Replication der Rechtskraft niemals verhindert, welches aus folgenden ganz unzweifelhaften Entscheidungen einzelner Fälle hervorgeht.

Wenn der Beklagte in einer Eigenthumsklage verurtheilt wird, und dann dieselbe Eigenthumsklage gegen den früheren

(d) *L.* 28 § 4 *de jurejur.* (12. 2) „Exceptio jurisjurandi non tantum, si ea actione quis utatur, cujus nomine exegit jusjurandum, opponi debet, sed etiam, si alia, *si modo eadem quaestio in hoc judicium deducatur*" rel. Ganz eben so verhält es sich mit der exceptio pacti. *L.* 27 § 8 *de pactis* (2. 14).

Beklagten anstellt, so steht ihm unsre Einrede entgegen, weil die frühere Verurtheilung unabänderlich ausgesprochen hat, daß er nicht Eigenthümer sey (e). — Ganz eben so verhält es sich mit der Erbrechtsklage, welche nach erfolgter Verurtheilung in umgekehrter Weise angestellt wird (f). — Derselbe Fall endlich kann auch bei der Hypothekarklage zwischen zwei Pfandgläubigern eintreten, wenn in dem ersten Rechtsstreit dem Kläger die Priorität zugesprochen worden ist, und nun in dem zweiten der frühere Beklagte als Kläger abermals diese Priorität für sich geltend zu machen versucht (g).

Wenn ferner in einer Eigenthumsklage der Kläger abgewiesen wird, weil der Richter das Eigenthum verneint, dann aber der Besitz der Sache an diesen Kläger kommt, und nun der frühere Beklagte gegen ihn die Publicianische Klage anstellt, so kann der frühere Kläger (gegenwärtig Beklagter) gegen diese Klage die exceptio dominii gebrauchen. Allein diese Einrede wird ihm durch die replicatio rei judicatae entkräftet, weil in dem früheren Rechtsstreit das Dasein seines Eigenthums rechtskräftig verneint worden ist (h).

(e) *L.* 30 § 1 *de exc. r. jud.* (44. 2), *L.* 40 § 2 *de proc.* (3. 3). — Vgl. oben § 287. a.

(f) *L.* 15 *de exc. r. jud.* (44. 2).

(g) *L.* 19 *de exc. r. jud.* (44. 2) „*eandem enim quaestionem* revocat in judicium.“ Auch in dieser einzelnen Anwendung gebraucht also Marcellus denselben entscheidenden Ausdruck, der in den allgemeinen Aussprüchen des Ulpian vorkommt (§ 296).

(h) *L.* 24 *de exc. r. jud.* (44. 2).

Wird einer persönlichen Klage die Einrede der Compensation entgegengesetzt, und diese deswegen verworfen, weil der Richter die Gegenforderung als unbegründet ansieht, so könnte späterhin diese Gegenforderung als selbstständige Klage geltend gemacht werden. Dann aber würde die Einrede der Rechtskraft diese Klage ausschließen müssen, weil der frühere Richter das Daseyn der Gegenforderung rechtskräftig verneint hat (i).

In den beiden zuletzt angeführten Fällen konnte nicht blos die Verschiedenheit der Parteirolle einen Zweifel an der Anwendbarkeit jener Einrede erregen, sondern auch die ungleichnamige Klage, die dem ersten und zweiten Rechtsstreit zum Grunde liegt. Da nun auch dieser Umstand kein Hinderniß für die Anwendbarkeit ist, so liegt darin eine unzweifelhafte Bestätigung der im Anfang dieses Paragraphen aufgestellten Regel.

Einen Zweifel an der Richtigkeit der hier aufgestellten Regel könnte man aus der Äußerung des Paulus über folgenden Rechtsfall herleiten (k). Der Verkäufer einer fremden Sache erwirbt später das Eigenthum, und vindicirt nun gegen den Käufer; dieser kann sich gegen die Klage schützen durch eine exceptio doli (oder rei venditae et traditae). Er kann auch den Gebrauch der Einrede unterlassen, und hinterher mit der actio emti das Interesse, oder

(i) *L.* 8 § 2 *de neg. gestis* (3. 5), *L.* 7 § 1 *de compens.* (16. 2), *L.* 1 § 4 *de contr. tut.* (27. 4). — Vgl. oben § 291. d.

(k) *L.* 18 *de evict.* (21. 2), verbunden mit *L.* 17 *eod.*

mit der Stipulationsklage den versprochenen doppelten Kaufpreis einklagen; dieses Alles ist durch unzweifelhafte Rechtsregeln bestätigt. Paulus aber setzt hinzu, diese Klagen würden ihm selbst dann zustehen, wenn er die Einrede gebraucht hätte, aber ohne Erfolg (etsi .. opposita ea nihilominus evictus sit), d. h. wenn die Einrede verworfen worden, oder unbeachtet geblieben wäre. Dieses würde im Widerspruch stehen mit unsrer Regel, wenn der Richter ausgesprochen hätte, der frühere Verkauf, als Grund der Einrede, sey nicht wahr. Dieses anzunehmen, liegt aber in der Stelle kein nothwendiger Grund. Der Fall kann vielmehr auch so gedacht werden, daß der Richter die Einrede aus Versehen unbeachtet ließ, oder daß er die Rechtsregel verkannte, worauf die Einrede beruht, indem er etwa die Vindication des früheren Verkäufers irrigerweise nicht als eine dolose Zuwiderhandlung gegen den eigenen Vertrag ansah (l).

§. 298.

Einrede der Rechtskraft. Dieselbe Rechtsfrage.. Legitimationspunkt.

3. Entscheidung über den Legitimationspunkt.

(l) Allerdings ist auch die Leseart zweifelhaft, indem bei den Worten: vel ex emto, Haloander bemerkt: alias desunt. Allein wenn man auch diese Worte wegdenkt, so wird dadurch die im Text erwähnte Schwierigkeit nicht beseitigt. Die rechtskräftige Verneinung des früheren Kaufvertrags hätte die (durch diesen Vertrag bedingte) Stipulationsklage eben sowohl ausgeschlossen, als die actio emti.

Die Verschiedenheit zwischen dem ersten und zweiten Rechtsstreit kann ferner darin bestehen, daß die Rechtsfrage, die in dem einen Rechtsstreit unmittelbar Gegenstand des Streites und der Entscheidung war, in dem anderen blos als eine Bedingung erschien, ohne welche der Kläger seinen eigentlichen Anspruch nicht geltend machen konnte. Auch diese Verschiedenheit soll die Anwendung der Einrede nicht hindern können (a).

Folgende Beispiele mögen vorläufig zur Erläuterung dieser Regel dienen. Wenn der mit einer Erbrechtsklage abgewiesene Kläger gegen den früheren Beklagten die Eigenthumsklage auf eine zu dieser Erbschaft gehörende Sache anstellt, so steht ihm die Einrede der Rechtskraft entgegen, obgleich in dem zweiten Rechtsstreit das abgesprochene Erbrecht nicht Gegenstand des Streites ist, wohl aber eine Bedingung für das behauptete Daseyn des Eigenthums, welche also zur Legitimation des Klägers gehört. — Eben so auch umgekehrt. Wenn jener Kläger die Eigenthumsklage zuerst anstellt, und durch die Beerbung des früheren Eigenthümers zu begründen versucht, vom Richter aber abgewiesen wird, weil dieser die Beerbung (als legitimatio ad causam) verneint, so könnte derselbe

(a) Ich erwähne hier blos die Legitimation des Klägers (die Activlegitimation), von welcher auch Andere bei dieser Gelegenheit ausschließend zu reden pflegen. Allerdings könnten auch Fälle der Passivlegitimation in Betracht kommen; allein theils ist diese überhaupt nicht oft Gegenstand eines Rechtsstreites, theils wird sie noch weit seltener so vorkommen, daß daraus später eine Einrede der Rechtskraft entspringen könnte.

Kläger nunmehr die Erbrechtsklage gegen den früheren Beklagten anstellen wollen; dabei aber würde ihm die Einrede der Rechtskraft eben so entgegen stehen, wie in dem zuerst aufgestellten, umgekehrten Fall (b).

Diese praktisch sehr wichtige Regel steht in augenscheinlichem Zusammenhang mit der oben vorgetragenen Lehre von der Rechtskraft der Gründe, mit welcher sie nothwendig steht und fällt. Die Wahrheit derselben ist auch schon von heutigen Schriftstellern anerkannt, und sehr richtig auf den Grundsatz der eadem quaestio zurückgeführt worden (c). Ein Schriftsteller der neuesten Zeit hat sie gleichfalls für das heutige Recht sehr klar und befriedigend durchgeführt (d). Aber in folgerechtem Zusammenhang mit seiner, schon oben gerügten, irrigen Auffassung der Rechtskraft der Gründe, hat derselbe Schriftsteller behauptet, dem Römischen Recht sey diese Behandlung des Legitimationspunktes völlig fremd (e). Da also diese wichtige Frage, und zwar nicht ohne einigen Schein, in Zweifel gezogen worden ist, so ist eine erschöpfende Behandlung derselben vorzugsweise nöthig. Ich werde zuerst die einzelnen Aussprüche des Römischen Rechts zusammen stellen, worin jene Regel, wie ich glaube, unzweifelhaft anerkannt

(b) In diesen beiden Fällen könnte noch der andere Zweifel entstehen, ob etwa deswegen die Einrede unanwendbar wäre, weil es zwei Klagen von verschiedener Natur und Benennung seyen. Davon ist jedoch schon oben § 297 Num. 1 gehandelt worden.

(c) Keller S. 272—275.

(d) Buchka B. 2 S. 187—190.

(e) Buchka B. 1 S. 299—301. Vgl. oben § 293. l.

wird, dann aber die Scheingründe zu beseitigen suchen, die man derselben neuerlich entgegengestellt hat.

a. **Die beiden, schon oben als Beispiele angeführten, Fälle von der Erbrechtsklage und Eigenthumsklage werden** von Ulpian nicht nur genau so, wie es hier geschehen, entschieden, sondern auch in unmittelbare Verbindung mit der eadem quaestio gesetzt, aus welcher die Entscheidung abgeleitet wird.

L. 3 *de exc. r. jud.* (44. 2). Julianus lib. 3 Dig. respondit, exceptionem rei judicatae obstare, quotiens eadem quaestio inter easdem personas revocatur: *et ideo, etsi singulis rebus petitis hereditatem petat, vel contra, exceptione summovebitur* (f).

L. 7 § 4 *eod.* Et generaliter, ut Julianus definit, exceptio rei judicatae obstat, quotiens inter easdem personas eadem quaestio revocatur, vel alio genere

(f) Es würde ganz unrichtig seyn, diese und die folgende Stelle so erklären zu wollen, als wäre in beiden Prozessen die hereditatis petitio angestellt, einmal auf die ganze Erbschaft, das anderemal auf einzelne Erbschaftssachen. Singulas res petere und singularum rerum petitio ist vielmehr stets die eigenthümliche Bezeichnung der Eigenthumsklage, also ganz gleichbedeutend mit specialis in rem actio. Vgl. § 2 *J. de off. jud.* (4. 17), *L.* 1 *pr.* § 1 *de rei vind.* (6. 1). Auch würden sonst diese Fälle nicht als erläuternde Beispiele zu den Worten: vel alio genere judicii passen, wozu sie doch in der zweiten Stelle zugleich dienen sollen. — Allerdings muß man in beiden Stellen hinzudenken, daß die Eigenthumsklage auf die angebliche Beerbung des früheren Eigenthümers gegründet wurde. Ulpian sagt dieses freilich nicht, aber er deutet es durch die Verbindung mit der eadem quaestio so unverkennbar an, daß hierüber kein Zweifel bleiben kann.

judicii. *Et ideo, si hereditate petita singulas res petat, vel singulis rebus petitis hereditatem petat, exceptione summovebitur.*

b. Ein ganz ähnlicher Fall ist der, wenn eine Schuldklage von dem angeblichen Erben des ursprünglichen Gläubigers angestellt, und wegen des fehlenden Erbrechts abgewiesen, dann aber gegen dieselbe Person die Erbrechtsklage angestellt wird; eben so auch, wenn umgekehrt zuerst die Erbrechtsklage abgewiesen, dann die Schuldklage angestellt wird. In beiden Fällen soll gleichfalls die Einrede der Rechtskraft Anwendung finden. Diesen Ausspruch knüpft Ulpian unmittelbar an den vorhergehenden an, welcher die Eigenthumsklage zum Gegenstand hatte; auch ist die völlige Gleichartigkeit beider Aussprüche ganz unverkennbar (g). Hier aber fügt Ulpian folgenden Grund hinzu: Nam cum hereditatem peto, et corpora, et actiones omnes, quae in hereditate sunt, videntur *in petitionem deduci.* Dieser Ausdruck deutet allerdings auf den Grundsatz der Consumtion, also auf die Einrede der Rechtskraft in ihrer negativen Function, und daraus hat der eben angeführte Schriftsteller folgern wollen, daß Ulpian überhaupt nur hieran, und nicht (wie hier behauptet wird) an eine Rechtskraft des Ausspruchs über den Legitimations-

(g) *L.* 7 § 5 *de exc. r. jud.* (44. 2). Diese Stelle wird an den vorhergehenden, von der Eigenthumsklage handelnden, Paragraphen mit folgenden Worten angeknüpft: „*Idem erit probandum,* etsi quis debitum petierit a debitore hereditario, deinde hereditatem petat“ rel.

punkt, gedacht habe; außerdem würde ihn der Vorwurf einer Verwechslung beider ganz verschiedenen Grundsätze treffen (h). In dieser Behauptung wird aber die wahre Lage der Sache völlig verkannt. Zu Ulpian's Zeit bestanden beide Formen der Einrede der Rechtskraft in voller Geltung neben einander, und nur in den seltenen Fällen, worin dieselben in Widerstreit kamen, sollte die neuere, vollkommnere Form den Vorzug erhalten (§ 282). Nun erwähnt Ulpian zuerst den Fall der Eigenthumsklage, dessen Entscheidung er befriedigend aus dem Grundsatz der positiven Function (der eadem quaestio) rechtfertigt. Dann geht er zu dem Fall der Schuldklage über, und auch dabei hätte dieselbe Rechtfertigung völlig ausgereicht. Er führt aber diesen Fall auf den Grundsatz der negativen Function (der Consumtion) zurück, der darauf gleichfalls anwendbar war und ganz zu derselben Entscheidung führte. Darin lag weder in der Sache selbst ein Irrthum, noch eine Inconsequenz, oder eine Verwechslung verschiedenartiger Grundsätze.

c. Wenn ein Miteigenthümer die Eigenthumsklage auf seinen Theil der Sache gegen den andern Miteigenthümer anstellt, und damit abgewiesen wird, dann aber gegen den früheren Beklagten die a. communi dividundo wegen derselben Sache anstellt, so steht ihm die Einrede der Rechtskraft entgegen, weil diese letzte Klage das Miteigenthum

(h) Buchka B. 1 S. 299—301. — Vgl. unten Beilage XVI. Note q.

(als Activlegitimation) voraussetzt, welches aber in der ersten Klage rechtskräftig abgesprochen ist. — Ganz Dasselbe gilt auch, wenn ein Miterbe zuerst mit der Erbrechtsklage abgewiesen wird, und dann die a. familiae herciscundae gegen den früheren Beklagten anstellt. Es ist dabei gleichgültig, ob in der ersten Klage der Richter annahm, der Kläger sey nicht Erbe, oder die eingeklagte Sache gehöre nicht zur Erbschaft (i).

d. Im Römischen Prozeß kommt häufig eine exceptio praejudicialis vor, wodurch der Beklagte verlangen kann daß die Sache so lange ausgesetzt bleibe, bis über eine andere Sache entschieden seyn wird. Diese gründet sich großentheils darauf, daß außerdem über eine wichtigere Sache nebenher, und daher vielleicht nicht mit angemessener Sorgfalt, rechtskräftig entschieden werden würde; sie setzt also die rechtskräftige Entscheidung des Legitimationspunktes geradezu voraus (k). — Dahin gehört z. B. folgender Fall. Zwischen A. und B. ist Streit über das Eigenthum des fundus Titianus. Außerdem macht A. Anspruch auf eine Wegeservitut über das unbestrittene Grundstück des B., um zu jenem streitigen Grundstück zu gelangen. Hier kann B. die Aussetzung der confessorischen Klage bis zur

(i) Diese verschiedenen Fälle kommen vor in folgenden Stellen: *L.* 8, *L.* 11 § 3 *de exc. r. jud.* (44. 2) und *L.* 25 § 8 *fam. herc.* (10. 2). Die Schwierigkeiten, welche die zuletzt angeführte Stelle darbietet, sind vortrefflich beseitigt von Keller S. 364—366.

(k) Die Zulassung dieser Einrede war übrigens von einem sehr freien richterlichen Ermessen abhängig. Vgl. *L.* 7 § 1 *de her. pet.* (5. 3).

abgesonderten Entscheidung der Eigenthumsklage wegen des fundus Titianus verlangen. Der Grund wird dahin angegeben: videlicet quod non aliter viam mihi deberi probaturus sim, *quam prius probaverim, fundum Titianum meum esse* (l). Die durch die Einrede abzuwendende Gefahr lag also lediglich darin, daß bei Gelegenheit der confessorischen Klage über die weit wichtigere Frage des Grundeigenthums, als bloßer Legitimationspunkt, und dennoch rechtskräftig entschieden werden würde. — Ganz eben so verhält es sich bei den im Anfang dieses Paragraphen erwähnten Fällen einer Eigenthumsklage und einer darauf folgenden Erbrechtsklage. Auch in diesen Fällen hätte der Beklagte verlangen können, daß zuvor eine abgesonderte Erbrechtsklage angestellt und entschieden würde (m). Da er Dieses unterließ, so war nun durch die Entscheidung

(l) *L.* 16 *de except.* (44.1). — Die unmittelbar darauf folgende Stelle *(L.* 17 *eod.)* geht in der That auf die exc. rei jud., nicht auf die exc. praejudicii, steht also nicht in innerem Zusammenhang mit der vorhergehenden. Sie setzt aber auch gar nicht eine Abweisung voraus, und ist daher im Sinn ihres Verfassers auf die negative Function der Einrede (die Consumtion der Klage) zu beziehen. Aber selbst wenn man sie, im Sinn des Justinianischen Rechts, auf die positive Function umdeuten wollte, würde sie doch keinen Zweifel gegen anderwärts begründete Rechtsregeln erregen können. Denn die confessorische Klage konnte abgewiesen seyn, weil der Richter die Errichtung einer Servitut verneinte, nicht gerade, weil er das Grundeigenthum des Klägers in Abrede stellte. Daher ist die Erklärung bei Buchka I. 303 zu verwerfen.

(m) *L.* 13 *de except.* (44. 1), worin ausgesprochen ist, daß durch die exceptio praejudicialis die Eigenthumsklage einstweilen ausgeschlossen wird, so lange die Erbrechtsklage noch nicht angestellt ist.

über den Legitimationspunkt das Erbrecht des Klägers rechtskräftig verneint (n).

Es sind nun noch die Scheingründe zu beseitigen, wodurch neuerlich versucht worden ist, die Rechtskraft der Entscheidung über den Legitimationspunkt aus Stellen des Römischen Rechts zu widerlegen.

Wenn Alimente gefordert werden auf den Grund der Verwandtschaft oder des Patronats, der Beklagte aber diesen Grund bestreitet, so soll der Richter, ehe er über die Alimente entscheidet, das Daseyn der Verwandtschaft oder des Patronats prüfen, jedoch nur obenhin (summatim); auch wird ausdrücklich hinzugefügt, die richterliche Gewährung oder Abweisung der Alimente solle keinen Einfluß haben auf den möglichen künftigen Rechtsstreit über die Verwandtschaft (o). — Die Absicht ging also dahin, daß bei offenbar ungegründeter Verwandtschaft die Alimente verweigert, außerdem aber einstweilen zugesprochen werden sollten. Diese Vorschrift nun soll als Beweis gelten, daß die Römer der Entscheidung über den Legitimationspunkt überhaupt keine Rechtskraft zugeschrieben hätten (p). Allein gegen eine solche Folgerung hätte schon die Vorschrift

(n) Vgl. die oben abgedruckten Stellen: *L.* 3, *L.* 7 § 4 *de exc. r. jud.* (44. 2). — Dasselbe gilt auch, wenn bei streitigem Grundeigenthum eine actio communi dividundo, oder eine Condiction wegen der Früchte angestellt werden sollte; auch Das kann durch die exc. praejud. abgewendet werden. *L.* 18 *de except.* (44. 1).

(o) *L.* 5 § 8. 9. 18 *de agnosc.* (25. 3), *L.* 10 *de his qui sui* (1. 6).

(p) Buchka B. 1 S. 305.

mißtrauisch machen müssen, daß der Richter nur summatim prüfen solle, wovon die natürliche Folge ist, daß eine solche Prüfung auf den Erfolg des späteren Rechtsstreits keinen Einfluß haben durfte. Auch ist es nicht schwer, den Grund dieser besonderen Vorschrift und ihrer Folge in der ganz eigenthümlichen Natur der Alimentenforderung zu entdecken. Bei dieser kommt es darauf an, dem dringenden persönlichen Bedürfniß schnell abzuhelfen, und dem unwiederbringlichen Nachtheil vorzubeugen, der aus dem Mangel an Unterhalt entstehen kann. Es würde daher ganz willkührlich seyn, aus dieser höchst eigenthümlichen Vorschrift irgend eine Folgerung für die allgemeine Behandlung des Legitimationspunktes zu ziehen. Vielmehr ist in diesem besonderen Fall anzunehmen, daß der Richter, der die Alimente zuspricht, damit noch gar keine bestimmte Ueberzeugung von dem wirklichen Daseyn einer Verwandtschaft habe aussprechen wollen.

Ein ähnlicher, aber noch weniger scheinbarer Einwurf ist aus folgender Vorschrift des Römischen Rechts entnommen worden. Wenn ein rechtskräftig verurtheilter Schuldner dem Urtheil nicht Folge leistet, so wird bekanntlich die Execution dadurch bewirkt, daß die richterliche Obrigkeit Sachen des Verurtheilten abpfänden, und zur Befriedigung des Gläubigers verkaufen läßt (q). Wenn nun bei diesem Verfahren eine dritte Person auftritt, welche

q) Pignus in causa judicati captum.

das Eigenthum einer abgepfändeten Sache für sich in Anspruch nimmt, so soll dieser neue Anspruch obenhin (summatim) geprüft werden. Wird derselbe offenbar ungegründet befunden, so wird das eingeschlagene Verfahren fortgesetzt; bleibt die Frage zweifelhaft, so soll die Pfändung an dieser streitigen Sache aufgegeben, und an deren Stelle eine andere, unstreitige Sache gesetzt werden. In keinem Fall aber soll diese richterliche Verfügung auf die künftige Entscheidung über das Eigenthum jener streitigen Sache irgend einen Einfluß haben (r). Diese letzte Bestimmung nun wird wieder als Beweis geltend gemacht, daß die Römer der Entscheidung über den Legitimationspunkt niemals die Rechtskraft beigelegt hätten (s). Allein in dem hier vorausgesetzten Fall war ja über das Eigenthum der abgepfändeten Sache noch gar kein eigentlicher Rechtsstreit unter den betheiligten Parteien geführt worden. Der Richter hatte von Anfang an völlig freie Wahl, welche Sachen des ungehorsamen Schuldners er pfänden wollte. Hatte er gewählt, und entstanden Zweifel über das Eigen-

(r) *L.* 15 § 4 *de re jud.* (42. 1) „... ipsos, qui rem judicatam exsequuntur, cognoscere debere de proprietate, et si cognoverint, ejus fuisse, qui condemnatus est, rem judicatam exsequentur. Sed sciendum est, *summatim* eos cognoscere debere, nec sententiam eorum posse debitori praejudicare, si forte dimittendam eam rem putaverint, quasi ejus sit, qui controversiam movit, non ejus, cujus nomine capta est ... Sed illud debet dici, ubi controversia est de pignore, id dimitti debere, et capi aliud, si quod est sine controversia."

(s) Buchka B. 1 S. 308.

thum der gewählten Sache, so konnte er die Wahl ändern, und zu diesem willkührlichen Entschluß reichte schon der bloße Zweifel hin. Welchen Entschluß also auch der Richter fassen mochte, so lag darin niemals der Ausdruck einer gewonnenen Ueberzeugung von dem Eigenthum oder Nichteigenthum irgend einer bestimmten Person. Es lag also darin nicht die Entscheidung über einen streitigen Legitimationspunkt, und diese Vorschrift kann daher auch nicht benutzt werden, um daraus irgend eine Folgerung zu ziehen für die Römische Ansicht über die Rechtskraft der, den Legitimationspunkt betreffenden, richterlichen Entscheidung.

Endlich wird noch als ein Einwurf gegen die hier vertheidigte Lehre ein einzelnes Rescript des K. Severus (t) geltend gemacht, zu dessen vollständiger Erklärung eine etwas ausführliche Vorbereitung nöthig ist. Wenn in einer Provinz ein Rechtsstreit über die Standesverhältnisse einer Person (Freiheit, Verwandtschaft u. s. w.) geführt wurde, so sollte der Präses in eigener Person, ohne Judex, entscheiden, anstatt daß über alle anderen Sachen, namentlich über Erbrechtsklagen, ein von ihm niedergesetzter Judex zu entscheiden hatte. Nun war ein Mann gestorben und hatte ein Testament hinterlassen; der Testamentserbe war im Besitz der Erbschaft. Die Vormünder eines Unmündigen aber behaupteten, dieser sey ein nachgeborner Sohn des Erblassers, und durch dessen Geburt sey das Testament ver-

(t) *L.* 1 *C. de ord. cogn.* (3. 8). Buchka B. 1 S. 301. 302

nichtet worden. Sie fragten bei dem Kaiser an, ob sie unmittelbar die Erbrechtsklage vor einem Juder anstellen könnten, der dann zugleich die Vorfrage wegen der rechtskräftigen Geburt untersuchen würde. Das Rescript geht dahin, daß dieser Weg zulässig sey. Denn obgleich der Juder nicht befugt gewesen wäre, über das Familienverhältniß, als Gegenstand einer selbstständigen Klage (u), ein Urtheil zu sprechen, so könne er doch bei Gelegenheit der Erbrechtsklage auch das Familienverhältniß (als Legitimationspunkt) feststellen, indem das Urtheil wörtlich immer nur auf das Erbrecht gerichtet seyn würde. — Dieses ist der Inhalt folgender Stelle:

L. 1 *C. de ord. cogn.* (3. 8) Adite praesidem provinciae, et ruptum esse testamentum Fabii Praesentis agnatione filii docete: neque enim impedit notionem ejus, quod status quaestio in cognitione vertitur, etsi super status causa cognoscere non possit (v). Per-

(u) Man könnte glauben, die Vormünder hätten zuerst in einer besonderen Klage, vor dem Präses selbst, das Familienverhältniß zur Anerkennung bringen müssen. Allein nicht nur wäre Dieses eine unnütze Weitläufigkeit gewesen, sondern es kommt auch überhaupt eine besondere Klage auf Anerkennung der Agnation gegen einen Nichtverwandten (den fremden Testamentserben) nicht vor. — Bethmann-Hollweg Versuche S. 125, nimmt an, der Beklagte habe in diesem Fall durch eine exceptio praejudicii die abgesonderte Entscheidung über das Familienverhältniß erzwingen können, und blos, weil er Dieses unterließ, sey dem Richter über die Erbrechtsklage auch die Entscheidung über die Agnation anheimgefallen.

(v) In diesen Worten liegt die eigentliche Schwierigkeit der Stelle. Die gewöhnliche Erklärung aller älteren Schriftsteller geht dahin, der Präses habe überhaupt keine Befugniß gehabt, über eine Klage

tinet enim ad officium judicis, qui de hereditate cognoscit, universam incidentem quaestionem, quae in judicium devocatur, examinare: quoniam non de ea, sed de hereditate pronuntiat (w).

Nun wird behauptet, weil nach den Schlußworten der Richter nicht über das Familienverhältniß entscheide, so werde auch hierin seine Annahme nicht rechtskräftig. In dieser Behauptung liegt aber ein offenbarer Zirkel. Jene Worte sprechen nur von dem wörtlichen Inhalt des richterlichen Ausspruchs, der stets mit der angebrachten Klage im Zusammenhang steht. Die Streitfrage ist aber gerade die, ob noch irgend Etwas, und wie Viel, außer jenem

de statu zu erkennen, und zu dieser Erklärung neigte sich Anfangs auch Cujacius hin. (Merill. variant. ex Cuj. II. 1). Diese Voraussetzung aber wird durch mehrere Stellen widerlegt, am bestimmtesten durch *L. 7 C. ne de statu defunct.* (7. 21). Daher muß die hier bemerkte Unfähigkeit nicht auf den Präses selbst, sondern auf den von ihm über die Erbrechtsklage niedergesetzten Juder bezogen werden, dessen wörtliche Erwähnung vielleicht nur in dem für den Coder aus dem ganzen Rescript gemachten Auszug ausgefallen ist. Eine Bestätigung dieser Annahme liegt in den gleich darauf folgenden Worten: Pertinet enim ad *officium judicis,* qui de hereditate cognoscit. Diese Erklärung findet sich bei Hotomanus obs. VI. 6, Cujac. recit. in Dig., L. 74 de re jud., L. 5. de her. pet. (Opp. T. 7 p. 165. 220), Giphan. explan. Codicis, L. 1 de ord. jud. p. 152.

(w) Wesentlich übereinstimmend mit der angeführten Stelle ist auch noch folgende. *L. 3 C. de jud.* (3. 1). Quoties quaestio status bonorum disceptationi concurrit: nihil prohibet, quo magis apud eum quoque, qui alioquin super causa status cognoscere non possit, disceptatio terminetur. — Alioquin heißt: wenn die causa status Gegenstand einer eigenen, selbstständigen Klage gewesen wäre. — Disceptatio terminetur deutet offenbar auf eine definitive, für immer wirksame Feststellung.

wörtlichen Inhalt, rechtskräftig werde. Diese Frage wird in der angeführten Stelle weder bejaht noch verneint, und sie kann nur theils aus allgemeinen Grundsätzen (über die Rechtskraft der Gründe), theils aus den oben angeführten unzweifelhaften Stellen des Ulpian entschieden werden. — So ist denn auch der Inhalt der hier angeführten Stelle schon längst von mehreren der bewährtesten Ausleger aufgefaßt worden, welche gleichfalls annehmen, daß in jenem Ausspruch des Richters auch das als Incidentfrage vorgebrachte Familienverhältniß völlig und für immer festgestellt sey (x).

§. 299.

Einrede der Rechtskraft. Dieselbe Rechtsfrage. Äußerer und juristischer Gegenstand der Klage.

4. Verschiedenheit des äußeren Gegenstandes in beiden Klagen.

Auch diese Verschiedenheit ist nicht nothwendig ein Hinderniß für die Anwendung der Einrede, indem es auch in dieser Hinsicht lediglich darauf ankommt, zu untersuchen, ob dieselbe Rechtsfrage in beiden Klagen vorhanden ist oder nicht.

(x) Cujacius l. c. p. 220. „Ceterum si pronuntietur, hereditatem esse actoris, *tacite etiam videbitur pronuntiatum de ejus libertate.*" — Giphanius l. c. p. 156. „Ut scilicet, dum de principali causa *pronuntiatur, simul et per consequentiam ac tacite de causa status dijudicetur, non vero, ut simul, aut etiam separatim de utraque causa nominatim pronuntietur.*"

Wenn daher einige Stellen des Römischen Rechts mit scheinbarer Allgemeinheit sagen, die Einrede sey nur anwendbar, insofern der Gegenstand beider Klagen ein und derselbe sey (a), so ist Dieses von den allerdings gewöhnlichsten Fällen zu verstehen, in welchen die Verschiedenheit der Gegenstände zugleich mit ganz verschiedenen Rechtsfragen verbunden ist. Ist also die Eigenthumsklage über ein Haus abgewiesen, so wird aus diesem Urtheil bei dem künftigen Rechtsstreit über das Eigenthum eines Landgutes eine Einrede in der Regel nicht abgeleitet werden können.

Dagegen giebt es in der That viele und wichtige Fälle, worin die Verschiedenheit in den äußeren Gegenständen beider Klagen die Anwendbarkeit der Einrede auf die spätere Klage nicht hindert. In diesen Fällen wird die Anwendbarkeit gerechtfertigt durch das allgemeine Verhältniß eines Ganzen zu seinen Theilen. Indem nämlich jeder Theil in dem Ganzen enthalten ist, wird sehr häufig ein Ausspruch über das Ganze zugleich den Aus-

(a) *L.* 12. 13 *de exc. r. jud.* (44. 2). „Cum quaeritur, haec exceptio noceat, nec ne, inspiciendum est, *an idem corpus sit. — Quantitas eadem, idem jus.*" — Die erste der hier in den Digesten zusammengefügten Stellen ist von Paulus, die zweite von Ulpian. — Es werden dabei noch die billigen Zusätze gemacht, daß die bleibende Einheit des Gegenstandes nicht gestört werde durch die natürlichen Veränderungen in dem Umfang einer Sache; eben so auch, wenn von dem Eigenthum einer Heerde die Rede sey, nicht dadurch, daß einzelne Thiere dazu kommen, oder davon ausscheiden. *L.* 14 *pr. L.* 21 § 1 *eod.*

spruch über jeden Theil dieses Ganzen in sich schließen. Dadurch wird dann die Verschiedenheit der Gegenstände beider Klagen in bloßen Schein aufgelöst seyn, und als wesentliche Gleichheit anerkannt werden müssen. Durch diese abstracte Auffassung der Frage soll jedoch blos vorläufig der Gesichtspunkt für dieselbe angedeutet seyn. Erst durch die Anwendung auf die einzelnen dahin gehörenden Fälle kann dafür Anschaulichkeit, Überzeugung, und zugleich richtige Begränzung gewonnen werden.

a. Der wichtigste Fall dieser Art betrifft die Erbrechtsklage, welche ein ganzes Vermögen als solches zum eigentlichen Gegenstand hat, aber durch den zufälligen Besitz des Beklagten an einem einzelnen Stück der Erbschaft veranlaßt seyn kann. Ist nun die auf ein Haus des Erblassers angestellte Erbrechtsklage abgewiesen, und wird nachher gegen denselben Beklagten wegen eines Landgutes des Erblassers dieselbe Klage angestellt, so steht ihr die Einrede der Rechtskraft entgegen, obgleich in beiden Klagen der äußere Gegenstand völlig verschieden ist. Denn die entscheidende Rechtsfrage betrifft in beiden Klagen das Daseyn des Erbrechts; wird nun dieses Daseyn in der ersten Klage verneint, so bindet diese Verneinung auch den Richter, der über die zweite Klage zu entscheiden hat (b).

(b) Natürlich wird dabei vorausgesetzt, daß die erste Klage deswegen abgewiesen wurde, weil der Richter annahm, der Kläger sey nicht Erbe. Gründete sich die Abweisung darauf, daß die Eigenschaft des Hauses als eines Stückes der Erbschaft, oder daß der Besitz des Beklagten verneint wurde, so kann daraus eine Ein-

Dieselbe Frage kann auch in folgender verwickelteren Gestalt vorkommen, worin sie im Römischen Recht ausdrücklich erwähnt und entschieden worden ist (c). A. und B. machen Anspruch auf die ganze Erbschaft des verstorbenen C. — A. besitzt aus dieser Erbschaft ein Haus, B. ein Landgut. — A. klagt mit der Erbrechtsklage wegen des Landgutes, und B. wird verurtheilt. — Wenn nunmehr B. gegen A. wegen des Hauses die Erbrechtsklage anstellen will, so steht ihm die Einrede der Rechtskraft entgegen, weil aus der früheren Verurtheilung nothwendig folgt, daß er kein Erbrecht hat (d).

b. Dieselbe Regel kann aber auch zur Anwendung kommen, wenn irgend ein einzelnes Vermögensstück (sey es ein dingliches Recht oder eine Schuldforderung) eingeklagt, die Klage abgewiesen, und dann für einen Theil jenes Vermögensstücks wiederholt wird. Die Abweisung für das Ganze ist auch entscheidend für den einzelnen Theil, so daß hier die Regel zur Anwendung kommt: In toto et pars continetur (e).

Es verdient bemerkt zu werden, da es neuerlich bezweifelt worden ist, daß diese Regel gleich wahr ist für den älteren und neueren Standpunkt unsrer Einrede, obgleich

rede gegen die auf das Landgut gerichtete zweite Klage nicht abgeleitet werden.

(c) *L.* 15 *de exc. r. jud.* (44. 2).

(d) Vgl. oben § 287. a.

(e) *L.* 113 *de R. J.* (50. 17). — Ähnliche Regeln, wie die hier für die Einrede der Rechtskraft aufgestellte, gelten auch für die exc. pacti und jurisjurandi. *L.* 27 § 8 *de pactis* (2. 14), *L.* 7 *de jurej.* (12. 2).

für beide aus etwas verschiedenen Gründen (f). Nach dem Grundsatz der Consumtion ist die Regel wahr, weil die Eigenthumsklage auf ein Landgut nicht blos das ganze Gut, sondern auch jedes einzelne Stück desselben in judicium deducirt, also die Klage darauf consumirt. Nach dem Grundsatz der eadem quaestio (der positiven Function der Einrede) ist die Regel wahr, weil der Richter bei der auf ein Ganzes gerichteten Klage befugt ist, nicht nur dieses Ganze zuzusprechen, sondern auch jeden Theil desselben, wenn er darauf den Anspruch für begründet hält. Weist er also den Kläger überhaupt ab, so hat er damit in der That ausgesprochen, daß der Kläger auch keinen denkbaren Theil des Ganzen zu fordern habe (g). Mit diesem Ausspruch aber würde jede spätere Klage auf irgend einen Theil jenes Ganzen völlig im Widerspruch stehen.

Die so eben aufgestellte wichtige Regel wird in einer Stelle des **Ulpian** so erschöpfend behandelt, daß sich an

(f) Vgl. **Wächter** Erörterungen H. 3 S. 44, welcher die Behauptung von **Vangerow** widerlegt, daß dieser Satz **nur** aus dem Grundsatz der Consumtion gerechtfertigt werden könne.

(g) Vgl. oben § 286. 292. — Es ist wohl darauf zu achten, daß der hier aufgestellte Satz eben nur wahr ist für die Fälle, in welchen der Richter auch Das zusprechen **konnte**, worauf die zweite Klage gerichtet wird; außerdem ist die Einrede nicht anwendbar. Vgl. oben § 286. d. i. Wenn daher von mehreren Bestandtheilen eines Rechtsanspruchs nur einer eingeklagt wird, so wird die spätere Klage auf die übrigen Theile nicht nothwendig durch die Einrede ausgeschlossen, weil der Richter nicht Mehr zusprechen durfte, als der Kläger begehrte. Daraus sind folgende Stellen zu erklären, die daher mit der im Text aufgestellten Regel nicht im Widerspruch stehen: *L.* 20, *L.* 21 *pr. de exc. r. jud.* (44. 2), *L.* 46 § 5 *de admin.* (26. 7), *L.* 2 *C. de jud.* (3. 1). Vgl. **Keller** S. 540.

den Inhalt dieser Stelle die vielfachen Anwendungen der Regel am besten werden anknüpfen lassen.

L. 7 *pr. de exc. r. jud.* (44. 2). Si quis, cum totum petisset, partem petat, exceptio rei judicatae nocet: nam pars in toto est. Eadem enim res accipitur, etsi pars petatur ejus, quod totum petitum est (h). Nec interest, utrum in corpore hoc quaeratur, an in quantitate, vel in jure. Proinde si quis fundum petierit, deinde partem petat, vel pro diviso, vel pro indiviso: dicendum erit, exceptionem obstare. Proinde etsi proponas mihi, certum locum me petere ex eo fundo, quem petii, obstabit exceptio.

Ulpian sagt, die Regel vom Ganzen und dem Theil komme in dreierlei Anwendungen vor. Zuerst bei einem corpus und dessen realen und idealen Theilen. Wird also die Eigenthumsklage auf ein Landgut abgewiesen, so darf dieselbe nachher auch nicht auf ein abgegränztes Stück dieses Gutes wiederholt werden (i), und eben so wenig auf das ideale Drittheil oder Viertheil desselben. — Zweitens bei einer quantitas. Wird also eine Schuldklage auf 100 abgewiesen, so darf dieselbe später auch nicht auf 70 oder 30 erneuert werden, weil jede dieser kleineren Summen in

(h) Nach diesen Worten könnte man zweifeln, ob nicht vielleicht Ulpian diese Regel lediglich aus dem Grundsatz der Consumtion ableiten wolle. Dieser Zweifel verschwindet dadurch, daß er schon wenige Zeilen nachher Alles auf den Grundsatz der eadem quaestio, also auf die positive Function, zurückführt. S. o. § 296. a.

(i) Dieser Theil der Stelle wird auch noch bestätigt in *L.* 26 § 1 *eod.*

dem früheren Urtheil mit abgesprochen worden ist. — Drittens bei einem jus. Wird daher die Klage auf den Nießbrauch eines Hauses abgewiesen, so darf dieselbe später auch nicht auf den Nießbrauch des halben Hauses erneuert werden. Eben so ist durch die Abweisung der Klage auf eine ganze Erbschaft auch die Wiederholung dieser Klage auf irgend einen idealen Theil dieser Erbschaft ausgeschlossen (k).

Als Ganzes im Verhältniß zu seinen Theilen, muß hier auch jedes eingeklagte Aggregat einzelner Sachen betrachtet werden, wenn die Klage abgewiesen, und nachher auf einzelne, in jenem Aggregat enthaltene, Sachen erneuert wird. Dahin gehören die Fälle, wenn zuerst zwei Sachen zugleich vindicirt werden, später (nachdem jene Klage abgewiesen worden) eine derselben (l). Ferner, wenn die Eigenthumsklage auf eine Heerde abgewiesen, und dann auf einzelne Thiere aus derselben Heerde wiederholt wird (m).

(k) Die abgewiesene Erbrechtsklage auf die Hälfte der Erbschaft schließt daher die spätere Wiederholung auf ein Sechstheil aus. *L.* 30 *pr. de exc. r. jud.* (44.2). Die von DONELLUS XXII. 5 § 10 zu dieser Stelle vorgeschlagene Emendation: partem *sextantem,* anstatt *sextantis,* scheint unnöthig, da auch ohne Änderung die Worte eben so erklärt werden können: pars sextantis für: quae in sextante consistit. — Von dieser Stelle wird übrigens noch unten die Rede seyn (§ 300).

(l) *L.* 7 *pr.*, *L.* 21 § 1 *de exc. r. jud.* (44. 2).

(m) *L.* 21 § 1 *de exc. r. jud.* (44. 2). Indem in diesen beiden Fällen schon die erste Klage auf alle Stücke zugleich gerichtet war, sind diese Fälle wesentlich verschieden von den, in der Note g. erwähnten Fällen. Ein Widerspruch ist also in diesen Stellen durchaus nicht vorhanden.

c. Der bisher abgehandelte Fall kann ferner in umgekehrter Weise eintreten, so daß zuerst auf einen Theil geklagt, diese Klage aber abgewiesen, und später für das Ganze wiederholt wird. Es fragt sich, ob auch hier die neue Klage durch die Einrede ausgeschlossen werde. Diese Frage wird von Einigen allgemein bejaht (n), von Anderen allgemein verneint (o); Beides mit Unrecht. Es fehlt hier an einem so durchgreifenden Grund, wie er in dem vorhergehenden, umgekehrten Fall anerkannt werden mußte, und es ist daher in jedem einzelnen Fall besonders zu untersuchen, ob in der zweiten Klage dieselbe Rechtsfrage, wie in der ersten, vorliegt, welcher Umstand allein überall entscheiden muß. Wenn z. B. die Eigenthumsklage auf ein abgegränztes Stück eines Landgutes angestellt und abgewiesen wird, so kann später jedes andere Stück eingeklagt werden, weil jedes Stück auch als selbstständiger Gegenstand eines besonderen Eigenthums betrachtet werden kann. Wird daher die neue Klage auf das ganze Gut gerichtet, so ist sie für das früher eingeklagte Stück durch das vorige Urtheil allerdings ausgeschlossen, für die übrigen Stücke aber nicht. — Wenn dagegen die confessorische Klage auf das jus altius non tollendi von zehen Fuß Höhe abgewiesen, und nachher auf zwanzig Fuß Höhe erneuert wird, so steht ihr die Einrede der Rechtskraft entgegen, weil die ausge-

(n) Faber in Cod. Lib. 7 T. 19 def. 5, besonders not. 16.

(o) Toullier T. 10 § 153. 155. 156.

dehntere Servitut ohne die bereits abgesprochene beschränktere gar nicht ausgeübt werden kann (p).

d. Mit dem hier abgehandelten Verhältniß des Ganzen zu seinem Theil sind folgende Fragen nahe verwandt.

Wenn eine Zinsenklage abgewiesen, nachher aber eine andere Zinssumme, oder auch das Kapital eingeklagt wird, so fragt es sich, ob die Einrede der Rechtskraft auf die zweite Klage angewendet werden kann. Eben so, wenn die abgewiesene erste Klage auf Zahlung einer angeblich fälligen Rente (eines Kanon) gerichtet war, die zweite Klage einen anderen Posten derselben Rente, oder das Recht der Rente selbst, zum Gegenstand hat.

Auch bei dieser Frage kommt Alles darauf an, ob in beiden Klagen dieselbe Rechtsfrage zum Grunde liegt, oder nicht. Wurde also die erste Klage deswegen abgewiesen, weil der Richter annahm, es sey keine Kapitalschuld oder kein Recht auf eine Rente vorhanden, so ist die zweite Klage durch die Einrede ausgeschlossen. Anders, wenn sich die Abweisung darauf gründete, daß der eingeklagte einzelne Posten schon bezahlt, oder compensirt sey.

Ganz Dasselbe muß auch gelten, wenn der Beklagte zur Zahlung einer einzelnen Forderung von Zinsen oder Renten verurtheilt wurde, nachdem er das Recht auf Zinsen oder Renten überhaupt bestritten hatte. Durch jene Verurtheilung wird das Recht im Allgemeinen rechtskräftig festgestellt (q).

(p) *L. 26 pr. de exc. r. jud.* (44. 2).

(q) Buchka hat auch hier wieder die Frage für das heutige Recht

Entscheidungen des Römischen Rechts über die hier aufgeworfene Frage finden sich nicht. Die Stellen, die man dafür anzuführen pflegt, berühren dieselbe in der That nicht (r).

5. Verschiedenheit des juristischen Gegenstandes der beiden Klagen.

Diese Verschiedenheit ist gleichfalls kein nothwendiges Hinderniß für die Anwendung unsrer Einrede. Wenn daher mit der condictio furtiva der Ersatz einer gestohlenen Sache gefordert wird, der Richter aber die Klage abweist, weil er das Daseyn eines Diebstahls verneint, so kann nachher auch keine actio furti auf Strafe wegen dieses Diebstahls angestellt werden; eben so verhält es sich, wenn umgekehrt die actio furti zuerst angestellt, und abgewiesen wird. Zwar ist der juristische Gegenstand beider Klagen (Ersatz und Strafe) völlig verschieden. Wenn daher in

richtig beantwortet, für das Römische Recht irrigerweise das Gegentheil angenommen. B. 1 S. 307. 308, B. 2 S. 184. 191. — Einige irrige Entscheidungen Preußischer Gerichte über diese Frage sind schon oben angeführt worden. § 294 Note n. und r.

(r) *L.* 23 *de exc. r. jud.* (44. 2) spricht gar nicht von dem Fall einer abgewiesenen Zinsenklage, also von der Einrede in der positiven Function, sondern verneint nur die Consumtion der Kapitalklage durch die bloße Anstellung der Zinsenklage. Diese Verneinung folgte nothwendig schon daraus, daß auf Kapital und Zinsen zwei ganz verschiedene Obligationen und Klagen gerichtet waren (vgl. oben S. 126. 160). Keller S. 536. — Die *L.* 4 *C. depos.* (4. 34) ist nach dem älteren Recht zu erklären aus der Consumtion der einen untheilbaren Klage, nach dem neueren Recht aus der stillschweigenden Verwerfung der nicht zugesprochenen Verzugszinsen, die der Richter stets nach freiem Ermessen zusprechen konnte (§ 286).

der ersten Klage der Kläger seinen Zweck erreicht hat, so kann dennoch die zweite Klage angestellt werden, so daß ihr der Grundsatz der Concurrenz nicht entgegen steht (s). Eben so ist die zweite Klage gewiß nicht ausgeschlossen durch Anwendung des Grundsatzes der Consumtion. Allein es ist unleugbar, daß beiden Klagen dieselbe Rechtsfrage zum Grunde liegt; wird also in der einen das Daseyn eines Diebstahls verneint, so muß diese Verneinung auch der anderen Klage entgegen stehen, da beide gleichmäßig durch die Thatsache eines begangenen Diebstahls bedingt sind (t). Ein ausdrückliches Zeugniß für diesen Satz ist nicht vorhanden. Er folgt aber unzweifelhaft aus dem allgemeinen Grundsatz, und er wird überdem dadurch bestätigt, daß er für die exceptio jurisjurandi ausdrücklich anerkannt wird (u), deren innere und wesentliche Verwandtschaft mit der Einrede der Rechtskraft schon oben dargethan worden ist (§ 295).

§. 300.

Einrede der Rechtskraft. Dieselbe Rechtsfrage. Verschiedenheit des Erwerbsgrundes.

6. Eine Verschiedenheit kann endlich noch vorkommen in dem **Erwerbsgrunde**, woraus das in beiden Klagen verfolgte Recht abgeleitet wird (origo

(s) Vgl. oben B. 5 § 234. a.

(t) Keller S. 281. Andere Meinung ist Buchka B. 1 S. 131.

(u) *L.* 13 § 2 *de jurej.* (12. 2).

actionis). Auch eine solche Verschiedenheit ist nicht allgemein ein Hinderniß für die Anwendung der Einrede.

Über diese Frage enthält das Römische Recht so klare und bestimmte Regeln, daß darüber wenig Streit und Zweifel entstanden ist; nur eine Ausnahme jener Regeln hat zu großen Streitigkeiten Anlaß gegeben.

Es wird in der Regel unterschieden zwischen persönlichen Klagen und Klagen in rem. Bei jenen ist der Erwerbsgrund der Obligation Dasjenige, wodurch diese eine individuelle Natur erhält. Bei Eigenthum und Erbrecht dagegen kommt es nur auf die Natur des Rechts und dessen Gegenstand an, und es bleibt ein und dasselbe Recht, ohne Unterschied, aus welchem Grunde es entstanden seyn möge. Wenn daher die auf ein Haus gerichtete Klage aus einem Kaufvertrag abgewiesen, dann aber eine Klage auf dasselbe Haus aus einem Vermächtniß angestellt wird, so steht die Einrede der Rechtskraft nicht entgegen, weil beiden Klagen völlig verschiedene Obligationen, also auch verschiedene Rechtsfragen, zum Grunde liegen. Wenn dagegen die Eigenthumsklage auf ein Haus aus dem Erwerb durch Tradition abgeleitet und nun abgewiesen wird, so kann sie auch nicht dadurch erneuert werden, daß der Kläger etwa versucht, das Eigenthum nunmehr auf Ersitzung zu gründen. Denn die Rechtsfrage ist in beiden Klagen das Daseyn des Eigenthums, und die möglichen Erwerbsgründe sind nur die Mittel, wodurch der Kläger versucht, den Richter von diesem Daseyn zu überzeugen;

wenn er über diese Mittel seine Meinung ändert (mutata opinio), so dürfen nicht deswegen beide Klagen als verschiedene angesehen werden. Eben so würde es sich verhalten, wenn der angebliche Erbe eines Verstorbenen mit der Erbrechtsklage aus einem Testament abgewiesen wird, und dann als Intestaterbe die Erbrechtsklage erneuert.

Die so unterscheidende Regel ist in folgenden Stellen sehr klar und bestimmt ausgesprochen (a):

L. 14 § 2 *de exc. r. jud.* (44. 2). (PAULUS).

Actiones in personam ab actionibus in rem hoc differunt: quod, cum eadem res ab eodem mihi debeatur, singulas obligationes singulae causae sequuntur, nec ulla earum alterius petitione vitiatur: at cum in rem ago, non expressa causa, ex qua rem meam esse dico, omnes causae una petitione adprehenduntur: neque enim amplius, quam semel, res mea esse potest: saepius autem deberi potest.

L. 11 § 5 *eod.* (ULPIANUS).

Itaque adquisitum quidem postea dominium aliam causam facit, mutata autem opinio petitoris non facit. Utputa opinabatur ex causa hereditaria, se dominium habere: mutavit opinionem, et coepit putare ex causa donationis: haec res non parit petitionem novam: nam qualecumque et undecumque

(a) Parallelstellen: *L.* 159 *de R. J.* (50. 17), *L.* 3 § 4 *de adqu. vel am. poss.* (41. 2). — Sehr gut handelt von dieser Frage Keller § 35.

dominium adquisitum habuit, vindicatione prima in judicium deduxit.

Beide Hälften dieser Regel sollen nun noch in der Anwendung auf einzelne Fälle näher betrachtet werden.

Die Regel für die persönlichen Klagen wird in folgenden Anwendungen anerkannt. Wenn Jemand einen bestimmten Sclaven aus einer Stipulation, außerdem aber auch aus einem Vermächtniß zu fordern hat, so sind Dieses zwei ganz verschiedene, von einander unabhängige Rechte. Wird also die Klage auf das eine dieser Rechte abgewiesen, so kann der späteren Klage auf das andere Recht die Einrede der Rechtskraft nicht entgegengesetzt werden (b). — Eben so verhält es sich, wenn Jemand Hundert zuerst aus einem Darlehen einklagt, und dann, nachdem er mit jener Klage abgewiesen worden ist, dieselben Hundert aus einem Fideicommiß (c).

Neratius drückt die hier für die persönlichen Klagen aufgestellte Regel so aus: die Einheit oder Verschiedenheit beider Klagen beruhe auf der causa *proxima* actionis (d). Diese nähere Bestimmung würde sich etwa in folgender Anwendung wirksam zeigen. Wenn der Miether eines Pferdes dieses angeblich beschädigt haben soll, so hat der Vermiether gegen ihn zwei verschiedene Klagen, aus dem

(b) *L.* 18 *de obl. et act.* (44. 7), Gajus IV. § 55.

(c) *L.* 93 § 1 *de leg.* 3 (32. un.), *L.* 28 § 13. 14 *de lib. leg.* (34. 3).

(d) *L.* 27 *de exc. r. jud.* (44. 2). Die Erklärung, die Puchta von diesem Ausdruck giebt (Rhein. Museum II. 252. 253), halte ich nicht für richtig.

Miethvertrag, und aus dem beschädigten Eigenthum (a. L. Aquiliae). Wird daher die eine dieser Klagen abgewiesen, so könnte man glauben, die andere sey nicht ausgeschlossen, weil in dieser das Recht aus einem anderen Entstehungsgrunde abgeleitet werde. Allein die causa *proxima* actionis ist die Beschädigung. Wird diese rechtskräftig verneint, so ist diese Verneinung auch für die zweite Klage entscheidend. Die wahre Gränze für die Zulässigkeit der Einrede kann daher hier, wie überall, nur danach beurtheilt werden, ob in beiden Klagen dieselbe Rechtsfrage zum Grunde liegt.

Der folgende, von Ulpian erzählte Rechtsfall hat unbegründete Zweifel an der allgemeinen Anerkennung der hier abgehandelten Regel veranlaßt. Ein Sclave hatte von seinem Herrn Auftrag zur Führung von zweierlei Geschäften erhalten: zum Betrieb eines Oelhandels, und zur Aufnahme von Darlehnen. Ein Gläubiger hatte ihm ein Darlehen gegeben, indem er irrigerweise annahm, daß dasselbe zum Oelhandel verwendet werden sollte, und hatte nun gegen den Herrn die institoria actio wegen des Auftrags zu diesem Handelsbetrieb angestellt. Nachdem er abgewiesen worden war, wollte er von Neuem klagen, indem er sich darauf bezog, daß der Sclave auch zur Aufnahme von Darlehnen überhaupt ermächtigt war. Eigentlich, sagt Ulpian, ist die Klage consumirt; dennoch muß ihm, nach Julian's (richtiger) Bemerkung, eine utilis actio gestattet werden (e). — Der Grundsatz der Consumtion führte hier

(e) *L.* 13 *pr. de instit. act.* (14. 3).

auf die Zulassung der Einrede, weil die zweite Klage, der Form nach, eine Wiederholung der früheren war. Allein nach der neueren Ausbildung der exceptio rei judicatae, d. h. nach dem Grundsatz der eadem quaestio, mußte die Einrede verworfen werden, weil der frühere Richter nur die Verwendung des Geldes zum Oelhandel verneint hatte, womit die gegenwärtige Annahme eines im Auftrag des Sclaven liegenden Darlehens nicht im Widerspruch steht. In dieser Entscheidung liegt also nur eine der auch sonst vorkommenden Spuren, daß allmälig die neuere Gestalt der exceptio rei judicatae, wo sie mit der älteren in Widerstreit kam, in den gerichtlichen Entscheidungen vorgezogen wurde (f).

Die Regel für die Klagen *in rem* ging dahin, daß ungeachtet der Verschiedenheit des Erwerbsgrundes, woraus der Kläger in beiden Klagen sein Recht ableitet, die Einrede der Rechtskraft dennoch auf die spätere Klage anwendbar seyn soll. Die oben abgedruckten entscheidenden Stellen reden allerdings zunächst nur von der Eigenthumsklage und dem Erwerbe des Eigenthums; allein die erste unter jenen Stellen spricht doch die Regel allgemein aus für alle actiones in rem, und es hat keinen Zweifel, daß der ganze Inhalt jener Stellen eben sowohl auf die Erbrechtsklage,

(f) Keller S. 580. Kierulff S. 263. Vgl. oben § 282. — Die exceptio rei judicatae wurde in diesem Fall ohne Zweifel durch eine doli replicatio entkräftet, und auf diesem Wege wurde dem Kläger ein günstiger Erfolg seiner Klage verschafft („*utilem* ei actionem competere ait“).

als auf die Eigenthumsklage, Anwendung findet. Eine Bestätigung dieser Behauptung findet sich in einer Stelle des Paulus, die auf mancherlei Weise mißverstanden worden ist (g). In einem Testament war für ein Sechstheil des Vermögens zum Erben eingesetzt worden ein Verwandter des Verstorbenen, der als Intestaterbe auf die Hälfte der Erbschaft Anspruch gehabt haben würde. Dieser klagte als Intestaterbe gegen einen gleichfalls eingesetzten Besitzer der Erbschaft auf die Hälfte, indem er das Testament als ungültig anfocht; er wurde abgewiesen, und wollte nun als Testamentserbe gegen denselben Besitzer das ihm angewiesene Sechstheil einklagen. Paulus sagt, diese zweite Klage sey durch die Einrede der Rechtskraft ausgeschlossen. Darin liegt die Anerkennung, daß diese Einrede anwendbar ist, auch wenn beide Erbrechtsklagen auf verschiedenen Erwerbsgründen der Erbschaft beruhen, die erste auf der Verwandtschaft, die zweite auf einem Testament.

Nur aus Mißverständniß ist auf diese Regel eine Stelle des Ulpian bezogen worden, die hier genau erklärt werden muß, weil sich an die irrige Auffassung derselben manche bedenkliche Irrthümer angeknüpft haben (h). Es war ein Mann gestorben und hatte sowohl ein Testament für sich selbst, als ein Pupillartestament für seinen unmündigen

(g) *L.* 30 *pr. de exc. r. jud.* (44. 2). Vgl. Keller S. 288. 289. — In anderer Beziehung ist diese Stelle schon oben benutzt worden. § 299. k.

(h) *L.* 11 *pr. de exc. r. jud.* (44. 2). Von dieser Stelle handeln Keller S. 290. 580. Puchta Rhein. Museum II. 264. III. 483. Kierulff S. 261. 262.

Sohn hinterlassen. Bald darauf starb auch der Sohn, und nun klagte dessen Mutter als Intestaterbin aus dem Tertullianischen Senatusconsult gegen den Besitzer der Erbschaft, indem sie behauptete, das Testament ihres Mannes sey rumpirt, und dadurch zugleich das Pupillartestament ihres Sohnes ungültig geworden. Da sich diese Behauptung als falsch erwies, so wurde sie abgewiesen. Als aber nunmehr das Pupillartestament eröffnet wurde, fand sich darin gar kein Substitut vor, und nun wollte die Mutter nochmals als Intestaterbin gegen denselben Besitzer klagen. Neratius sagt, die Einrede der Rechtskraft stehe ihr entgegen, uud auch Ulpian hält Dieses an sich für unzweifelhaft, giebt jedoch in den Schlußworten noch eine Aushülfe an, die den wichtigsten Theil der ganzen Stelle enthält. Ehe ich aber diese Schlußworte erkläre, will ich zuvor den Gesichtspunkt für den bisher dargelegten Gang des ganzen Rechtsfalls festzustellen suchen. Man hat die Sache so aufgefaßt, als häte die Mutter zwei Erbrechtsklagen aus verschiedenen Erwerbsgründen der Erbschaft versucht, wodurch diese Stelle in Verbindung mit der so eben abgehandelten Rechtsregel kommen würde; Dieses ist jedoch offenbar nicht richtig; vielmehr war die erste, wie die zweite Klage eine und diesebe hereditatis intestati petitio, nur mit verschiedenen vorgebrachten Rechtfertigungsgründen (i). Der erste Rechtsstreit war aber schlecht geführt

(i) Die Schlußworte der Stelle: quae unam tantum causam egit rupti testamenti, entscheiden für keine dieser beiden, an sich

und schlecht entschieden worden. Die Klägerin, die einen an sich ganz unzweifelhaften Intestaterbanspruch hatte, durfte gar nicht abgewiesen werden, bevor das Pupillartestament eröffnet war (k). — Ich komme nun zu den Schlußworten der Stelle, worin Ulpian folgende Aushülfe in Aussicht stellt: sed ex causa succurrendum erit ei, quae unam tantum causam egit rupti testamenti. Diese Worte pflegen so aufgefaßt zu werden, daß es hart und unbillig seyn würde, wenn die vorige Klägerin wegen ihrer unvorsichtigen Prozeßführung leiden sollte; daher müsse sie Restitution gegen die Rechtskraft erhalten. Natürlich zeigt man sich nun geneigt, eine solche Restitution überall eintreten zu lassen, wo die Einrede der Rechtskraft einem Kläger besondere Nachtheile droht. — Diese Lehre mag milde und billig scheinen; aber es ist unleugbar, daß damit der ganze Gewinn aus dem Grundsatz der Rechtskraft, die ganze damit verbundene Rechtssicherheit, so gut als vernichtet seyn würde. Alles wäre in der That der unbeschränkten Willkühr des Richters überlassen, und es ist gar nicht denkbar, daß Ulpian ganz vorübergehend, in wenigen Worten, die ganze Lehre von der Rechtskraft, die gerade er,

denkbaren Erklärungen, da sie eben so gut von zwei verschiedenen Rechtfertigungsgründen, als von zwei verschiedenen Klagen, verstanden werden können. Eine actio rupti testamenti giebt es ja ohnehin nicht, sondern nur eine hereditatis petitio, zu deren Rechtfertigung der Kläger, unter vielen anderen Gründen, auch darauf sich berufen kann, daß ein Testament ruptum sey.

(k) *L.* 1 § 1 *testam. quemadm. aper.* (29. 3), *L.* 6 *de transact.* (2. 15).

vor allen Anderen, mit großer Consequenz durchgeführt hat, sollte wankend gemacht haben. — Eine historische Erklärung dieser Worte liegt allerdings nahe. Zur Zeit des Ulpian hatten Frauen einen allgemeinen Anspruch auf Restitution, wenn sie durch Rechtsunwissenheit in Nachtheil geriethen, und zwar besonders, wenn diese Rechtsunwissenheit bei schädlichen Handlungen oder Unterlassungen in einer Prozeßführung wahrgenommen wurde (l). Daß aber die Frau, von welcher hier die Rede ist, durch Rechtsunwissenheit den Verlust des ersten Prozesses sich zugezogen hatte, ist schon oben gezeigt worden. Vielleicht hatte also Ulpian ausdrücklich gesagt, daß der Frau diese Restitution wegen ihres Geschlechts gegeben werden müsse, und die Compilatoren haben diese Erwähnung, wegen des hierin veränderten Rechts, vertilgt (m). Allerdings kann diese historische Erklärung auf die Stelle, wie sie als Bestandtheil des Justinianischen Rechts vor uns liegt, nicht angewendet werden. Allein auch hier wird der ganze Schlußsatz doch nur dadurch wichtig und gefährlich, daß manche Ausleger die Worte: ex causa, auf eine unbeschränkte Willkühr des Richters in Gestattung einer milden Nachsicht deuten. Eben so nahe, und noch näher, liegt es aber, die Worte:

(l) Vgl. oben B. 3 S. 432 und S. 384 (Num. XIX.), S. 427 (Num. XXIX).

(m) Vielleicht hatte Ulpian geschrieben: sed *sexus* causa succurrendum erit ei, so wie es in *L.* 2 § 7 *de j. fisci* (49. 14) heißt: si ea persona sit, quae ignorare propter rusticitatem, *vel propter sexum femininum,* jus suum possit. Die Veränderung von *sexus* causa in *ex* causa war dann sehr einfach und leicht.

ex causa, so zu erklären: wenn überhaupt ein sonst begründeter Restitutionsgrund (etwa Minderjährigkeit, Betrug u. s. w.) vorliegt. Nach dieser Erklärung ist der beiläufig hingeworfene Satz höchstens trivial, aber weder irrig noch gefährlich.

Bisher ist die Regel dargestellt worden, sowohl für die persönlichen Klagen, als für die Klagen in rem. Bei diesen letzten Klagen aber kommen zwei wichtige Ausnahmen in Betracht, in welchen die Einrede für den Fall eines anderen Erwerbsgrundes eben so ausgeschlossen bleiben muß, wie sie schon in der Regel für diesen Fall bei den persönlichen Klagen ohnehin ausgeschlossen ist. Diese Ausnahmen beziehen sich auf den Fall der causa superveniens und auf den der causa adjecta oder expressa.

a. Causa superveniens.

Wenn eine Eigenthumsklage abgewiesen wird, weil der Kläger, nach dem Ausspruch des Richters, kein Eigenthum hat, so darf die Klage, nach der oben aufgestellten Regel, selbst dann nicht erneuert werden, wenn sich der Kläger auf einen anderen Erwerbsgrund, als den der früheren Klage zum Grunde liegenden, berufen wollte. Die Erneuerung der Klage aber ist ihm ausnahmsweise erlaubt, wenn der behauptete andere Erwerb erst nach Beendigung des ersten Rechtsstreites eingetreten seyn soll (n).

(n) *L.* 11 § 4. 5 *de exc. r. jud.* (44. 2). — Ebenso, wenn in einem Rechtsstreit über die Freiheit der Sklave für frei erklärt

Eben so verhält es sich, wenn die frühere Abweisung nicht auf das fehlende Eigenthum des Klägers, sondern auf den fehlenden Besitz des Beklagten gegründet war, der Kläger aber behauptet, der damals fehlende Besitz sey nach dem Ende des früheren Rechtsstreits an den Beklagten gekommen (o).

Wenn ferner eine Erbrechtsklage abgewiesen wird, weil der Richter annimmt, der Kläger sei nicht Erbe, und nun eine neue Erbrechtsklage aus einer erst später eingetretenen Erwerbung des Erbrechts abgeleitet wird, so soll diese neue Klage durch die Einrede der Rechtskraft nicht ausgeschlossen seyn (p).

Der Grund dieser Ausnahme liegt in der oben aufgestellten Regel, daß jedes Urtheil stets nur Etwas aussprechen will und kann, für den Zeitpunkt in welchem es erlassen wird (§ 292. k. l.). Alle späteren Aenderungen der Rechtsverhältnisse liegen daher ganz außer seinem Bereich, und es kann also auch nicht auf den Erfolg einer Klage einwirken, die eine solche spätere Aenderung zum Gegenstand hat.

Wegen der durchgreifenden Allgemeinheit dieses Grundes

wird, nachher aber sein früherer Gegner das Eigenthum dieses Sklaven durch Erbschaft oder auf irgend eine andere Weise wirklich erwirbt; Diesem steht die Einrede nicht entgegen. *L.* 42 *de lib. causa* (40. 12).

(o) *L.* 17 *de exc. r. jud.* (44. 2). — Dasselbe muß behauptet werden, wenn eine Erbrechtsklage, oder eine a. ad exhibendum blos wegen des fehlenden Besitzes abgewiesen war. *L.* 9 *pr.* *L.* 18 *eod.*, *L.* 8 *pr. ratam rem* (46. 8).

(p) *L.* 25 *pr. de exc. r. jud.* (44. 2).

würde derselbe nicht blos, wie hier behauptet wird, auf Klagen in rem, sondern eben so auch auf persönliche Klagen Anwendung finden können. Bei diesen aber fehlt es meist deswegen an einem Bedürfniß, weil bei ihnen die ganz anders lautende Regel eine solche Ausnahme ohnehin entbehrlich macht. Dennoch kommen hier seltnere Fälle vor, worin ein solches Bedürfniß eintritt, und dann ist auch die Anwendung der angegebenen Ausnahme ganz unbedenklich. — Wenn also z. B. aus einem bedingten Vertrag vor Eintritt der Bedingung geklagt wird, so ist der Kläger abzuweisen. Tritt aber nachher die Bedingung ein, so kann die frühere Klage, ungehindert durch die Einrede der Rechtskraft, wiederholt werden (q).

b. Causa adjecta oder expressa.

Der Sinn dieser Ausnahme geht dahin, daß es dem Kläger frei steht, seine Klage in rem auf einen einzelnen, bestimmten Erwerbsgrund (z. B. Ersitzung bei dem Eigenthum, Testament bei dem Erbrecht) zu beschränken. Das hat für ihn den Nachtheil, daß er im Lauf des Rechtsstreits nicht zum Beweise eines anderen Erwerbsgrundes übergehen kann: den Vortheil, daß die Abweisung ihn

(q) *L.* 43 § 9 *de aedil. ed.* (21. 1). — Eben so, wenn wegen der bedingten Schuld nicht die Schuldklage, sondern die Hypothekarklage angestellt und abgewiesen worden ist. *L.* 13 § 5 *de pign.* (20. 1). — Eben so, wenn die persönliche Klage blos wegen einer Einrede abgewiesen wurde, deren Grund durch ein späteres Ereigniß weggeräumt wird. *L.* 2 *de exc. r. jud.* (44. 2), *L.* 15 *de obl. et act.* (44. 7).

nicht hindert, künftig die Klage zu erneuern, indem er sie alsdann aus einem anderen Erwerbsgrund ableitet (r).

Durch diese Ausnahme wird daher die Anwendung der Regel selbst auf die Fälle beschränkt, worin die erste Klage auf das Eigenthum oder das Erbrecht im Allgemeinen, ohne Hinzufügung eines einzelnen Erwerbsgrundes, angestellt wird.

Da jedoch diese zweite Ausnahme neuerlich zum Gegenstand eines lebhaften Streites geworden ist, dessen Darstellung hier den Zusammenhang allzusehr unterbrechen würde, so ist die Prüfung dieser Streitfrage in die Beilage XVII. verwiesen worden.

§. 301.

Einrede der Rechtskraft. Bedingungen. Dieselben Personen.

Die zweite Bedingung für die Anwendbarkeit der Einrede der Rechtskraft (§ 296) besteht darin, daß dieselben Personen als Parteien in dem zweiten Rechtsstreit erscheinen müssen, unter welchen der frühere Rechtsstreit geführt worden ist, oder in der subjectiven Identität beider Klagen (a). Wo diese Bedingung fehlt, wirkt die

(r) *L.* 11 § 2. *L.* 14 § 2 *de exc. r. jud.* (44. 2).

(a) *L.* 3. *L.* 7 §. 4 *de exc. r. jud.* (44. 2) „inter easdem personas" (abgedruckt oben § 296 S. 417). *L.* 1 *eod.*, *L.* 63 *de re jud.* (42. 1), *L.* 12 *de jurej.* (12. 2), *L.* 1 *C. inter al. acta* (7. 60), *L.* 2 *C. de exc.* (8. 36). — Über diesen Gegenstand ist im Allgemeinen zu vergleichen Keller § 44. 45.

Einrede nicht, so daß also in jedem späteren Rechtsstreit eine dritte Person aus dem früheren rechtskräftigen Urtheil weder Rechte geltend machen, noch einer Verbindlichkeit unterworfen werden kann (b).

Diese Regel ist von besonderer Wichtigkeit bei den Klagen in rem. Denn da das Eigenthum, und eben so auch das Erbrecht, als eine allgemeine, gegen Jeden wirksame, Eigenschaft des Berechtigten gedacht wird, so liegt der Gedanke sehr nahe, daß die rechtskräftige Bejahung oder Verneinung dieser Eigenschaft eben so allgemein für und wider alle Menschen ihre Wirkung äußern müsse. Dennoch verhält es sich damit ganz anders. Das Wesen der Rechtskraft besteht in einer Fiction der Wahrheit für das gesprochene Urtheil (§ 280). Auf die Anwendung dieser Fiction erwirbt die obsiegende Partei ein Recht gegen die unterliegende, und so hat das, aus dem Urtheil entspringende Rechtsverhältniß völlig die Natur einer Obligation, und wirkt daher nicht auf fremde Personen, die etwa auf dasselbe Eigenthum oder Erbrecht Anspruch machen möchten (c). — Bei den persönlichen Klagen, deren Gegen-

(b) *L. 2 C. quib. res jud.* (7. 56): „Res inter alios judicatae neque emolumentum afferre his, qui judicio non interfuerunt, neque praejudicium solent irrogare.“

(c) *L. 63 de re jud* (42. 1) „... Diversa causa est, si fundum a te Titius petierit, quem ego quoque, sed non ex persona Titii, ad me pertinere dico. Nam quamvis contra Titium, me sciente, judicatum sit, nullum tamen praejudicium patior: quia neque ex eo jure, quo Titius victus est, vindico, neque potui Titio intercedere, quo minus jure suo utatur.“

stand ein Rechtsverhältniß zwischen zwei bestimmten Personen ist, kann in den meisten Fällen selbst ein solcher Zweifel gar nicht entstehen, so daß hier jene Regel von geringerer Wichtigkeit ist. Doch kommen auch dabei Fälle vor, worin sich dieselbe wirksam zeigt. Wenn nämlich ein Gläubiger oder Schuldner stirbt, und mehrere Erben hinterläßt, so geht auf jeden Erben ein Theil des Rechtsverhältnisses über, welcher dann Gegenstand eines selbstständigen Rechtsstreites für diesen Erben werden kann. Das Urtheil über diesen Rechtsstreit soll nun auf den, dem anderen Erben zukommenden Theil des Rechtsverhältnisses keinen Einfluß haben, obgleich dieses ursprünglich ein ungetrenntes Ganze war, und daher die Gründe der Entscheidung meist gemeinsame seyn werden (d).

Wollte man die hier aufgestellte Regel in aller Strenge geltend machen, so würde dadurch der Gebrauch der Einrede sehr eingeschränkt werden. Ihre praktische Wichtigkeit beruht daher großentheils auf einigen Erweiterungen der Regel, die nun noch darzustellen sind.

Diese Erweiterungen sind von zweierlei Art. Die meisten und wichtigsten beruhen auf der Anwendung des allgemeinen, schon anderwärts begründeten, Successions-

(d) *L. 22 de exc. r. jud.* (44. 2). „Si cum uno herede depositi actum sit, tamen et cum ceteris heredibus recte agetur, nec exceptio rei judicatae eis proderit: nam etsi eadem quaestio in omnibus judiciis vertitur, tamen personarum mutatio, cum quibus singulis suo nomine agitur, aliam atque aliam rem facit.“ *L.* 63 *de re jud.* (42. 1), *L.* 2 *C. quib. res jud.* (7. 56).

verhältnisses; wir können diese Erweiterungen natürliche nennen. Andere dagegen beruhen auf besonderen Vorschriften, herbeigeführt durch das eigenthümliche Bedürfniß einzelner Rechtsinstitute; diese werden wir als positive Erweiterungen zu bezeichnen haben.

I. Natürliche Erweiterungen.

Die Einrede, als Wirkung der Rechtskraft, soll sich nicht blos auf die früheren Parteien selbst beziehen, sondern auch auf die Successoren dieser Parteien (e).

a. Dieser Satz gilt sowohl für das Recht der obsiegenden, als für die Verbindlichkeit der unterliegenden Partei aus dem früheren Urtheil.

b. Er gilt sowohl für die Universalsuccession, als für die Singularsuccession (f).

Für die Universalsuccession, insbesondere für die Erben der ursprünglichen Parteien, versteht er sich so sehr von selbst, daß er dabei nicht besonders erwähnt zu werden pflegt. Man kann dahin unter andern auch den Fall rechnen, wenn ein Sohn in väterlicher Gewalt einen Prozeß führt und das Recht der Einrede erwirbt; dieses

(e) *L.* 2 *C. de exc.* (8. 36) „... vel successoribus ejus.“ — In der alten Lehre von der Consumtion machte besondere Schwierigkeit die Frage, welche Personen eine Klage in judicium deduciren könnten, insbesondere ob Procuratoren, Cognitoren u. s. w. Hierauf gehen *L.* 4 *L.* 11 § 7 *L.* 25 § 2 *de exc. r. jud.* (44. 2). Vgl. Keller § 37—44. Diese Schwierigkeit ist nicht vorhanden bei der Exception in ihrer neueren Gestalt, da sich Alles auf die allgemeinen Grundsätze von rechtskräftiger Vertretung im Prozeß zurückführen läßt.

(f) Vgl. über diese Begriffe B. 3 § 103.

Recht geht, eben so wie jeder Erwerb des Sohnes, unmittelbar auf den Vater über (g).

Eben so aber geht auch auf die Singularsuccessoren das Recht und die Verpflichtung aus der Einrede über (h), insbesondere also auf den, welcher durch Kauf in das Recht der ursprünglichen Partei eingetreten ist (i). Eben so, wenn der Eigenthümer einer Sache Prozeß über dieselbe führt, und dann die Sache verpfändet, geht der Vortheil und Nachtheil aus dem rechtskräftigen Urtheil auf den Pfandgläubiger über.

c. Jener Satz ist nur wahr, wenn die Succession nach dem rechtskräftigen Urtheil begründet wurde; ist sie früher begründet, so hat das Urtheil keine rückwirkende Kraft für den Successor (k). Wenn also ein Gläubiger einen Theil seiner Forderung einem Dritten überträgt, und dann für den übrigen Theil gegen den Schuldner klagt, so hat das Urtheil keinen Einfluß auf den Cessionar.

II. Positive Erweiterungen.

Diese haben die Natur wahrer Ausnahmen von der aufgestellten Regel, so daß in den Fällen derselben die Vortheile und Nachtheile der Rechtskraft auf Personen bezogen werden, die in dem früheren Rechtsstreit nicht als

(g) *L.* 11 § 8 *de exc. r. jud.* (44. 2).

(h) *L.* 28 *de exc. r. jud.* (44. 2). „Exceptio rei judicatae nocebit ei, qui in dominium successit ejus, qui judicio expertus est."

(i) *L.* 9 § 2. *L.* 11 § 3. 9 *de exc. r. jud.* (44. 2), *L.* 25 § 8 *fam. herc.* (10. 2), vgl. oben § 298 i. —

(k) *L.* 3 § 1 *de pign.* (20. 1), *L.* 29 § 1. *L.* 11 § 10 *de exc. r. jud.* (44. 2).

Parteien erschienen, und auch nicht in ein Successionsverhältniß zu jenen Parteien eingetreten sind (l). Das praktische Verhältniß dieser Ausnahmen zu der Regel läßt sich so ausdrücken: Das richterliche Urtheil macht in der Regel jus inter partes, in diesen ausgenommenen Fällen jus inter omnes.

Man kann diese Ausnahmen auf den gemeinsamen Gesichtspunkt zurückführen, daß der Fremde, auf welchen die Wirkung der Rechtskraft bezogen werden soll, durch eine der Parteien vertreten (repräsentirt) war (m). Nur muß man nicht glauben, daß damit ein durchgreifender Grundsatz aufgestellt wäre, durch dessen freie Anwendung überall das Daseyn solcher Ausnahmen entschieden werden könnte. Vielmehr bleiben es stets nur einzelne, positiv anerkannte Fälle, und es sollte durch den aufgestellten Gesichtspunkt nur klar gemacht werden, in welcher Verwandtschaft sie unter einander stehen, und aus welchem Grunde für sie eine abweichende Behandlung angemessen gefunden worden ist.

Die einzelnen Fälle dieser Ausnahmen sind folgende:

A. Klagen, die auf einen persönlichen Zustand (status), insbesondere auf ein Verhältniß des Familienrechts, gerichtet sind.

(l) Vgl. über diese Ausnahmen: Keller § 46. 47. 48. Brackenhoeft Identität der Rechtsverhältnisse § 20.

(m) Damit hängt zusammen das Erforderniß eines justus contradictor, wovon sogleich bei mehreren einzelnen Fällen die Rede seyn wird.

Nach einer in früherer Zeit sehr verbreiteten Meinung sollten alle Klagen der hier bezeichneten Art die erwähnte besondere Natur haben. In der That kann Dieses nur in folgenden zwei Fällen behauptet werden:

a. Wenn die rechtmäßige Geburt eines Kindes, und die davon abhängige väterliche Gewalt, bestritten wird, so soll das Urtheil über den von dem Vater geführten Rechtsstreit nicht blos für die Parteien, sondern auch für alle übrigen Familenglieder, namentlich für die Geschwister des Kindes, die Wirkung der Rechtskraft haben (n).

b. Wenn über den Zustand eines Freigebornen zwischen ihm und dem wirklichen Patron, oder dem einzigen Prätendenten des Patronats, ein Rechtsstreit geführt wird, so bringt dessen Entscheidung den wirklichen Zustand eines Freigebornen oder Freigelassenen hervor, auch im Verhältniß zu allen fremden Personen, z. B. wenn von der Möglichkeit einer rechtsgültigen Ehe dieser Person die Frage entsteht, oder von der Fähigkeit derselben, in den

(n) *L.* 1 § 16. *L.* 2, *L.* 3 *pr. de agnosc.* (25. 3) „placet enim, *ejus rei* judicem *jus facere.*“ Durch diese Worte soll also hier eine mehr als gewöhnlich ausgedehnte Wirksamkeit der Rechtskraft ausgedrückt werden, das jus inter omnes, im Gegensatz des jus inter partes. Vgl. oben § 282 e. — Anders verhält es sich hier bei der Entscheidung durch Eid, wobei es (für den künftigen Rechtsstreit dritter Personen) heißt: „*veritatem* esse quaerendam.“ *L.* 3 § 2. 3 *de jurej.* (12. 2), welche Worte den Gegensatz bilden von: res judicata *pro veritate accipitur* (s. die folgende Note). — Die absolute Wirkung des Urtheils gilt auch zum Nachtheil des Vaters, z. B. bei dem, gegen eine dritte Person angestellten Interdict de liberis exhibendis. *L.* 1 § 4 *de lib. exhib.* (43. 30).

Senat einzutreten, oder von den Verhältnissen des Erbrechts (o).

In allen übrigen Fällen solcher Klagen gilt dagegen die erwähnte ausgedehntere Wirkung des Urtheils nicht; vielmehr bleibt es für sie bei der, auf die Parteien beschränkten Wirkung. Das Urtheil, welches einen Sclaven für frei, oder einen Freigelassenen für einen Freigebornen erklärt, hindert daher eine dritte Person nicht, denselben als dem Sclavenrecht oder dem Patronatsrecht unterworfen in Anspruch zu nehmen (p).

Aber auch in jenen beiden besonderen Fällen soll die Ausnahme nur unter folgenden Bedingungen eintreten: Es

(o) *L.* 25 *de statu hominum* (1. 5). „.. res judicata *pro veritate accipitur*" s. die vorhergehende Note und oben § 282. d., *L.* 1. 4 *de collus.* (40. 16), *L.* 27 § 1 *de lib. causa* (40. 12), *L.* 14 *de j. patron.* (37. 14). Auch hier hat wieder der Eid diese ausgedehntere Wirkung nicht. Anders bei der Strafklage des Patrons wegen in jus vocatio, weil diese über das persönliche Verhältniß der Parteien nicht hinaus geht. *L.* 8 § 1 *de in jus voc.* (2. 4).

(p) *L.* 42 *de lib. causa* (40. 12), *L.* 1. 5 *si ingen.* (40. 14). — Da indessen auch die scheinbare Ingenuität oder Libertinität, die auf diese Weise vorübergehend entstehen konnte, große Nachtheile mit sich führte, so gestattete man wohl jedem Dritten, der für sich Patronatsrecht in Anspruch nehmen wollte, an dem Prozeß Theil zu nehmen, in welchem Fall dann das Urtheil auch für diesen Dritten wirksam wurde. Das ist der Sinn der etwas schwierigen Worte in *L.* 63 *de re jud.* (42. 1). „.. Nam et si libertus meus, *me interveniente*, servus vel libertus alterius judicetur, mihi praejudicatur." Wohl nur durch solche Erklärung ist ein Widerspruch dieser Worte mit den unmittelbar folgenden zu beseitigen, die oben in der Note c. abgedruckt sind. Darauf deuten auch die Worte quo ignorante in *L.* 5 *si ingen.* (40. 14). — Besondere Schwierigkeit entstand bei angeblichen Miteigenthümern eines Sclaven. Hier suchte man zu verschiedenen Zeiten verschiedene Aushülfe. *L.* 9 *pr.* § 1. 2, *L.* 30 *de lib. causa* (40.12), *L.* 29 *pr. de exc. r. jud.* (44. 2).

soll ein justus contradictor den Rechtsstreit geführt haben (q); es soll ein contradictorisches, nicht ein Contumacialurtheil seyn (r); es soll endlich keine Collusion unter den Parteien zum Grnnde liegen (s).

B. Klagen aus dem Erbrecht.

Auch hier wieder stehen die meisten Fälle ganz unter der gewöhnlichen Regel.

Wenn also A. gegen B. die Erbrechtsklage anstellt, und das Erbrecht des A. bejaht oder verneint wird, so hat Dieses auf den späteren Rechtsstreit über das Erbrecht zwischen A. und C. oder zwischen B. und C. durchaus keinen Einfluß (t). Eben so, wenn zwischen dem Testamentserben und einem Legatar über die Gültigkeit des Testaments oder des Legats gestritten wird, und nachher ein anderer Legatar gegen denselben Erben klagt (u).

Die Fälle der Ausnahme in Beziehung auf das Erbrecht sind folgende:

a. Wenn über die Gültigkeit eines Testaments zwischen dem Testamentserben und dem Intestaterben gestritten und entschieden wird, so sind an diese Entscheidung auch Diejenigen gebunden, die aus diesem Testament als Legatare

(q) *L.* 3 *de collus.* (40. 16). Der Sinn dieser Bedingung ist bereits im Text erklärt worden: Der Rechtsstreit soll von dem Vater, oder dem wahren Patron, oder dem einzigen Patronatsprätendenten, geführt worden seyn.

(r) *L.* 27 § 1 *de lib. causa* (40. 12), vgl. *L.* 24 *de dolo* (4. 3).

(s) Tit. Dig. *de collus.* (40. 16). Die Anfechtung aus diesem Grunde war einem Jeden (als popularis actio) gestattet.

(t) *L.* 12 *de jurej.* (12. 2).

(u) *L.* 1 *de exc. r. jud.* (44. 2).

oder Freigelassene u. s. w. Rechte ableiten; diese ausgedehntere Wirksamkeit des Urtheils wird hier gleichfalls durch den Ausdruck: Judex jus facit, bezeichnet. Auch hier wird aber ein contradictorisches Urtheil, so wie die Abwesenheit der Collusion, vorausgesetzt. Die erwähnten Personen haben zu ihrer Sicherheit die Befugniß, an dem Rechtsstreit Theil zu nehmen, und selbst gegen das ihnen nachtheilige Urtheil die Berufung einzulegen (v).

Es fragt sich, ob auch die Gläubiger der Erbschaft unter dieser Vorschrift stehen. Sie unterscheiden sich von den Legataren darin, daß ihr Recht an sich von der Gültigkeit des Testamentes unabhängig ist. Es kann aber für sie gefährlich werden, unbedingt an den siegenden Theil in jenem Erbschaftsstreit verwiesen zu werden, weil dieser vielleicht zahlungsunfähig seyn kann. Das Recht nun haben sie unzweifelhaft, sich an den zu halten, der in dem Rechtsstreit über die Erbschaft obgesiegt hat (w). Aber eine Verpflichtung dazu läßt sich wohl nicht behaupten; vielmehr muß ihnen auch verstattet werden, ihre Schuldklagen gegen den damals unterliegenden Theil anzustellen, wenn sie diesem beweisen können, daß er der wahre Erbe ist.

b. Wenn ein Testament als inofficiosum angefochten

(v) *L.* 3 *pr. de pign.* (20. 1.), *L.* 50 § 1 *de leg.* 1. (30. un.) „jus facit haec pronuntiatio", *L.* 14 *de appell.* (49. 1) „an jus faciat judex", *L.* 12 *pr.* § 2 *C. de pet. her.* (3. 31).

(w) *L.* 50 § 1 in *f. de leg.* 1 (30. un.), *L.* 12 § 1 *C. de pet. her.* (3. 31).

wird, und der Richter die Klage begründet findet, so ist der Erfolg ein ganz anderer, als bei der gewöhnlichen Erbrechtsklage. Es wird angenommen, das Testament sey bis dahin gültig gewesen, und das Urtheil habe dasselbe rescindirt. Dadurch wird nun die gewöhnliche Intestaterbfolge eröffnet, die möglicherweise einer anderen Person, als dem Kläger, welcher die Rescission bewirkte, die Erbschaft verschaffen kann. Diese ausgedehntere Wirkung wird auch hier durch die Worte: Jus facit judex, bezeichnet, und sie tritt wieder nur ein, wenn das Urtheil ein contradictorisches ist (x).

C. Klagen, deren Führung einem Mitbetheiligten überlassen wird (y).

Es kann geschehen, daß der, welcher zunächst dazu berufen ist, als Kläger oder Beklagter einen Rechtsstreit zu führen, sein Recht von einem Anderen ableitet, der dann oft mehr, als er selbst, Vortheil oder Nachtheil von dem Ausgang des Streites zu erwarten hat. Er kann

(x) *L.* 6 § 1 *de inoff.* (5. 2), *L.* 8 § 16 *eod.*, *L.* 17 § 1 *eod.* „jus ex sententia judicis fieri." — Ob diese Regel noch im heutigen Recht Geltung hat, kann an dieser Stelle nicht untersucht werden. Es hängt von der allgemeineren Frage ab, ob überhaupt die Eigenthümlichkeiten der alten querela inofficiosi noch fortdauern, oder ob diese Klage durch die Novelle 115 wesentlich umgebildet worden ist. Wer diese letzte Meinung annimmt, zu der ich mich bekenne, muß die Fortdauer der ausgedehnteren Rechtskraft bei dieser Klage verwerfen, da an ihre Stelle nun eine gewöhnliche Erbrechtsklage getreten ist. — Über die Natur jener Klage im älteren Recht vgl. oben B. 2 S. 127—131.

(y) *L.* 63 *de re jud.* (42. 1). Bei Keller S. 68 fg. finden sich treffliche Bemerkungen über die schwierigen Theile dieser wichtigen Stelle.

nun diesen Anderen zum Beistand in dem Rechtsstreit auffordern, er kann ihm aber auch die eigene, selbstständige Führung des Streits überlassen. Wenn er diesen letzten Weg einschlägt, so wird der Streit für oder wider den Anderen entschieden; er selbst erscheint als Partei gar nicht, und nach der allgemeinen Regel müßte daher das Urtheil ihm weder Vortheil noch Nachtheil bringen. Hier aber wäre die Anwendung dieser Regel offenbar unrichtig, da er zunächst dazu berufen war, den Prozeß zu führen, und die Überlassung an den Anderen ganz aus seinem freien Entschluß hervorging. Hier sind also die Vortheile und Nachtheile der Rechtskraft auf ihn gerade so anzuwenden, wie wenn er selbst in dem Rechtsstreit als Partei aufgetreten wäre.

Es werden im Römischen Recht drei einzelne Anwendungen zusammengestellt, um die Natur dieser Ausnahme anschaulich zu machen, wodurch jedoch die Ausnahme selbst auf diese einzelnen Fälle keinesweges beschränkt werden soll (z).

(z) *L.* 63 *de re jud.* (42. 1) „. . Scientibus sententia, quae inter alios data est, obest, cum quis de ea re, cujus actio vel defensio primum sibi competit, sequenti agere patiatur: veluti si creditor experiri passus sit debitorem de proprietate pignoris, aut maritus socerum vel uxorem de proprietate rei in dotem acceptae, aut possessor venditorem de proprietate rei emtae: et haec ita ex multis constitutionibus intelligenda sunt. Cur autem his quidem scientia nocet, superioribus vero non nocet, illa ratio est, quod . . ., qui priorem dominum defendere causam patitur, ideo propter scientiam praescriptione rei, quamvis inter alios judicatae,

a. Der erste Fall ist der einer verpfändeten Sache, wenn diese in den Besitz einer dritten Person kommt, die auf das Eigenthum Anspruch macht. Hier könnte der Pfandgläubiger mit der Hypothekarklage gegen den dritten Besitzer klagen; er kann es aber auch dem Verpfänder überlassen, die Eigenthumsklage gegen den Dritten anzustellen, deren Entscheidung dann auch für den Pfandgläubiger wirksam seyn soll. Eben so verhält es sich, wenn der Pfandgläubiger die Sache besitzt, und der Dritte gegen ihn die Eigenthumsklage anstellt, in welcher er gleichfalls die Prozeßführung selbst übernehmen, oder dem Verpfänder (als seinem Defensor) überlassen kann (aa).

b. Der zweite Fall bezieht sich auf einen Ehemann, der eine Dotalsache besitzt, und deshalb von einem Dritten mit der Eigenthumsklage in Anspruch genommen wird. Der Besitzer kann wieder selbst den Prozeß als Beklagter führen, oder dem Besteller der Dos (Schwiegervater oder Ehefrau) diese Prozeßführung überlassen. In diesem letzten Fall bringt das Urtheil auch ihm Vortheil oder Nachtheil (bb).

summovetur, *quia ex voluntate ejus de jure, quod ex persona agentis habuit, judicatum est.*"

(aa) Die Worte: si creditor experiri passus sit debitorem, können in diesem Fall sowohl auf die Stellung des Klägers, als auf die des Beklagten, bezogen werden, auf welche doppelte Beziehung auch die vorhergehenden Worte hindeuten.

(bb) In diesem Fall ist blos an die Stellung des Beklagten (die defensio) zu denken, da der Schwiegervater und die Ehefrau keine Vindication mehr haben. Eben so verhält es sich auch in dem folgenden Fall, welches Letzte noch besonders durch den Ausdruck possessor bestätigt wird.

c. Eben so verhält es sich in dem dritten Fall, wenn der Besitzer einer erkauften Sache von einem Dritten mit der Eigenthumsklage in Anspruch genommen wird. Er kann selbst als Beklagter den Prozeß führen, oder diese Prozeßführung dem Verkäufer überlassen, da dieser ohnehin für die Eviction ihm verpflichtet ist.

D. Eine besondere Schwierigkeit entsteht in dem Fall, wenn für ein Grundstück, das mehreren Miteigenthümern gehört, eine confessorische oder negatorische Klage zu führen ist. Wenn sich diese Miteigenthümer entschließen, den Rechtsstreit gemeinschaftlich zu führen, so ist jede Schwierigkeit gehoben. Allein keiner dieser Miteigenthümer hat die Befugniß, die übrigen zu dieser Theilnahme zu zwingen (cc). Eben so wäre es auf der anderen Seite sehr hart für den Gegner, wenn ihm zugemuthet werden sollte, denselben Rechtsstreit gegen jeden Miteigenthümer von Neuem zu führen, mit stets erneuerter Mühe und Gefahr des Verlustes. Daher sind für diesen Fall folgende besondere Regeln angenommen worden.

a. Jeder Miteigenthümer kann für sich allein die confessorische Klage auf die ganze Servitut (in solidum) anstellen (dd), und wenn der Gegner verurtheilt wird, so soll der Vortheil der Rechtskraft auch den übrigen Miteigenthümern zu gut kommen (ee).

(cc) Martin Prozeß Ausg. 12 § 306. Mittermaier Archiv für civil. Praxis B. 3 S. 42.

(dd) *L.* 4 § 3 *si serv.* (8. 5), *L.* 6 § 4 *eod.*, *L.* 1 § 5 *de arb. caed.* (43. 27).

(ee) *L.* 4 § 3 *cit.* „victoria et aliis proderit.“

b. Die bloße Consequenz dieses letzten Satzes führt dahin, daß sich die übrigen auch den Nachtheil aus der Rechtskraft des freisprechenden Urtheils gefallen lassen müssen (ff). War ihnen der Rechtsstreit bekannt, so haben sie es sich selbst zuzuschreiben, wenn sie es unterließen, durch freiwillige Theilnahme die ungünstige Entscheidung abzuwenden. War er ihnen unbekannt, so wäre es allerdings ungerecht, wenn sie durch die Unredlichkeit oder Nachlässigkeit ihres Miteigenthümers in bleibenden Nachtheil kommen sollten (gg). Allein diese Ungerechtigkeit wird nicht dadurch abgewendet, daß sie die Rechtskraft des Urtheils für sich nicht anzuerkennen brauchten, sondern vielmehr durch eine Entschädigungsklage gegen den, welcher den Prozeß geführt, und den Verlust veranlaßt hat (hh). Will sich dieser gegen einen solchen Vorwurf und die damit verbundene Gefahr schützen, so kann er die übrigen durch litis denuntiatio zur Theilnahme an dem Rechtsstreit rechtzeitig auffordern.

(ff) Cujacius, recit. in L. 4 si serv. Opp. T. 7 p. 453. Anderer Meinung ist Glück B. 10 S. 236. Für die Richtigkeit der hier aufgestellten Meinung spricht auch die actio pluviae arcendae, bei welcher ganz Dasselbe gilt. *L.* 11 § 1. 2 *de aqua et aq. pluv.* (39. 3).

(gg) *L.* 19 *si serv.* (8. 5) „non est aequum, hoc ceteris damno esse.“

(hh) Sowohl wegen dolus, als wegen culpa, haben sie gegen ihn, im Fall einer vertragsmäßigen Gemeinschaft, die actio pro socio, außerdem die actio negotiorum gestorum; in beiden Fällen die actio communi dividundo. *L.* 20 *comm. div.* (10. 3). — Lag eine Collusion beider Parteien zum Grunde, so haben sie noch außerdem gegen den Gegner die doli actio, welche wichtig seyn kann, wenn etwa der Miteigenthümer zahlungsunfähig seyn sollte. *L.* 19 *si serv.* (8. 5).

c. Wenn umgekehrt das mit der Servitut belastete Grundstück mehrere Eigenthümer hat, so kann der Gegner jeden einzelnen unter diesen mit der confessorischen Klage belangen, und es sollen dieselben Regeln, wie in dem vorhergehenden Fall, eintreten (ii), obgleich in diesem Fall kein so dringendes Bedürfniß vorhanden ist, als in dem vorhergehenden Fall, da jener gegen alle Miteigenthümer gleichzeitig und mit einer gemeinsamen Klage auftreten kann.

d. Dieselben Regeln sind ohne Zweifel von beiden Seiten auch für die negatorische Klage anzuwenden.

e. Eine hierher gehörende Bestimmung findet sich endlich noch in dem Longobardischen Lehenrecht. Hier ist dem Vasallen das Recht eingeräumt, den Rechtsstreit über das Eigenthum des Lehengutes gegen dritte Personen selbstständig, ohne Zuziehung des Lehenherrn, zu führen, mit dem ausdrücklichen Zusatz, daß der Vortheil und Nachtheil aus der rechtskräftigen Entscheidung des Rechtsstreits auch auf den Lehenherrn bezogen werden müsse. Dasselbe soll sogar gelten, wenn der Rechtsstreit nicht durch Urtheil, sondern durch Vergleich geendigt worden ist. Nur im Fall einer Unredlichkeit des Vasallen soll der Lehenherr von dieser Verpflichtung frei seyn (kk).

(ii) *L.* 4 § 4 *si serv.* (8. 5). Nur bei der servitus oneris ferendi soll diese solidarische Rückwirkung auf die übrigen Miteigenthümer insofern nicht gelten, als diese Servitut, abweichend von allen übrigen, den Eigenthümer des belasteten Grundstücks zugleich zu positiven Leistungen verpflichtet. *L.* 6 § 4 *eod.*

(kk) II. Feud. 43. — Eine ähnliche Bestimmung enthält das

Römische Recht für den Emphyteuta, den Superficiar, und den Pfandgläubiger eines Grundstücks, welchen die Befugniß eingeräumt wird, die dem Grundstück zustehenden Servituten durch confessorische Klagen selbstständig zu verfolgen. Jedoch wird dabei nicht bestimmt, daß das Urtheil auch für den Grundeigenthümer bindende Kraft haben soll, worauf doch gerade das Meiste ankommt. *L.* 16 *de serv.* (8. 1), *L.* 3 § 3, *L.* 9 *de op. novi nunt.* (39. 1), *L.* 1 § 5 *de remiss.* (43. 25).

Beilagen.

XV. XVI. XVII.

Beilage XV.

Appellatio und Provocatio.

(Zu § 285.)

I.

In der Römischen Verfassung finden sich, von sehr alter Zeit her, zwei Institute, unter den Namen appellatio und provocatio, die neben manchen Verschiedenheiten die Ähnlichkeit mit einander haben, daß durch dieselben der Ausspruch oder der Erfolg eines richterlichen Urtheils verhindert werden kann (a). Diese Ähnlichkeit haben beide auch mit dem, im Anfang der Kaiserregierung eingeführten, Instanzenzug; da nun überdem bei diesem auch die Namen der erwähnten alten Institute angewendet wurden, so werden wir auf die Annahme geführt, daß der Instanzenzug aus ihnen in geschichtlicher Entwickelung hervorgegangen ist. Wie diese Entwickelung eingetreten ist, und welches der beiden alten Institute dabei als Grundlage gedient hat,

(a) Ohne Zweifel war es diese Ähnlichkeit, wodurch Cicero veranlaßt wurde, in der von ihm dargestellten idealen Staatsverfassung, die doch ganz auf Römische Einrichtungen gebaut war, beide Institute so zu vermischen, als ob sie gar nicht verschieden gewesen wären. CICERO de leg. III. 3.

wird durch die folgende genauere Betrachtung derselben, und durch ihre Vergleichung mit den Instanzen der Kaiserzeit, zu ermitteln seyn.

II.

Die alte provocatio setzte voraus die Verurtheilung eines Römers durch eine, mit Criminalgerichtsbarkeit versehene Obrigkeit; sie bestand in der Berufung des Verurtheilten auf das höhere Urtheil der Volksversammlung, wodurch jenes erste Urtheil abgeändert oder bestätigt werden konnte (b). Darin lag also die vollständige Einrichtung einer höheren Instanz.

Nach einem unzweideutigen Zeugniß des Cicero bestand die provocatio auch schon zur Zeit der Könige (c). Nach einer Stelle des Pomponius ist sie erst nach der Vertreibung der Könige eingeführt worden (d). Neuere Schriftsteller haben diesen Widerspruch durch die Annahme zu beseitigen gesucht, daß sie bei Gründung der Republik eine ausgedehntere Anwendung, als unter den Königen, erhalten habe (e).

(b) Die quellenmäßigen Nachrichten über die provocatio, so wie die Meinungen der neueren Schriftsteller über dieselbe, sind sehr vollständig zusammengestellt bei Geib Geschichte des römischen Criminal-Prozesses. Leipzig 1842. S. 152—168. 387—392.

(c) Cicero de re publica II. 31. Vgl. Seneca epist. 108.

(d) *L.* 2 § 16 *de orig. jur.* (1. 2).

(e) Entweder so, daß sie früher nur den Patriciern zu gut gekommen wäre, später auch den Plebejern (Niebuhr Röm. Geschichte I. 361. 557); oder so, daß die, von den Königen persönlich ausgesprochenen Strafurtheile der Berufung nicht unterlegen hätten.

Während der Republik war ihre Anwendung fast allgemein, und es werden nur zwei Obrigkeiten erwähnt, deren Strafurtheile der Berufung an die Volksversammlung nicht unterworfen waren: die Decemvirn und die Dictatoren. Beide standen außer der Reihe der regelmäßigen, stets fortdauernden und wiederkehrenden, öffentlichen Gewalten.

Dennoch wird in der späteren Zeit der Republik, in welcher gerade der Schutz der individuellen Freiheit stets wachsend erscheint, der wirkliche Gebrauch einer solchen Berufung an das Volk fast gar nicht erwähnt, und diese auffallende Erscheinung ist auf folgende Weise zu erklären. In dieser späteren Zeit wurde fast der ganze Criminalprozeß durch ständige Commissionen für die Untersuchung einzelner Verbrechen besorgt (quaestiones perpetuae). Dazu war eine Anzahl von Prätoren angeordnet, die nicht so, wie die älteren Criminal-Obrigkeiten, aus eigener obrigkeitlicher Macht, sondern in Krafft dieses besonderen Auftrags richteten, und zwar in Gemeinschaft mit Geschworenen, die hierin die Stelle des Volks vertraten. Auf einen solchen Urtheilsspruch, der gleichsam von dem Volk selbst (nur in commissarischer Form) ausgegangen war, schien die Berufung an das Volk nicht anwendbar.

III.

Eine ganz andere Natur hatte die appellatio, die auf einen weit allgemeineren und unbestimmteren Schutz der individuellen Freiheit gegen Bedrückung durch öffentliche

Handlungen aller Art (also unter andern auch im Civilprozeß) berechnet war (f). Alle solche Handlungen nämlich, wohin hauptsächlich die Ausübung obrigkeitlicher Macht gehörte, konnten verhindert werden durch den bloßen Einspruch sehr vieler einzelnen Personen. Ein solcher Einspruch hieß intercessio; die Bitte des Einzelnen, zu seinem Schutz von jener Befugniß Gebrauch zu machen, hieß appellatio.

Berechtigt zu einem solchen Einspruch gegen die Handlung einer Obrigkeit war zunächst jede andere obrigkeitliche Person, die einen gleichen, oder einen höheren Rang hatte, als der Handelnde (par majorve potestas), also Prätor gegen Prätor, Consul gegen Consul, Consul gegen Prätor, ohne Rücksicht darauf, ob die einzelne Handlung mit dem besonderen Geschäftskreise dessen, der den Einspruch that, Berührung hatte (g).

Ohne Rücksicht auf das Rangverhältniß hatten die Tribunen ein allgemeines Recht des Einspruchs nach allen Seiten hin, also auch gegen die Handlungen der Prätoren und der Consuln (h). Bald übten sie dieses Recht als

(f) Zimmern Rechtsgeschichte B. 3 § 169. Keller Semestria Vol. 1 C. 1 § 8 p. 139—170.

(g) Cicero de leg. III. 3. — Nicht ganz gleichartig ist es, wenn der Prätor (nach seinem unzweifelhaften Recht) dem von ihm ernannten Juder den Auftrag entzog (vetare judicare); wohl aber, wenn ein Consul diesem Juder den Urtheilsspruch untersagte. L. 58 *de jud.* (5. 1) „Judicium solvitur vetante eo, qui judicare jusserat: *vel etiam eo, qui majus imperium in eadem jurisdictione habet.*" (Eadem jurisdictio ist hier im geographischen Sinn zu verstehen). Nach gesprochenem Urtheil hatte auch selbst der Prätor darüber keine Macht. L. 14 *de re jud.* (42. 1).

(h) Cicero de leg. III. 3.

Einzelne aus, bald in Folge einer collegialischen Berathung und Beschlußnahme.

IV.

Die Wirkung eines solchen Einspruchs war eine negative; es sollte nun zunächst gar Nichts geschehen. Daher diente im Civilprozeß der Einspruch zum Schutz des Beklagten, nicht des Klägers. Diese Einwirkung auf den Prozeß war also ähnlich einer bloßen Cassation, nicht einer Instanz, da der Einspruch keine positive Abänderung an die Stelle der verhinderten Maaßregel setzen konnte.

Dennoch war der praktische Einfluß eines solchen Einspruchs oft nicht minder stark, als der einer Freisprechung, da durch den Grundsatz der Comsumtion die Wiederholung der vorigen Klage verhindert wurde, und durch die kurze Prozeßverjährung alles Recht des Klägers leicht untergehen konnte.

V.

Gegenstand des Einspruchs konnten die verschiedensten Handlungen des Prozesses seyn; namentlich ein Decret des Prätors; eben so die Fassung der Formel, wenn etwa der Prätor ein judicium purum geben, der Einsprechende aber, zum Schutz des Beklagten, die Hinzufügung einer Einrede erzwingen wollte (i).

(i) Cicero acad. quaest. II. 30., wo dieser Fall figürlich, aber als eine bekannte Sache, erwähnt wird.

Es fragt sich, wie einem solchen Einspruch Geltung verschafft werden konnte, wenn etwa der Prätor seine abweichende Meinung hätte durchsetzen wollen, welches freilich nicht leicht vorgekommen seyn wird. Dazu fand sich das sichere Mittel, sobald der Prätor in die Lage kam, irgend einen Ausspruch durch Beschlagnahme von Sachen zur Execution zu bringen (possessio oder venditio bonorum). Diese äußere Handlung konnte durch das Verbot eines anderen Prätors oder eines Tribuns unmittelbar verhindert werden (k).

Es ist nicht zu bezweifeln, daß diese außerordentliche Maaßregel in sehr verschiedener Absicht und mit sehr verschiedenem Erfolg wird angewendet worden seyn: bald zum Schutz des wahren Rechts gegen das ungerechte Verfahren der ordentlichen Gerichtsobrigkeit; bald zum Schutz wahrer oder vermeintlicher Billigkeit gegen die Strenge des bloßen Buchstabens; bald als wahrer Mißbrauch, als parteiischer Eingriff in den richtigen Gang des Prozesses (l).

VI.

Es ergiebt sich aus dieser ganzen Darstellung, daß diese sonderbare Einrichtung die etwas zweideutige Natur einer blos indirecten Einwirkung auf den Gang der Rechtspflege hatte. Daher erklären sich die scheinbar widersprechenden Äußerungen alter Schriftsteller über die ver-

(k) Keller l. c., p. 140—145. (l) Keller l. c., p. 151—155.

fassungsmäßige Stellung der Tribunen. Bald wird von ihnen gesagt, sie hätten keinen Theil an der Rechtspflege (m). Dagegen werden sie in unzweideutigen anderen Stellen mitten unter den richterlichen Obrigkeiten aufgezählt, und selbst als Recht sprechend erwähnt (n). Es wird besonders bemerkt, daß sie stets in der Lage seyen, in den Civilprozeß eingreifen zu können, und daß es deshalb nicht für schicklich erachtet werden könne, wenn sie während ihrer Amtsführung für Andere als Sachwalter auftreten wollten (o).

VII.

Die hier aufgestellten allgemeinen Ansichten von der provocatio und appellatio, ihrer Ähnlichkeit und Verschiedenheit, werden durch folgende Reihe von Beispielen aus der Römischen Geschichte sowohl Anschaulichkeit als Bestätigung erhalten.

Besonders wichtig sind hier die Ereignisse während der kurzen Regierung der Decemvirn und gleich nach dem Sturze derselben, indem dabei die beiden oben genannten Institute neben einander, und in ihrer verschiedenartigen Wirksamkeit, erwähnt werden.

Die Decemvirn wurden ernannt sine provocatione, das heißt so, daß von ihren Strafurtheilen eine Berufung

(m) Gellius XIII. 12. „Tribuni antiquitus creati videntur non juri dicundo.“

(n) Auct. ad Herennium II. 13, *L.* 2 § 34 *de orig. jur.* (1. 2).

(o) Plinius epist. I. 23.

an die Volksversammlung nicht zulässig seyn sollte. Dagegen galt auch hier die appellatio, indem jeder Römer, der sich von einem der Decemvirn bedrückt glaubte, irgend einen Collegen desselben um seinen Einspruch bitten konnte. Allein im zweiten Jahre dieser ungewöhnlichen Regierung wurde selbst diese Zuflucht durch Übereinkunft der Decemvirn vereitelt, so daß jeder Versuch einer appellatio nur eine noch härtere Behandlung des Bedrückten zur Folge hatte (p).

Nach dem Sturz der Decemvirn klagte der Tribun Virginius den Appius vor dem Volke an, und bedrohte ihn mit augenblicklicher Verhaftung, wenn er nicht Bürgen stelle für ein gerichtliches Verfahren vor einem Juder. Appius versuchte gegen diese Drohung vergeblich zuerst eine provocatio an das Volk, dann eine appellatio an andere Tribunen; er wurde in das Gefängniß abgeführt, wo er sein Leben endigte (q).

VIII.

Folgende Fälle geben Zeugniß von dem Einspruch im Civilprozeß, der durch die appellatio gleicher oder höherer obrigkeitlicher Personen bewirkt wurde.

Verres erließ als Prätor viele Decrete im Widerspruch mit seinem eigenen Edict. Diese unerhörte Willkühr hatte die Folge, daß sein College, der Prätor

(p) Livius III. 33. 34. 36. (q) Livius III. 56. 57.

L. Piso, durch oft wiederholten Einspruch solcher Ungerechtigkeit mit Erfolg entgegen trat (r).

Als zur Abbürdung der Schulden die Abtretung von Vermögensstücken nach einer öffentlichen Taxe eingeführt worden war, erhielt der Präter C. Trebonius den Auftrag, diese neue Vorschrift zur Ausführung zu bringen. Der Prätor M. Coelius, der diese Maaßregel mißbilligte, suchte sie dadurch zu vereiteln, daß er sein Tribunal neben dem Tribunal des Trebonius aufrichtete, und jedem Verklagten, der sich an ihn wenden würde, den Einspruch gegen das Verfahren des Trebonius anbot. Es meldete sich jedoch Niemand, um von diesem Anerbieten Gebrauch zu machen (s).

Ein verstorbener Freigelassener hatte, mit Übergehung seines Patrons, den Verschnittenen Genucius (matris magnae Gallus) zum Erben eingesetzt (t). Der Prätor Cn. Orestes gab dem eingesetzten Erben zuerst eine B. P. secundum tabulas, dann eine Erbschaftsklage (u). Allein der Consul Lepidus entkräftete dieses Verfahren des Prätors (v) zum Vortheil des Patrons, und zwar aus dem Grunde, weil der eingesetzte Erbe weder Mann, noch Weib sey (w).

(r) CICERO in Verrem II. 1. C. 46.

(s) CAESAR de bello civ. III. 20.

(t) VALERIUS MAX. VII. 7 § 6.

(u) Es wird restitutio in bona genannt; wahrscheinlich war es ein Interdict quorum bonorum.

(v) „praetoriam jurisdictionem abrogavit."

(w) Die wirksame Intercession des Consuls gegen das vom Prätor eingeleitete Verfahren ist klar; nicht so klar ist der vom Consul angegebene Grund. Wollte etwa

IX.

Die Einwirkung der Tribunen in den Civilprozeß tritt in folgenden Fällen hervor.

In einem Prozeß des Quinctius hatte ein Prätor mit Unrecht ein Decret auf Bürgschaft erlassen. Die Tribunen wurden um Einspruch gebeten, und ohne diesen unmittelbar auszusprechen, bewirkten sie doch durch ihre Drohung, daß mit der Execution eingehalten wurde (x).

M. Tullius hatte gegen Q. Fabius eine Klage angestellt de vi hominibus armatis coactisve damno dato. Der Beklagte verlangte, daß in die Formel der beschränkende Zusatz aufgenommen werde: *injuria* damno dato; mit Unrecht, da diese Beschränkung nicht in die erwähnte Klage, sondern nur in die a. L. Aquiliae gehörte. Als der Prätor in dieses Verlangen nicht einging, appellirte der Beklagte an die Tribunen; allein diese billigten das Decret des Prätors über die Fassung der Formel, und erklärten: nihil se addituros (y). — Wären die Tribunen dem Verlangen des Beklagten beigetreten, so würden sie das auf

der Consul den Castraten für ehrlos halten, und daher unwürdig, das Tribunal zu betreten, so hatte ja dem Consul diese persönliche Berührung Niemand zugemuthet; auch konnten selbst wirklich Ehrlose für sich selbst postuliren. (*L.* 1 § 8 *de his qui not.*). Vielleicht sollte eine analoge Anwendung der L. Voconia gemacht werden, indem der Castrat noch weniger als ein Weib sey, also mindestens eben so unfähig zur Erbeinsetzung. Vgl. *L.* 12 § 1 *de bon. poss.* (37. 1).

(x) Cicero pro Quinctio C. 7. 20. 21. Keller l. c., p. 139 sq.

(y) Cicero pro Tullio C. 7. 38. 39. 40. Keller l. c., p. 144. 145.

diese, von ihnen mißbilligte, Formel gegründete Verfahren in allen seinen praktischen Folgen verhindert haben.

Bei einer Klage von Provinzialen gegen die Erpressungen des C. Antonius hindern die Tribunen das Decret, welches der Prätor der Peregrinen auf diese Klage erlassen wollte (z).

Ähnliche Eingriffe der Tribunen finden sich auch im Criminalprozeß. So wurde einmal von ihnen einem Angeklagten verboten, sich zu verantworten, welches Verfahren als unerhört dargestellt wird (aa). — Als bei einem anderen Criminalprozeß ein einzelner Judex fehlte, indem er in einem Civilprozeß beschäftigt war, verbot ein Tribun die Abstimmung und befahl, die Civilsache auszusetzen, damit jener Judex an der Criminalsache Antheil nehmen könne (bb).

X.

Es ist schon oben bemerkt worden, daß sich bald nach dem Anfang der Kaiserregierung ein regelmäßiger Instanzenzug im Civilprozeß findet, welcher bis zum Kaiser aufwärts geht, und wovon während der Republik Nichts zu bemerken ist. Bei der ganzen Gründung der Kaisergewalt aber finden wir durchgehend den Grundsatz festgehalten, etwas der Form und dem Namen nach ganz Neues nicht zu erfinden, sondern alte Einrichtungen der Republik zu

(z) Asconius in or. Cic. in toga candida p. 84 ed. Orell.
(aa) Cicero in Vatin. C. 14. (bb) Cicero pro Cluentio C. 27.

benutzen, um aus der bisher ungewohnten Verbindung derselben das wahrhaft Neue unbemerkt hervorgehen zu lassen.

Diese Analogie führt zu der sehr wahrscheinlichen Vermuthung, daß auch jener Instanzenzug an die oben erwähnten alten Institute (provocatio und appellatio), als neue Entwickelung derselben, wird angeknüpft worden seyn, und es fragt sich dann zunächst, an welches unter diesen beiden Instituten.

Manche haben die provocatio der alten Verfassung als Grundlage der neuen Instanzen angenommen, und es scheint dafür der Umstand zu sprechen, daß in der provocatio in der That ein wahrer Instanzenzug enthalten war. Dennoch muß ich dieser Annahme entschieden widersprechen. Erstlich, weil die alte provocatio nur auf Criminalsachen, nie auf den Civilprozeß, angewendet wurde. Zweitens, weil in der Annahme einer provocatio an den Kaiser die förmliche Gleichstellung der kaiserlichen Gewalt mit der Gewalt des alten populus gelegen hätte, deren Schein noch lange Zeit hindurch sehr sorgfältig vermieden wurde, indem die Kaiser nur obrigkeitliche, von dem populus übertragene, Gewalten auszuüben scheinen wollten.

XI.

Giebt man nun die Anknüpfung des neuen Instanzenzuges an die provocatio auf, so bleibt nur noch die appellatio als Grundlage der neuen Einrichtung übrig, und in dieser ist auch in der That eine völlig genügende Grundlage für den Instanzenzug zu finden.

Zuvörderst ist es unzweifelhaft, daß der Kaiser in seinen verfassungsmäßigen Amtsrechten die Mittel besaß, um aus allen Theilen des Reichs in Civilprozessen Appellationen anzunehmen, und durch Einspruch auf den Erfolg des Rechtsstreits einzuwirken. In Rom und Italien diente dazu die tribunicia potestas, die schon im J. 706 an Cäsar, im J. 724 an August, lebenslänglich verliehen wurde (cc). In der kaiserlichen Hälfte der Provinzen war der Unterstatthalter ohnehin von den Anweisungen des Kaisers, der ihn angestellt hatte, ganz abhängig. In den Senatsprovinzen aber hatte der Kaiser das Recht der intercessio gegen alle gerichtlichen Handlungen des Proconsuls, mit welchem er vermöge seiner allgemeinen proconsularis potestas gleichen Rang hatte.

Obgleich nun oben gezeigt worden ist, daß die alte appellatio und intercessio, nach ihrer an sich nur verneinenden und hindernden Natur, von einer eigentlichen Instanz wesentlich verschieden war, und mehr die Natur einer bloßen Cassation hatte, so liegt doch in der Natur der Cassation, sobald sie regelmäßig und oft wiederkehrend ausgeübt wird, eine natürliche Annäherung an die Instanz. Gerade die regelmäßige und häufige Ausübung war während der Republik unmöglich, weil die Gewalt der

(cc) Dio Cassius XLII. 20, LI. 19.

Tribunen nur einjährig, durch Theilung unter Viele geschwächt, durch die wichtigere Beschäftigung mit politischen Zwecken fast ausschließend in Anspruch genommen war. Dieses Alles verhielt sich bei der fortdauernden tribunicia potestas des Kaisers ganz anders. Dennoch würde auch hier die Entstehung eines eigentlichen Instanzenzuges vielleicht gar nicht, vielleicht erst später, eingetreten seyn, wenn nicht das innere Bedürfniß dazu angetrieben hätte (§ 284). Dieses Bedürfniß zu befriedigen, war in dem ruhigen Gang der einmal gegründeten Monarchie möglich und leicht, und daß die bloße Benutzung der, ohnehin bekannten und unbestrittenen, Bestandtheile der kaiserlichen Gewalt dazu völlig ausreichte, ohne daß es dazu einer ganz neuen Erfindung, ja selbst nur neuer Formen und Namen, bedurfte, ist so eben gezeigt worden.

Man könnte die hierin eintretende Veränderung so ausdrücken: Der Kaiser wendete die, ihm ohnehin allgemein zukommende, appellatio und intercessio auf das Verfahren im Civilprozeß so allgemein und regelmäßig an, daß in dieser neuen Entwicklung die appellatio zugleich die Natur einer provocatio annahm.

XII.

Eine wichtige Bestätigung der hier aufgestellten geschichtlichen Erklärung des Instanzenzuges liegt in der, unter der Kaiserregierung schnell eintretenden Umbildung des Sprachgebrauchs. Noch bei Livius werden die Ausdrücke provocatio und appellatio in ihrer eigenthümlichen Bedeutung streng aus einander gehalten (Note p. q.). Bald aber verschwindet diese Unterscheidung, so daß nun beide Ausdrücke als ganz gleichbedeutende Bezeichnungen eines und desselben Begriffs gebraucht werden, wie wir Dieses namentlich in unseren Rechtsquellen durchaus wahrnehmen.

Plinius hist. nat. VI. 22 (von einem Indischen Volk): „sic quoque *appellationem* esse *ad populum*."

Gellius IV. 4: „Mamilia ad tribunos plebei *provocavit*."

Gellius VII. 19: „Scipio Africanus fratris nomine ad collegium tribunorum *provocabat*."

L. 1 § 1 *quae sent.* (49. 8): „nec *appellare* necesse est, et *citra provocationem* corrigitur."

L. 1 § 1 *a quib. app.* (49. 2): „Et quidem stultum est, illud admonere, a principe *appellare* fas non esse, cum ipse sit *qui provocatur*."

XIII.

Man könnte nun glauben, neben dem neuen, in der kaiserlichen Gewalt vereinigten, Instanzenzug seyen die alten, getrennten Institute der provocatio und appellatio in ihrer Eigenthümlichkeit völlig verschwunden. Allerdings war jetzt von einer provocatio an die Volksversammlung durchaus nicht mehr die Rede. Dagegen dauerte das frühere Recht der einzelnen Volkstribunen, Appellationen anzunehmen, und sich durch Intercession in den Civilprozeß einzumischen, noch neben der neuen Instanzeneinrichtung unverändert fort; es blieb aber so unbedeutend als früher. Diese Fortdauer bezeugt aus eigener Erfahrung der jüngere Plinius, der es eben deshalb für unschicklich erklärt, wenn Tribunen während ihrer Amtszeit in fremden Prozessen als Vertreter von Parteien auftreten wollten (Note o).

Beilage XVI.

L. 7 de exceptione rei judicatae (44. 2).

(Zu § 296 und § 299.)

Keine einzelne Stelle der Digesten liefert so reichhaltige Belehrung für die Lehre von der Rechtskraft, als diese. Sie zeichnet sich aus, eben so durch tief eingreifende Regeln, als durch die Schärfe, Bestimmtheit und Sicherheit ihrer Entscheidungen. Dieses Lob kann indessen nur unbedingt gelten von dem Anfang und Ende der Stelle; in der Mitte liegt gar manches Dunkle, Zweifelhafte, scheinbar Widersprechende.

Ich glaube, diese Schwierigkeiten ganz oder großentheils beseitigen zu können durch eine andere Erklärung der Stelle, deren Verschiedenheit von der bisher üblichen Erklärung durch eine veränderte Abtheilung der Paragraphen anschaulich werden wird. Dieses einfache Mittel ist von jeher als allgemein zulässig, und ganz in das Gebiet der bloßen Auslegung fallend, angesehen worden; wesentlich verschieden von einer versuchten Verbesserung des Textes, da die Abtheilung in Paragraphen, wie wir sie in unsren Ausgaben finden, lediglich das Werk der Herausgeber ist, also nicht zum Bestand des handschriftlichen Textes gehört.

Dennoch könnte dieses Verfahren mit einigem Mißtrauen betrachtet werden, wenn es in der Absicht eingeschlagen würde, eine, durch die bisher übliche Erklärung der Stelle unterstützte, fremde Lehre von der Rechtskraft wankend zu machen, und eine eigene neue Lehre an deren Stelle zu setzen; wenn ferner die bisher übliche Auffassung der Stelle von den Auslegern befriedigend gefunden worden wäre, und diese jetzt in ihrem ruhigen Besitz gestört werden sollten. Von diesem Allen aber findet sich hier gerade das Gegentheil.

Der dunkle, zweifelhafte Theil der Stelle ist bisher von keiner Seite dazu benutzt worden, um irgend eine Lehre von der Rechtskraft darauf zu gründen, und er soll auch von mir nicht dazu benutzt werden. Die Zweifel, die dabei in Erwägung kommen, liegen überhaupt nicht in der Lehre von der Rechtskraft, sondern in ganz andern Theilen der Rechtswissenschaft, hauptsächlich in den Lehren vom Eigenthum und Besitz. — Was aber die Hauptsache ist: die Ausleger, die sich bisher mit diesem dunklen Theil der Stelle ernsthaft beschäftigt haben, sind mit demselben, so wie er bis jetzt aufgefaßt wurde, nicht im Geringsten zufrieden, können also auch nicht in einem friedlichen Besitzstand gestört werden. Folgende Äußerungen werden diese Behauptung ganz außer Zweifel setzen.

Donellus äußert sich über die vorliegende Stelle in folgenden Worten (a): Hoc quidem Ulpianus negaverat obiter in principio L. 7 D. de exc. rei jud. his verbis ... Sed quod hic exempli tantum caussa, et velut aliud agens posuerat, id corrigit postea, et mutat ex professo in lapidibus, cementis, et tignis, addita in § 2 ea ratione, ex qua facile intelligere liceat, hoc idem illud et de tabulis navis sentire. Offenbar wird hier angenommen, daß Ulpian den Gegenstand sehr leichtfertig behandelt habe.

Keller erklärt die vermeintlichen Widersprüche in der Stelle aus einem steten Schwanken des Verfassers zwischen der positiven und negativen Function der Einrede. Zugleich setzt er voraus, die hier vorliegende Stelle des Ulpian möge vielleicht ein sehr unvollständiger Auszug seyn, den die Verfasser der Digesten aus einer längeren Stelle gemacht haben möchten, mit Weglassung vieler Citate aus anderen alten Juristen (b). — Eben so urtheilt ein anderer Schriftsteller, Ulpian habe ganz verschiedene Dinge durch einander geworfen, und sey dadurch zu sehr schwankenden Entscheidungen geführt worden (c).

(a) Donellus Lib. 22 C. 5 § 9.

(b) Keller S. 261—276, besonders 263. 271. Das Schwanken zwischen beiden Gestalten der Exception kann ich gerade bei dieser Stelle am wenigsten annehmen, die zuerst in der Mitte (§ 1), und dann noch bestimmter gegen das Ende (§ 4), den Grundsatz der positiven Function der Einrede so klar ausspricht und so consequent durchführt.

(c) Brackenhoeft Identität der Rechtsverhältnisse S. 209 fg., besonders S. 210. 215.

Alle diese Ausleger sind also mit der vorliegenden Stelle des Schriftstellers in hohem Grade unzufrieden, und würden es sich ganz wohl gefallen lassen, wenn es gelänge, durch eine neue Erklärung die Widersprüche zu beseitigen, durch deren Annahme sie zu so harten Urtheilen über den alten Juristen bestimmt wurden.

Hienach soll der folgende Versuch nicht dazu dienen, in der Lehre von der Rechtskraft eine eigene neue Lehre zu rechtfertigen, oder eine fremde Lehre zu bekämpfen. Er ist vielmehr dazu bestimmt, erstlich für den Verfasser der Stelle als Ehrenrettung zu dienen, zweitens das unheimliche Gefühl zu entfernen, welches unvermeidlich zurück bleibt, wenn in der Mitte der klarsten und reichhaltigsten Stelle über die Rechtskraft eine Reihe von Äußerungen sich findet, die als unzusammenhangend, schwankend, oder sogar als völlig widersprechend anerkannt werden müßten.

Nach dieser Vorbereitung lasse ich den Text unserer Stelle mit den nöthigen Erklärungen folgen.

Princ. Si quis, cum totum petisset, partem petat: exceptio rei judicatae nocet; nam pars in toto est: eadem enim res accipitur, etsi pars petatur ejus, quod totum petitum est. Nec interest, utrum in corpore hoc quaeratur, an in quantitate, vel in jure. Proinde si quis fundum petierit, deinde partem petat, vel pro diviso, vel pro indiviso: dicendum erit, exceptionem obstare. Proinde etsi proponas mihi, certum locum me petere ex eo fundo, quem petii, obstabit exceptio. Idem erit probandum, etsi duo corpora fuerint petita, mox alterutrum corpus petatur: nam nocebit exceptio (d).

§ 1. Item (e) si quis fundum petierit, mox arbores

(d) Dieser Theil der Stelle ist schon oben mitgetheilt und ausführlich erklärt worden (S. 448). Er ist eben so gerechtfertigt von dem Standpunkt der positiven, als der negativen Function aus, und Ulpian entscheidet hier mit unzweifelhafter Sicherheit, ohne dem Gedanken an eine mögliche Meinungsverschiedenheit Raum zu lassen.

(e) In diesem Theil der Stelle liegt die vorgeschlagene neue Abtheilung und die darauf gegründete neue Erklärung der Stelle. Die Ausgaben ziehen die Worte **Item si** bis **tabulas vindicem** noch zu dem **princ.** und fangen den § 1 erst mit den Worten **Si ancillam** an. Dadurch werden alle in jenen Worten enthaltenen Fälle mit in den vorhergehenden Ausspruch hineingezogen, daß die Einrede unzweifelhaft anwendbar sey (**nam nocebit exceptio**). Betrachten wir dabei zuerst das Sprachliche, dann das Sachliche. Jeder Anfang eines Satzes mit **Item** bezeichnet eine Verwandtschaft dieses Satzes mit dem vorhergehenden; diese Verwandtschaft aber kann im Grad und Umfang verschieden seyn. Sie kann sich beziehen sowohl auf die in beiden Sätzen erwähnten Fälle (die zu entscheidenden Fragen), als auf die Behandlung dieser Fälle (die Entscheidung selbst); sie muß aber nicht sprachlich diese Ausdehnung haben, kann sich vielmehr auch beschränken auf den Fall oder die Frage, neben mehr oder weniger Verschiedenheit in der Behandlung und Entscheidung. Wenn in dem vorliegenden Fall die ganze Stelle abschlösse mit den Worten **tabulas vindicem**, so wäre es durchaus nothwendig, die Verwandtschaft der Sätze in der größten Ausdehnung anzunehmen, so wie es die Ausgaben voraussetzen. Jetzt aber, da ein anderer Satz, mit anderem Ausgang, folgt (**magnae quaestionis est**), haben wir sprachlich ganz freie Wahl, und diese Wahl kann nur durch sachliche Gründe entschieden werden. Diese Gründe aber sprechen für die von mir vorgeschlagene Abtheilung, indem nur auf diesem Wege der handgreifliche Widerspruch mit der Entscheidung des **§ 2** über die **cementa** verhütet werden kann, durch dessen Anerkennung eben alle Ausleger zu so harten Urtheilen über Ulpian verleitet werden. — Meine Erklärung der Stelle läßt sich etwa so ausdrücken: „Wenn ferner Jemand zuerst ein Landgut vindicirt, und später (nachdem er abgewiesen worden) abgehauene Bäume aus diesem Landgut, oder auch ein Haus …

excisas ex eo fundo petat: aut insulam petierit, deinde aream, vel tigna, vel lapides petat: item si navem petiero, postea singulas tabulas vindicem: si (f) ancillam praegnantem petiero, aut (g) post litem contestatam conceperit et pepererit, mox partum ejus petam: *utrum idem petere videor, an aliud, magnae quaestionis est* (h). Et quidem ita definiri potest, totiens eandem rem agi, quotiens apud judicem posteriorem id quaeritur, quod apud priorem quaesitum est (i). *In his igitur fere omnibus exceptio nocet* (k).

oder ein Schiff ... oder eine Sclavin ... so ist in allen diesen Fällen die Anwendbarkeit der Exception ein Gegenstand großer Zweifel und Streitfragen.“ (Behauptet wird darüber von Ulpian bis dahin noch gar Nichts).

(f) Daß dieser Fall nicht so, wie die übrigen, mit item eingeleitet wird, kann der bloßen Abwechslung wegen geschehen seyn. Es ist aber auch möglich, daß item wirklich da stand, und daß es durch die scheinbare Ähnlichkeit mit den vorhergehenden Sylben icem ausgefallen ist. In dieser Voraussetzung können wir es durch Gemination herstellen.

(g) Die Handschriften und Ausgaben lesen hier et, welches jedoch gar keinen Sinn giebt, da die zur Zeit der Klage (der Litiscontestation) bereits schwangere Sclavin unmöglich gleich nachher nochmals schwanger werden kann. Die sehr gelinde Veränderung in aut giebt folgenden einfachen Sinn: „wenn eine vindicirte Sclavin entweder schon zur Zeit der L. C. schwanger ist, oder gleich nachher, während des Prozesses, schwanger wird.“ Vor conceperit ist also hinzu zu denken: ancilla petita; eine Veränderung des Textes ist deshalb nicht nöthig.

(h) Diese Worte beziehen sich nun auf alle Fälle zugleich, die nach dem gegenwärtigen Abdruck im § 1 voranstehen (Note e).

(i) In diesen Worten wird ein leitender Grundsatz aufgestellt, der zur Lösung aller zusammengestellten Streitfragen dienen soll. Dieser Grundsatz aber besteht darin, daß beide Klagen auf der Entscheidung einer und derselben Rechtsfrage beruhen müssen, wenn die Exception anwendbar seyn soll (S. 417. 418).

(k) Die Anwendung des aufgestellten Grundsatzes soll nach Ulpian's Ausspruch dahin führen,

§ 2. Sed in cementis et tignis diversum est (l): nam is, qui insulam petit, si cementa, vel tigna, vel quid aliud suum petat, in ea condicione est, ut videatur aliud petere: etenim cujus insula est, non utique et cementa sunt: denique ea, quae juncta sunt aedibus alienis, separata dominus vindicare potest (m).

daß beinahe in allen vorher angegebenen streitigen Fällen die Exception wirklich anwendbar sey. Sehen wir zu, ob sich dieser Ausspruch bewährt. Die Exception ist in der That anwendbar: 1. bei dem Landgut und den abgehauenen Bäumen, 2. bei dem Haus und dem leeren Boden (area), 3. bei der Sclavin und dem, vor oder nach der Klage erzeugten, Kind derselben. Sie ist nicht anwendbar bei dem Haus und dem Baumaterial, wie der § 2 ausdrücklich sagt.

(l) Der Fall der Baumaterialien wird also als der einzige genannt, worin es anders gehalten werde, indem hier die Exception nicht anwendbar sey. Dieses paßt sehr gut als Gegensatz zu den unmittelbar vorhergehenden Worten: in his *fere* omnibus. Das *Sed* in cementis drückt daher ein nur aus, und giebt die Erklärung des *fere*. — Der Ausspruch über die cementa ist hier übrigens so entschieden und unzweifelhaft, daß dadurch die gewöhnliche Erklärung der vorhergehenden Erwähnung der cementa ganz unmöglich wird (Note e). Der wahre Grund dieses von den übrigen Fällen verschiedenen Ausspruchs wird in der folgenden Note angegeben werden.

(m) Über die Schiffe erklärt sich Ulpian nicht; ich glaube aber, daß es bei den Brettern eines Schiffes eben so gehalten werden muß, wie bei den Balken eines Hauses. Wenn der Richter die Vindication eines Schiffes abweist, so liegt darin keine stillschweigende Verneinung des Eigenthums an einzelnen Brettern, weil er ein solches Eigenthum in dieser Lage des Rechtsstreits gar nicht zuerkennen kann; dazu müßte erst eine Abtrennung der Bretter durch die a. ad exhibendum vorher bewirkt worden seyn. *L.* 23 § 5 *de R.V.*, *L.* 6 *ad exhib.* — Der Unterschied des Schiffes von dem Hause besteht nur darin, daß bei dem Hause nicht einmal diese vorhergehende Abtrennung verlangt werden kann. *L.* 6 *cit.*, *L.* 7 § 10 *de adqu. rer. dom.* Ohne Abtrennung ist eine Vindication oder ein Zusprechen der einzelnen Bestandtheile in beiden Fällen gleich unmöglich.

§. 3. De fructibus eadem quaestio est, ut (n) de partu; haec enim nondum erant in rebus humanis, sed ex ea re sunt, quae petita est: magisque est, ut ista exceptio noceat (o). Plane si in restitutionem vel fructus, vel

(n) Die Handschriften und Ausgaben lesen et, der Sinn fordert ut. Der Sinn geht nämlich dahin, daß die oben für das Sclavenkind aufgeworfene Frage ganz eben so auch für die Früchte aufgefaßt und beantwortet werden müsse (wohin die gleich Anfangs genannten arbores excisae gerechnet werden können). Anstatt ut könnte auch gesetzt werden ac, welches durch die gemeinsame Abbreviatur der Handschriften in et irrig übergegangen seyn könnte.

(o) Die Handschriften und Ausgaben lesen: *non* noceat, allein die Glosse sagt: „Si habes sine *non,* plana est . . . si vero habeas *non noceat,* ut habent fere omnes communiter“ rel. Es ist nicht richtig, Dieses als eine von Accursius vorgeschlagene Emendation aufzufassen; vielmehr liegt darin das Zeugniß, daß in der That zwei handschriftliche Lesearten vorlägen, zwischen welchen zu wählen sey, deren eine jedoch die überwiegende Zahl der Handschriften für sich habe; für beide Texte werden dann Erklärungen versucht. — Die Leseart *noceat* (ohne non) halte ich aus folgendem Grunde für die richtige. Nach dem Grundsatz der negativen Function könnte man vielleicht unterscheiden wollen zwischen der Erzeugung vor oder nach der L. C.; Ulpian aber unterscheidet nicht. Nach dem Grundsatz der positiven Function (der eadem quaestio), den Ulpian in der ganzen Stelle überall aufstellt und anwendend durchführt, ist die allgemeine Anwendbarkeit der Exception unzweifelhaft, da die Verneinung des Eigenthums an der Mutter auch die Vindication des von dieser Mutter gebornen Kindes unmöglich machen muß. Was aber diese Leseart und Erklärung durchaus nothwendig macht, ist der Ausdruck des § 1: In his *fere omnibus* . . . nocet. Dieser Ausdruck wäre ganz widersinnig, wenn gerade in den so häufigen Fällen der Sclavenkinder und der Früchte das Gegentheil gelten sollte. — Die Worte: haec enim nondum . . petita est müssen nun so erklärt werden: „denn wenngleich das Kind in manchen Fällen zur Zeit der Klage noch nicht existirte, also nicht mit in judicium deducirt war, so ist doch überall durchgreifend der Grundsatz der eadem quaestio, indem hier das Eigenthum an dem später vindicirten Kind nur aus dem Eigenthum an der Mutter abgeleitet werden soll (sed ex ea re sunt, quae petita est), welches etiam partus venerunt, aestimatique sunt: consequens erit dicere, exceptionem objiciendam (p).

§ 4. Et generaliter . . . exceptione summovebitur.

§ 5. Idem erit probandum . . . videntur in petitionem deduci (q).

Die bisher versuchte Erklärung der Stelle des Ulpian in ihren einzelnen Theilen wird noch anschaulicher werden durch die folgende zusammenhängende Darlegung des Gedankenganges.

Der Verfasser fängt an mit der Betrachtung einer Reihe von Fällen, in welchen zuerst ein Ganzes eingeklagt (und abgewiesen) wird, dann ein Theil dieses Ganzen. In allen diesen Fällen, sagt er, ist die Exception entschieden anwendbar, und er erwähnt dabei nicht einmal

Letzte aber durch das frühere Urtheil verneint worden ist." Bei den Worten: haec enim muß also hinzu gedacht werden ein etsi oder quidem, und daraus, daß Dieses übersehen, und daher in diesen Worten der positive Grund der Entscheidung gesehen wurde (anstatt eines bloßen Zweifelsgrundes), ist eben die falsche Leseart: *non* noceat entstanden.

(p) Dieser letzte Satz (Plane si rel.) enthält nach der gewöhnlichen Erklärung (mit *non* noceat) eine entgegengesetzte Entscheidung; nach meiner Erklärung enthält er eine gleiche Entscheidung, aber aus einem anderen, von den übrigen Meinungsverschiedenheiten ganz unabhängigen, also noch durchgreifenderen Grunde. Wenn nämlich in dem früheren Rechtsstreit der Beklagte gewisse Früchte bereits durch Geldentschädigung vergütet, also erkauft hat, so würde eine neue Vindication derselben Früchte den ganz unzweifelhaften Grundsätzen der Concurrenz völlig widersprechen (§ 232).

(q) Die zwei letzten Paragraphen, die mit den bisher abgehandelten Schwierigkeiten der ganzen Stelle keine Berührung haben, sind schon oben mitgetheilt und erklärt worden (S. 432. 433).

eines von anderen Schriftstellern erhobenen Zweifels oder Streites.

Darauf läßt er folgen (§ 1) eine Reihe verschiedenartiger Fälle, die sich nicht so, wie die vorhergehenden, auf ein gemeinsames Verhältniß (das des Ganzen zum Theil) zurück führen lassen, wenigstens nicht so unmittelbar und sicher. Für diese Fälle giebt er zunächst keine eigene Entscheidung, wohl aber die Bemerkung, daß sie häufig Gegenstand von Streit und Zweifel seyen. — Er stellt nun eine Regel auf, woraus überall die Entscheidung hergenommen werden müsse, und diese Regel ist keine andere, als die, welche das Wesen der positiven Function der Einrede ausdrückt: das Daseyn einer eadem quaestio in beiden Klagen, als Bedingung der Anwendbarkeit der Exception. — Er fügt dann hinzu, daß in Anwendung dieser Regel fast in allen vorher angegebenen zweifelhaften Fällen die Exception in der That zugelassen werden müsse.

Er geht dann über (§ 2) zur besonderen Betrachtung eines unter jenen zweifelhaften Fällen, in welchem die Exception nicht anwendbar seyn soll.

Darauf folgt (§ 3) die besondere Betrachtung eines anderen unter jenen Fällen, dem noch eine ausgedehntere Anwendung zugeschrieben wird. In diesem weit umfassenden Fall soll wieder die Exception wirklich zur Anwendung kommen, und es wird ein scheinbarer Zweifel beseitigt, der für diesen Fall besonders erhoben werden könnte.

Endlich wird die schon oben aufgestellte Regel über die Anwendung der Exception in einer vollständigeren Formel wiederholt (§ 4), und es wird davon Anwendung gemacht auf das Verhältniß der Erbrechtsklage zur Eigenthumsklage (§ 4), so wie auf das Verhältniß der Erbrechtsklage zu einer aus derselben Erbschaft abgeleiteten Schuldklage (§ 5).

Es ist schon oben angeführt worden, daß ein neuerer Ausleger dem Ulpian den Vorwurf macht, er schwanke in dieser Stelle beständig zwischen dem Standpunkt der positiven und negativen Function der exceptio rei judicatae, und eben aus diesem Schwanken könnte man versucht seyn, die Dunkelheiten der hier vorliegenden Stelle, so wie die (wirklichen oder vermeintlichen) Widersprüche derselben zu erklären. Gegen diesen Vorwurf habe ich mich schon wiederholt erklärt. Es wird aber diese Meinungsverschiedenheit dazu dienen können, die Art, wie wir die beiden Gestalten oder Functionen jener Exception, in ihrer Verwandtschaft und Verschiedenheit, zu denken haben, noch anschaulicher zu machen, als es schon oben (§ 281. 282) versucht worden ist.

Wir sind jetzt gewohnt, jene beiden Functionen der Exception als auf verschiedenen, theilweise entgegengesetzten, Principien beruhend zu denken, und wir thun in sofern wohl mit dieser Auffassung des Gegenstandes, als durch diese scharfe Ausbildung des Gegensatzes eine vollständigere

Einsicht gewonnen worden ist. Nur würden wir zu weit gehen, wenn wir annehmen wollten, daß derselbe Gedanke auch schon bei der Entstehung und Ausbildung der positiven Function in dieser Art zum Bewußtseyn gekommen wäre.

Die ältere Gestalt der Exception beruhte auf dem Grundsatz, daß eine einmal angestellte Klage nicht von Neuem vorgebracht werden solle; hier knüpfte sich die Anwendung der Exception an ein äußeres, formelles Merkmal. Auch war dieser Grundsatz für die meisten Fälle ganz ausreichend. In der Praxis aber zeigten sich allmälig einzelne Fälle, worin jener Grundsatz nicht ausreichte; manche sogar, worin die consequente Durchführung derselben zu unbilliger Härte ausschlug. Die Wahrnehmung dieses praktischen Bedürfnisses führte zum Nachdenken über eine mögliche Abhülfe, und diese wurde darin gefunden, daß man an die Stelle des ursprünglichen formellen Grundsatzes einen mehr materiellen setzte, hergenommen aus der inneren Natur des Rechtsverhältnisses und des Rechtsstreites. Anstatt daß man sich früher damit begnügte, die Wiederholung einer Klage zu verhindern, ging jetzt das Bestreben dahin, den Inhalt eines gesprochenen Urtheils gegen jede spätere Gefährdung sicher zu stellen, und dieser neuere, erschöpfendere Grundsatz (die eadem quaestio) ist in keiner Stelle so klar ausgesprochen, so wiederholt eingeschärft, und durch mannichfaltige Anwendungen anschaulich gemacht, als in der hier vorliegenden Stelle des Ulpian.

Diese Ausbildung des Rechtsinstituts erfolgte aber nicht in der Art, daß man den älteren Grundsatz glaubte verwerfen, vernichten, durch einen neuen verdrängen zu müssen; es war weniger eine Verneinung, als eine Vertiefung desselben. In der großen Mehrzahl der Fälle trafen ohnehin beide Grundsätze in ihren Folgen völlig zusammen. So gerade in der bedeutenden Zahl von Fällen, die in unsrer Stelle Ulpian einer näheren Betrachtung unterwirft.

Wenn daher Ulpian in dieser Stelle den Grundsatz der eadem quaestio wiederholt ausspricht, und durch mannichfaltige Anwendungen erläutert, so konnte er daneben unbedenklich und arglos Ausdrücke gebrauchen, die mit dem Grundsatz der negativen Function (der Klagenconsumtion) zusammen hangen (r). Es liegt in dieser Ausdrucksweise kein Grund, ihm das Schwanken zwischen verschiedenen Grundsätzen vorzuwerfen; ja selbst eine Unvorsichtigkeit des Ausdrucks möchte in diesem Verfahren kaum behauptet werden können.

(r) Dahin gehören folgende Ausdrücke: *eadem enim res* accipitur *(princ.)*. — Utrum *idem petere* videor, an *aliud* (§ 1). — *aliud petere* (§ 2). — videntur *in petitionem deduci* (§ 5). — Vgl. auch oben S. 433. 434.

Beilage XVII.

Causa adjecta s. expressa.

(Zu § 300.)

I.

Folgende Sätze sind im Römischen Recht deutlich ausgesprochen und auch von den neueren Rechtslehrern allgemein anerkannt.

Wenn eine persönliche Klage auf eine Sache abgewiesen wird, so kann eine neue persönliche Klage auf dieselbe Sache angestellt werden, vorausgesetzt, daß die derselben zum Grunde liegende Obligation einen anderen Entstehungsgrund hat, als die der früheren Klage zum Grunde liegende Obligation. Denn jede Obligation wird durch ihren Entstehungsgrund individualisirt, nicht durch ihren Gegenstand.

Anders verhält es sich bei den Klagen in rem. Die abgewiesene Eigenthumsklage auf ein Landgut kann daher nicht von Neuem angestellt werden, wenngleich die erste Klage auf Tradition, die zweite auf Ersitzung als Entstehungsgrund des Eigenthums gegründet werden sollte.

Jeder dieser Sätze ist als Regel unbestritten.

II.

Für die zweite dieser Regeln werden aber zwei Ausnahmen behauptet.

Die erste Ausnahme bezieht sich auf den Fall, wenn der Entstehungsgrund des Eigenthums, den der Kläger der späteren Klage zum Grunde legt, neuer ist, als der frühere Rechtsstreit (causa superveniens), weil dann das frühere Urtheil über diesen Entstehungsgrund nicht entschieden haben kann.

Diese Ausnahme ist gleichfalls unbestritten.

Die zweite Ausnahme betrifft den Fall, wenn die frühere Klage nicht auf das Eigenthum dieser Sache überhaupt gerichtet, sondern auf einen bestimmten Entstehungsgrund dieses Eigenthums (z. B. Tradition) ausdrücklich beschränkt war. Dann soll es, in Folge dieser Ausnahme, erlaubt seyn, von Neuem eine Eigenthumsklage auf dieselbe Sache anzustellen, wenn darin das Eigenthum aus einem anderen Entstehungsgrund, z. B. aus der Ersitzung, abgeleitet wird (a).

Diese zweite Ausnahme, die in neuerer Zeit lebhaft angefochten worden ist, soll hier einer neuen Untersuchung unterworfen werden.

Der Untersuchung selbst ist eine nähere Feststellung des

(a) Auf folgende Stellen wird diese Ausnahme gegründet: *L.* 11 § 2 *de exc. rei jud.* (44. 2) von Ulpian, und *L.* 14 § 2 *eod.* von Paulus.

Sinnes und der Consequenzen beider entgegenstehenden Meinungen voran zu schicken.

III.

Die Vertheidiger der Ausnahme nehmen an, daß die erste und die zweite Klage auf bestimmte, und zwar verschiedene, Entstehungsgründe des eingeklagten Rechts beschränkt gewesen seyn müsse. Diese Beschränkung muß nach dem älteren Römischen Prozeß ohne Zweifel in die formula gelegt worden seyn. — Da wir keine formula haben, so muß im heutigen Prozeß die Beschränkung in der Klage ausgedrückt seyn. Nur kann dazu die bloße Erzählung, wie das Eigenthum entstanden sey, nicht genügen; vielmehr muß die bestimmte Absicht ausgedrückt werden, die erwähnte Ausnahme herbeizuführen, wobei es jedoch gleichgültig ist, in welchen Ausdrücken, und an welchem Orte der Klage Dieses geschehen möge.

IV.

Wählt der Kläger den Weg dieser Ausnahme, so sind damit Vortheile und Nachtheile für ihn verknüpft. Der Vortheil besteht darin, daß er sich für den Fall der Abweisung einer so beschränkten Klage eine neue Klage vorbehält. Der Nachtheil ist darin zu suchen, daß er nun zur Begründung der angestellten Klage keinen anderen, als den besonders angegebenen Entstehungsgrund, benutzen darf, anstatt daß er ohne diese Beschränkung nicht nur jeden anderen Grund, sondern auch mehrere Gründe neben einander, geltend machen könnte.

V.

Die Gegner der Ausnahme wollen durch die Verwerfung derselben die Wirksamkeit der exceptio rei judicatae erweitern, also die Möglichkeit einer Wiederholung abgewiesener Klagen beschränken. Weil aber Dieses in manchen einzelnen Fällen allzu hart seyn könnte, so fügen sie eine Milderung hinzu, die in der Ertheilung einer Restitution bestehen soll. Durch diese Restitution soll der abgewiesene Kläger die Eigenthumsklage aus einem neuen Entstehungsgrund anstellen können, auch wenn dazu nicht durch den beschränkenden Vorbehalt in der ersten Klage der Grund gelegt worden ist.

Beschränkt man diese Restitution auf die allgemeinen Restitutionsgründe, z. B. Minderjährigkeit oder Betrug, so ist die Aushülfe sehr unbedeutend. Ueberläßt man sie dagegen dem freien Ermessen des Richters, so daß eben jene Härte als Restitutionsgrund gelten soll, dann wird dadurch eine Willkühr und Rechtsunsicherheit herbeigeführt, wodurch die sichere Wirksamkeit der Rechtskraft weit mehr verliert, als für sie durch die Verwerfung der Ausnahme gewonnen werden soll.

VI.

Ich gehe nun zur Darstellung des Streites selbst über. Bis vor etwa zwanzig Jahren wurde die Richtigkeit der

Ausnahme so allgemein angenommen, daß kein Zweifel darüber wahrzunehmen war (b). Puchta zuerst versuchte es, dieselbe mit Scharfsinn und Gelehrsamkeit zu widerlegen, und seit dieser Zeit sind die Stimmen ziemlich getheilt geblieben.

Als Gegner der Ausnahme sind folgende Schriftsteller zu bemerken:

Puchta Rhein. Museum B. 2 (1828) S. 251—270, B. 3 S. 467—487.

Cursus der Institutionen B. 2 § 175.

Zimmern Rechtsgeschichte B. 3 S. 152. 422.

Buchka B. 1 S. 145, so viel das Römische Recht betrifft.

Als Vertheidiger der Ausnahme, also der früherhin allgemeinen Meinung, sind seitdem folgende Schriftsteller aufgetreten:

Heffter Rhein. Museum B. 3 S. 222—238.

Richelmann Einfluß des Irrthums auf Verträge S. 116—118.

Brackenhoeft Identität der Rechtsverhältnisse S. 116 bis 118.

Buchka B. 2 S. 192 nach dem heutigen Recht.

Wächter Württemb. Privatrecht B. 2 S. 445.

Der Reihe dieser Vertheidiger schließe auch ich mit voller Ueberzeugung mich an.

Ganz vereinzelt steht hierin die Meinung von Kierulff

(b) Noch bei Keller (1827) S. 290. 291 findet sich keine Spur eines Zweifels.

S. 257, welcher behauptet, nach der modernen aequitas müsse jede Klage, sie möge eine Beschränkung auf einen bestimmten Entstehungsgrund enthalten, oder nicht, den Vortheil genießen, den die Römer mit der causa expressa verbanden. Durch eine solche aequitas würde aller Vortheil zerstört seyn, den in dieser Lehre die Praxis aus den Grundsätzen einer gesunden Theorie zu ziehen vermag.

VII.

In dem Streit selbst sind bisher Gründe von dreierlei Art geltend gemacht worden: Erstlich allgemeine Betrachtungen über das wahre Bedürfniß des Prozeßrechts; zweitens die sonst bekannten allgemeinen Formen des Römischen Prozesses; drittens, was das Wichtigste ist, der Inhalt der zwei Stellen der Digesten, aus welchen allein die Ausnahme hergeleitet wird. Ich will mich in der eigenen Untersuchung an diesen von Anderen gewählten Gang anschließen, und jede dieser drei Klassen von Gründen besonders erwägen.

VIII.

Was zuerst das allgemeine Bedürfniß des Prozeßrechts betrifft, so behaupten die Gegner, die Ausnahme sei unzweckmäßig, und sie enthalte eine große Härte gegen den Beklagten, den der Kläger auf diese Weise mit immer erneuerten Klagen beunruhigen könne. Für einzelne Fälle eines dringenden Bedürfnisses sey es besser, durch Restitution zu helfen (c).

Keine dieser Behauptungen kann zugegeben werden (d). Eine Gefahr für die Ruhe des Beklagten ist gewiß nicht vorhanden, da der Kläger die Lust an oft wiederholten vergeblichen Klagen durch die Prozeßkosten theuer bezahlen müßte.

Daß für den Kläger nicht selten ein wichtiges und billiges Bedürfniß zu einem solchen Verfahren eintreten kann, wird aus der Betrachtung folgender Fälle unverkennbar hervorgehen. Bei einer Eigenthumsklage kann der Kläger von dem Erwerb durch Tradition überzeugt seyn, für den Fall aber, daß der Richter denselben nicht annehmen sollte, den Erwerb durch Ersitzung nachzuweisen vorbehalten wollen. Die gleichzeitige Verhandlung beider Erwerbungsgründe kann dadurch unzweckmäßig werden, daß der Beweis der Ersitzung sehr umständlich und kostspielig seyn kann. — Wenn ein eingesetzter Erbe, der zugleich der nächste Verwandte des Verstorbenen ist, die Erbrechtsklage anstellen will, die Gültigkeit des Testaments aber zweifelhaft ist, so kann der Kläger zwischen zwei verschiedenen, einander widersprechenden, Erbrechtsklagen wählen (e). Hier scheint es natürlicher und zweckmäßiger, zunächst eine dieser Klagen allein durchzuführen mit Vor-

(c) Puchta Mus. B. 2 S. 261, B. 3 S. 483—485.

(d) Vgl. Heffter Mus. B. 3 S. 230. 231.

(e) Ein Fall solcher Art ist vorausgesetzt in *L.* 30 *pr. de exc. rei jud.* (44. 2), s. o. S. 459.

behalt der anderen, als beide zu verbinden, indem bei dieser Verbindung die Vertheidigung einer jeden dieser Klagen durch die widersprechende Vertheidigung der anderen nothwendig geschwächt werden muß.

Die Gegner wollen für solche Fälle durch spätere Ertheilung einer Restitution helfen. Allein eine regelmäßige Vorsorge ist für Fälle der oben beschriebenen Art offenbar räthlicher und zweckmäßiger, als eine außerordentliche und willkürliche, deren Gefahren schon oben (Num. V.) bemerklich gemacht worden sind, und die, je nach den zufälligen Ansichten des Richters, bald unbillig gewährt, bald unbillig versagt werden kann.

IX.

Ich wende mich nun zur Betrachtung der Gründe, die aus den Formen des alten Römischen Prozesses hergenommen sind, an welche Formen allerdings Ulpian und Paulus (Note a) gedacht haben müssen. Es fragt sich also, wenn ein solcher Vorbehalt, wie ihn die hier bestrittene Ausnahme voraussetzt, gemacht werden sollte, wie derselbe in jene Formen eingefügt werden konnte.

Bekanntlich gab es (außer der legis actio) für die Klagen in rem zwei verschiedene Formen: durch Sponsion, und durch petitoria formula (f).

Daß mit der Sponsionsklage jener Vorbehalt vereinbar war, geben die Gegner selbst zu. Es wird nur bezweifelt,

(f) Gajus IV. § 91—95.

ob der Beklagte auf eine so gefaßte Sponsionsformel sich habe einlassen müssen, und es wird hinzugefügt, daß für das Justinianische Recht in jedem Fall diese Form als unanwendbar gedacht werden müsse (g). Dieses Letzte ist denn auch unbedenklich zuzugeben.

X.

Die Frage beschränkt sich daher auf den Fall der petitoria formula, d. h. derjenigen Gestalt der Eigenthumsklage, welche allein in den Digesten vorkommt, und darin regelmäßig den Namen rei vindicatio führt. Wie war es möglich, hier jenen Vorbehalt einzufügen?

Er konnte vielleicht schon in die Intentio gesetzt werden (h). Die Gründe, die man gegen diese Möglichkeit angeführt hat (i), kann ich nicht als durchgreifend anerkennen. Durch eine solche Fassung, wird gesagt, habe die Klage aufgehört, eine Eigenthumsklage zu seyn, und sey gewissermaßen eine in factum actio geworden. Allein wenn etwa die Formel: Si paret, hominem Stichum Auli Agerii esse, den Zusatz bekommen hätte: ex causa mancipationis, so war Dieses noch immer eine reine juris civilis intentio (k). — Ferner wird gesagt, unter dieser Voraus-

(g) Puchta Mus. B. 2 S. 264. 265. 268. Vgl. B. 3 S. 467.

(h) Heffter S. 234 giebt dafür eine mögliche Fassung an.

(i) Puchta Mus. II. 263—267, III. 474. 477.

(k) Hierauf allein kommt es an, damit eine in jus concepta intentio angenommen werden könne, im Gegensatz einer in factum concepta. Gajus IV. § 45. 46.

setzung hätte es mehrere Arten der Fassung einer petitoria formula geben müssen, wovon wir doch keine Spur hätten. Dabei ist nur zu bedenken, daß alle überhaupt vorhandenen Spuren der petitoria formula ohnehin höchst dürftig und zufällig sind, wodurch der eben angegebene Grund der Gegner völlig entkräftet wird.

Also für möglich halte ich es allerdings, daß jener Vorbehalt in die Intentio eingefügt wurde, allein nicht für wahrscheinlich, und zwar deswegen nicht, weil die folgende Art der Einfügung viel einfacher, natürlicher, und darum wahrscheinlicher ist.

XI.

Eine andere Art möglicher Einfügung jenes Vorbehalts ist nämlich die durch eine praescriptio, und diese halte ich durch ihre Einfachheit und Natürlichkeit, so wie durch so manche ganz nahe liegende Analogie, für ganz unzweifelhaft.

Die Gründe, die dagegen aufgestellt worden sind (l), erscheinen mir als völlig unerheblich.

Man sagt, Präscriptionen seyen nur im Fall eines dringenden, unabweislichen Bedürfnisses gegeben worden, welches hier fehlte. — Wir wissen jedoch kein Wort davon, wie leicht oder schwer die Römer es nahmen bei der Gestattung von Präscriptionen. Daß es aber auch in unsrem

(l) Puchta Mus. II. 260, III. 471.

Fall an einem ernsten Bedürfniß nicht fehlte, ist schon oben gezeigt worden (Num. VIII.). In einem von Gajus angeführten Fall einer wirklich ertheilten praescriptio (m) ist das dringende Bedürfniß gewiß weit weniger einleuchtend, als in unsrem Fall.

Ferner, sagt man, sey es ganz ungewiß, ob überhaupt bei Klagen in rem Präscriptionen gegeben worden seyen. — Allerdings sind die Beispiele, die Gajus angiebt, nur von persönlichen Klagen entlehnt; da er jedoch überhaupt nur zwei Beispiele angiebt, so liegt in dieser Induction gewiß ein sehr schwacher Grund gegen die Anwendung der Präscriptionen auch auf Klagen in rem.

XII.

Die Anwendung einer Präscription auf einen Fall der hier in Frage stehenden Ausnahme muß in folgender Weise gedacht werden.

Sollte eine Eigenthumsklage beschränkt werden auf den Erwerb des Eigenthums durch Mancipation, also mit dem Vorbehalt einer künftigen neuen Klage aus einer Usucapion, so wurde die Präscription hinzugefügt:

ea res agatur de fundo mancipato (n).

(m) Gajus IV. § 131 „ea res agatur de fundo mancipando.“

(n) Ganz ähnlich der von Gajus IV. § 131 angeführten Präscription: ea res agatur de fundo *mancipando*. Diese Präscription sollte den Zweck einer actio emti auf die Mancipation (mit Ausschluß der noch vorbehaltenen Tradition) beschränken. In unsrem Fall soll die Begründung der Vindication auf die Mancipation

Wurde nun diese Klage rechtskräftig abgewiesen, und sollte späterhin eine neue Eigenthumsklage auf Usucapion gegründet werden, so war auch dabei wieder eine Beschränkung nöthig, sonst wären alle möglichen Erwerbungsgründe geltend gemacht worden, also unter andern auch der rechtskräftig abgewiesene Grund der Mancipation, wodurch der Beklagte einen Anspruch auf die Einrede der Rechtskraft erhalten hätte. Diese zweite Beschränkung konnte nun in ganz gleichartiger Weise, wie die erste, ausgedrückt werden, etwa:

ea res agatur de fundo usucapto.

Es war aber auch eine allgemeinere Fassung dieser zweiten Präscription möglich und ausreichend, die dann auch auf Fälle anderer Art angewendet werden konnte (o), etwa in diesen Worten:

ea res agatur de eadem re alio modo.

Diese letzte Form einer Präscription kam nun in der That vor nach folgenden unzweideutigen Zeugnissen, und in diesen Zeugnissen liegt daher zugleich eine wichtige geschichtliche Bestätigung der hier aufgestellten Behauptung,

beschränkt werden (mit Ausschluß der noch vorbehaltenen Begründung durch Usucapion). Beide Präscriptionen haben den Zweck, irgend Etwas für künftige Zeit dem Kläger vorzubehalten. — Bei der Erbrechtsklage konnte die Präscription etwa so lauten: ea res agatur de hereditate ex testamento (oder de B. P. secundum tabulas) — oder: ea res agatur de legitima hereditate (oder de B. P. unde legitimi).

(o) So z. B. auf den, in der Note n. angeführten, Fall bei Gajus IV. § 131, wenn späterhin die actio emti auf die vacua possessio tradenda angestellt werden sollte.

daß unter den Präscriptionen eine Formel üblich war, die auf den Fall unsrer Ausnahme unmittelbar angewendet werden konnte.

Cicero ad fam. XIII. 27 (an Servius aus dem J. 707):

„Licet eodem exemplo saepius tibi hujus generis litteras mittam . . . tamen non parcam operae, et, *ut vos soletis in formulis*, sic ego in epistolis: DE EADEM RE ALIO MODO.“

Cicero de finibus V. 29 (aus dem J. 708):

„Quae cum Zeno didicisset a nostris, *ut in actionibus praescribi solet*, DE EADEM RE egit ALIO MODO“ (p).

(p) Neuerlich ist diese, von Cicero zweimal angeführte, Präscription anders gedeutet worden von Liebe Stipulation S. 173. Es soll nämlich darunter verstanden seyn die von Seiten des Beklagten vorgebrachte praescriptio (eigentlich exceptio) rei judicatae, und der Zusatz: alio modo, soll darauf gehen, daß nach L. 7 § 4 de exc. r. j. diese Exception gegen eine neue Klage vel alio genere judicii gebraucht werden konnte. Ich muß diese Erklärung verwerfen als gezwungen und unhaltbar. Die wenigen Stellen, in welchen die exc. r. j. den Namen praescriptio führt (L. 10. 11 de exc., L. 29 pr. de exc. r. j., L. 63 de re jud., L. 42 de lib. causa), sind aus der Nachlässigkeit des Ausdrucks zu erklären, nach welcher ja auch sonst die Namen praescriptio und exceptio willkührlich verwechselt zu werden pflegen. Wäre hier wirklich die exc. rei jud. gemeint, so hätte wenigstens die Formel ganz anders lauten müssen, nämlich nach Gajus IV. § 133 etwa so: ea res agatur, *si* ea res judicata *nondum sit*. Der positive Ausdruck: de eadem re, konnte nur zu einer eigentlichen praescriptio passen, die pro actore aufgestellt wurde (Gajus IV. 130. 133). — Mancher anderen Gründe gegen diese Erklärung nicht zu gedenken.

XIII.

Nachdem die allgemeinen Gründe für und wider die Richtigkeit der Ausnahme geprüft worden sind, sollen nunmehr die zwei Stellen der Digesten erklärt werden, woraus die Ausnahme herzuleiten ist.

L. 11 *de exc. rei judicatae* (44. 2) (q).

§ 1. Denique et Celsus scribit, si hominem petiero, quem ob eam rem meum esse existimavi, quod mihi traditus ab alio est, cum is ex hereditaria causa meus esset, rursus petenti mihi obstaturam exceptionem.

§ 2. Si quis autem petat, fundum suum esse, eo quod Titius eum sibi tradiderit: si postea alia ex causa petat, causa adjecta non debet summoveri exceptione.

Beide Paragraphen drücken offenbar zwei entgegengesetzte Fälle aus, die daher auch verschieden behandelt werden sollen. Die Stellung des autem aber im § 2 zeigt, daß der Gegensatz schon in den ersten Worten dieses §. angedeutet seyn soll. Folgende Paraphrase wird den Inhalt beider Sätze zur Anschauung bringen.

Wenn ich einen Sclaven vindicire, in der Meinung, daß ich ihn durch Tradition erworben habe, und wenn ich mit dieser Klage abgewiesen werde, dann aber die

(q) Über den inneren Zusammenhang dieser ganzen Stelle vgl. Heffter S. 227. 228.

Entdeckung mache, daß ich in der That Eigenthum hatte, nur nicht in Folge einer Tradition, sondern in Folge einer Beerbung, so wird mir die Einrede der Rechtskraft entgegen stehen, wenn ich deshalb von Neuem eine Vindication anstelle. Wenn ich dagegen die erste Vindication angestellt habe, nicht blos in der irrigen Voraussetzung einer Tradition, sondern indem ich diese Erwerbung als Grund der Vindication in der Klage ausdrücklich angebe (Si .. petat, fundum suum esse, eo quod Titius .. tradiderit), so bin ich nach abgewiesener Klage durch jene Einrede nicht gehindert, eine neue Vindication aus einem anderen Erwerbsgrund anzustellen, weil ich die causa nicht blos vorausgesetzt, sondern in der Klage ausgedrückt hatte (causa adjecta für: quia causa adjecta erat).

Puchta erklärt die Worte: causa adjecta, von einer nova oder superveniens causa, also von der oben aufgeführten ersten Ausnahme (Num. II), so daß dann die zweite Ausnahme durch diese Stelle keine Begründung erhalten würde (r).

Dieser Erklärung stehen folgende Gründe entgegen. Nach mehreren anderen Stellen bezeichnet der Ausdruck causa adjecta vielmehr einen vom Kläger in der Klagformel gemachten Zusatz (s), also eine reine Thätigkeit des Klägers,

(r) Puchta Mus. II. S. 258. Heffter S. 223. 227. — Als Unterstützung jener Erklärung kann nicht angeführt werden *L.* 3 *de*

(s) *L.* 1 § 2 *de rei vind.* (6. 1), Vaticana fragm. § 52. Vgl.

anstatt daß der spätere Erwerb ohne Wissen und Zuthun des Klägers eingetreten seyn kann, also durch jenen Ausdruck sehr unpassend, in jedem Fall sehr undeutlich, bezeichnet seyn würde.

Ferner würden alsdann die §§ 4 und 5 eine ganz müßige, zwecklose Wiederholung des § 2 enthalten, anstatt daß nach der gewöhnlichen, auch von mir angenommenen, Erklärung die eine Ausnahme in dem § 2, die andere in dem § 4 enthalten ist, und der § 5 nur nochmals an die mutata opinio erinnert, um den Gegensatz derselben gegen das adquisitum postea dominium recht scharf hervor zu heben.

XIV.

Die zweite, von Paulus herrührende, Stelle lautet so:

L. 14 § 2 *de exc. rei jud.* (44. 2):

> Actiones in personam ab actionibus in rem hoc differunt, quod, cum eadem res ab eodem mihi debeatur, singulas obligationes singulae causae sequuntur, nec ulla earum alterius petitione vitiatur: at cum in rem ago, *non expressa causa, ex qua rem meam esse dico*, omnes causae una petitione apprehenduntur. Neque enim amplius, quam semel, res mea esse potest: saepius autem deberi potest.

Diese Stelle ist so zu erklären. Die Abweisung einer

usurp. (41. 3) „Usucapio est *adjectio dominii* per continuationem possessionis"; denn der fortgesetzte Besitz besteht ja eben in einer steten Thätigkeit des Besitzers.

persönlichen Klage hindert den Kläger nicht, auf denselben Gegenstand von Neuem zu klagen, wenn nur die neue Klage auf einer Obligation aus einem anderen Entstehungsgrunde (causa) beruht; denn jeder besondere Entstehungsgrund bildet eine besondere, für sich bestehende Obligation. Anders verhält es sich bei den Klagen in rem, die stets das Recht an einem bestimmten Gegenstand an sich selbst, und mit allen dabei denkbaren Entstehungsgründen, umfassen, so daß die abgewiesene Klage in rem nicht wiederholt werden darf, auch wenn der Kläger einen anderen als den früher vorgebrachten Entstehungsgrund geltend machen wollte. Diese letzte Regel leidet jedoch eine Ausnahme in dem Fall, wenn der Kläger bei der ersten Klage einen bestimmten, einzelnen Entstehungsgrund des Rechts, aus welchem allein er jetzt klagen wolle, ausgedrückt hat; in diesem Fall hindert ihn die Abweisung nicht, später aus einem anderen Entstehungsgrund zu klagen.

Ich glaube nicht, daß die Einfachheit und Natürlichkeit dieser Erklärung bezweifelt werden kann. Eine besondere Unterstützung derselben finde ich aber darin, daß sie so ganz mit dem Inhalt der vorhergehenden Stelle (Num. XIII.) übereinstimmt, während doch in beiden Stellen Ausdruck und Wendung völlig verschieden ist.

Die Gegner dieser Ausnahme erklären die Worte: non expressa causa, so: „da bei den Klagen in rem die Erwerbsart nicht vorkommt, d. h. nicht vorkommen kann", oder: „**wegen** Nichthervorhebung der Erwerbsart" (t). Sie sehen also in diesen Worten nicht eine hinzugefügte Ausnahme, sondern den Grund der Allgemeingültigkeit der Regel selbst. Ich finde diese Erklärung nicht nur an sich sehr gezwungen, sondern vorzüglich deshalb verwerflich, weil es, wenn eine solche Ausnahme, wie die Gegner meinen, den Römern völlig fremd war, an allem Motiv fehlte, jene Worte hinzuzufügen. Wäre die juristische Controverse, in deren Mitte wir uns jetzt befinden, **vor** der Zeit des Paulus geführt worden, so konnten etwa jene Worte zur Noth hinzugefügt werden, als Warnung und Widerspruch gegen die (von Paulus mißbilligte) Meinung. Wenn aber, wie die Gegner voraussetzen, die Römer an eine solche Ausnahme niemals dachten, so ist in der That kein Grund einzusehen, weshalb Paulus die Worte: non expressa causa, beizufügen für nöthig finden konnte.

XV.

Eine wichtige Unterstützung der hier behaupteten Ausnahme liegt noch in der ganz ähnlichen Behandlung eines anderen, aber nahe verwandten Falles. Wenn ein Käufer die erkaufte Sache wegen Fehlerhaftigkeit zurück geben wollte, so konnten dabei verschiedene Mängel in Betracht kommen; war nun die a. redhibitoria einmal zurück-

(t) **Puchta** Mus. II. S. 269, III. S. 481; non expressa causa soll also so viel heißen, als: cum in his actionibus causa non exprimatur, oder exprimi non possit, non soleat.

gewiesen, so konnte sie nicht wegen eines angeblichen anderen Mangels wiederholt werden. Jedoch konnte sich der Kläger diese Wiederholung dadurch vorbehalten, daß er die erste Klage ausdrücklich auf einen bestimmten, einzelnen Mangel vermittelst einer Präscription beschränkte; dann stand, wenn die Klage abgewiesen wurde, einer neuen Klage wegen eines anderen Mangels Nichts entgegen (u).

L. 48 § 7 *de aedil. ed.* (21. 1).

Cum redhibitoria actione de sanitate agitur, permittendum est, de uno vitio agere, et praedicere, ut, si quid aliud postea apparuisset, de eo iterum ageretur.

Dieser Fall hat unverkennbare Ähnlichkeit mit dem Fall verschiedener Entstehungsgründe des Erbrechts oder des Eigenthums. Die Natur des Bedürfnisses ist in beiden Fällen ganz dieselbe; und dieses Bedürfniß wird bei der redhibitorischen Klage ganz auf dieselbe Weise befriedigt, wie wir es für die Klagen in rem vermittelst unserer Ausnahme behaupten.

(u) Bei der a. quanti minoris ist diese Vorsicht nicht einmal nöthig; vielmehr kann hier die Klage wegen neuer Fehler stets wiederholt werden, die erste Klage mag nun zuerkannt oder abgewiesen seyn; nur darf die Summe der einzeln zuzusprechenden Rückzahlungen niemals die Summe des ganzen Kaufpreises übersteigen. *L.* 31 § 16 *eod.* Der Grund des Unterschiedes liegt darin, daß die redhibitorische Klage nur ein einfaches Object hat, die Auflösung des Kaufes, welche nur einmal denkbar ist. Die a. quanti minoris dagegen geht auf einzelne Geldzahlungen, die neben einander bestehen können.

XVI.

Die hier abgehandelte Streitfrage hat eine ganz neue Wendung bekommen durch die Einmischung einer dem Prozeßrecht angehörenden Frage.

Viele behaupten nämlich, nach den Reichsgesetzen müsse in der Eigenthumsklage (und so auch in anderen Klagen in rem) der besondere Entstehungsgrund des Eigenthums sogleich in der Klageschrift angegeben werden; wo diese Angabe fehle, sey die Klage sogleich angebrachtermaßen abzuweisen (v).

Andere Prozeßlehrer verwerfen diese Strenge als ganz unbegründet; auch läßt sich eine durchgreifende Regel des gemeinen Prozesses, unterstützt durch eine übereinstimmende Praxis, dafür gewiß nicht behaupten (x). Eben so ist diese Behauptung dem canonischen Recht völlig zuwider, welches geradezu die Möglichkeit voraussetzt, mit oder ohne die Angabe bestimmter Entstehungsgründe des behaupteten Rechts zu klagen (y).

Diese Streitfrage interessirt uns jedoch hier nur in ihrer Rückwirkung auf die so eben beendigte Untersuchung

(v) Gönner B. 2 S. 180—182. Bayer S. 216. Martin § 144. Borst Archiv B. 1 N. 14 S. 174. Langenn und Kori Erörterungen N. 12. Buchka B. 2 S. 198. Wächter Handbuch B. 2 S. 446.

(x) Heffter Prozeß § 343 und Museum B. 3 S. 237. Ferner die Schriftsteller, die für diese Meinung bei Heffter und bei Langenn (Note v) angeführt sind, worunter sich gerade die angesehensten Praktiker befinden.

(y) *C. 3 de sent. in VI.* (2. 14), s. o. § 262 S. 70.

einer das materielle Recht, und zwar die Lehre von der Rechtskraft, betreffenden Frage.

Es wird nämlich von mehreren Seiten behauptet, aus jener strengen Lehre des Prozeßrechts folge, daß die von uns für die Klagen in rem behauptete Ausnahme im heutigen Recht zur allgemeinen Regel umgewandelt worden sey. Denn da nun jeder Kläger sogleich in der Klage den Entstehungsgrund seines Eigenthums angeben müsse, so sey jedesmal der Fall vorhanden, den unsre Ausnahme voraussetzt, und es könne daher jede abgewiesene Eigenthumsklage wiederholt werden, sobald nur der Kläger einen anderen, als den früheren Entstehungsgrund des Eigenthums, bei der neuen Klage angebe (z).

Diese Folgerung kann ich nun auf keine Weise als richtig anerkennen. Wenn der Kläger, so wie es jene strenge Lehre fordert, den Entstehungsgrund seines Eigenthums angiebt, so ist Das noch sehr verschieden von der bindenden Erklärung, sich in diesem Rechtsstreit nur allein dieses Grundes bedienen zu wollen, auf welche Erklärung Alles ankommt, indem damit bestimmte Vortheile und Nachtheile verbunden sind (Num. III. IV.). Die bloße Angabe des Entstehungsgrundes ohne diese Erklärung würde etwa zu vergleichen seyn einer ähnlichen Erzählung der Thatsachen, die im Römischen Prozeß der Kläger vor

(z) Puchta Mus. II. S. 267. Wächter S. 445. — Diese Meinung führt auf einem anderen Wege zu demselben Erfolg, welchen Kierulff aus der heutigen aequitas ableitet (S. 518. 519.)

dem Prätor vorgetragen hätte. Auch diese Erzählung würde keinen Einfluß auf den ferneren Gang der Sache gehabt haben, und nur die Aufnahme einer entsprechenden Stelle in die formula hätte einen solchen Einfluß haben können.

Ich muß daher zuerst bestreiten, daß nach dem heutigen gemeinen Prozeß eine Eigenthumsklage nur unter der Voraussetzung angenommen werden dürfe, wenn darin die Angabe eines bestimmten Entstehungsgrundes des Eigenthums enthalten sey.

Gesetzt aber auch, man wollte diese strenge Lehre des Prozeßrechts annehmen, so muß ich ferner bestreiten, daß dadurch die Natur der hier untersuchten Ausnahme umgebildet worden sey, und daß sich dieselbe aus einer bloßen Ausnahme in die nunmehr allgemein gültige Regel (entgegengesetzt der Regel des Römischen Rechts) umgewandelt habe.

Gedruckt in der Deckerschen Geheimen Ober-Hofbuchdruckerei.

FSC
www.fsc.org
MIX
Papier | Fördert gute Waldnutzung
FSC® C083411

Kolibri 360 GmbH
Ferdinand-Jühlke-Straße 7
99095 Erfurt, Deutschland
produktsicherheit@kolibri360.de